# Der merkantile Minderwert in der Wertermittlung

# Der merkantile Minderwert in der Wertermittlung

von
**Dipl.-Ing. Daniela Unglaube**
ö.b.u.v. Sachverständige für die Bewertung von bebauten und unbebauten Grundstücken,
Sachverständige für Bauschadenbewertung

Reguvis

**Bibliografische Information der Deutschen Nationalbibliothek**
Die Deutsche Nationalbibliothek verzeichnet diese Publikation in der Deutschen Nationalbibliografie; detaillierte bibliografische Daten sind im Internet über https://portal.dnb.de/opac.htm abrufbar.

Reguvis Fachmedien GmbH
Amsterdamer Str. 192
50735 Köln
service@reguvis.de
www.reguvis.de

ISBN (Print): 978-3-8462-1608-8



Titelabbildung: © TVnews-Hessen
Satz: Cicero Computer GmbH, Bonn
Druck und buchbinderische Verarbeitung: Appel & Klinger Druck und Medien GmbH, Schneckenlohe

Printed in Germany

# Vorwort

Nach der Untersuchung des Einflusses von akuten Baumängeln und Bauschäden auf den Verkehrswert[1] lag es nahe, den Einfluss von fachgerecht beseitigten Baumängeln und Bauschäden näher zu betrachten. In diesem Zusammenhang muss man sich unweigerlich mit dem Begriff des merkantilen Minderwerts auseinandersetzen. Der Begriff als solcher, seine Geschichte, Verwendung und letztlich die Bemessung desselben sind so umfangreich, dass es für ein ganzes Buch reicht.

In der Vergangenheit haben sich viele Experten wie Sachverständige für Schäden an Gebäuden, Kfz-Sachverständige, Kunstexperten, Sachverständige für die Bewertung von bebauten und unbebauten Grundstücken und ganz besonders Juristen mit der Bedeutung des merkantilen Minderwerts beschäftigt.

Die Fachartikel und Ausarbeitungen reichen von theoretischen Analysen der Begrifflichkeit über philosophische Ansätze bis hin zur Infragestellung des Begriffes und seiner Sinnhaftigkeit als solcher.

Aber alle Ansätze helfen nichts, solange wir als Sachverständige die einfache Frage des Gerichts: „Liegt ein merkantiler Minderwert vor und, wenn ja, wie hoch ist dieser?", damit nicht beantworten können.

Natürlich muss man sich im Vorfeld der Fragestellung über die Bedeutung des merkantilen Minderwerts im Klaren sein und daher beschäftigt sich auch dieses Buch u.a. mit der Definition des Begriffes und seiner Reichweite.

Der erste Teil des Buches stellt den theoretischen Part dar. Hier werden Definitionen, bisherige Modellansätze aus der Literatur, Gerichtsurteile zum merkantilen Minderwert sowie häufige Fragestellungen rund um das Thema behandelt.

Der Schwerpunkt des Buches liegt in Teil 2. In diesem geht es um die praktische Anwendung, denn das ist es, worauf es in der Immobilienbewertung ankommt. In den Kapiteln in Teil 2 werden typische Fallbeispiele beschrieben, umfangreiche Marktuntersuchungen bzgl. der Abneigungen des Marktes in Bezug auf verschiedene Szenarien wie Verbrechen, Mysteriöses, beseitigte Baumängel und Bauschäden und ehemalige Altlasten vorgestellt. Darüber hinaus werden Vorgehensweisen zur Ermittlung der Höhe des merkantilen Minderwerts aufgezeigt und an zahlreichen Beispielen praktiziert.

Die Idee des Buches ist weniger, ein Schema oder gar die eine richtige Lösung vorzugeben. Vielmehr sollen Ideen und Gedankenanstöße vermittelt werden, die jeden einzelnen Sachverständigen in die Lage versetzen, eine individuelle, aber nachvollziehbare und plausible Antwort auf die Frage nach dem merkantilen Minderwert zu geben.

---

1 *Unglaube, D.:* Baumängel und Bauschäden in der Wertermittlung, 2. Aufl., Reguvis, Köln 2024.

# Inhaltsverzeichnis

# TEIL I

# Theorie

# 1 Marktverhalten

In der Literatur, in Stellungnahmen und Urteilen sowie Kritik bzgl. der Daseinsberechtigung und Bewertung des merkantilen Minderwerts taucht immer wieder die These auf, dass es diesen nicht geben könne, da der Markt rational handle. Der merkantile Minderwert stellt per Definition den Minderwert dar, der trotz vollständiger fachgerechter Beseitigung von Baumängeln und Bauschäden verbleibt, weil das maßgebliche Publikum das Vertrauen in die bauliche Qualität verloren hat, auch wenn diese Sorge unbegründet ist.

Es könne keine Wertabschläge für beseitigte Baumängel oder Bauschäden geben, denn wenn diese fachgerecht beseitigt worden seien, dann würden diese auch nicht wieder auftreten. Es werde ein mangelfreies Objekt verkauft und somit gebe es auch keine Wertminderung. Gleiches gelte für ehemalige Kontaminationen auf dem Grundstück. Was beseitigt ist, ist nicht mehr da und kann den Markt auch nicht beunruhigen. So wird oft argumentiert.

Also wäre zuerst zu klären, ob der Markt denn rational entscheidet. Denn, wenn dem so ist, fällt die Bewertung leicht, dann ist der merkantile Minderwert gleich null.

Zu diesem Thema hat *Dan Ariely*, Professor für Verhaltensökonomik an der Duke University South Carolina, zahlreiche sehr interessante Versuche durchgeführt.[2]

In einem Versuch zeigt er, dass Menschen ihren Besitz sehr hoch bewerten. So kommt es, dass Eigentümer von Immobilien den Wert ihrer Immobilie i.d.R. höher einschätzen, als es die Kaufinteressenten tun. Zum Beweis dieser Annahme verloste Ariely Tickets für ein Basketballspiel an seine Studenten. Diese Verlosung unterteilte die Studenten in Gewinner, die ein Ticket durch das Los erhielten, und Verlierer, die keines bekamen. Danach fragte er die Verlierer, für welchen Geldbetrag sie ein Ticket von einem Gewinner abkaufen würden. Die meisten nannten einen Betrag um die $ 170. Dann befragte er die Gewinner, für welchen Preis sie die Tickets verkaufen würden. Der Durchschnittspreis war $ 2,400.

Die Gruppe der Verlierer begründete den Betrag von $ 170 mit der Überlegung, was man alles für das Geld machen könne. Man könne in einer Sportsbar das Spiel umsonst schauen, etwas dazu essen und trinken und hätte dann noch etwas Geld für anderes übrig. Und schließlich seien $ 170 auch viel Geld.

Die Gruppe der Gewinner begründete den Betrag von $ 2,400 damit, dass dieses Spiel eine prägende Erinnerung an die Zeit an der Universität sei, ein Erlebnis, von dem sie noch ihren Kindern und Enkeln erzählen würden, und dass Erinnerungen nicht in Geld aufzuwiegen seien.

Rational betrachtet, hätten beide Gruppen das Spiel gleich wertschätzen müssen. Interessanterweise wurden ihre Meinungen zu dem Spiel durch das Losverfahren geändert.

Ariely führt das Verhalten auf die Tatsache zurück, dass die Menschen lieben, was sie besitzen. Sie fixieren sich auf das, was sie verlieren, und nicht auf das, was sie gewinnen können (Verlustaversion), und sie gehen davon aus, dass der Geschäftspartner die Transaktion aus der gleichen Perspektive betrachtet wie sie selbst.

---

2 *Ariely, D.*: Denken hilft zwar, nützt aber nichts, Droemer, München, 2008.

Je mehr Arbeit man z.B. in ein Haus gesteckt hat, desto mehr fühlt man sich mit dem Besitz verbunden. Daher wird der Verkäufer immer der Meinung sein, dass er zu wenig für seine Immobilie erhalten hat, und der Käufer wird glauben, dass er zu viel bezahlt hat. Der Verkäufer verknüpft Erinnerungen an das Haus und verbindet viele wichtige Lebensstationen mit dem Haus. Der Käufer betrachtet die neue Immobilie und sieht möglicherweise als Erstes die Mängel und Schäden und will keinesfalls zu viel dafür bezahlen.

Diese erste Untersuchung zeigt, dass die Käuferreaktionen eben nicht rational sind.

Ein weiteres Beispiel ist die von Ariely bezeichnete Illusion von Angebot und Nachfrage. Hierbei beschreibt er, wie ein Händler schwarze nicht gefragte Perlen zu einem wertgeschätzten und begehrten Schmuck machte, in dem er diese in einer Juwelierauslage neben Diamanten und Edelsteinen positionierte und einen immensen Geldbetrag dafür verlangte. Nach kurzer Zeit war die Nachfrage immens.

Ariely erklärt das damit, dass das menschliche Gehirn sich erste Eindrücke und Entscheidungen einprägt. Die sogenannte Ankerzahl (Anchorung-Effect), das erste Gebot, wird üblicherweise nicht mehr unterboten. Auch hierzu führte er einen Test durch. Seine Studenten sollten auf einem Blatt Papier zunächst die letzten beiden Ziffern ihrer Sozialversicherung als Dollarbetrag notieren. So schrieben diejenigen mit den Ziffern 1 und 9, also $ 19, auf. Dann sollten sie zu verschiedenen Produkten schreiben, ob sie mehr oder weniger als diesen Betrag für die einzelnen Positionen bezahlen würden. Überraschenderweise nahmen alle Befragten die notierten Werte als Ankerzahl und bewerteten die anderen Produkte entsprechend. Je höher die beiden letzten Ziffern waren, desto höher preisten die Studenten die Objekte ein. Hieraus wird deutlich, dass eine völlig zufällige Zahl, die in keinerlei Bezug zu den Preisen der Objekte steht, einen Einfluss auf den Wert der Dinge hat.

Betrachtet man den Einfamilienhausmarkt, dann wird schnell klar, dass es sich beim Kauf eines Zuhauses nicht nur um eine große Investition, sondern vielmehr um den Beginn eines neuen Lebensabschnitts der Käufer handelt. Rationale Faktoren wie Wohnfläche und Bausubstanz stehen dabei im Hintergrund der Entscheidung. Viel wichtiger sind emotionale Faktoren. Wird man sich in der Immobilie wohlfühlen, gibt es Sorgen um die Gesundheit, z.B. bei Schadstoffen, passt das Haus zu meiner Lebenssituation, kann ich das auch langfristig bezahlen und so weiter.

In Deutschland hat das eigene Heim einen besonders hohen Stellenwert. Es symbolisiert einen gewissen Wohlstand und Unabhängigkeit. Mit dem Kauf einer eigenen Immobilie werden auch Hoffnungen an die Zukunft geknüpft.

Die vorherigen Ausführungen über die Versuche nach Ariely können in drei Haupteinflussfaktoren, die insbesondere auch auf den Einfamilienhauskauf übertragbar sind, zusammengefasst werden:

- Verlustaversion
- Anchoring-Effekt
- Confirmation Bias

### Verlustaversion

Die Verlustaversion ist ein Bestandteil der Prospect Theory (Erwartungstheorie), die 1979 von *Kahneman und Tversky*[3] aufgestellt wurde.

Eine wichtige Erkenntnis dieser Theorie ist, dass sich Individuen in Entscheidungssituationen irrational verhalten, wenn Unsicherheiten eine Rolle spielen.

Verlust ist eine typisch menschliche Angst. Diese ist Hauptursache, dass Marktteilnehmer keine rationalen Entscheidungen treffen. Die Verlustaversion beschreibt die Neigung von Menschen, Verluste stärker zu fürchten als Gewinne zu schätzen.

Im Immobilienmarkt führt das häufig dazu, dass Käufer eher risikoscheu sind. Sie haben eine stärkere Tendenz, in sichere Immobilien zu investieren. Somit lehnen sie dann attraktive Angebote ab, um einem möglichen Verlust zu entgehen.

Andererseits kann diese Verlustangst auch dazu führen, dass die Interessenten schnelle Entscheidungen treffen. Die Sorge, dass ein anderer Interessent das Haus vor ihnen kaufen könnte, kann dazu führen, dass Käufer übereilte Entscheidungen treffen.

### Anchoring-Effect

Der Anchoring-Effect, der Ankereffekt, ist ein Begriff aus der Kognitionspsychologie und beschreibt den Effekt, dass Menschen ihre Entscheidungen stark an einem ersten Eindruck oder einer ersten Information orientieren, auch wenn diese möglicherweise in keinem kausalen Zusammenhang mit dem Kauf steht. Die Folge ist eine systematische Verzerrung in Richtung des Ankers.

Für Anker gibt es zwei Wirkungsweisen:

- Der Anker aktiviert als Reiz unbewusst Gedächtnisinhalte und Assoziationen, welche im Anschluss die Entscheidung beeinflussen, oder
- der Anker liefert den Ausgangspunkt oder Startwert für einen bewussten Gedankengang, der zu einem rational begründeten Urteil führen soll.

Die Ankerzahl, die in Form des Angebotspreises im Immobilienmarkt gesetzt wird, ist maßgeblich für den Verlauf des Verkaufsprozesses.

Wird zu Beginn des Verkaufsprozesses ein sehr hoher Preis gesetzt, wird der Eindruck erweckt, die Immobilie sei sehr exklusiv. Selbst wenn der Preis im Nachgang gemindert wird, bleibt dieser Anfangswert, die Ankerzahl, in Erinnerung. Nun hat der Käufer das Gefühl, ein gutes Geschäft gemacht zu haben, da er die Immobilie zu einem niedrigeren Preis als dem zuvor aufgerufenen erworben hat.

Ist die Ankerzahl zu hoch oder zu niedrig, kann es dazu führen, dass Käufer und Verkäufer unrealistische Erwartungen haben.

---

3 *Kahneman, D./ Tversky, A.*: Prospect Theory: An Analysis of Decision under Risk. In: Econometrica. Band 47, 1979, S. 263 bis 292.

### Confirmation Bias

Der Confirmation Bias, auf deutsch „Bestätigungsfehler", ist ein Begriff der Kognitionspsychologie. Die erste Theorie hierzu stammt von *Peter Wason*.[4,5] Der Bestätigungsfehler betrifft viele Prozesse der Informationsverarbeitung und wird mittlerweile als Grundlage für verschiedene Verzerrungen und Urteilsfehler angesehen. Er bezeichnet die Neigung der Käufer, tendenziell Informationen zu bevorzugen, die ihre eigenen Überzeugungen unterstützen.

Das ist sehr häufig zu beobachten, wenn man als Sachverständiger die Käufer begleitet, die eine Immobilie kaufen möchten und nach dem Ortstermin eine sachverständige Einschätzung erwarten. Dann fällt es oft auf, dass sie die opportunen Aspekte realisieren und bekräftigen „ja nicht wahr, die Lage ist wirklich großartig". Aber wenn man z.B. negative Punkte anspricht wie einen Feuchteschaden im Keller und der Käufer das eigentlich nicht hören möchte, heißt es „ja gut, da kümmern wir uns dann drum, aber die Lage…".

Das führt dazu, dass potenziell relevante Informationen übersehen oder kleingeredet werden, sodass diese bei der Gesamtbewertung des Käufers unbeachtet bleiben. Es ist bekannt, dass Sachverständige eine Immobilie mit ganz anderen Augen und Schwerpunkten sehen als die Marktteilnehmer.

Die vorgenannten psychologischen Aspekte beeinflussen die Kaufentscheidung maßgeblich. Dazu kommen noch emotionale Bindungen an ein Grundstück. Wenn der Käufer positive Erlebnisse vielleicht auch aus der Kindheit mit dem neuen Grundstück assoziiert – „so einen Baum hatten wir früher auch im Garten…" – dann kann er sich aufgrund seiner Lebensgeschichte mit dem Grundstück verbunden fühlen, sich zu Hause fühlen und damit seine Kaufentscheidung beeinflussen. Auch spielen soziale Einflüsse eine große Rolle beim Grundstückskauf. Was sagen die Freunde und die Familie? Nicht selten werden beim zweiten Begehungstermin ein Familienmitglied oder Freunde mitgenommen. Diese sehen die Immobile etwas differenzierter als der Interessent. Sind diese auch positiv eingestellt, steht dem Kauf nichts mehr im Weg.

Die vorangestellten Ausführungen zeigen deutlich, dass Kaufentscheidungen überwiegend nicht rational getroffen werden. Viele Dinge passieren sogar unterbewusst. Natürlich ist zwischen den Teilmärkten zu unterscheiden. Große Investoren, die Renditeobjekte kaufen und im Vorfeld eine ausführliche „Technische Due Diligence" in Auftrag geben, handeln überwiegend rational im Zusammenhang mit der Kaufentscheidung. Für Familien, die ein Zuhause suchen und eine Zukunft aufbauen wollen, sind „harte Fakten" nebensächlich, hier spielen Themen wie Wohlfühlen, Gesundheit, soziales Umfeld und Infrastruktur eine wesentlich größere Rolle.

Was die Existenz des merkantilen Minderwerts angeht, kann hieraus abgeleitet werden, dass dieser im Teilmarkt Einfamilienhaus sicherlich existiert, inwieweit er in den anderen Teilmärkten abbildbar ist, wird im Einzelfall zu prüfen sein.

---

4 *Schneider, S.*: Übersicht ausgewählter Informationspathologien. Auszug aus einem Forschungsbericht 2012, S. 2 (https://www.fh-kiel.de/fileadmin/data/wirtschaft/dozenten/schneider_stephan/science/researchreport/informationspathologien.pdf).

5 *Wason, P.*: Reasoning about a rule. In: Quarterly Journal of Experimental Psychology, Band 20, 1968, S. 273 bis 281.

# 2 Frequently asked Questions (FAQ)

Nach intensiver Beschäftigung mit dem Thema merkantiler Minderwert konnten acht wesentliche Fragen herausgearbeitet werden, die in verschiedenen Quellen immer wieder gestellt und diskutiert wurden. Auch in Seminaren und Webinaren treten diese in unterschiedlichem Kontext immer wieder auf. Daher soll dieses Buch dazu beitragen, die Fragen zu beantworten. In diesem Kapitel werden diese zusammengetragen.

Die Antworten auf diese Fragen werden in den folgenden Kapiteln im ersten Teil des Buches diskutiert. Insbesondere in *Kapitel 5* erfolgt eine detaillierte Auseinandersetzung zu den Themen und Darstellungen der Sichtweisen der Kollegen, die sich in der Vergangenheit ebenfalls mit dem merkantilen Minderwert beschäftigt haben. Eine Zusammenfassung und Beantwortung der Fragen finden sich in *Kapitel 8*.

1. **Ist der merkantile Minderwert auf die Immobilienbewertung übertragbar?**

   In der Vergangenheit kam immer wieder die Frage auf, inwieweit der Begriff oder das „Phänomen" des merkantilen Minderwerts, der ursprünglich aus der Kraftfahrzeugbewertung stammt, auf die Immobilienbewertung zu übertragen ist. Es werden Vergleiche angestellt und die Unterschiede zwischen Autos und Häusern beschrieben, die vermeintlich ein Beweis dafür sind, dass beide nicht vergleichbar sind und daher eine Übertragbarkeit nicht gegeben sei. Andererseits hat sich die Rechtsprechung eher in Richtung merkantiler Minderwert bei Immobilien bewegt.

2. **Wie verhält sich der merkantile Minderwert im Verlauf der Zeit und ab wann ist er nicht mehr darstellbar?**

   Viele Sachverständige haben sich bei den Überlegungen zur Ermittlung der Höhe des merkantilen Minderwerts auf das Risiko des Wiedereintritts des Schadens und damit auf die Wahrscheinlichkeitsberechnung desselben konzentriert. Es kursieren diverse Formeln zur Darstellung des Verlaufes der Schadenseintrittswahrscheinlichkeit. Dagegen steht die Frage, inwieweit solche mathematischen Ansätze wirklich den Markt abbilden.

3. **Zu welchem Zeitpunkt ist der merkantile Minderwert zu ermitteln?**

   Diese Frage scheint die spannendste der Fragen zu sein. Kann es am Wertermittlungsstichtag einen merkantilen Minderwert geben, wenn der Schaden noch nicht beseitigt ist? Als Sachverständige unterliegen wir den Zwängen von Modellkonformität und Stichtagsprinzip. Andererseits muss marktgerecht bewertet werden. Wie kann Modellkonformität, Stichtagsprinzip und marktgerechte Bewertung beim Thema merkantiler Minderwert für noch nicht beseitigte Schäden in Einklang gebracht werden?

4. **Gibt es eine Offenbarungspflicht für fachgerecht beseitigte Baumängel und Bauschäden bzw. frühere Geschehnisse im Gebäude?**

   Es gibt Juristen, die sagen, dass man einen beseitigten Schaden nicht angeben muss. Auch einige Bauschadenbewerter schließen sich der These an mit der Begründung, dass der Schaden am Stichtag ja nun nicht mehr vorhanden ist. Die Immobilienbewerter haben dabei kein gutes Gefühl, denn sie wissen, dass der Markt auf einzelne auch beseitigte Schadensarten, z.B. einen Hausschwammbefall, sensibel reagiert. Und dann gibt es noch diverse Urteile zu arglistig verschwiegenen Mängeln und Schäden oder Schäden, die der

Käufer aufgrund einer Gebäudebeschreibung nicht hinnehmen muss, und welchen Bauzustand er in Zusammenhang mit der Gebäudebeschreibung erwarten kann. In welchen Fällen sind beseitigte Schäden offen zu legen und wann nicht? Wohl wissend, dass ein nicht offenbarter Schaden auch keinen Werteinfluss haben kann.

5. **Schließt der Haftungsausschluss für Sachmängel im Vertrag die Geltendmachung eines merkantilen Minderwerts aus?**

   Das Thema merkantiler Minderwert taucht immer häufiger im Zusammenhang mit der Bewertung eines technischen Minderwerts im Bereich der Bauschadenbewertung auf. Damit stellt sich die Frage, inwieweit ein Haftungsausschluss im Vertrag das Vorhandensein eines merkantilen Minderwerts negiert.

6. **Steht das Werkvertragsrecht dem merkantilen Minderwert entgegen?**

   Wie auch bei Frage fünf beschrieben, gibt es im Zuge der Bewertung einer merkantilen Wertminderung Schnittmengen mit der Bauschadenbewertung. Insofern kommen Fragen im Zusammenhang mit dem Werkvertragsrecht auf. Kann man einem Unternehmer den Werklohn über den technischen Minderwert und die Mangelbeseitigungskosten hinaus kürzen, wenn das Werk am Ende doch mangel- bzw. fehlerfrei ist?

7. **In welchen Zuständigkeitsbereich fällt die Bewertung eines merkantilen Minderwerts?**

   Eben wegen des umfangreichen Feldes, in dem der merkantile Minderwert auch themenübergreifend auftritt, stellt sich oftmals die Frage, wer denn nun der qualifizierteste Sachverständige für die Ermittlung des merkantilen Minderwerts ist. Der Immobilienbewerter kennt den Markt, hat aber keine tiefergehenden Kenntnisse von Bauschäden. Der Bauschadenbewerter kennt sich mit detaillierten Fragestellungen zum Bauwerk aus, hat aber keine Marktkenntnis.

8. **Wie kann ein merkantiler Minderwert marktgerecht ermittelt werden?**

   Last but not least die wichtigste Frage: Wie wird der merkantile Minderwert ermittelt? Hierzu gibt es zahlreiche Ansätze aus der Vergangenheit, die über die Jahre aufgegriffen und weiterentwickelt wurden. Leider war der Marktbezug immer wieder ein Kriterium, das nicht erfüllt war.

# 3 Definitionen und Begrifflichkeiten

Der Begriff „merkantiler Minderwert" stammt ursprünglich aus dem Kraftfahrzeugbereich. Er bezeichnet ein ungutes Gefühl, eine Restsorge, die nach vollständiger Reparatur eines Unfallwagens verbleibt. Er basiert auf der Annahme, dass ein Käufer für einen vollständig reparierten Unfallwagen weniger bezahlen würde als für einen vergleichbaren Wagen, der keinen Unfall erlitten hat. Dieser Wertunterschied wird als merkantiler Minderwert bezeichnet.

Die Übertragbarkeit des Begriffs auf die Immobilienbewertung wird in *Kapitel 4.1* behandelt. Die merkantile Wertminderung ist in der Immobilienwertermittlungsverordnung gemäß § 8 den besonderen objektspezifischen Grundstücksmerkmalen zuzuordnen. Auf die Wertermittlung im Einzelnen wird in *Kapitel 12* eingegangen.

## 3.1 Merkantiler Minderwert

In der Immobilienbewertung stellt der merkantile Minderwert die Wertdifferenz zwischen einem mangelfreien Objekt und einem zum Zeitpunkt der Bewertung mangelfreien, aber ehemals mangelbehafteten Objekt dar.

Der Begriff „merkantiler Minderwert" ist zwar nicht im BGB definiert, es gibt aber drei BGH-Urteile, aus denen eine Definition hervorgeht.

> **BGH, Urt. v. 9.1.2003 – VII ZR 181/100**
>
> „Unter einem merkantilen Minderwert ist dabei der Betrag zu verstehen, um den sich der Verkehrswert eines Grundstücks, das einen Mangel aufwies, trotz vollständiger Beseitigung dieses Mangels in technisch einwandfreier Weise (auch z. B. aufgrund eines Bauschadens) in der allgemein verbliebenen Befürchtung mindert, dass sich ein Folgeschaden irgendwie auch künftig auswirken könnte, auch wenn diese Befürchtung tatsächlich unbegründet ist. Der merkantile Minderwert wird auch als psychologischer Minderwert bezeichnet."
>
> **BGH, Urt. v. 24.2.1972 – VII ZR 177/70 –, BGHZ 58, 181 = EzGuG 3.38b**
>
> „Der merkantile Minderwert liegt in der Minderung des Verkaufswerts einer Sache, die trotz völliger und ordnungsgemäßer Instandsetzung deshalb verbleibt, weil bei einem großen Teil des Publikums vor allem wegen des Verdachts verborgen gebliebener Schäden eine den Preis beeinflussende Abneigung gegen den Erwerb besteht."
>
> **BGH, Urt. v. 8.12.1977 – VII ZR 60/76**
>
> „Ein merkantiler Minderwert liegt vor, wenn nach erfolgter Mängelbeseitigung eine verringerte Verwertbarkeit gegeben ist, weil die maßgeblichen Verkehrskreise ein im Vergleich zur vertragsgemäßen Ausführung geringeres Vertrauen in die Qualität des Gebäudes haben."[6]

Der merkantile Minderwert umfasst damit eine psychologische Komponente, die sich in einer auch irrationalen und unbegründeten Angst vor einem Wiedereintritt des Schadens oder einer Abneigung gegen den Erwerb widerspiegelt. In dem Zusammenhang ist darauf hinzuweisen, dass es dabei nicht um einen bloß eingebildeten Schaden geht, sondern vielmehr darum,

---

6 BGH, Urteil vom 06.12.2012, VII ZR 84/10; BGH, Urteil vom 09.01.2003, VII ZR 181/00; BGH, Urteil vom 15.12.1994, VII ZR 246/93; BGH, Urteil vom 11.07.1991, VII ZR 301/90; BGH, Urteil vom 19.09.1985, VII ZR 158/84; OLG Oldenburg, Urteil vom 11.12.2014, 8 U 140/09.

dass das Objekt eine nicht mehr zu beseitigende Eigenschaft erlangt hat, die die Wertbemessung dauerhaft negativ beeinflusst und somit einen objektivierbaren Schaden darstellt.[7]

*Zöller*[8] bezeichnet den merkantilen Minderwert als „Mangelfolgeschaden", der neben den vertraglichen Mangelrechten wie Erfüllung, Nacherfüllung oder Minderung als Alternative zur Erfüllung zusätzlich geltend gemacht werden könne. Nach dem BGH Urt. v. 19.9.1985[9] gehört der merkantile Minderwert zu den Mangelfolgeschäden, die nach § 280 Abs. 1 BGB zu ersetzen sind.

Er steht damit im kompletten Gegensatz zu dem technischen Minderwert.

## 3.2 Technischer Minderwert

Ein technischer Minderwert liegt vor, wenn trotz einer Instandsetzung der vertraglich geschuldete Zustand nicht erreicht werden kann. Für Baumängel bedeutet dies, dass ein technischer Minderwert anzunehmen ist, wenn trotz erfolgter Mangelbeseitigung der Gebrauchs- und Nutzwert oder ggf. auch das optische Erscheinungsbild des Bauwerks beeinträchtigt bleibt. Maßstab für seine Berechnung ist die Beeinträchtigung:

- der technischen und optischen Funktionstauglichkeit,
- der Haltbarkeit,
- der Höhe der Betriebs- und Instandsetzungskosten,
- der Nutzbarkeit.

Seine Höhe kann mit Hilfe nachvollziehbarer und nachprüfbarer Schätzmethoden festgestellt werden, z.B. von *Oswald und Abel*[10] oder nach der Zielbaummethode nach *Aurnhammer und Kamphausen*[11].

Im Folgenden werden unterschiedliche Vorgehensweisen zur Ermittlung des technischen Minderwerts dargestellt. Auch wenn der technische Minderwert nicht Thema dieses Buches ist, so gibt die Historie zur Ermittlung des technischen Minderwerts Aufschluss über die Daseinsberechtigung des merkantilen Minderwerts.

### 3.2.1 Monetäre Bewertungsansätze

Der monetäre Bewertungsansatz kann sinnvoll sein bei Mängeln, die direkte wirtschaftliche Nachteile mit sich bringen. Dies können z.B. erhöhte Bewirtschaftungskosten oder Mietausfälle sein. Der Minderertrag ist dann über die Nutzungsdauer der Immobilie zu kapitalisieren. Problematisch dabei ist, dass bei Kapitalisierung über einen längeren Zeitraum die steigenden Kosten nicht berücksichtigt werden. Eigentlich kann diese Betrachtung nur im Rahmen einer Immobilienbewertung im jeweiligen Modell erfolgen. Ansonsten ist die Argumentation

7 BGH, Urt. v. 8.12.1981 – VI ZR 153/80 –, NJW 1982, 828.

8 *Zöller, M.*: Der merkantile Minderwert: technische und rechtliche Widersprüche, Einleitung, in: Oswald, R./ Zöller, M. (Hrsg.): Aachener Bausachverständigentage 2018, Springer Vieweg, Wiesbaden 2018, S. 133 ff.

9 BGH, Urt. v. 19.9.1985 – VII ZR158/84; OLG München, Urt. v. 17.12.2013 – 9 U 960/13.

10 *Oswald, R./ Abel, R.*: Hinzunehmende Unregelmäßigkeiten bei Gebäuden: Typische Erscheinungsbilder – Beurteilungskriterien –Grenzwerte, Vieweg, Wiesbaden 2005.

11 ARGE Dr. Aurnhammer: Lehrgangsunterlagen, 2000.

des verwendeten Zinssatzes sowie der angesetzten Nutzungsdauer schwierig. Gerade diese Parameter beeinflussen das Ergebnis enorm *(siehe Beispiel unter 3.2.7).*

### 3.2.2 Nutzwertanalyse (NWA)

Bei der Nutzwertanalyse erfolgt die Zerlegung eines Hauptproblems in kleinere Einzelprobleme. Dabei werden Kriterien festgelegt und diese gewichtet. In einem weiteren Schritt wird die Beeinträchtigung geschätzt. Dadurch wird die Abweichung des Istzustands vom Sollzustand dargestellt. Wichtig bei dieser Vorgehensweise ist die Festlegung des Hauptziels und die zugrunde liegenden Herstellkosten. Es muss eingangs ganz bewusst entschieden werden, worauf sich die Einschätzung bezieht. Handelt es sich um eine Fliesenwand oder um das ganze Bad? Die Annahme, die diesem Verfahren zugrunde liegt, ist, dass die Summe der Einzelkriterien das Hauptziel ergibt.

1978 entwickelte *Auernhammer* auf der Basis der NWA ein Verfahren zur Minderwertermittlung. Das Ergebnis ist eine Kostengröße. Auch hier wird eine Aufgliederung des Gesamt-Nutzwerts in möglichst viele Einzelziele bzw. Beurteilungskriterien durchgeführt. Es entsteht eine baumartige Struktur, der sogenannte „Zielbaum". Die Wertminderung wird dabei als negative Abweichung vom Sollzustand dargestellt. Das Verfahren ist auf den NUTZEN und nicht auf den PREIS orientiert. Dazu erfolgt am Anfang eine Aufteilung in „Nutzwert" und „Geltungswert" Danach werden die Hauptkriterien in Unterkriterien aufgeschlüsselt. Über die Multiplikation der einzelnen Gewichtungen [%] mit den jeweiligen Minderungen ergibt sich durch deren Aufsummierung am Ende die Wertminderung [%]. Der sich ergebende prozentuale Ansatz der Wertminderung ist dann auf die Herstellkosten des eingangs betrachteten Bereichs (Fliesenwand, Bad etc.) zu beziehen.

Problematisch bei der Vorgehensweise ist, dass es viele Stellschrauben gibt und somit eine große Bandbreite an Ergebnissen entstehen kann. Wie jede Näherungsmethode ist sie aufgrund der erforderlichen Einschätzungen ein Stück weit subjektiv. Je verästelter der Zielbaum, je mehr Unterkriterien betrachtet wurden, desto kleiner ist die Minderung. Die Zerlegung in die Unterkriterien ist zwar notwendig, aber tatsächlich besteht ein Bauteil nicht aus der Addition seiner Funktionen. Sie sind nur unterschiedliche Aspekte des Bauteils. Wie *Zöller* schon feststellte, werden bei der Zielbaummethode von *Auernhammer* nur einzelne Werkleistungen betrachtet. Ausstrahlungen auf andere Bauteile werden nicht berücksichtigt. Bei großen Abweichungen des Istzustands zum Sollzustand ist das Verfahren nicht anwendbar.

### 3.2.3 Nutzwertanalyse nach Oswald

1995 brachte *Oswald* einen Leitfaden zu „hinzunehmenden Unregelmäßigkeiten bei Neubauten" heraus. Dabei entwickelte er Algorithmen als Ergänzung zur Zielbaummethode von *Auernhammer*. Zunächst erfolgt eine Vorabeinschätzung. Dabei wird der Grad der funktionalen und der optischen Gebrauchstauglichkeit in einer Matrix eingeordnet. Diese ist grob in drei Bereiche eingeteilt.

- Hinzunehmende Unregelmäßigkeiten (Bagatelle),
- hinnehmbare Unregelmäßigkeiten (Minderwert oder Nacherfüllung),
- nicht hinnehmbare Unregelmäßigkeiten (durch Nacherfüllung zu beseitigende Mängel).

Die Vorgehensweise ist zur Weichenstellung für das weitere Verfahren, wie mit einem Mangel als vertragliche Unterschreitung des Leistungssolls umgegangen werden soll, sinnvoll. Es stellt auch eine gute Basis zur Feststellung der Verhältnismäßigkeit (Bagatelle/hinnehmbar/ nicht hinnehmbar) dar. Tatsächlich kann es i.d.R. nur bei hinzunehmenden Mängeln Gültigkeit bekommen. Daher liegt der technische Minderwert üblicherweise in einer Spanne von 5 bis 15 % der Herstellkosten. Würde sich eine Minderung in Höhe von bspw. größer 50 % ergeben, dann wäre der Mangel nicht hinnehmbar. Für komplexere Sachverhalte, bei denen es Auswirkungen der Bauteile untereinander gibt, oder bei Vorkommen mehrerer Mängel können keine Minderungswerte abgelesen werden.

### 3.2.4 Alternative Methoden

*Mortensen* hat 1998 die Nutzwertanalyse weiter modifiziert. Leider liefert sein Ansatz bisher keine ausreichenden Ergebnisse. Seine Idee stellt darauf ab, dass ein Gesamtbauwerk nicht die Summe der Einzelbauteile darstellt. Zur Berücksichtigung der Ausstrahlung von Mängeln führt er einen sogenannten „mangelspezifischen Faktor" *m* ein. Bei seiner Vorgehensweise wird zunächst mittels Zielbaummethode eine Minderwertermittlung auf Basis der Herstellkosten durchgeführt. Am Ende wird der mangelspezifische Faktor *m* berücksichtigt mit einer Größe zwischen 1,0 und 5,0. Die Höhe des Faktors ist dabei frei schätzbar, muss aber begründet werden. Bei diesem Verfahren wird praktisch die Zielbaummethode nach oben korrigiert. Damit soll der Annahme Rechnung getragen werden, dass ein Mangel auch auf andere Bauteile bzw. das Gesamtbauwerk ausstrahlt.

Die Idee ist nachvollziehbar, aber das Problem bei dem Verfahren ist zum einen, dass es bei dem Faktor 1 bis 5 um eine Erhöhung des Ausgangswerts um bis zu 400 % geht, und zum anderen, dass die Wahl des Faktors schwierig bis unmöglich ist. Das größte Problem an dem Verfahren ist, dass es durch den „mangelspezifischen Faktor" nicht mehr ausschließlich auf einer rationalen Betrachtung basiert und zusätzlich dieser subjektive Faktor einen großen Anteil am Gesamtergebnis hat. Außerdem führt das Hinzufügen eines subjektiv geschätzten Faktors für die Ausstrahlung zu einer Vermischung der unterschiedlichen Anspruchsgrundlagen.

### 3.2.5 Bewertungstabelle

Einzelne Gewerke und Verbände geben Formblätter für die handwerklichen Sachverständigen heraus. Die Bewertung erfolgt dann mittels Formblatt zuzüglich eines Zuschlags auf die ermittelte Wertminderungsquote nach der repräsentativen Funktion des Gebäudes. Der Zuschlag liegt zwischen 0 bis 0,8 % des Ausgangswerts. Dies würde einem Faktor ähnlich dem von *Mortensen,* aber nur in der Spanne 1 bis 1,8 entsprechen. Zu kritisieren ist hier das Gleiche wie bei *Mortensen*. Der Faktor ist schwer begründbar und führt aufgrund seiner Subjektivität zu einer Vermischung der unterschiedlichen Anspruchsgrundlagen.

## 3.2.6 Ausstrahlungsfaktor

Auch *Zöller* hat sich mit dem Thema „Ausstrahlungsfaktor" beschäftigt und dabei folgende Fragen gestellt:

- Wie lässt sich ein angemessener Minderwert für die Einschränkung eines kleinen Teilbereichs ermitteln?
- Ist die Bezugsgröße nur der betroffene Bereich oder strahlt die Einschränkung auf das ganze Objekt (Wohnung/Haus) aus?
- Wie kann die Wirkung von dem einen auf die anderen Teile quantifiziert werden?

Wenn sich wertmindernde Eigenschaften eines Teils erheblich auf andere auswirken, sollte die ganze betroffene Einheit (Wohnung/Objekt) betrachtet werden. An einem Beispiel erläutert *Zöller*:

> „[...] Wenn zum Beispiel der Eingangsbereich einer repräsentativen Villa im Nobelviertel aufgrund von Putzablösungen geschädigt ist (Wasserschaden in Wohnung darüber). Dann ist der Geltungswert der anderen Räume vom Schaden im Eingang betroffen (Visitenkarte, schlechter Eindruck). Tatsächlich sind die Bereiche des Hauses nur wenig durch den schadhaften Eingang beeinflusst. Eine Betrachtung nach Teilbereichen würde ein viel zu geringes Ergebnis liefern. [...]"

Laut *Zöller* stellt der Ausstrahlungsfaktor eine nachvollziehbare Zuordnung von ausstrahlenden Effekten auf umgebende Bauteile dar. Alternativ könnten zwar auch alle betroffenen Einzelmerkmale betrachtet werden. Dies würde aber zu mehreren sehr kleinen prozentualen Minderwerten führen und unübersichtlich und schwer nachvollziehbar sein.

*Zöller* betont, dass der Ausstrahlungsfaktor kein Hebefaktor der Einzelkriterien sei, sondern vielmehr ersetze er Minderwerte anderer Bauteile durch die durch die Ausstrahlung betroffenen Bereiche. Die Idee ist, dass die Summe aller Teilwerte 100 % beträgt.

## 3.2.7 Beispiel: Brüstungselement vor Festverglasung

Aufgrund eines Planungsfehlers wurde eine durchgehende Glasbrüstung über einer dreiteiligen Verglasung errichtet. Die beiden außenstehenden Flügel sind öffenbar, der Mittelflügel besteht aus einer Festverglasung. Bei der Abnahme wird bemängelt, dass die Gebrauchstauglichkeit des Mittelflügels nicht gegeben sei, da die Glasbrüstung und das Fenster in diesem Bereich nicht zu reinigen sind. Aufgrund eines ebenfalls im Rahmen befestigten Sonnenschutzes ist der Abstand zwischen Brüstungsglas und Fensterglas mit 0,8 cm derart gering, dass kein Platz für Reinigungsgerät zur Verfügung steht.

Im Folgenden soll der technische Minderwert nach den vorgestellten Verfahren ermittelt werden.

#### Minderwert mittels monetärer Betrachtung

Man könnte die Fensterverglasung zum Putzen regelmäßig ausbauen lassen. Die Kosten hierfür werden mit 250,00 € pro Termin beziffert. Bei einem Reinigungsintervall von 1 x/Jahr und einem Zinssatz von 5 % ergibt sich ein Barwert nach Kapitalisierung über eine Restnutzungsdauer von 50 Jahren:

$250{,}00\ € \times ((1 + 0{,}05)^{50} - 1) / ((1 + 0{,}05)^{50} \times 0{,}05) = 250 \times 18{,}2559 = 4.563{,}98\ €$

**Summe: rd. 4.600,00 €**

Das Problem bei dieser Vorgehensweise ist, dass das Endergebnis maßgeblich abhängig ist von der Höhe des Zinssatzes und der Restnutzungsdauer. Es stellt sich die Frage, welcher Zinssatz zu verwenden ist. Bei Verwendung des Liegenschaftszinssatzes von bspw. 1 % ergäbe sich eine Wertminderung von 20.215,00 €. Auch stellt sich die Frage, welche Nutzungsdauer anzusetzen ist. Ist die Restnutzungsdauer von 50 Jahren zu verwenden, so wie es das Finanzamt tut? Oder könnten bei einem Neubau auch 80 Jahre entsprechend der neuen ImmoWertV richtig sein? Es ist ja davon auszugehen, dass das Haus eine solche Restnutzungsdauer hat. Oder ist auf die technische Lebensdauer der Fenster abzustellen von vielleicht 50 Jahren? Dabei wäre aber zu klären, wie es nach dem Einbau neuer Fenster weitergeht. Das Problem mit der Brüstung wäre auch bei neuen Fenstern vorhanden. Oder ist gar auf die Lebensdauer des Sonnenschutzes zu schauen? Und dann könnte man auch das Reinigungsintervall in Frage stellen. Muss das Fenster einmal oder vielleicht zwei oder mehrmals im Jahr gereinigt werden? Bei einem Turnus von zwei Reinigungen im Jahr ergäbe sich ein Minderwert von rd. 9.200,00 €. Hieran wird deutlich, wie vage diese Ermittlung ist und zu welcher Bandbreite an Ergebnissen sie führt.

### Minderwert mittels Zielbaummethode

| Hauptkriterium | Gewichtung | Teilkriterium | Gewichtung | Beeinträchtigung | Minderung |
|---|---|---|---|---|---|
| Gebrauchswert | 80 % | Material | 40 % | 0 % | 0 % |
| | | Funktion | 40 % | 80 % | 32 % |
| Geltungswert | 20 % | Optik | 20 % | 5 % | 5 % |
| Summe | | | | | 37 % |

Der Herstellungswert des gesamten dreiteiligen Fensters wird gemäß Angebot mit 2.000,00 € angesetzt. Entsprechend der vorbeschriebenen Zielbaummethode wird der Wert des Fensters in Gebrauchswert und Geltungswert aufgeteilt. Eine Aufteilung in 80 % Gebrauchs- und 20 % Geltungswert erscheint nachvollziehbar für die Gesamtfunktion eines Fensters. Der Gebrauchswert wird weiter unterteilt in 40 % Material und 40 % Funktion. Der Geltungswert entspricht dem Teilkriterium Optik, die geringfügig durch die Verschmutzung beeinträchtigt ist. Daher werden hier 5 % angesetzt. Die Beeinträchtigung der Funktion wird auf 80 % geschätzt. Dem liegt die Überlegung zugrunde, dass bei zunehmender Verschmutzung und Verkalkung des Fensters eine Transparenz desselben mittelfristig nicht mehr gegeben ist. Und die Möglichkeit, durch ein Fenster hindurchzuschauen und den Raum zu belichten, stellt die Hauptkriterien dar. Der Wärmeschutz wäre möglicherweise noch als Kriterium zu nennen. Da es sich um eine Festverglasung handelt, sind weitere Kriterien wie Öffenbarkeit nicht relevant. Die

Funktion „Absturzsicherung" entfällt ebenfalls, da eine Brüstung vorhanden ist. Da auch bei Verschmutzung der Scheibe aufgrund des Mangels sicher noch Licht in das Zimmer fällt, wird eine Restfunktionsfähigkeit von rd. 20 % als sinnvoll erachtet. Die Beeinträchtigung ergibt sich somit zu 80 %. 80 % von den 40 %, die auf die Funktion entfielen ergeben eine Wertminderung 32 %. Weitere 5 % entfallen auf die Optik, sodass sich eine Gesamtbeeinträchtigung von 37 % ergibt. Bezogen auf die vorgenannten Herstellkosten von 2.000,00 € ist der Minderwert auf 740,00 € zu beziffern.

Vor dem Hintergrund der Einschränkung erscheint dieser Betrag extrem gering. Eine verschmutzte Scheibe könnte im weitesten Sinne auch auf das ganze Zimmer ausstrahlen. Was macht das für einen Eindruck, wenn man in ein so großes und modernes Zimmer kommt und dann ist die Scheibe exponiert in der Mitte milchig? Auch kommt weniger Licht in das Zimmer, wenn auch nur geringfügig weniger. Insgesamt macht eine ungeputzte große Scheibe einen ungepflegten Eindruck. Könnte man hiermit einen Anpassungsfaktor von 5 nach *Mortensen* begründen, dann würde sich der technische Minderwert auf rd. 3.700,00 € belaufen.

740 × 5 = **3.700,00 €**

Die Darstellung macht deutlich, dass der technische Minderwert ohne Anpassungsfaktor oftmals zu niedrig ausfällt, um den Nachteil, den der Bauherr durch die mangelhafte Leistung erfährt, zu kompensieren. Nicht umsonst kommt in diesen Situationen häufig der merkantile Minderwert ins Spiel.

## 3.3 Abgrenzung

Die zuvor ausgeführten Definitionen aus den verschiedenen juristischen Urteilen beschreiben den merkantilen Minderwert sehr eindeutig. Umso mehr erstaunt es, was in der Praxis alles unter dem Oberbegriff merkantiler Minderwert verstanden wird.

*Ertl*[12] zählt folgende seiner Meinung nach gebräuchlichsten Anlassfälle für das Auftreten einer merkantilen Wertminderung auf:

- sanierte Schäden/Mängel,
- vornutzungsbelastete Liegenschaften (Altlasten/Verdachtsflächen),
- Gefahrenzonen-/Hochwasserrisikogebiet,
- Unbehagen in Zusammenhang mit Dienstbarkeiten/Servitutsbegründung,
- Ereignisse mit ausschließlichem Imageschaden.

Dem widerspricht *Kleiber*[13] interessanterweise im gleichen Buch teilweise. Er warnt vor einer „Überstrapazierung" des Begriffes und weist auf eine klare Abgrenzung zwischen merkantiler Wertminderung und allgemeinen Lagemerkmalen wie Mobilfunkmasten, Asylantenheimen, Windrädern etc. hin.

12 *Kerschner, F./ Kleiber, W./ Ertl, D.*: Merkantiler Minderwert von Liegenschaften, Linde, Wien 2021, S. 60.
13 *Kerschner, F./ Kleiber, W./ Ertl, D.*: Merkantiler Minderwert von Liegenschaften, Linde, Wien 2021, S. 129.

Nach Auffassung der Verfasserin und in Hinblick auf die juristischen Definitionen zählen zum merkantilen Minderwert ausschließlich:

- fachgerecht beseitigte Baumängel und Bauschäden,
- fachgerecht beseitigte Schadstoffe in Gebäuden und auf Grundstücken,
- Ereignisse, die zu einen Imageschaden führen bzw. ein ungutes Gefühl beim Käufer bewirken.

Rechte und Lasten zählen eindeutig nicht dazu. Das von *Ertl* benannte „Unbehagen in Zusammenhang mit einem Servitut (Dienstbarkeit)" wird durch die Marktanpassung des jeweiligen Rechts abgedeckt und hat nichts mit einem unguten Gefühl i.S.d. merkantilen Minderwerts zu tun. Auch das Thema „Hochwasserrisikogebiet" zählt zunächst zu den Lagemerkmalen. Hier kann es im Einzelfall ggf. zur Bewertung eines merkantilen Minderwerts kommen, wenn z.B. Hochwasserschutzmaßnahmen ausgeführt wurden und eine Restsorge bzgl. deren Funktionstauglichkeit besteht *(siehe Kapitel 7.3).*

Tatsächlich ist zu beobachten, dass der merkantile Minderwert geradezu inflationär verwendet wird. Es gibt zahlreiche Gerichtsverfahren zur Ermittlung des merkantilen Minderwerts. Interessant ist dabei die unterschiedliche Auffassung verschiedener Fachgebiete. Während in der Immobilienbewertung die meisten Sachverständigen vom Vorhandensein des merkantilen Minderwerts überzeugt sind, gibt es zahlreiche Sachverständige für Schäden an Gebäuden, die hier Zweifel haben. Zunächst einmal ist klar zu sagen, dass die Ermittlung und Bemessung des merkantilen Minderwerts eindeutig in das Bestellungsgebiet der Sachverständigen für die Bewertung von bebauten und unbebauten Grundstücken fallen. Die Ermittlung der Höhe des technischen Minderwerts ist Aufgabe der Kollegen aus der Bauschadenbewertung. Die Erfahrung zeigt, dass die Höhe des sich durch die Schätzmethoden nach *Auernhammer und Kamphausen* ergebenden technischen Minderwerts i.d.R. sehr gering ist. Zu gering jedenfalls, um den Bauherrn, der nun eine Abweichung vom Vertragssoll hinnehmen soll, zufriedenzustellen. Und so wird zunehmend der Ruf nach einem weiteren Minderwert laut. Dieser wird dann fälschlicherweise als merkantiler Minderwert bezeichnet. Da ist die Frage von *Zöller* aus der Sicht der Bausachverständigen natürlich gerechtfertigt , mit welcher Begründung man dem Unternehmer den Werklohn über den technischen Minderwert und die Mangelbeseitigungskosten hinaus denn noch kürzen möchte. Dieser „Missbrauch" des merkantilen Minderwerts im Zusammenhang mit Mängeln, die bei Neubauten am Tag der Abnahme festgestellt werden, ist sicherlich auch aus Sicht der Immobilienbewerter nicht zu befürworten. Es gibt aber auch Mängel, die solche massiven Schäden mit sich brachten, dass das Haus einen Makel hat, den es noch mehrere Jahre mit sich trägt und wegen diesem ein potenzieller Käufer sicher einen Wertabschlag vornehmen würde bzw. der Käuferkreis so eingeschränkt ist, dass es zu einer Kaufpreisminderung kommt.

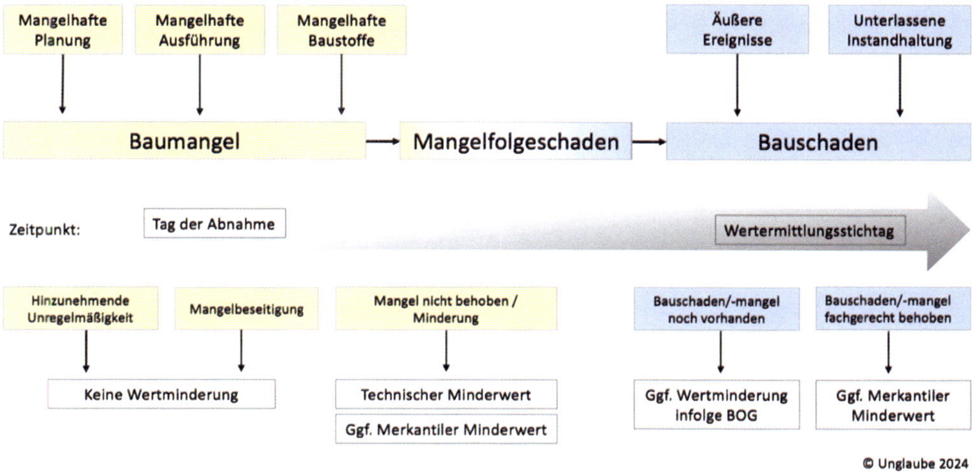


*Abb. 3.1: Darstellung der verschiedenen Minderwerte nach Themenbereichen*

Der merkantile Minderwert kann somit an zwei Stellen auftauchen. Zum einen im Bereich der Bauschadenbewertung, wenn der technische Minderwert zu gering ist bzw. eine tatsächliche Minderung bei einem späteren Verkauf zu erwarten ist, und im Bereich der Immobilienbewertung, wenn am Wertermittlungsstichtag ein geringeres Vertrauen in die bauliche Qualität besteht, da im Vorfeld Schadensbeseitigungsmaßnahmen durchgeführt wurden oder ein Ereignis stattfand, wonach der Immobilie ein Stigma oder Image anhaftet.

## 3.4 Kfz- und Kunstmarkt

### 3.4.1 Kfz-Markt

Der merkantile Minderwert im Kfz-Bereich tritt als Entschädigung neben der Wiederherstellung für Unfallfahrzeuge in Erscheinung, deren Marktwert sich trotz technisch und optisch einwandfreier Reparatur verringert hat.

> „Die ständige Rechtsprechung des Bundesgerichtshofs ordnet die merkantile Wertminderung dementsprechend konsequent dem Bereich des unmittelbaren Sachschadens zu[14]. Zur Begründung heißt es, dass das Fahrzeug durch den Unfall, ‚eine nicht mehr zu beseitigende Eigenschaft erlangt hat, die die Wertbemessung dauernd negativ beeinflusst und somit einen objektivierbaren Schaden darstellt'."[15]

Auch im Kfz-Markt hat das Thema „merkantiler Minderwert" einen hohen Stellenwert, da regelmäßig über dessen Höhe gestritten wird.

14 *Zeilsberger, H./ Woyte, B. et al.*: Der merkantile Minderwert in der Praxis, Schriftenreihe Verkehrsrecht, Kirschbaum Verlag, Bonn 2012.
15 BGH, Urt. v. 8.12.1981 – VI ZR 153/80 –, NJW 1982, 828.

Grundlegende Voraussetzungen für die Akzeptanz eines merkantilen Minderwerts im Kraftfahrzeugbereich sind:

- Unfall oder ähnliches Ereignis,
- erhebliche Beschädigung,
- reduzierter Marktwert trotz einwandfreier Reparatur.

Zur Ermittlung des merkantilen Minderwerts wird der Wert eines Fahrzeuges ohne Schaden verglichen mit dem Wert eines vergleichbaren Fahrzeugs mit einem instandgesetzten Unfallschaden.

Zunächst wird die merkantile Wertminderung als Abgeltung auf in Zukunft zu erwartende Reparaturaufwendungen in der Folge des Unfalls gesehen. Dieser Verdacht auf verborgen gebliebene Mängel lässt sich in drei Kategorien[16] aufteilen:

- Verdacht auf verborgen gebliebene Mängel durch unsachgemäße Reparatur,
- Verdacht auf verborgen gebliebene Mängel durch nicht erkannte Schäden,
- Verdacht auf Spätfolgen.

In einem weiteren Schritt sind die Einflusskriterien zu bewerten. Diese sind:

- das Fahrzeug (Fabrikat, Typ, Modell, Neupreis, Fahrzeugalter, Laufleistung, Vorschäden, Anzahl der Vorbesitzer etc.),
- der Umfang des Schadens (Gesamtreparaturkosten, Art der Substanzschädigung),
- die Marktlage (Marktgängigkeit des Fahrzeugs, regionale Besonderheiten, gesetzliche Bestimmungen).

Eine Methode zur Bestimmung des merkantilen Minderwerts im Kfz-Bereich ist die Faktormethode. Diese besteht aus einem zweistufigen Modell. In einem ersten Schritt werden die Vorauswahlkriterien festgelegt. In einem zweiten Schritt wird die Höhe der merkantilen Wertminderung angesetzt.

Bei der Vorauswahl werden die K.o.-Kriterien überprüft. Üblicherweise liegt ein merkantiler Minderwert vor, wenn

- die Laufleistung geringer als 200.000 km ist,
- das Fahrzeugalter geringer als zehn Jahre ist,
- der Schaden kein Bagatellschaden ist und
- kein Totalschaden vorliegt.

Die zweite Stufe zur Ermittlung der Höhe des merkantilen Minderwerts setzt sich aus vier Schritten zusammen:

- Sockelwert

  Es wird davon ausgegangen, dass allein durch die Tatsache des Unfalls ein Sockelbetrag an Wertminderung entsteht. Dieser lässt sich auf Basis des Fahrzeugwerts im unbeschä-

---

16 *Zeilsberger, H./ Woyte, B. et al.*: Der merkantile Minderwert in der Praxis, Schriftenreihe Verkehrsrecht, Kirschbaum Verlag, Bonn 2012.

digten Zustand ermitteln. Der Sockelbetrag beläuft sich auf 1 % des Veräußerungswerts des unbeschädigten Fahrzeugs.

- Fahrzeug

  Viele Merkmale wie z.B. die Fahrzeugausstattung beeinflussen den Fahrzeugwert über seine gesamte Lebensdauer und damit auch die merkantile Wertminderung.

- Schaden

  Nicht nur die Schadenshöhe, sondern auch das Ausmaß der Beschädigung hat einen Einfluss auf die Wertminderung. Besonders wichtig hierbei ist, welche Bauteile beschädigt wurden und wie diese repariert bzw. ob diese ersetzt wurden.

- Vorschäden und Marktgängigkeit

  Der Vorschadenfaktor und der Marktgängigkeitsfaktor sind Faktoren, die die vorgenannten Einflusskriterien korrigieren können. Der Vorschadenfaktor berücksichtigt somit reparierte Vorschäden. Der Marktgängigkeitsfaktor stellt auf die Marktlage für vergleichbare Fahrzeuge ab.

Der merkantile Minderwert lässt somit wie folgt zusammenfassen:

$$WM = (0{,}01 \times VW + \frac{VW}{NP} \times RK \times SU \times AK) \times F_{Markt} \times F_{Vorschaden}$$

| | | | |
|---|---|---|---|
| mit | VW | = | Verkehrswert |
| | NP | = | Neupreis |
| | RK | = | Reparaturkosten |
| | SU | = | Schadenumfangfaktor |
| | AK | = | Alterskorrekturfaktor |
| | $F_{Markt}$ | = | Marktgängigkeitsfaktor |
| | $F_{Vorschaden}$ | = | Vorschadenfaktor |

Die ausgeführte Vorgehensweise stellt nur ein Beispiel dar. Die eine Methode zur Ermittlung der Höhe des merkantilen Minderwerts hat sich auch im Kfz-Bereich nicht durchgesetzt. Es gibt viele verschiedene Vorgehensweisen, die aufgrund mangelnder Aktualisierung bzw. Anpassung an die fortschreitende Technik der Reparaturen mit großen Unsicherheiten verbunden sind.

## 3.4.2 Kunstmarkt

Die merkantile Wertminderung bei Kunstobjekten[17] wird in dem Artikel „Die merkantile Wertminderung bei Kunstobjekten" in der österreichischen Fachzeitschrift „Der Sachverständige" erläutert. Der Artikel behandelt die merkantile Wertminderung von Kunstobjekten, die entsteht, wenn ein Kunstwerk trotz bestmöglicher Restaurierung nach einer Beschädigung an Wert verliert. Die merkantile Wertminderung bezieht sich auf den Wertverlust eines Kunstwerks nach einer Restaurierung, der durch die gefühlsmäßige Abneigung potenzieller Käufer entsteht. Zunächst ist der Schädiger verpflichtet, das Kunstwerk in den ursprünglichen Zu-

17 *Ellersdorfer, C./ Kenndler, V./ Kovacs, P./ Pfeffer, A.*: Die merkantile Wertminderung bei Kunstobjekten, Der Sachverständige, 2021, H. 5, S. 64 bis 70.

stand zu versetzen. Wenn dies entweder nicht möglich oder wirtschaftlich nicht sinnvoll ist, wird der Schaden in Geld ersetzt. Die merkantile Wertminderung wird durch die Differenz zwischen dem Wert des Kunstwerks vor und nach der Restaurierung bestimmt. Hierzu gibt es keine einheitliche Formel. Analog den Einflusskriterien bei Näherungsmethoden in der Immobilienbewertung werden hier sogenannte Schlüsselfragen vorgestellt, die bei der Bewertung helfen sollen.

- Hat das Kunstwerk Vorschäden?
- Wie schwer ist der Schaden?
- An welcher Stelle ist der Schaden?
- Wie verändert der Schaden die künstlerische Intention des Kunstobjekts?
- Wie verändert der Schaden die Originalität des Kunstobjekts?
- Wie ist die Verfügbarkeit vergleichbarer Kunstobjekte am Markt?

Die Aufgabe der Sachverständigen liegt darin, unter Berücksichtigung dieser Schlüsselfragen einen merkantilen Minderwert in Prozent zu kalkulieren. Der merkantile Minderwert ergibt sich nach der Gewichtung und Bewertung der Schlüsselfaktoren. Im Rahmen von individuellen Zu- und Abschlägen kann der Sachverständige bei der Berechnung der merkantilen Wertminderung auf Besonderheiten eingehen. Folgende Fragen sind dabei zu betrachten:

In dem vorgenannten Artikel wird empfohlen, nach Ermittlung des Werts die Schlüsselfragen zu beantworten. Erst nach Bearbeitung der Fragestellungen entsteht ein Gesamteindruck, den der Sachverständige dementsprechend bewerten kann.

Bei Vorhandensein mehrerer Schäden sei es empfehlenswert, diese vorerst isoliert zu betrachten. Es erfolgt der Hinweis, dass sich die merkantile Wertminderung aber nicht aus der Addition der Bewertungen der Einzelkriterien ergeben, „sondern im Sinne einer degressiven Systematik“. Hier wirke nämlich die Psychologie des Vorschadens in der hypothetischen Verkaufssituation. Da jedes einzelne Kunstwerk von Fall zu Fall zu beurteilen ist, sei es ungenau, sofort Prozentsätze für bestimmte Schadenstypen festzulegen. Eine folgende quantitative Studie, die die Gewichtung der Einzelkriterien untersucht, sei in Planung.

Der Artikel bejaht grundsätzlich das Vorhandensein eines merkantilen Minderwerts in der Kunstwelt. Sowohl in Hinblick auf die Definitionen als auch die Vorgehensweise bei der Ermittlung der Höhe der merkantilen Wertminderung sind Parallelen sowohl zur Kfz- als auch zur Immobilienbewertung zu erkennen.

*Schmidbauer* hingegen bezweifelt in seinem Beitrag „Merkantiler Minderwert: (K)ein Thema für die Immobilienbewertung“[18] die merkantile Wertminderung bei singulären Objekten. Anhand eines Beispiels verdeutlicht er die Gefahr der Überbewertung des merkantilen Minderwerts.

Demnach hatte ein Kasinobesitzer in Las Vegas im Jahr 1997 für $ 50 Mio. ein Gemälde von Picasso erworben. Im Jahr 2006 hatte er sich mit einem Käufer auf einen Preis von

18 *Schmidbauer, W.*: Der merkantile Minderwert: technische und rechtliche Widersprüche, 4. Beitrag: Merkantiler Minderwert: (K)ein Thema für die Immobilienbewertung, in: Oswald, R./ Zöller, M. (Hrsg.): Aachener Bausachverständigentage 2018, Springer Vieweg, Wiesbaden 2018, S. 173 bis 191.

$ 139 Mio. geeinigt. Kurz vor der Übergabe des Kunstwerks wurde dieses versehentlich beschädigt. Es entstand ein ca. 5 cm langer Riss. Der Riss war kaum sichtbar. Der Käufer sprang daraufhin ab. Die Restaurierung kostete $ 90,000. Der Wert des Werkes wurde danach auf rd. $ 85 Mio. geschätzt. Der Besitzer wollte den Differenzbetrag von $ 54 Mio. zum seinerzeit vereinbarten Kaufpreis von $ 139 Mio. von seinem Versicherer erstattet bekommen. Die Versicherung weigerte sich zunächst, sodass es in 2007 zur Klageerhebung kam. Zwei Monate danach einigte man sich auf eine Entschädigungssumme. Gerüchte hierüber besagen, dass der merkantile Minderwert auf $ 25 Mio. geschätzt wurde.

Im Jahr 2013 wurde das Gemälde dann verkauft zu einem Preis von $ 155 Mio.

*Schmidbauer* stellt die Frage, ob tatsächlich eine merkantile Wertminderung vorliegt oder ob der Bekanntheitsgrad durch die Beschädigung noch mehr erhöht wurde. Der Markt für Picasso-Werke zumindest habe sich nicht verändert. Seiner Meinung nach liege kein merkantiler Minderwert vor. Er warnt gleichzeitig davor, den merkantilen Minderwert als Instrument zum überdimensionierten Schadensausgleich bei Immobilien zu missbrauchen.

| **Verkaufsjahr** | **Kaufpreis** | **Erläuterung** |
|---|---:|---|
| 1997 | $ 50 Mio. | Ursprünglicher Kaufpreis |
| 2006 | $ 139 Mio. | Vereinbarter Kaufpreis<br>(damals teuerstes Kunstwerk) |
| 2006 | $ 85 Mio. | Schätzwert nach Beschädigung |
| 2013 | $ 155 Mio. | damals teuerstes Kunstwerk |

*Schmidbauer* macht es sich hier etwas einfach. Bei genauem Hinsehen könnte man auch argumentieren, dass der Wertzuwachs des Gemäldes nach dem Schadensereignis nur noch halb so hoch war wie davor. Zwischen 1997 und 2006 war der Preis um das 2,78-Fache gestiegen, was eine Steigerung von 30 % pro Jahr ausmachte. Nach dem Ereignis ist der Preis von 2006 bis 2013 um das 1,12-Fache gestiegen, was nur noch 16 % pro Jahr entspricht. Demnach könnte man auch folgern, dass der Wertzuwachs des Gemäldes nach dem Vorfall geringer war als davor.

Die Wertdifferenz zum Stichtag wurde auf $ 54 Mio. errechnet, der merkantile Minderwert auf angeblich $ 25 Mio. geschätzt. Dies erscheint nachvollziehbar. Entsprechend der zuvor beschriebenen Vorgehensweise zur Ermittlung des merkantilen Minderwerts, könnte der Wertunterschied von $ 54 Mio. am Stichtag nach Prüfung der Schlüsselfragen reduziert worden sein, sodass sich der merkantile Minderwert am Stichtag im Jahr 2006 zu $ 25 Mio. ergab.

Dies steht in keinem Widerspruch zu dem sieben Jahre später erzielten Kaufpreis von $ 155 Mio. Insofern ist die Darstellung von *Schmidbauer*, der mit dem Kaufpreis von $ 155 Mio. den merkantilen Minderwert negiert, nicht plausibel.

Wie absurd die Preisfindung im Kunstsektor ist, hat der italienische Künstler *Maurizio Cattelar* mit seinem Werk „Comedian" im Jahr 2019 bewiesen. Er sorgte für Aufsehen, als er auf der Kunstmesse Art Basel in Miami eine Banane in einer Höhe von 1,60 m mit einem silbernen Klebeband an der Wand befestigte und dem Werk einen Preis von $ 120,000 gab. Die Banane wurde vom Aktionskünstler David Danuta aufgegessen. Die Instruktion zum Werk war, dass die Banane alle zwei bis drei Tage ersetzt werden soll. Im Jahr 2022 nahm ein Kunststudent in Südkorea die Banane von der Wand, aß sie und klebte die Schale wieder an die Wand. Cattelan störte das wohl nicht.

Am 20.11.2024 wurde das Werk „Comedian" in New York von dem Auktionshaus Sotheby's für $ 5,2 Mio. versteigert. Der Gründer der Kryptowährungsbörse wurde neuer Besitzer. Das Werk wurde weltbekannt. Alle stellten sich die Frage, ob das Kunst sein kann. Der neue Besitzer jedenfalls sagte: „Das ist nicht nur ein Kunstwerk. Es stellt ein kulturelles Phänomen dar, das die Welten der Kunst, der Memes und der Kryptowährungs-Community überbrückt."

Der Künstler hat bewiesen, dass erst der Kontext die Kunst macht. Das Prinzip ist nicht neu und wurde bereits zu Beginn des 20. Jahrhunderts von Marcel Duchamp umgesetzt, der ein Urinal in einem Ausstellungskontext präsentiert und damit zu Kunst erklärt hat.

## 3.5 Zuständigkeit für die Ermittlung des merkantilen Minderwerts

Viele Richter und Gerichtsurteile zielen darauf ab, dass zur Ermittlung eines merkantilen Minderwerts eine interdisziplinäre Zusammenarbeit zwischen Bausachverständigen und Immobilienbewertern erforderlich sei.

> „[...] Aus heutiger Sicht lässt sich sagen, dass für eine Gesamtbeurteilung in erster Linie derjenige Bau- und Bewertungssachverständige prädestiniert ist, der hinsichtlich der konkreten Wertminderungsproblematik sowohl über die erforderlichen technischen Kenntnisse verfügt als auch die marktbedingten Auswirkungen auf den Verkehrswert aus eigener Sachkunde begutachten kann. Abgesehen von diesem Idealfall besteht hier allerdings auch ein Feld für die fruchtbare Zusammenarbeit von Sachverständigen verschiedener Disziplinen, z.B. in Form eines Gemeinschaftsgutachtens auf den Gebieten. [...] Besonders im Bereich der marktbedingten Einflüsse einer Verkehrswertminderung kann die Absicherung des Begutachtungsergebnisses schwierig sein, so dass vom Sachverständigenstandpunkt aus z.B. die Rücksprache mit Fachkollegen wünschenswert und zweckdienlich erscheint."[19]

Die Berücksichtigung von Baumängeln und Bauschäden erfolgt in der Wertermittlung unter den sogenannten „besonderen objektspezifischen Grundstücksmerkmalen". Diese sind in der ImmoWertV unter § 8 beschrieben:

> „[...] (3) Besondere objektspezifische Grundstücksmerkmale sind wertbeeinflussende Grundstücksmerkmale, die nach Art oder Umfang erheblich von dem auf dem jeweiligen Grundstücksmarkt Üblichen oder erheblich von den zugrunde gelegten Modellen oder Modellansätzen abweichen. Besondere objektspezifische Grundstücksmerkmale können insbesondere vorliegen bei
>
> 1. besonderen Ertragsverhältnissen,
> 2. Baumängeln und Bauschäden,
> 3. baulichen Anlagen, die nicht mehr wirtschaftlich nutzbar sind (Liquidationsobjekte) und zur alsbaldigen Freilegung anstehen,
> 4. Bodenverunreinigungen,

19 *Kamphausen, P.:* Der Sachverständige 1985, 280,284/285, zit. Ulrich, Jürgen: Der merkantile Minderwert: technische und rechtliche Widersprüche, 2. Beitrag: Der „merkantile Minderwert" bei deutschen Immobilien: Standard oder Axiom, gar Chimäre, bloß ein Irrtum? in: Oswald, R./ Zöller, M. (Hrsg.): Aachener Bausachverständigentage 2018, Springer Vieweg, Wiesbaden, 2018, S. 142 bis 160.

5. Bodenschätzen sowie
6. grundstücksbezogenen Rechten und Belastungen [...]."

Weiter erläutert die ImmoWertA, wie der Wertabschlag für Baumängel und Bauschäden bzw. die besonderen objektspezifischen Grundstücksmerkmale ermittelt werden kann.

> „[...] Baumängel (§ 8 Absatz 3 Satz 2 Nummer 2) sind Fehler, die bei der Herstellung eines Bauwerks infolge fehlerhafter Planung oder Bauausführung einschließlich der Verwendung mangelhafter Baustoffe den Wert oder die Tauglichkeit zu dem gewöhnlichen oder dem nach dem Vertrag vorausgesetzten Gebrauch einer baulichen Anlage aufheben oder mindern. Bauschäden sind Beeinträchtigungen eines Bauwerks, die infolge eines Baumangels (Mangelfolgeschäden), äußerer (gewaltsamer) Einwirkungen (wie z. B. durch Sturm, Starkregen oder Feuer) oder unterlassener oder nicht ordnungsgemäß ausgeführter Instandhaltung auftreten. Eine Abgrenzung von Baumängeln und den daraus resultierenden Mangelfolgeschäden einerseits sowie den (sonstigen) Bauschäden andererseits ist im Rahmen der Wertermittlung im Regelfall nicht erforderlich. Wertminderungen aufgrund von Baumängeln oder Bauschäden können
>
> - nach Erfahrungswerten,
> - unter Zugrundelegung von Bauteiltabellen oder
> - unter Berücksichtigung der Schadensbeseitigungskosten ermittelt werden. [...]"

Solange also Erfahrungswerte oder ein Bauschadengutachten zur Ermittlung der Schadensbeseitigungsmaßnahmen und deren Kosten vorliegen, ist eine weitere Einbindung eines Sachverständigen aus einem anderen Gebiet nicht erforderlich. Ein Bauschadengutachten ist nur insoweit erforderlich, als keine Erfahrungswerte vorhanden sind und über anstehende oder erfolgte Schadensbeseitigungsmaßnahmen keine Informationen vorliegen. Zur Ermittlung der Höhe des merkantilen Minderwerts ist wenig bis keine technische Expertise vonnöten, sondern vielmehr eine Einschätzung der überwiegend emotional geprägten Käuferentscheidungen. Dies können ausschließlich Sachverständige für Grundstücksbewertung leisten. Laut BGH-Urt. v. 25.2.1953 *„[...] ist der merkantile Minderwert nicht durch einen technischen Sachverständigen, sondern durch einen Sachverständigen für den Häusermarkt zu schätzen"*.

Bei allen Überlegungen zur Zuständigkeit darf keinesfalls aus den Augen verloren werden, dass die marktgerechte Bewertung oberste Priorität hat. Eine zu hohe fachliche Kenntnis in vielen Bereiche kann den Blick trüben. In Abhängigkeit von dem zu bewertenden Markt kann eine zu technische Sichtweise der marktgerechten Bewertung im Wege stehen. Dann nämlich, wenn ein Markt wie der Einfamilienhausmarkt überwiegend aus Laien besteht und auch nur eine Minderheit dieser einen Sachverständigen zurate zieht.

# 4 Der merkantile Minderwert

## 4.1 Übertragbarkeit der Bewertung von Kfz-Schäden auf Gebäudeschäden

Der Ursprung des merkantilen Minderwerts geht weiter zurück und stammt ursprünglich aus dem Kfz-Bereich. Der BGH führt in seiner Entscheidung vom 29.4.1958 aus, dass der merkantile Minderwert als Vermögensschaden bereits und zugleich mit der Beschädigung des Kraftwagens entstehe, da zu diesem Zeitpunkt bereits ein objektiver Wertverlust vorliege.

Auch wenn der Wagen instandgesetzt worden sei, habe der Geschädigte nur noch einen geringeren „objektiven" Vermögenswert in den Händen als vor dem Unfall.

*Wilk*[19] stellt in diesem Zusammenhang die Frage, ob ein „verbleibender (abstrakter) Verkehrswertverlust im Zeitpunkt einer kunstgerechten und tadellos durchgeführten Reparatur überhaupt begründbar ist". Hauptargument des BGH für die Begründung eines merkantilen Minderwerts ist der auf dem Markt bestehende Verdacht, dass vorgeschädigte Gegenstände eine höhere Schadensanfälligkeit haben als unbeschädigte Objekte. *Wilk* argumentiert hier, dass es aufgrund der fortgeschrittenen technischen Möglichkeiten keine generell bestehende höhere Schadensanfälligkeit bei Vorliegen fachgerecht reparierter Mängel gebe. In seiner Argumentation im Zusammenhang mit der Übertragbarkeit des merkantilen Minderwerts auf Immobilien führt er zwei interessante Punkte an. Zum einen stellt er fest, dass Käufer gebrauchter Immobilien nicht den Anspruch hätten, ein mangelfreies Objekt zu kaufen. Der Markt erwarte keine „absolute Sicherheit", dass keine Folgeschäden auftreten. Weiter führt er an, dass ein Haftungsausschluss einen merkantilen Minderwert ausschließe. Hierauf wird an anderer Stelle eingegangen. Immobilien würden nie aus „einem Guss" errichtet und würden somit regelmäßig nachgebessert werden und auch sei die „Unvollkommenheit des Handwerks" auf dem Markt bekannt. Bei der manuellen Errichtung von Gebäuden sei es üblich, dass diese fehlerhaft errichtet würden und bis zur Abnahme zahlreiche Nachbesserungen erfolgten. Eine Übertragung des merkantilen Minderwerts von Schäden an industriell gefertigten Kraftfahrzeugen auf Gebäude sei schon allein deshalb nicht möglich. Diese Argumentation verfolgt auch *Zöller*.[20] Er kommt zu dem Schluss, dass Autos nicht gleichzusetzen sind mit Immobilien, da Autos in Serienfertigung erstellt werden, wogegen jede Immobilie eine Einzelanfertigung darstelle. Auch er vertritt die Ansicht, dass es fast keine Baustelle ohne Baumängel gebe. Die Baumängel würden i.d.R. während der Bauphase beseitigt. So gesehen seien fast alle Gebäude mit der Geschichte eines beseitigten Mangels behaftet. Demzufolge sei es daher nicht möglich, dass übliche Mängel zu einer Wertbeeinflussung führen, da ein Vergleich zu mangelfreien Objekten nicht möglich sei.

Tatsächlich ist es unerheblich, ob alle Gebäude eine mangelbehaftete Historie aufweisen. Für die Wertermittlung sind lediglich die Mängel relevant, die über das Übliche hinausgehen bzw.

---

19 *Wilk, B.*: Der merkantile Minderwert: Der Versuch einer schadensbegrifflichen Konkretisierung, Duncker & Humblot, Berlin 2015.

20 *Zöller, M.*: Der merkantile Minderwert: technische und rechtliche Widersprüche, Einleitung, in: Oswald, R./ Zöller, M. (Hrsg.): Aachener Bausachverständigentage 2018, Springer Vieweg, Wiesbaden, 2018, S. 133 bis 141.

auf die der Markt reagieren könnte. Es herrscht Einigkeit darüber, dass nicht jeder Mangel, der behoben wurde, zu einem merkantilen Minderwert führt. Ein falsch montierter Türgriff oder eine zu hohe Sockelleiste wird kein Unbehagen beim Käuferkreis auslösen. Wenn der Mangel in Zusammenhang mit Sicherheit oder Gesundheitsgefährdung steht, sieht es möglicherweise anders aus. Darüber hinaus gibt es noch ein breites Spektrum an Feuchteschäden, die zuweilen als undefinierbar und unberechenbar gesehen werden und bei denen die Sorge vor Folgekosten besteht.

*Zöller* stellt die Frage, inwieweit der Zeitpunkt der Mangelfeststellung eine Auswirkung auf das Vorhandensein eines merkantilen Minderwerts haben kann. Demnach führten Mängel, die vor der Abnahme entdeckt werden, zu keinem merkantilen Minderwert. Die gleichen Mängel, die nach der Abnahme beanstandet werden, führen zu einer Reduzierung des Werklohns oder Schadensersatz in Form eines merkantilen Minderwerts, was in sich unschlüssig sei.

Dem muss widersprochen werden. Für die Immobilienbewertung ist es unerheblich, ob die Mängel und Schäden vor oder nach der Abnahme festgestellt wurden. Auch Schäden, die vor der Abnahme festgestellt wurden, können zu einem merkantilen Minderwert führen.

Oftmals werden auch Häuser innerhalb eines großen Bauvorhabens verkauft und abgenommen, während andere innerhalb des Areals noch im Bau sind und vor der Abnahme stehen. Wenn es dann zu einem Wassereintritt im gesamten Bauabschnitt kommt und als Folge dessen möglicherweise ein Schimmelbefall auftritt, dann ist es durchaus möglich, dass der Markt hierfür einen Abschlag macht. Der Zeitpunkt des Schadensereignisses ist dabei unerheblich, wichtiger ist in dem Zusammenhang die Schadensursache. Wenn hier ggf. mehrere Ausführungsfehler zugrunde lagen, z.B. die Verwendung falscher Ankerlochstopfen, eine unsachgemäße Ausführung von Lichtschächten, ein fehlendes Fugenband in der weißen Wanne oder eine falsche Betonrezeptur oder -verarbeitung, könnte das Vertrauen in die bauliche Qualität erschüttert sein. Die Baumängel und Bauschäden müssen somit nicht zwangsweise nach der Abnahme festgestellt worden sein, um einen merkantilen Minderwert zu generieren. Um die Übertragbarkeit des merkantilen Minderwerts von der KFZ-Bewertung auf die Immobilienbewertung zu beurteilen, werden im Folgenden alle Einflusskriterien gegenübergestellt.

| **Kraftfahrzeug** | **Gebäude** | **Auswirkung auf die Übertragbarkeit** |
|---|---|---|
| Mobil | Fest mit dem Erdboden verbunden | Keine – aufgrund der Mobilität ist die Schadensanfälligkeit bei Kraftfahrzeugen höher als bei Gebäuden. |
| Kürzere Lebensdauer | Lange Lebensdauer | Keine – deutet eher darauf hin, dass der merkantile Minderwert bei Gebäuden sogar eine größere Bedeutung hat. |
| Industriell gefertigt | Manuell gefertigt | Keine, da der merkantile Minderwert in beiden Fällen gerechtfertigt sein kann. |

| **Kraftfahrzeug** | **Gebäude** | **Auswirkung auf die Übertragbarkeit** |
|---|---|---|
| Serienproduktion | Überwiegend Einzelanfertigung | Keine, da der merkantile Minderwert in beiden Fällen gerechtfertigt sein kann. |
| Geringerer Anschaffungswert | Höherer Anschaffungswert | Keine – deutet eher darauf hin, dass der merkantile Minderwert bei Gebäuden sogar eine größere Bedeutung hat. |
| Gefahr des Totalschadens sehr groß | Die Gefahr, dass das Gebäude aufgrund von Schäden zum Liquidationsobjekt wird, ist eher gering. | Keine – deutet eher darauf hin, dass der merkantile Minderwert bei Gebäuden sogar eine größere Bedeutung hat. |

*Tab. 4.1: Gegenüberstellung der Merkmale für Kfz und Immobilien*

Die vorangestellte Tabelle zeigt, dass sich Kraftfahrzeuge und Immobilien in einigen Punkten unterscheiden. Zunächst einmal liegt es in der Natur der Sache, dass sich Automobile bewegen und Immobilien eben nicht. Man könnte daraus ableiten, dass Autos dementsprechend schadensanfälliger sind. Wenn viele Autos umherfahren, ist die Unfallgefahr groß. Durch bloßes ‚Herumstehen" eines Hauses kommt es nicht zum Schaden, sollte man meinen. Dem ist natürlich nicht so. Bei unterlassener Instandhaltung kann ein Gebäude trotz Immobilität Schaden nehmen. Somit steht hinsichtlich dieses Unterscheidungsmerkmals der Übertragbarkeit des merkantilen Minderwerts auf Immobilien nichts im Wege. Ein weiteres Unterscheidungsmerkmal ist die Nutzungsdauer. Kraftfahrzeuge haben eine wesentlich kürzere Nutzungsdauer als Immobilien. Auch ist ihr Anschaffungswert im Vergleich zu Immobilien wesentlich geringer. Diesen beiden Merkmale sind Indizien, dass der merkantile Minderwert bei Immobilien sogar noch von größerer Bedeutung sein könnte als bei Autos.

Entgegen *Zöller* und *Wilk* sind nach Auffassung der Verfasserin auch die beiden nächsten Unterscheidungsmerkmale wie die Fertigung und die Ausführung der beiden Wirtschaftsgüter unerheblich für das Vorhandensein eines merkantilen Minderwerts. Es wird oft argumentiert, dass Autos in Serie gefertigt werden und daher viele vergleichbare Objekte am Markt sind, was das Vorhandensein eines merkantilen Minderwerts unterstreiche. Immobilien hingegen seien individuell gefertigte Objekte und somit könne es für diese keinen merkantilen Minderwert geben, da es an der Vergleichbarkeit mangele. Das Argument ist zu widerlegen. Für die Vergleichbarkeit von Immobilien müssen diese hinreichend vergleichbar und nicht baugleich sein. Gäbe es keine Vergleichbarkeit, könnten wir in der Immobilienbewertung kein Vergleichswertverfahren durchführen und dürften auch keine marktrelevanten Daten aus dem Immobilienmarktbericht verwenden. Auf der anderen Seite sind Autos auch nur bedingt vergleichbar. Diese haben auch individuelle Ausstattungsmerkmale (wie Serienausstattung, Sonderausstattung). Autos haben einen wesentlich geringeren Anschaffungswert als Immobilien und dadurch auch eine wesentlich höhere Gefahr eines Totalschadens. Aber auch diese beiden Merkmale können eine Übertragbarkeit des merkantilen Minderwerts auf den Immobilienmarkt nicht ausschließen.

Autos und Immobilien haben ebenfalls gemeinsam, dass sie Wirtschaftsgüter sind. Und bei beiden würde der Käufer ein mangelfreies Objekt einem ehemals mangelbehafteten Objekt vorziehen. Bei beiden ist der merkantile Minderwert bereits im Zeitpunkt des Unfalls bzw. Schadens vorhanden. Dabei ist es irrelevant, wann oder ob dieser in der Zukunft behoben wird.

*Brumme*[21] sieht das genauso. Seiner Meinung nach erziele ein gleiches Auto mit gleicher Laufleistung und gleichen sonstigen Abnutzungserscheinungen selbst dann einen deutlich niedrigeren Wiederverkaufswert, wenn es unfallgeschädigt wäre und der eigentliche Unfallschaden durch Reparatur beseitigt wäre. Dieser Grundsatz des merkantilen Minderwerts gelte auch für Bauwerke, auch dann, wenn eine erfolgreiche Mangelbeseitigung durchgeführt und ausreichend dokumentiert worden sei.

Zusammenfassend ist zu sagen, dass sich Autos und Immobilien an vielen Stellen unterscheiden. Keines dieser Unterscheidungsmerkmale führt jedoch dazu, dass es eine schlüssige Argumentation gäbe, dass der merkantile Minderwert in der Immobilienbewertung nicht existiert. Viel wichtiger sind die Gemeinsamkeiten. Beide Wirtschaftsgüter werden auf dem Markt gehandelt. Käuferentscheidungen sind auf beiden Märkten überwiegend emotional und teilweise irrational. Bei beiden Wirtschaftsgütern wird der Markt immer ein unbeschädigtes Objekt einem ehemals beschädigtem vorziehen. Auch verspürt der Markt bei beiden Gütern eine Abneigung gegen den Kauf, wenn er in Zusammenhang mit einem negativen Erlebnis steht. Ein Haus, in dem ein Selbstmord stattfand, verursacht ebenso Unbehagen wie ein Auto, in dem sich jemand das Leben genommen hat. In beiden Fällen wird es auf die individuellen Umstände ankommen. Der Begriff des merkantilen Minderwerts ist schon lange in der Immobilienbewertung angekommen und aufgrund der vorgenannten Gründe auch berechtigt. Die Historie der Gerichtsurteile *(siehe Kapitel 5)* zeigt, dass der merkantile Minderwert bei Immobilien mittlerweile auch in der Rechtsprechung akzeptiert ist. Inwieweit dieser im Einzelfall anzuwenden ist, was alles damit eingeschlossen ist und dass dieser teilweise inflationär verwendet wird, ist ein anderes Thema.

## 4.2 Haftungsausschluss versus merkantiler Minderwert

*Wilk* bringt eine interessante These an, indem er behauptet, dass der üblicherweise beim Immobilienkauf von Bestandsimmobilien vereinbarte Haftungsausschluss keinen merkantilen Minderwert zulässt. Im ersten Moment klingt das nach einem berechtigten Einwand. Bei näherer Betrachtung fällt auf, dass die Argumentation nicht schlüssig ist.

*Wilk* lässt dabei außer Acht, dass der Haftungsausschluss im Kaufvertrag für Mängel und Schäden formuliert wird, die möglicherweise nach dem Kauf auftreten bzw. beim Kauf ersichtlich waren. Nach dem Motto „gekauft wie gesehen". Hiermit möchte der Verkäufer einer späteren Beanstandung von Baumängeln und Bauschäden vorbeugen. Der merkantile Minderwert und auch Minderwerte für vorhandene Mängel und Schäden hingegen finden im Rahmen der Kaufverhandlungen vor Vertragsabschluss Berücksichtigung in einer Kaufpreisreduzierung. Im Zuge der Offenbarungspflicht wird der Verkäufer auf vorhandene und beseitigte

21 *Brumme, R.*: Merkantiler Minderwert bei Baumängeln und Grundstücksmängeln – Schlichtungs- und Schiedsordnung SOBau, GuG – Grundstücksmarkt und Grundstückswert, 2015, Heft 5, S. 274 bis 282.

Schäden aufmerksam machen und dementsprechend einen Minderwert verhandeln. Auf dieser Basis wird der Kaufpreis im Vertrag festgehalten. Der Haftungsausschluss im Vertrag soll lediglich bewirken, dass eine darüber hinausgehende Verhandlung bzw. Geltendmachung von Bauschäden nach Vertragsabschluss verhindert wird. Wenn *Wilk* argumentiert, dass der Haftungsausschluss den merkantilen Minderwert ausschließt, dann schließt der Haftungsausschluss auch eine Minderung wegen vorhandener Schäden aus. Das wiederum würde bedeuten, dass kein Käufer wegen vorhandener Schäden eine Reduzierung des Kaufpreises bewirken kann, sobald ein Haftungsausschluss im Vertrag vereinbart wird. Der Markt würde demnach für mangelbehaftete Bestandsimmobilien denselben Preis bezahlen wie für mangelfreie Objekte.

Dies ist nachweislich nicht der Fall und die zeitliche Abfolge macht deutlich, dass der Haftungsausschluss in keinem kausalen Zusammenhang zur Wertminderung aufgrund von vorhandenen und beseitigten Schäden steht.

## 4.3 Offenbarungspflicht fachgerecht beseitigter Mängel oder Schäden

Getreu nach Goethe „was ich nicht weiß, macht mich nicht heiß" stellt *Wilk* die Behauptung auf, dass es keine Offenbarungspflicht für beseitigte Mängel und Schäden gibt und es somit auch keinen merkantilen Minderwert geben kann. Eine Aufklärungspflicht bestünde nur dann, wenn objektive Verdachtsmomente dafür bestehen, dass der Schaden nicht restlos beseitigt wurde. Er leitet daraus ab, dass ein merkantiler Minderwert nur dann bestehen kann, wenn der Mangel nachweislich nicht restlos behoben wurde. Wäre er restlos behoben, müsse er nicht kommuniziert werden und somit würde der Markt keinen Wertabschlag fordern.

> „[...] Die Theorie vom merkantilen Minderwert baut nämlich begrifflich auf einer fachgerechten Reparatur ohne feststellbaren technischen Restschaden auf, weshalb eine Aufklärungspflicht in diesen Fällen ausscheidet. [...]"

Zunächst einmal widerspricht sich diese These. Der merkantile Minderwert existiert per Definition dann, wenn ein Mangel und oder Schaden fachgerecht in einwandfreier Weise also restlos beseitigt wurde und nur noch ein ungutes Gefühl, eine Sorge oder ein (unbegründetes) Misstrauen in die bauliche Qualität verbleibt. Er kann somit keinesfalls entstehen, wenn der Schaden nachweislich nicht restlos beseitigt wurde.

Das Thema Offenbarungspflicht hingegen ist nicht ganz so einfach darstellbar.

Das Landgericht Kiel[22] hat in einem Fall, in dem ein Verkäufer einen ehemaligen Wasserschaden im Badezimmer, bei dem Wasser in die darunterliegenden Geschosse gelaufen war und bei dem von Seiten des Verkäufers das damalige Angebot der Versicherung zur Trocknung der Etagen abgelehnt wurde, gegen den klagenden Käufer entschieden. Das Gericht bezieht sich auf die § 311 Abs. 2 und § 241 Abs. 2 BGB.

Die Kläger hätten gegen den Beklagten keinen Schadensersatzanspruch wegen etwaiger Feuchtigkeitsschäden an dem gekauften Grundstück, weil die Parteien Ansprüche aus Sachmängelgewährleistung im Kaufvertrag wirksam ausgeschlossen hätten und dem Beklagten

22 LG Kiel, Urt. v. 1.12.2017 – 12 O 52/17.

auch im Rahmen der vorvertraglichen Verhandlungen keine arglistige Täuschung zur Last falle.

Lediglich bei Vorsatz, also bei arglistigem Verschweigen, kann sich der Käufer auf den § 444 BGB berufen. Dieser Beweis war der Klägerin in diesem Fall nicht gelungen.

*Wilk*[23] stellt seine Argumentation auf das Urteil des Oberlandesgerichts Hamm ab, in dem in einem ähnlichen Fall der Verkäufer zwar über einen Garagenbrand informierte, aber nicht erwähnte, dass das Feuer auch auf das Haus übergegriffen hatte und dabei der Dachstuhl und eine Außenwand wiederaufgebaut werden mussten. Das Gericht schreibt in seiner Urteilsbegründung:

> „[...] Bei einem Hauskauf ist der Verkäufer nicht verpflichtet, den Käufer ungefragt über die abgeschlossene Vorgeschichte des Hauses zu informieren; es ist auch nicht seine Aufgabe, Nachteile zu verdeutlichen [...]."

Weiter wird ausgeführt:

> „[...] Grundsätzlich ist es im Rahmen von Vertragsverhandlungen Sache einer jeden Partei, ihre eigenen Interessen wahrzunehmen. Es besteht keine allgemeine Pflicht, alle Umstände zu offenbaren, die für die Entschließung des anderen Vertragsteils von Bedeutung sein können [...]. Die Offenbarungspflicht bezieht sich nur auf diejenigen entscheidungserheblichen Umstände, über die eine Aufklärung nach Treu und Glauben redlicherweise im Rechtsverkehr gefordert werden kann. Eine regelmäßige Pflicht, von sich aus ungefragt über die abgeschlossene Vorgeschichte eines Hauses zu informieren, besteht nicht. Es ist nicht Aufgabe des Vertragspartners, Nachteile zu verdeutlichen [...]."

An dieser Stelle wird schnell klar, dass es sich am Ende um juristische Spitzfindigkeiten handelt, ob arglistiges Verschweigen vorliegt bzw. ob es sich um „entscheidungserhebliche Umstände" handelt.

Demgegenüber gibt es auch Urteile, die gegensätzlich begründet sind. Im Falle des Oberlandesgerichts Saarbrücken[24] wurden Feuchteschäden kurz vor dem Verkauf saniert. Die Sanierung war aber nicht erfolgreich, sodass es nach dem Kauf zu weiteren Feuchteschäden an der Außenwand eines Wohnraumes kam. In diesem Fall wird der Klage des Käufers stattgegeben. So wird in dem Urteil des Oberlandesgerichts Saarbrücken kommentiert:

> „[...] Arglistig kann vielmehr auch derjenige handeln, der einem anderen versichert, eine bestimmte Kenntnis von Vorgängen oder Umständen zu haben, diese Kenntnis aber in Wirklichkeit nicht hat. Arglistig kann auch derjenige täuschen, der sich der ihm ohne weiteres möglichen und zumutbaren Erkenntnis der die Täuschung begründenden Umstände verschließt und das Fehlen derartiger Umstände blindlings vertraglich zusichert. Das arglistige Verhalten liegt hier gerade darin, dass dem Erklärenden, was ihm auch bewusst war, jegliche zur sachgemäßen Beantwortung erforderliche Kenntnis fehlte und dass er gleichwohl diesen Umstand gegenüber dem anderen Teil verschwieg. [...]"

In diesem Fall konnte der Kläger den Vertrag aufgrund arglistiger Täuschung anfechten. Die Beklagte hat die Feuchtigkeitsproblematik sowie Art und Umfang ihrer Sanierungsbemühungen verschwiegen. Zu deren Offenbarung war sie verpflichtet.

---

23 *Wilk, B.*: Der merkantile Minderwert: Der Versuch einer schadensbegrifflichen Konkretisierung, Duncker & Humblot, Berlin 2015.

24 OLG Saarbrücken, Urt. v. 6.2.2013 – 1 U 132/12.

„[...] Ein arglistiges Verschweigen setzt voraus, dass der Verkäufer den Fehler kennt oder ihn zumindest für möglich hält, wobei es genügt, dass er die den Fehler begründenden Umstände kennt – oder für möglich hält. Ob er sie rechtlich zutreffend als Fehler im Sinne des Gesetzes einordnet, ist demgegenüber ohne Belang. Neben der Kenntnis des Mangels setzt ein arglistiges Handeln des Verkäufers weiter voraus, dass dieser weiß oder doch damit rechnet und billigend in Kauf nimmt, dass der Käufer den Fehler nicht kennt und bei Offenbarung den Vertrag nicht oder nicht mit dem vereinbarten Inhalt geschlossen hätte [...]."[25]

„[...] Das Merkmal der Arglist erfasst, ebenso wie bei § 444 BGB, nicht nur ein Handeln des Verkäufers, das von betrügerischer Absicht getragen ist, sondern auch Verhaltensweisen, die auf bedingten Vorsatz im Sinne eines ‚Fürmöglichhaltens und Inkaufnehmens' reduziert sind und mit denen kein moralisches Unwerturteil verbunden sein muss. [...]"[26]

*Wilk* macht es sich hier etwas zu einfach, aus der Entscheidung des Oberlandesgerichts Hamms zu schließen, dass es den merkantilen Minderwert nicht geben kann, da es grundsätzlich keine Offenbarungspflicht für fachgerecht beseitigte Mängel und Schäden gibt. Es ist vielmehr davon auszugehen, dass gewissenhafte Verkäufer alle beseitigten und nicht beseitigten erheblichen Schäden offenbaren. Dabei ist weniger von Belang, ob diese beseitigt oder noch vorhanden sind, sondern vielmehr ist das Schadensausmaß und die Schadensart maßgeblich. So steht in der Urteilsbegründung des Falls in Saarbrücken weiter:

„[...] Über Feuchtigkeitsschäden eines Hauses ist seitens des Verkäufers grundsätzlich aufzuklären. Gerade solche stellen offenbarungspflichtige Umstände dar. Der Verkäufer ist verpflichtet, ungefragt einen Mangel in der Außenabdichtung zu offenbaren, wenn er zumindest mit dem Auftreten von Feuchtigkeitsschäden rechnet, also einen Verdacht hat. Dies muss er auch dann, wenn ein bereits erfolgter Sanierungsversuch zweifelhaft erscheint oder der Verkäufer zumindest mit dem Auftreten von Feuchtigkeitsschäden rechnet [...]."[27]

Die Schäden müssen erheblich sein und die Schadensart muss die Kaufentscheidung des Interessenten beeinflussen. Zu diesen Schäden zählen sicherlich Feuchteschäden und dabei insbesondere tierischer und pflanzlicher Schädlingsbefall.

So wurde auch in einem Fall eines Holzbockbefalls vom BGH am 19.2.2016 in der Urteilsbegründung Folgendes vorgebracht.

„[...] Hausbockbefall müsse offenbart werden, wenn er – wie hier – einen nicht unerheblichen Umfang erreicht habe. Die Aufklärungspflicht der Beklagten sei nicht deshalb entfallen, weil der Mangel einer Besichtigung zugänglich und ohne weiteres erkennbar gewesen sei. Es fehle schon ein hinreichender Vortrag der Beklagten dazu, dass der Kläger die Ausfluglöcher hätte erkennen können. Unabhängig davon seien nach der Rechtsprechung des Bundesgerichtshofs solche Mängel nicht ohne weiteres erkennbar, von denen bei einer Besichtigung zwar Spuren zu erkennen seien, die aber keine tragfähigen Rückschlüsse auf Art und Umfang des Mangels erlaubten. Der Kläger habe aus den Ausfluglöchern gerade nicht auf den Befall mit Hausbock schließen können. [...]"[28]

Da es dem Verkäufer als Nichtjuristen schwerfallen dürfte zu beurteilen, in welchem Fall ein Verschweigen beseitigter Schäden unter „arglistiges Verschweigen" fällt, wird er bemüht sein, alle beseitigten und unbeseitigten Schäden zu kommunizieren. Es ist davon auszugehen,

25 Vgl. BGH, Beschl. v. 8.12.2006 – V ZR 249/05 –, NJW 2007, S. 835, 836.
26 Vgl. BGH, Urt. v. 16.3.2012 – V ZR 18/11 –, NJW-RR 2012, S. 1078, Rn. 24.
27 Vgl. Saarländisches Oberlandesgericht, Urt. v. 9.9.2003 – 7 U 126/03 –, juris, Absatz-Nr. 13; OLG Koblenz, Beschl. v. 13.11.2009 – 2 U 443/09 –, NJW-RR 2010, S. 989, 990.
28 BGH, Urt. v. 19.2.2016 – V ZR 216/14.

dass der Verkäufer grundsätzlich an einem reibungslosen Verlauf interessiert ist, zumal der Wertabschlag für beseitigte Mängel und Schäden i.d.R. ohnehin sehr gering ist. Auch wird der Käufer normalerweise fragen, ob dem Verkäufer Mängel oder Schäden in der Vergangenheit und jetzt bekannt sind. Spätestens wenn er an dieser Stelle diese nicht offenbart, liegt Vorsatz vor.

Laut *Wilk* kann der Käufer eines Gebrauchtwagens grundsätzlich erwarten, dass das Auto unfallfrei ist und somit auch keinen (reparierten) Unfall erlitten hat, bei dem es zu mehr als „Bagatellschäden" gekommen ist.

Der Käufer eines Grundstücks mit gebrauchter Immobilie könne im Gegensatz dazu eben nicht davon ausgehen, dass in der Vergangenheit keine Reparatur- und Instandsetzungsarbeiten an dem Gebäude stattgefunden hätten. Wenn er an diesen interessiert sei, müsse er dementsprechend nachfragen.

Was die Kommunikationsschiene angeht, mag das so sein. Aber an dieser Stelle sei darauf hingewiesen, dass es dem Käufer einer gebrauchten Immobilie ebenfalls nicht um „Bagatellschäden" geht. Es werden ihn somit kleinere Renovierungsmaßnahmen nicht interessieren. Es geht, wie es auch in der ImmoWertV steht, um das, was über das Übliche hinausgeht. So wie der Käufer auch nach Instandhaltungsmaßnahmen, Renovierungen und Anbauten fragen wird, so wird er sich auch nach Schäden in der Vergangenheit erkundigen. Gerade in der heutigen Zeit, wo viele Keller durch Starkregenereignisse überflutet werden und wo energetische Maßnahmen so wichtig sind wie nie zuvor, sind gerade Maßnahmen und Schadensereignisse in der Vergangenheit von großer Bedeutung für Käufer.

*Roller*[29] ist zudem der Meinung, dass eine Offenlegung solcher Umstände den Gepflogenheiten des gewöhnlichen Geschäftsverkehrs im Handel mit solchen Grundstücken entspricht. Dies ergebe sich bereits daraus, dass jeder Verkäufer eines sanierten Objekts seiner auf den Grundsatz von Treu und Glauben gestützte Offenbarungspflicht nachkommen muss.

Auch *Brumme*[30] stimmt dem zu, *„[…] [s]olche Mängel (es geht um wesentliche Mängel mit hohen Schadensbeseitigungskosten) werden regelmäßig Gegenstand von Verkaufsverhandlungen sein, weil den Verkäufer bereits gegenüber potenziellen Käufern kaum eine Pflicht zur ungefragten Aufklärung treffen wird […]".*

Zusammenfassend ist festzustellen, dass es keine grundsätzliche Offenbarungspflicht für beseitigte Baumängel und Bauschäden gibt. Der Verkäufer darf zunächst in seinem Interesse handeln, und anders als auf dem Gebrauchtwagenmarkt muss der Käufer explizit nachfragen, ob Mängel oder Schäden in der Vergangenheit vorhanden waren. Der oftmals vereinbarte Haftungsausschluss gilt grundsätzlich, greift aber bei arglistigem Verschweigen nicht. Die Urteile zeigen, dass erhebliche Mängel und Schäden und solche, die das Kaufverhalten des Käufers beeinflussen könnten, unter die Offenbarungspflicht fallen. Hierbei wird im Einzelfall zu prüfen sein, wann ein Mangel oder Schaden erheblich ist. Sicher ist aber, sobald der Verkäufer diesen nicht offenbaren möchte, hat er bereits eine Ahnung, dass diese Informa-

29 *Roller, G.*: Wertermittlung sanierter Grundstücke – technischer und merkantiler Minderwert, GuG – Grundstücksmarkt und Grundstückswert, 2001, Heft 1, S. 16 bis 19.

30 *Brumme, R.*: Merkantiler Minderwert bei Baumängeln und Grundstücksmängeln – Schlichtungs- und Schiedsordnung SOBau, GuG – Grundstücksmarkt und Grundstückswert, 2015, Heft 5, S. 274 bis 282.

tion die Käuferentscheidung beeinflussen könnte. Auf jeden Fall kann nicht, wie *Wilk* argumentiert, grundsätzlich davon ausgegangen werden, dass fachgerecht behobene Mängel und Schäden nicht kommuniziert werden und es deshalb keinen merkantilen Minderwert gibt.

## 4.4 Stichtagsprinzip – (noch) nicht beseitigte Mängel und Schäden am Wertermittlungsstichtag

*Ulrich*[31] beschreibt, dass die frühere Auffassung, der merkantile Minderwert entstehe erst zum Zeitpunkt des Wiederverkaufs, weshalb bis dahin allenfalls ein Feststellungsinteresse bestünde und im Streit nur die Feststellungsklage erhoben werden könne, überholt sei. Maßgeblich sei nicht der Zeitpunkt des Eintritts des zugrunde liegenden Schadensereignisses, sondern der Augenblick der – ggf. hypothetischen – Wieder- Ingebrauchnahme der reparierten Sache.[32] *Ulrich* ist der Meinung, dass für die Immobilienbewertung das Gleiche gelten müsse wie für die Kfz-Bewertung. Hier ist der merkantile Minderwert bereits im Zeitpunkt des Unfalls angelegt, und zwar unabhängig davon, ob das Fahrzeug später repariert oder in Gebrauch genommen wird.

Dies deckt sich auch mit der Aussage von *Brumme*[33], der sich auf das BGH-Urt. v. 2.4.1981 bezieht, danach *„[…] liegt ein merkantiler Minderwert nicht erst bei Grundstücksverkauf vor oder wirkt sich zum Verkauf des Grundstücks aus, sondern liegt auch vor, wenn der Eigentümer das Haus nicht veräußern will […]“.*

Nach *Ulrichs* Auffassung kann der merkantile Minderwert *„[…] als werkrechtlicher Mangelfolgeschaden gemäß §§ 634 Nr. 4, 280 Abs. 1 BGB neben den in dieser Norm eröffneten sonstigen Gewährleistungsrechten sogleich ab dem Eintritt des Baumangels beansprucht werden. Betreffend (gerichtliche) Sachverständige gilt in jedem Fall, dass diesen in Beachtung der Regelungen des § 404a Abs. 2 bis Abs. 4 ZPO der konkrete Wertermittlungszeitpunkt richterlich zu offenbaren ist […]“.*

Die Definitionen aus *Kapitel 2* sprechen eindeutig vom Zustand eines behobenen Mangels oder Schadens:

- trotz vollständiger Beseitigung dieses Mangels in technisch einwandfreier Weise,
- völliger und ordnungsgemäßer Instandsetzung,
- erfolgter Mängelbeseitigung.

In der Immobilienbewertung kommt es aber nicht selten vor, dass der Schaden zum Bewertungsstichtag noch nicht behoben ist. Laut Definition kann es zu diesem Zeitpunkt keinen merkantilen Minderwert geben, da der ja nur nach erfolgter Mangelbeseitigung auftritt. Auch

31 *Ulrich, J.*: Der merkantile Minderwert: technische und rechtliche Widersprüche, 2. Beitrag: Der „merkantile Minderwert“ bei deutschen Immobilien: Standard oder Axiom, gar Chimäre, bloß ein Irrtum? in: Oswald, R./ Zöller, M. (Hrsg.): Aachener Bausachverständigentage 2018, Springer Vieweg, Wiesbaden, 2018, S. 159 ff.

32 BGH, Urt. v. 2.12.1966 – VI ZR 72/65–, NJW 1967,552.

33 *Brumme, R.*: Merkantiler Minderwert bei Baumängeln und Grundstücksmängeln – Schlichtungs- und Schiedsordnung SOBau, GuG – Grundstücksmarkt und Grundstückswert, 2015, Heft 5, S. 274 bis 282.

nimmt die Höhe des merkantilen Minderwerts mit zunehmender Zeitdauer nach Schadensbeseitigung ab. Wenn aber die Fragestellung ist, wie groß die Wertminderungen infolge des Mangels ist, dann muss auch ein Blick in die Zukunft stattfinden. Wenn in der Zukunft nach Beseitigung der Schäden eine Wertminderung zu erwarten ist, dann kann es nicht marktgerecht sein, diese zu vernachlässigen. Eine Autobahn bspw., die mit hinreichender Sicherheit in unmittelbarer Nähe zum Bewertungsobjekt gebaut werden soll, hat ebenfalls einen Werteinfluss am Stichtag, obwohl der Bau erst in der Zukunft stattfindet. So muss auch ein in der Zukunft entstehender merkantiler Minderwert einen Einfluss am Wertermittlungsstichtag haben.

*Vogel*[34] stimmt damit überein und schreibt:

> „[...] Merkantile Minderwerte sind bei der Wertermittlung i.d.R. immer auf den Zeitpunkt abzustellen, zu dem die Umstände beseitigt sind, die die Ursache für den Minderwert sind. Sollten die Schäden zwar festgestellt, aber noch nicht beseitigt sein, wird zwar derselbe Wertermittlungsstichtag, aber unter der Annahme der ordnungsgemäßen Beseitigung angesetzt. [...]"

Schwieriger wird es, wenn nun eine fiktive Mangelbeseitigung unterstellt werden soll und noch kein Gutachten über diese seitens eines Bauschadenbewerters vorliegt. Dann muss eine Schadensbeseitigungsmaßnahme angenommen werden. Diese ist ganz wesentlich, denn von dieser hängt wiederum die Marktreaktion ab. Die Sorge vor dem Wiedereintritt eines Schadens bei einem Komplettrückbau und Wiederaufbau dürfte gering sein, wogegen die Sorge bei einer Reparatur höher sein wird. Hierzu gibt es auch Urteile, die einen merkantilen Minderwert bei Neuaufbau ausschließen (*siehe Kapitel 5*).

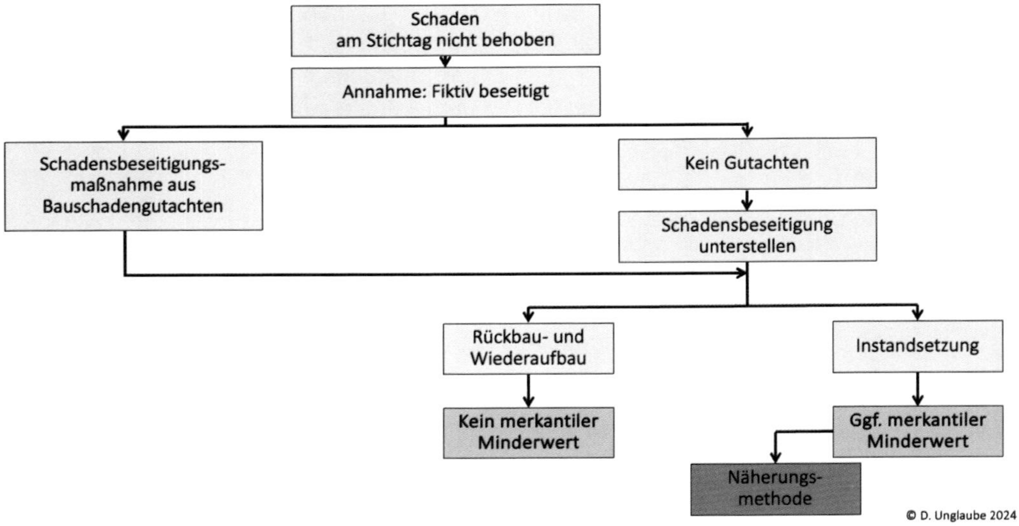


*Abb. 4.1: Vorgehensweise zur Bewertung des merkantilen Minderwerts bei noch nicht beseitigten Mängeln oder Schäden am Wertermittlungsstichtag*

34 *Vogel. R.*: Merkantiler Minderwert am Beispiel eines Altbau-Mietshauses, GuG – Grundstücksmarkt und Grundstückswert, 1997, Heft 3, S. 151 bis 164.

Die Grafik zeigt die mögliche Vorgehensweise bei einem noch nicht behobenen Schaden am Wertermittlungsstichtag.

Das nächste Problem, das sich dem Sachverständigen stellt, ist, die Höhe des merkantilen Minderwerts zu ermitteln. Kann am Wertermittlungsstichtag der volle merkantile Minderwert angesetzt werden? Dafür würde sprechen, dass dieser zu diesem Zeitpunkt am größten wäre. Unerheblich wäre dabei, wann oder ob das Objekt verkauft wird, denn in der Wertermittlung unterstellen wir immer einen Verkauf am Wertermittlungsstichtag. Für einen verminderten Ansatz des merkantilen Minderwerts würde sprechen, dass wie beim Bau der Autobahn eine Restwahrscheinlichkeit besteht, dass es zu keinem Abschlag kommt, da z.B. erst in ferner Zukunft verkauft würde und dann kein merkantiler Minderwert entsteht. Auch diskontieren wir i.d.R. Wertminderungen, die sich in der Zukunft ergeben. Hier ist das Problem, dass wir den Zeitraum nicht kennen. Bei der Autobahn würden wir ggf. den Wert des Grundstücks ohne Autobahnnähe und mit Autobahnnähe ermitteln und dann unter Berücksichtigung der Eintrittswahrscheinlichkeit einen Abschlag generieren. Es wäre also durchaus modellkonform, wenn bei der Bewertung am Stichtag von einem fiktiv beseitigten Schaden unter hypothetischen Schadensbeseitigungsmaßnahmen ausgegangen wird und zunächst der merkantile Minderwert ermittelt wird. Danach ist abzuschätzen, ob dieser in voller Höhe angesetzt werden kann oder ob möglicherweise ein Abschlag für den Zeitfaktor marktgerecht wäre *(siehe auch Kapitel 12.4)*.

*Zöller*[35] ist der Meinung, dass es sich bei merkantilen Minderwerten nicht um eine Risikobetrachtung handelt, bei der ein tatsächliches Risiko neuer Schäden verblieben ist, und warnt daher vor einer Überbewertung des Wertabschlags.

> „[...] Eine Risikoabwägung stellt auf einen Wahrscheinlichkeitsgrad und mögliche Instandsetzungskosten ab, ohne diese mit tatsächlichen Risiken unterlegen zu können. Der merkantile Minderwert wird mit einem subjektiven Verdacht einer möglichen Gruppe von Kaufinteressenten begründet und dabei unterstellt, dass jeder Kaufinteressent gleich ängstlich sein wird. [...] Merkantile Minderwerte stellen als finanzieller Schaden auf einen in der Zukunft liegenden Zeitpunkt ab, wenn eine Sache weiterverkauft wird. [...] Der Ersatz eines Schadens, der nicht eintreten wird, führt zu einer Überkompensation und damit zu einer unzulässigen Bereicherung. [...]"

Dagegen argumentiert der BGH in seinem Urteil im Jahr 1961, wonach der Eigentümer entschädigt werden müsse, da er sich mit dem mangelbehafteten Objekt zufriedengibt.

> „[...] der Geschädigte genüge sich der Weiternutzung eines Fahrzeugs, dessen Wert nach der allgemeinen Verkehrsauffassung geringer sei als der eines unfallfreien. [...]"

Der merkantile Minderwert entsteht nicht ausschließlich aufgrund der Sorge des Wiedereintritts des Schadens. Es geht vielmehr um die Tatsache, dass ein ehemals schadhaftes Objekt einen geringeren Wert hat als ein schadensfreies Objekt.

35 *Zöller, M.*: Der merkantile Minderwert: technische und rechtliche Widersprüche, Einleitung, in: Oswald, R./ Zöller, M. (Hrsg.): Aachener Bausachverständigentage 2018, Springer Vieweg, Wiesbaden, 2018, S. 133 bis 141.

## 4.5 Auswirkung der Schadensbeseitigungsmaßnahmen auf den merkantilen Minderwert

Wie bereits im vorigen Kapitel angedeutet, hat die Art der Schadensbeseitigung einen Einfluss auf den merkantilen Minderwert, und zwar zum einen auf dessen Existenz und zum anderen auf seine Höhe.

Dies ist einfach vorstellbar. In einem Bewertungsfall war ein Fallrohr erneuert worden und dann nicht fachgerecht an die Grundleitung angeschlossen worden. Aufgrund des Versatzes zwischen den beiden Rohren trat das Wasser ins Erdreich aus. Die Hausecke wurde unterspült und in der Folge sackte die Bodenplatte ab, sodass ein Riss entstand. Infolge Starkregen wurde der Keller daraufhin überschwemmt. Nach Erkennen der Schadensursache wurde das Rohr fachgerecht an die Grundleitung angeschlossen und die Schäden wurden behoben. In diesem Beispiel kann davon ausgegangen werden, dass der Markt kein vermindertes Vertrauen in die bauliche Qualität des Gebäudes hat. Es handelte sich um eine nachträgliche Maßnahme am Bestandsgebäude und der Sachverhalt ist sehr einfach. Es ist eher unwahrscheinlich, dass das Rohr ein zweites Mal nicht richtig angeschlossen wurde. Die Sorge bzgl. Folgeschäden sollte also gering sein. Hier könnte man der Idee *Zöllers*[36] folgen, dass in diesem Fall dem Schaden besondere Beachtung geschenkt wurde und man daher davon ausgehen kann, dass die Ausführung nun erst recht richtig und sorgfältig durchgeführt wurde.

Werden sogar ganze Bauteile ausgetauscht, z.B. ein Dachstuhl nach einem Brand o.ä., dann entsteht kein merkantiler Minderwert, da das Bauteil komplett neu ist. So sieht es zumindest das Oberlandesgericht Naumburg: *„Nach einer Kompletterneuerung verbleibt kein merkantiler Minderwert“*.[37]

Die größte Sorge des Marktes besteht bei Maßnahmen, bei denen „geflickt“ wird. oder dann, wenn der Schaden an anderer Stelle bereits zuvor aufgetreten ist (z.B. verschiedene Wasserrohrbrüche) oder wenn Reparaturmaßnahmen durchgeführt werden, die vermeintlich schlechter sind als ein Austausch bzw. eine Erneuerung eines Bauteils. Ein Beispiel hierfür ist das sogenannten Inliner-Verfahren bei Rohren. Hier könnte der Markt ein „schlechteres Gefühl“ haben, wenn eine zweite Haut innerhalb des kaputten Rohres eingezogen wird im Vergleich zu einem Aufgraben und Austausch des kompletten Rohres.

Zur Bewertung des merkantilen Minderwerts muss daher unbedingt die Schadensbeseitigungsmaßnahme bekannt sein. Sie stellt nicht nur ein Ausschlusskriterium, sondern auch ein wichtiges Einflusskriterium bei der Ermittlung der Höhe des merkantilen Minderwerts dar.

36 *Zöller, M.*: Der merkantile Minderwert: technische und rechtliche Widersprüche, Einleitung, in: Oswald, R./ Zöller, M. (Hrsg.): Aachener Bausachverständigentage 2018, Springer Vieweg, Wiesbaden, 2018, S. 133 bis 141.

37 OLG Naumburg, Urt. v. 30.7.2021 – 2U 41/19.

# 5 Bewertungsansätze und Gedankenanstöße zum merkantilen Minderwert aus der Literatur

## 5.1 1997 Merkantiler Minderwert – Vogel

*Dr. Roland Vogel* hat 1997 einen Artikel mit dem Titel „Merkantiler Minderwert" in der Fachzeitschrift GuG verfasst.[38] Hierin bemisst er die Höhe eines technischen Minderwerts am Beispiel einer nicht fachgerecht ausgeführten Unterfangung eines Bestandsgebäudes im Zuge der Errichtung eines Neubaus auf dem Nachbargrundstück. In der Folge sind Risse am Bestandsgebäude entstanden. In der eingangs beschriebenen Definition des merkantilen Minderwerts beschreibt *Vogel*, dass der merkantile Minderwert, der ursprünglich aus der Kfz-Bewertung stammt, seiner Meinung nach auch auf Bestandsgebäude übertragbar sei.

Im vorliegenden Beispiel war aufgrund mangelhaft ausgeführter Unterfangungsarbeiten ein Schaden in Form von Rissen mit Schadensbeseitigungskosten in Höhe von 100.000 DM entstanden. Der Wertermittlungsstichtag liegt im Jahr 1996.

Zur Ermittlung des merkantilen Minderwerts arbeitet *Vogel* die kalkulatorischen Einflüsse heraus. Diese sind:

- die Schadensursache,
- die durch den Schaden bewirkten, bzw. möglicherweise bewirkten Umstände,
- die individuellen Eigenschaften des geschädigten Objektes,
- die zum Wertermittlungsstichtag herrschenden allgemeinen Marktbedingungen.

Weiter unterstellt er, dass der merkantile Minderwert mit zunehmender Zeit schwindet. Im Folgenden ermittelt er den merkantilen Minderwert auf Basis eines gewichteten Wertermittlungssystems. Dabei berechnet er zunächst kalkulatorische Ertragsausfälle wie erhöhte Instandhaltung, erhöhte Mietausfallwagnisse und erhöhte Verwaltungskosten. Seiner Meinung nach ist ein

> „[...] möglicher, nicht sicherer, aber auch nicht auszuschließender Mehraufwand für Instandsetzungen zu bestimmen. [...]"

Hierbei werden Instandhaltung und Instandsetzung vermischt. Zur Ermittlung der Mehraufwendungen betrachtet er jedes Bauteil separat, darunter auch die Baugrube und die Fundamente sowie die Außenanlagen. In einer Tabelle werden die Neubaukosten mit einem Faktor für den Mehraufwand für Bauen im Bestand versehen. Der sich daraus ergebende Instandsetzungsaufwand wird mit einem Schadensgrad sowie einem Anteil der betroffenen Bereiche multipliziert und ergibt somit den möglichen Instandsetzungsaufwand. Nach Multiplikation der Eintrittswahrscheinlichkeit ergibt sich der kalkulatorische Instandhaltungsaufwand. Dieser wird für jedes Bauteil (Tragwerk Decken, Deckenoberbeläge, Dachtragwerk, Dachentwässerung, Innentüren, Wandbeläge etc.) ermittelt und dann addiert. Im Beispiel ergibt sich ein Prozentsatz von 6 % des Neubauwerts. Dieser ist nun nach *Vogel* auf die angenommene Zeit

38 *Vogel, R.*: Merkantiler Minderwert am Beispiel eines Altbau-Mietshauses, GuG – Grundstücksmarkt und Grundstückswert, 1997, Heft 3, S. 151 bis 164.

von 15 Jahren zu verteilen. Hier wird unterstellt, dass nach 15 Jahren kein Einfluss aus dem Schaden gegeben ist. Woher diese Annahme kommt, ist nicht beschrieben. Es werden nun die in der Zukunft anfallenden Kosten auf den Stichtag abgezinst. Dabei wird eine Preissteigerung pro Jahr von 4,5 % unterstellt.

Die gleiche Vorgehensweise erfolgt bei der Ermittlung des Mietausfallwagnisses und der Verwaltungskosten. Die ermittelten Barwerte werden addiert und ergeben im vorliegenden Fall einen merkantilen Minderwert von rd. 11 % vom unbelasteten Verkehrswert.

Bei *Vogels* Vorgehensweise wurden demnach mögliche Einflüsse auf die Ertragslage des Objektes betrachtet und ein Barwert für kalkulatorisch anzusetzende Ausfälle beim Reinertrag aufgrund des Verdachtes verborgen gebliebener Schäden und der sich hieraus vermeintlich ergebender Folgeschäden ermittelt.

Die Vorgehensweise nach *Vogel* ist an mehreren Stellen zu hinterfragen. Auch wenn es sich hier um eine Näherungsmethode handelt und dieser grundsätzlich Einschätzungen zugrunde liegen, weist diese Methode an sehr vielen Stellen Unsicherheiten auf. Es wird ein Mehraufwand zur Erhöhung der Neubaukosten, ein Schadensgrad sowie eine Eintrittswahrscheinlichkeit geschätzt. Darüber hinaus werden verschiedene Bauteile betrachtet und am Ende addiert. Hier ist zum einen zu hinterfragen, wie sichergestellt sein kann, dass alle relevanten Bauteile betrachtet wurden. Es stellt sich die Frage, was genau die Baugrube mit der Ermittlung der Folgeschäden zu tun hat. Hier handelt es sich um eine weitere Unsicherheit. Je mehr Bauteile betrachtet werden, desto höher werden ggf. die Instandsetzungskosten. Auch darf man fragen, ob ein Gebäude wirklich die Summe seiner Bauteile ist. Der Zeitansatz von 15 Jahren und auch die unterstellten Preiserhöhungen in den kommenden 15 Jahren nach Wertermittlungsstichtag sind weitere Variablen, die Unsicherheiten bergen.

Aber die Frage, die über allem steht, ist doch: Ist das wirklich marktkonform? Der Marktbezug fehlt an dieser Stelle. Das wird besonders dadurch klar, dass bei der Methode ausschließlich auf mögliche Kosten für Folgeschäden abgestellt wird. Die Schadensart und Schadensursache werden hierbei nicht betrachtet. Tatsächlich aber macht der Markt für manche Schadensarten einen höheren Abschlag geltend, obwohl die Schadensbeseitigungskosten für diesen Schaden im Vergleich zu anderen geringer sind. Dies ist z.B. bei Schimmelschäden der Fall. Eine solche Marktreaktion ist mit der Methode von *Vogel* nicht abbildbar, weshalb eine marktgerechte Bewertung auf diese Weise offensichtlich nicht durchführbar ist.

## 5.2 1998 Zeitabhängige Einflüsse bei der Bewertung merkantiler Minderwerte – Krell, Krell

Die Autoren *Krell und Krell*[39] haben, auf der Methode *Vogels* aufbauend, eine mathematische Methode zur Ermittlung des merkantilen Minderwerts entworfen. Bei dieser wird ebenso wie bei *Vogel* auf die erhöhten Bewirtschaftungskosten beim möglichen Eintritt von Folgeschäden abgestellt. *Krell und Krell* wollen die Methode *Vogel* dahingehend verbessern, dass sie für jede schadensbetroffene Bauteilgruppe den Schädigungsgrad und die Auftretenswahr-

39 *Krell, K.-H./ Krell, A.*: Zeitabhängige Einflüsse bei der Ermittlung merkantiler Minderwerte, GuG – Grundstücksmarkt und Grundstückswert, 1998, Heft 3, S. 136 bis 141.

scheinlichkeit von Folgeschäden separat bewerten. Bei der Ermittlung des Instandsetzungsaufwandes KI+ sei besondere Sorgfalt und Detailliertheit geboten, da dieser Teilwert das Endergebnis wesentlich bestimme.

> „[...] Da es sich bei dem merkantilen Minderwert um eine Minderung handelt, deren Grundlage im Zeitraum nach einer abgeschlossenen Instandsetzung und damit in der Zukunft liegt, ist er als Barwert auszuweisen. Gleichzeitig sind die auf ihn während dieses Zeitraumes einwirkenden Einflüsse zu beachten. Erst mit einer rechnerischen Berücksichtigung leitet sich aus dem kalkulatorischen Instandsetzungsaufwand $K_{I+}$ der Barwert der kalkulatorisch erhöhten Instandsetzungskosten $B_{I+}$ ab, der unter Einschluss der Minderwerte aufgrund anderer Risiken (erhöhtes Mietausfallwagnis, erhöhter Verwaltungsaufwand) den merkantilen Minderwert bildet. [...]"

Während *Vogel* den kalkulatorischen Instandsetzungsaufwand über einen Zeitraum von 15 Jahren für jedes Jahr gleich hoch ansetzt, präzisieren *Krell und Krell* die Methode an dieser Stelle, indem sie unterstellen, dass in den ersten fünf Jahren dieses 15-Jahre-Zeitraumes die Wahrscheinlichkeit des Eintritts von Folgeschäden wesentlich höher sei. Mittels einer Näherungsfunktion über die Häufigkeitsverteilung der Folgeschäden generieren sie eine Exponentialfunktion.

Unter Berücksichtigung der vier Einflussfaktoren, für die jeweils eine Gleichung aufgestellt wurde, ergibt sich schlussendlich eine Parameterfunktion, mittels welcher der merkantile Minderwert ermittelt werden soll:

$$k = k(t) = z(t) \times p(t) \times m(t) \times h(t)$$

mit k(t) = Veränderung des Kapitalmarktzinses
p(t) = Steigerung der Baukosten
m(t) = Einflussminderung von Folgeschäden (wegen Überlappung mit Verschleiß)
h(t) = Zeitliche Verteilung von Folgeschäden

Nach Betrachtung dieser Ausführung wird klar, dass es sich um keine neue Methode, sondern lediglich um eine vermeintliche Verbesserung in Bezug auf die Genauigkeit der Methode nach *Vogel* handelt. Wie die Autoren selbst schreiben, ist und bleibt aber die Einschätzung der Eintrittswahrscheinlichkeit die Stellschraube des Verfahrens. Auch ist zu prüfen, ob es sich bei den Funktionen m(t) und h(t) um eine Doppelberücksichtigung handelt, da eine klare Abgrenzung zwischen Folgeschäden und Verschleißerscheinungen kaum möglich sein wird. Somit könnte die zeitliche Verteilung von Folgeschäden auch allgemeine Verschleißerscheinungen beinhalten.

Wie *Smolibowski*[40] zu der Methode von *Krell und Krell* schreibt, „das rechnerische Ergebnis kann immer nur so genau sein, wie die zur Berechnung erforderlichen Parameter exakt angenommen werden". Durch die mathematische Verfeinerung nach *Krell und Krell* wird eine Genauigkeit vorgetäuscht, die nicht vorhanden ist. Auch hier fehlt weiterhin der Marktbezug.

40 *Smolibowski, G.*: Der merkantile Minderwert bei Wohnimmobilien, Reguvis, Köln 2022.

## 5.3 1999 Zeitabhängige Einflüsse bei der Bewertung merkantiler Minderwerte – Oppitz

Nachdem *Krell und Krell* die Methode von *Vogel* mathematisch optimiert haben, hat *Oppitz* in seinem Fachbeitrag diese weiter detailliert. Indem er die Exponentialfunktion der Autoren *Krell und Krell* durch eine Regressionsfunktion ersetzt, generiert er vermeintlich noch genauere Ergebnisse. Diese beziehen sich allerdings ausschließlich auf die erhöhten Aufwendungen für möglicherweise auftretende Folgeschäden. Die Ursprungskritik an *Vogel* und *Krell und Krell*, der fehlende Marktbezug, bleibt auch hier bestehen.

## 5.4 2000 Merkantiler Minderwert bei Hausschwammbefall – Tewis

Im Jahr 2000 hat *Tewis*[41] einen Artikel zum Thema „merkantiler Minderwert bei Hausschwammbefall" in der Fachzeitschrift GuG veröffentlicht. Beim Hausschwamm handelt es sich um den gefährlichsten holzzerstörenden Pilz. Seine Gefahr ist darin begründet, dass er zum Wachstum eine wesentlich geringere Feuchtigkeit benötigt als andere Gebäudepilze. Auch die Wachstumstemperatur ist moderat. Das Ausmaß der Zerstörung durch den Pilz kann enorm sein. Laut *Tewis* würden dem Hausschwamm aber auch Fähigkeiten angedichtet, über die er in der Realität nicht verfügt, z.B. die Fähigkeit, selbst Wasser zu produzieren. Damit wird er ein noch größeres „Schreckensgespenst". Laborversuche bestätigten laut *Tewis*, dass nach sechs bis acht Jahren nicht mehr mit dem Aufleben eines beseitigten Hausschwamms zu rechnen ist. Statistische Werte zu Wertminderungen infolge eines Hausschwammbefalls lagen zum Zeitpunkt des Fachartikels noch nicht vor. Anlässlich einer Tagung von Sachverständigen in Hamburg im Jahr 1997 war man allgemein der Ansicht, dass ein merkantiler Minderwert infolge eines Schwammbefalls kaum mehr als 3 bis 5 % betragen würde, wenn er denn überhaupt durchgesetzt würde.

*Tewis* wirft ein, dass man die Höhe des merkantilen Minderwerts infolge eines Hausschwammbefalls ggf. über die kapitalisierte Versicherungsprämie ermitteln könne. Gleichzeitig gibt er zu bedenken, dass es kaum Versicherer gibt, die Gebäude gegen einen Hausschwammbefall versichern, und dass Gebäude mit einem ehemaligen Hausschwammbefall nicht versicherbar sind.

*Tewis* bestätigt die Ansicht der Verfasserin, indem er die Vorgehensweise, in der auf die Reparaturkosten und den vorübergehenden Ertragsausfall, die ein künftiger Hausschwammbefall verursachen würde, abgestellt wird, für unpräzise hält. Auch er ist der Meinung, dass dabei eine falsche Genauigkeit vorgetäuscht würde.

In einer Tabelle weist er prozentuale Abschläge vom Bauwert (Neubauwert abzüglich Minderung infolge Alter und Schäden) aus. Dabei wird davon ausgegangen, dass ein kleiner Befall keine Wertminderung zur Folge hat und dass eine Minderung von mehr als 5 bis 10 % hinaus eine erhebliche Bekämpfung mit mehreren Schwammherden über das ganze Gebäude bedingt.

41 *Tewis, N.*: Merkantiler Minderwert bei Hausschwamm-Befall, GuG – Grundstücksmarkt und Grundstückswert, 2000, Heft 1, S. 11 bis 33.

| **Schadensumfang:** | Trockenheit dauerhaft gewährleistet oder sehr gesuchtes Objekt in gesuchter Lage (wenn Kaufpreis vorliegt): **Vereinbarter Kaufpreis ist erheblich unter Verkehrswert** | Trockenheit nicht sicher und dauerhaft gewährleistet oder großes Angebot, nicht so gesuchte Lage oder (bei vorhandenem Kaufpreis): **Kaufpreis deutlich über dem Verkehrswert** |
|---|---|---|
| **sehr klein,** z.B. Anzeichen auf begrenzten Raum, kein oder unbedeutender Austausch von Bauteilen. | 0 % | 5 % |
| **klein,** z.B wenige Bauteile auszutauschen, Schaden gut abzugrenzen, übersichtliche Zugänglichkeit für Sanierungsarbeiten. | 1 % | 7 % |
| **mäßig,** z.B. schon deutlicher Befall, wenn mehr als ein Geschoss befallen oder mehr als ein Herd. | 3 % | 10 % |
| **groß,** umfangreicher Befall mit mehreren Herden und schwieriger Zugänglichkeit. | 5 % | 15 % |
| **sehr groß,** restlose Beseitigung nicht gewährleistet. | 10 % | 20 % |
| Folgende Faktoren ändern die Zahlen: | • Sehr durchgreifender Umbau (z.B. Stahlbetondecken statt Holzbalkendecken) lässt Minderwert u.U. sogar zu null werden, insbesondere dann, wenn der Pilz mangels Nahrungsangebot nicht mehr wachsen kann.<br>• Gebäudeverbesserung durch Sanierung kann auch werterhöhend sein, wenn damit eine Renovierung oder Modernisierung verbunden ist.<br>• Bei Ermittlung der Wertminderung nach Kauf (arglistiges Verschweigen des Mangels) kann der Kaufpreis („Schnäppchen") einen Minderwert beeinflussen, weil „bei diesem Preis" auch Verkauf bei Kenntnis dieses Mangels durchgeführt worden wäre.<br>• Schadensfreier Zustand von etwa zehn Jahren wird kaum noch eine merkantile Wertminderung begründen. | |

*Tab. 5.1: Bewertungsmatrix für ehemaligen Hausschwammbefall nach Tewis, nachgezeichnet*

Laut *Tewis* ist für die Beurteilung der Eintrittswahrscheinlichkeit eines erneuten Schwammbefalls die Sicherheit des Verhinderns eines Feuchteeintritts zentral. Daher stellt er diese in der oben dargestellten Tabelle dar. Weiter ist zu sehen, dass *Tewis* in seiner Matrix die Schadensgröße in fünf Kategorien unterteilt.

Die in der Matrix dargestellten Prozentansätze seien dann noch anzupassen unter Bewertung der unter den Aufzählungspunkten dargestellten Faktoren. Dabei handelt es sich zum einen um einen sehr umfangreichen Umbau bzw. Austausch von Konstruktionen, z.B. einer Geschossdecke, welcher ggf. zu einer Reduzierung des merkantilen Minderwerts auf null führen kann. Das deckt sich auch mit Gerichtsurteilen, wonach bei Erneuerung der Konstruktion kein merkantiler Minderwert entstehen kann.

Die Ansätze müssten nach unten korrigiert werden, wenn eine Sanierung oder Modernisierung zu einer Erhöhung des Gebäudewerts führt. Und zuletzt wird die Abhängigkeit von der Zeitdauer dargestellt, wobei von einer Spanne von zehn Jahren ausgegangen wird.

Auch bei dieser Herangehensweise fehlt die Erläuterung, woher die Prozentansätze in der Matrix kommen. Es ist nicht erkennbar, ob diesen eine Auswertung zugrunde liegt oder ob es sich um reine Schätzungen handelt.

Bejaht werden kann, dass die Schadensbeseitigungsmaßnahme und damit auch das Risiko des Feuchteeindrangs eine Rolle spielen. Allerdings ist die Unterteilung in die beiden Spalten schwierig. Bei welchen Objekten ist eine „Trockenheit dauerhaft gewährleistet“? Nicht nachvollziehbar ist in der gleichen Spalte die Aussage „sehr gesuchtes Objekt in gesuchter Lage“ bzw. „(wenn Kaufpreis vorliegt) vereinbarter Kaufpreis ist erheblich unter Verkehrswert“. Eigentlich wäre in gefragter Lage der Kaufpreis eher höher als der Verkehrswert.

Auch hier fehlt alles in allem der Praxisbezug bzw. die Darstellung der Marktlage.

Die letzte Kategorie in der Matrix von *Tewis*, der sehr große Schaden, ist etwas schwierig zu bewerten. Hier gibt er eine Spanne von 10 bis 20 % vom Gebäudewert für den merkantilen Minderwert an. Das Kriterium lautet aber „restlose Beseitigung nicht gewährleistet“. Eigentlich wäre dies ja ein K.-o.-Kriterium für den merkantilen Minderwert. Wenn der Schaden gar nicht zu beseitigen ist, dann muss ein vorhandener Befall bewertet werden.

## 5.5 2001 Wertermittlung sanierter Grundstücke – Roller

*Dr. Roller* beschäftigt sich in seinem 2001 veröffentlichten Beitrag in der GuG[42] mit den Anforderungen an Grundstückseigentümer sanierter Grundstücke. Anlass des Artikels ist der damals jüngste Beschluss des Bundesverfassungsgerichts, dass bei im Rahmen einer Ersatzvornahme anfallenden Kosten für die Sanierung eines Grundstücks die Haftung eines Grundstückseigentümers generell auf die zumutbaren Sanierungskosten zu beschränken ist.

> „[...] Ursprünglich hatte der Regierungsentwurf zum Bundes-Bodenschutzgesetz in § 25 Abs. 2 vorgesehen, den Grundstückseigentümer unter bestimmten Voraussetzungen von der Kostentragungspflicht zu befreien, wenn die Kosten der angeordneten Sanierungsmaßnahmen die Grundstücksnutzung mit den sich daraus ergebenen wirtschaftlichen Vorteilen ausschließen.

42 *Roller, G.*: Wertermittlung sanierter Grundstücke – technischer und merkantiler Minderwert, GuG – Grundstücksmarkt und Grundstückswert, 2001, Heft 1, S. 16 bis 19.

> Dies wäre dann der Fall gewesen, wenn die Kosten den Verkehrswert des sanierten Grundstücks überstiegen hätten. Im Vermittlungsausschuss wurde dann empfohlen, diese Regelung zu streichen. Das führte im Ergebnis zur heutigen Fassung des § 24 Abs. 1 Satz 1 BBodSchG, wonach der Sanierungsverpflichtete sämtliche Kosten der Sanierung tragen muss. Das Bundesverfassungsgericht hat demgegenüber aber nun entschieden, dass der Sanierungsverantwortliche nicht unbeschränkt in Anspruch genommen werden kann und damit die in der Literatur bereits vorgegebene Linie weitgehend bestätigt [...].“

Nun ist hiernach der Grundsatz der Verhältnismäßigkeit zu berücksichtigen. Anhaltspunkt für die zumutbare Belastung könne das Verhältnis der finanziellen Belastung zum Verkehrswert sein. Unzumutbar wäre demnach z.B., wenn die aus dem Grundstück resultierende Gefahr aus Naturereignissen, aus der Allgemeinheit zuzurechnenden Ursachen oder von nicht nutzungsberechtigten Dritten herrührt.

Unzumutbarkeit sei auch dann begründet, wenn das zu sanierende Grundstück den wesentlichen Teil des Vermögens des Sanierungspflichtigen bilde und die Grundlage seiner privaten Lebensführung darstelle.

Im Zusammenhang mit der Wertermittlung sanierter Grundstücke weist *Roller* darauf hin, dass bei dem Begriff Sanierung nicht von einer völligen Schadstofffreiheit ausgegangen werden darf. Die Zielbeschreibung für die Sanierungspflicht gem. § 4 Abs. 3 BBodSchG spricht von einer nutzungsbezogenen Sanierung bei einem gewissen ökologischen Mindeststandard. Es kann somit eine Restkontamination unterhalb des definierten Gefahrenschwellenwertes geben.

Für die Restkontamination besteht somit ein technischer Minderwert. Laut *Roller* wird neben diesem zusätzlich noch ein merkantiler Minderwert anzusetzen sein.

> „[...] Allein die Tatsache, dass auf einem Grundstück eine Sanierung stattgefunden hat, ist am Grundstücksmarkt in Zeiten eines sich ständig verschärfenden Umweltbewusstseins auch und gerade im Hinblick auf die Nutzung eines Grundstücks vernachlässigbar. [...]“

Der Beschluss des Bundesverfassungsgerichts bedeutet laut *Roller* in Hinsicht auf die Wertermittlung, dass künftig vor der Feststellung der Höhe der zu tragenden Kosten das Verhältnis der Sanierungskosten zum Verkehrswert des Grundstücks festgestellt werden muss. Es muss laut *Roller* verstärkt damit gerechnet werden, dass die in diesem Zusammenhang erstellten Verkehrswertgutachten eingehenden Plausibilitätsprüfungen durch die Sanierungspflichtigen unterzogen werden. Somit seien verschärfte Qualitätsanforderungen an die Grundstückssachverständigen zu erwarten.

Auf Ansätze, wie man den merkantilen Minderwert bei fachgerecht sanierten Altlasten ermittelt, geht *Roller* in seinem Beitrag nicht ein.

## 5.6 2003 Technischer und merkantiler Minderwert bei Bergschäden – Schürken

*Schürken*[43] schreibt in seinem 2003 erschienen Artikel über den merkantilen Minderwert bei Bergschäden. Die durch Bergbau entstandenen Dauerschäden bestanden i.d.R. aus Riss-

43 *Schürken, J.*: Technischer und merkantiler Minderwert bei Bergschäden, GuG – Grundstücksmarkt und Grundstückswert, 2003, Heft 3, S. 154 bis 156.

schäden oder Schiefstellungen des geschädigten Gebäudes. Mitte der 1950er Jahre wurden Verhandlungen auf Basis der Bergschadensregulierungsverhandlungen mit dem Unternehmensverband Ruhrbergbau eingeleitet, um die Schadensregulierung zu vereinheitlichen. Im Jahr 1958 wurde die erste Vereinbarung mit dem Verband getroffen. Diese Verhandlungen wurden später aufgrund sich ändernder Randbedingungen fortgesetzt und im Jahr 1987 wurde ein Kompromiss gefunden. Die im heutigen Gesamt-Minderwertabkommen festgehaltenen Regelungen sind keine Rechtsnormen, aber in der Bergschadensregulierung anerkannt.

Um einen Minderwertanspruch zu begründen, muss der Betroffene eine Gebäudeschieflage nachweisen. Ist dies der Fall, dann wird eine auf den Gebäudewert bezogene Minderung ermittelt. Bei Schieflagen von bis zu 0,2 % erfolgt i.d.R. keine Minderung. Auch in der Literatur wird immer darauf hingewiesen, dass der Schaden, der zum merkantilen Minderwert führt, erheblich gewesen sein muss. Laur *Schürken* gilt dies in der Bergschadenregulierungspraxis unstreitig für Gebäude, die zur Beseitigung einer bergbaulich bedingten Schieflage mit hydraulischen Vorrichtungen gehoben wurden oder von einer bergbaubedingten Erdstufe unterzogen werden und mit automatisch arbeitenden Ausgleichselementen unterfangen und gesichert worden sind. *Schürken* stellt in diesem Zusammenhang die Frage, ob denn bei derartigen Schäden eine Offenbarungspflicht besteht.

Die Frage dürfte in Bezug auf *Kapitel 3.2* eindeutig mit Ja zu beantworten sein. Hier ist wohl zu vermuten, dass diese Information die Kaufentscheidung beeinflussen wird. Abgesehen davon wird ein Käufer, der ein Objekt in einem Bergbaugebiet kauft, sicherlich beim Kauf nach Bergschäden fragen und spätestens dann gilt die Offenbarungspflicht für den Verkäufer.

> „[...] Schwierig ist dabei die Abgrenzung zu den Gebäuden, die mit zum Teil erheblichen Umbaumaßnahmen modernisiert bzw. renoviert worden sind. Derartige Umbaumaßnahmen, die auch erheblich in die tragende Substanz eingreifen können, werden in aller Regel als positives Merkmal gesehen. Ein Verdacht auf verborgen gebliebene Mängel und Schäden wird daran üblicherweise nicht geknüpft. Es kommt bei diesem Problem also scheinbar weniger auf die Art und den Umfang des Eingriffs in die tragende Substanz an als auf den Anlass für die Maßnahmen. Allerdings darf in Bergschadensfällen nicht außer Betracht bleiben, dass Schäden an der Bausubstanz vorangegangen sind. [...]"

An der Stelle wäre in Hinblick auf *Kapitel 4.5* anzumerken, dass die Art der Schadensbeseitigungsmaßnahme sicherlich einen Einfluss hat. Es ist durchaus vorstellbar, dass ein nachträglich hydraulisch angehobenes Gebäude bei einem Käufer ein ungutes Gefühl oder ein vermindertes Vertrauen in die bauliche Qualität bewirkt. Im Gegensatz dazu dürfte ein Teilrückbau mit Wiederaufbau, bei dem also das Fundament gleich richtig unterfangen wird, weniger Sorgen indizieren.

*Schürken* führt aus, dass im Rahmen des neuen Gesamt-Minderwertabkommens die Schadensbeseitigungskosten als Indiz für das Vorhandensein eines merkantilen Minderwerts herangezogen werden. Interessanterweise sieht das Gesamt-Minderwertabkommen als Betrachtungszeitraum, in dem die Kosten für die Substanzschäden zusammengefasst werden, fünf Jahre als angemessen an. Dies ist ein wesentlich kürzerer Zeitraum als der sonst in der Literatur angenommene Betrachtungszeitraum von fünfzehn Jahren. Die Fünfjahresspanne wird neben den werkvertraglichen Gewährleistungsrechten mit der Annahme begründet, dass mit zunehmendem Zeitablauf das Realisierungsrisiko denkbar verborgen gebliebener Schäden bzw. Mängel und damit auch das Befürchtungspotenzial abnimmt.

Im Rahmen des Gesamt-Minderwertabkommens wird grundsätzlich von einem merkantilen Minderwert ausgegangen, wenn die Kosten für die Substanzschäden einen Betrag von 75.000,00 € bzw. 30 % des Gebäudewerts übersteigen.

Der merkantile Minderwert wird gemäß Gesamt-Minderwertabkommen vom 12.12.2001 mittels einer Formel mit drei Faktoren ermittelt.

- Faktor A (A1 und A2) – Reparaturaufwand und Verhältnis zum Gebäudewert,
- Faktor B – Art der Schadensbeseitigungsmaßnahmen,
- Faktor C – Verkäuflichkeit des Gebäudes

Die Werte der einzelnen Faktoren sind der Anlage zum Abkommen zu entnehmen.

| **Anlage zum Gesamt-Minderwertabkommen VBHG/RAG, Stand 12.12.2001** | | | | | | | | | | | | |
|---|---|---|---|---|---|---|---|---|---|---|---|---|
| | Faktor A1 | | Faktor A2 | | | Faktor B | | | | Faktor C | | |
| | Erheblicher Substanzschaden | | Erheblicher Eingriff in die Tragkonstruktion | | | Art der Schadensbeseitigung | | | | Verkäuflichkeit des Gebäudes | | |
| | Reparaturaufwand | | Reparaturaufwand | | | Reparaturaufwand | | | | Einordnung | | |
| | >= 30 und < 50 % des GW oder 75.000 € | >= 50 % des GW | >= 10 und < 30 % des GW, mindestens 20.000 € | >= 30 und < 60 % des GW, mindestens 30.000 € | >= 60 % des GW, mindestens 40.000 € | Standard | Hebung Unter Fundament | Hebung Unter Decke | Ausgleichselemente | gut | normal | schlecht |
| RND in Jahren | Schadensgrad in % des GW | | Schadensgrad in % des GW | | | Korrekturfaktor | | | | Korrekturfaktor | | |
| 50 bis 69 | 3 | 4 | 2 | 3 | 4 | 1 | 1 | 1,2 | 1,3 bis 1,5 | 0,8 | 1 | 1,1 |
| 70 bis 79 | 4 | 5 | 3 | 4 | 5 | 1 | 1 | 1,2 | 1,3 bis 1,5 | 0,8 | 1 | 1,1 |
| 80 bis 89 | 5 | 6 | 4 | 5 | 6 | 1 | 1 | 1,2 | 1,3 bis 1,6 | 0,8 | 1 | 1,1 |
| 90 bis 99 | 6 | 7 | 5 | 6 | 7 | 1 | 1 | 1,2 | 1,3 bis 1,6 | 0,8 | 1 | 1,1 |
| Anmerkungen zur Anwendung:<br>1. RND = Restnutzungsdauer des Gebäudes<br>2. GW = Gebäudewert | | | | | | | | | | | | |

*Tab. 5.2: Anlage zum Gesamtminderwertabkommen VBHG/RAG, Stand 12.12.2001, nachgezeichnet*

Der Vorteil dieser Vorgehensweise ist die Vereinheitlichung. Auch werden die wichtigsten Einflusskriterien berücksichtigt. Die Größe des Schadens sowie die Schadensbeseitigungsmaßnahmen sind abgedeckt. Leider fehlt auch hier der Marktbezug. Der Faktor C „Verkäuflichkeit" suggeriert im ersten Moment, dass hier die Marktlage berücksichtigt wird. Dem ist nicht so. Der Faktor stellt gemäß der Erläuterung im Abkommen lediglich auf die Höhe des Gebäudewerts ab. Dabei sollen Ein- und Zweifamilienhäuser bis etwa 175.000,00 € als „gut" und über 350.000,00 € als „schlecht" eingestuft werden. Mehrfamilienhäusern könne regelmäßig eine gute Verkäuflichkeit unterstellt werden. Der Wert des Grund und Bodens sowie der Außenanlagen bleibt methodisch außer Ansatz. Der Gebäudewert soll über das Sachwertverfahren ermittelt werden.

Demnach kann sich das Grundstück in einer struktur- und nachfrageschwachen Gegend befinden und dennoch für den Faktor C eine „gute Verkäuflichkeit" erhalten.

Anzumerken ist auch, dass es sich bei der in der Tabelle genannten Restnutzungsdauer nicht um die in der Wertermittlung übliche wirtschaftliche Restnutzungsdauer nach ImmoWertV handelt. Diese wäre dann dementsprechend umzurechnen. Augenscheinlich wird hier von 100 Jahren Gesamtnutzungsdauer ausgegangen. Die Tabelle zeigt, dass der merkantile Minderwert maximal 7 % des Gebäudewerts betragen kann.

## 5.7 2012 Bewertung eines merkantilen Minderwerts aufgrund ehemaliger radioaktiver Verstrahlung – Adam, Schubert, Sputek

*Adam, Schubert und Sputek*[44] haben sich im Jahr 2012 in ihrem Fachartikel „Bewertung eines merkantilen Minderwerts aufgrund ehemaliger radioaktiver Verstrahlung" einem ganz besonderen Themenbereich zum merkantilen Minderwert gewidmet. In dem konkreten Fall ging es um die Bewertung eines Mehrfamilienwohnhauses, in dem im Jahr 2001 der Mieter der Dachgeschosswohnung aus nicht weiter erläuterten Gründen radioaktiv kontaminiertes Material aus einer Wiederaufbereitungsanlage entwendet und in seiner Wohnung gelagert hatte. Bei einer Routineuntersuchung fiel eine starke radioaktive Verstrahlung des Mannes auf. Auch seine Lebensgefährtin sowie deren Kind und auch die Wohnung des Mannes waren ebenfalls kontaminiert. In der Folge wurde die Wohnung versiegelt und dekontaminiert. Die Wohnung befand sich am Tag der Freimessung im September 2022 im Rohbauzustand, da alle kontaminierten Materialien des Innenausbaus zurückgebaut werden mussten. Nun klagte der Hauseigentümer gegen das Forschungszentrum sowie gegen die Wiederaufbereitungsanlage auf Schadensersatz. Der ehemalige Mieter war mittlerweile zu einer Gefängnisstrafe verurteilt worden. Der Beweisbeschluss war dahingehend gefasst worden, dass nun nachzuweisen war, ob ein merkantiler Minderwert in Höhe von 20 % vom unbelasteten Verkehrswert nach Sanierung der Wohnung für das Mehrfamilienwohnhaus bestünde.

Die Sachverständigen *Adam, Schubert und Sputek* führten zunächst eine Expertenbefragung durch. Im Oktober 2008 befragten sie 170 Marktteilnehmer, darunter Sachverständige, Makler, Gutachterausschüsse, Projektentwickler, private und institutionelle Investoren unter Zuhilfenahme eines standardisierten Fragebogens. Die rd. 100 Rückläufe wurden dann ausgewertet. Demnach würden 59 % der Teilnehmer keine Kaufempfehlung für das Objekt aussprechen. 41 % der Teilnehmer würden trotz ehemaliger radioaktiver Belastung eine Kaufempfehlung aussprechen, 93 % von diesen würden aber einen Wertabschlag durchsetzen.

Im Freitextteil des Fragebogens war erkennbar, dass es eine große Unsicherheit bzgl. der Freimessung unter den Teilnehmern gab. Es wurde die Sorge beschrieben, dass es künftig möglicherweise bessere Messverfahren geben könnte und diese dann doch noch eine Restkontamination messen könnten. Auch gab es die Sorge, dass radioaktive Strahlung nie vollkommen zu entfernen wäre. Trotz der nicht mehr messbaren Radioaktivität hielten es 23 % der

44 *Adam, B./ Schubert, E./ Sputek, A.*: Bewertung eines merkantilen Minderwerts aufgrund ehemaliger radioaktiver Verstrahlung, GuG – Grundstücksmarkt und Grundstückswert, 2012, Heft 1, S. 4 bis 12.

Befragten weiterhin für möglich, dass Radioaktivität im Gebäude zurückgeblieben sei und ein Gesundheitsrisiko darstelle.

Aus der Auswertung ging hervor, dass die überwiegende Zahl der Befragten einen merkantilen Minderwert sieht, sodass also für den Verkauf des Objekts nur ein eingeschränkter Käuferkreis vorhanden ist. Somit ist der Werteinfluss stark von der Lage des Objekts abhängig, denn in Abhängigkeit davon gestaltet sich die Dauer des Objekts am Markt. In nachfrageschwachen Gegenden dürfte es lange dauern, den kleinen Kreis an Kaufinteressenten zu finden, die keine Sorge vor Restkontamination haben. Dauert die Suche zu lange, wird der Preis reduziert.

Die Höhe der Reduktion aufgrund des merkantilen Minderwerts wurde von den Befragten auf 3 bis 50 % geschätzt, das arithmetische Mittel lag bei 20 %, der Median bei 18 %.

In einem zweiten Schritt wurde von *Adam, Schubert und Sputek* eine Zielbaummethode durchgeführt. In einer Matrix wurden die fünf Einflusskriterien, welche die Hauptsorgen der Befragten darstellten, gewichtet und bzgl. ihrer Eintrittswahrscheinlichkeit und der resultierenden Wertminderung eingeschätzt. Folgende Kriterien wurden dabei untersucht:

- niedrigere Miete im OG links (Bewertungsobjekt),
- niedrigere Mieten in den anderen Wohnungen,
- verlängerte Vermarktungsdauer,
- mögliche finanzielle Spätfolgen (Juristische Auseinandersetzungen, Verlängerung Vergessenszeitraum durch Berichterstattung etc.),
- höherer Mieterwechsel, längere Leerstandszeiten.

| **Folgen für den Eigentümer** | **Niedrigere Miete im OG links** | **Niedrigere Mieten in den anderen Wohnungen** | **Verlängerte Vermarktungsdauer** | **Mögliche finanzielle Spätfolgen** | **Höherer Mieterwechsel, längere Leerstandszeiten** |
|---|---|---|---|---|---|
| Gewichtung | 7 % | 5 % | 7 % | 75 % | 5 % |
| Geschätzte Eintrittswahrscheinlichkeit *) | 7 | 5 | 7 | 1 | 3 |
| Wertminderung | 4,9 % | 2,5 % | 4,9 % | 7,5 % | 1,5 % |
| | 21,3 % | | | | |
| *) Skala von 0 bis 10, mit 0 = gänzlich auszuschließen, 10 = tritt definitiv ein | | | | | |

*Tab. 5.3: Matrix mit den Hauptsorgen der Befragten zu ehemaligem radioaktiver Kontamination, nachgezeichnet*

Nach dieser Näherungsmethode und der zuvor erfolgten Umfrage schätzten die Autoren den merkantilen Minderwert infolge beseitigter radioaktiver Belastung auf rd. 20 % und bestätigten somit die Forderung der Kläger.

Die Vorgehensweise ist plausibel. Auch wenn Expertenbefragungen inhaltlich fragwürdig sind, hat diese zumindest die Erkenntnis gebracht, welche Sorgen und Gedanken die Befragten umtreiben, wenn sie über den Kauf einer solchen ehemals kontaminierten Wohnung nachdenken. Insofern genießt die oben dargestellte Tabelle und die damit durchgeführte Näherungsmethode eine gewisse Marktnähe. Weiter wurde die Nachfragesituation und damit die Marktlage unter dem Punkt „Verlängerte Vermarktungsdauer" berücksichtigt. Natürlich sind die Gewichtung und die Einschätzung der Eintrittswahrscheinlichkeit überwiegend subjektiv, aber bei fehlenden Marktinformationen durchaus legitim.

## 5.8 2013 Wertminderung eines Grundstücks aufgrund eines Eintrags in das Bodenbelastungskataster – Bachmann, Effenberger

*Bachmann und Effenberger*[45] beschreiben in ihrem Artikel aus dem Jahr 2013 die Ermittlung eines merkantilen Minderwerts aufgrund der bloßen Tatsache, dass das Grundstück im Bodenbelastungskataster eingetragen ist.

Im vorgestellten Beispiel geht es um ein Einfamilienhausgrundstück in mittlerer Lage in einem Randgebiet. Der Verkäufer hatte zum Kauf im Jahre 2007 nicht mitgeteilt, dass das Grundstück in das Bodenbelastungskataster eingetragen war. Da die Käufer mittlerweile umfangreiche Umbaumaßnahmen durchgeführt hatten, wollten sie den Kauf nicht rückabwickeln, sondern den Minderwert beim Verkäufer geltend machen.

Für die Sachverständigen stellte sich demnach die Frage, welche Wertminderung aufgrund eines solchen Eintrags marktgerecht ist. Es galt nicht die Wertminderung hinsichtlich der konkreten Altlast zu ermitteln, sondern lediglich aufgrund des bloßen Eintrags in das Bodenbelastungskataster.

Die erste Eintragung in das Kataster erfolgte im Jahr 1989. Es handelte sich um Auffüllung einer Senke mit Hausmüll und Bauschutt, die im Jahr 1949 erfolgte. Als ehemalige Grundstücksnutzung war eine Deponie angegeben. Die Eintragung erfolgte zur Sicherung der Verunreinigung von Grundwasser durch Deponien. Vor dem Bewertungsstichtag wurde ein Brunnen errichtet und eine Probe entnommen. Eine Verunreinigung konnte nicht festgestellt werden.

*Bachmann und Effenberger* weisen darauf hin, dass laut Aussage der für die Altlasten zuständigen Behörde auch bereits von Altlasten befreite Katasterflächen grundsätzlich nicht gelöscht würden, sodass ein Eintrag auch in Zukunft bestehen bliebe.

Ein Eintrag in das Bodenbelastungskataster werde am Markt schwerwiegender registriert als ein nicht an Prüfungsstandards und das Bodenschutzgesetz geknüpftes Verdachtsmoment.

---

45 *Bachmann, S./ Effenberger, P.*: Wertminderung eines Grundstücks aufgrund eines Eintrags in das Bodenbelastungskataster, GuG – Grundstücksmarkt und Grundstückswert, 2013, Heft 1, S. 37 bis 42.

Der Eintrag bestärke bei potenziellen Käufern, so die Autoren, den psychologischen Vorbehalt gegen ein altlastenbehaftetes Grundstück. Zusammen mit der Dauerhaftigkeit des Katastereintrags sei das Grundstück bleibend mit einem Makel bzw. Stigma behaftet.

Laut *Kleiber*[46] kann bereits die Aufnahme eines Grundstücks in ein Bodenbelastungskataster, also in einem öffentlichen Buch, eine wertbeeinflussende Größe darstellen.

*Bachmann und Effenberger* führen dann eine Zielbaummethode durch. Folgende Teilziele werden zugrunde gelegt:

- Potenzial der Altlast (10 %),
- befürchtete Restriktionen (40 %),
- Markt und zeitlicher Faktor (20 %).

Diese Teilwerte werden Kriterien zugeordnet:

- 1 = trifft voll zu
- 0 = trifft nicht zu

| Wertminderung | | | | | | | | | | | |
|---|---|---|---|---|---|---|---|---|---|---|---|
| | Potenzial der Altlast | | | | befürchtete Restriktionen | | | | | | |
| **Kategorie** | **Kategorie** | **Flächenanteil** | **Toxizität** | **Restbelastung** | **zukünftige Bebaubarkeit** | **Gebäudeschäden** | **Nutzungssensibilität** | **Gartennutzung** | **Duldung, Überwachungsmaßnahmen** | **Risikoabwälzung** | **Erfahrungs- und Informationsstand** |
| Merkmale | 0,5 Altlastenverdacht | 0,33 punktuell | 0,33 gering | 0 Dekontamination | 0 | 0 keine | 0,25 gering | frei bewertbar | frei bewertbar | 0 hohe Nachfrage | 0 Nachnutzung |
| | 1,0 Altlastenfläche | 0,66 Teilgrundstück | 0,66 mittel | 0,5 Sicherung | 0,5 mit Einschränkung | 1 Abriss | 0,5 mittel | | | 0,5 ausgeglichener Markt | 0,25 Sanierungsdurchführung |
| | | 1,0 ges. Grundstück | 1,0 sehr hoch | 1,0 Überdeckung | 1,0 nicht realisierbar | | 0,75 hohe | | | 1,0 geringe Nachfrage | 0,5 Sanierungsvorbereitung |
| | | | | | | | 1,0 sehr hohe | | | | 0,75 orientierende Detailuntersuchung |
| | | | | | | | | | | | 1,0 keine bzw. historische Erkundung |

46 *Kleiber, W.*: Verkehrswertermittlung von Grundstücken, 6. Aufl., Reguvis, Köln 2010, S. 2709.

| Wertminderung | | | | | | | | | | | |
|---|---|---|---|---|---|---|---|---|---|---|---|
| | **Potenzial der Altlast** | | | | **befürchtete Restriktionen** | | | | | | |
| **Kategorie** | **Kategorie** | **Flächenanteil** | **Toxizität** | **Restbelastung** | **zukünftige Bebaubarkeit** | **Gebäudeschäden** | **Nutzungssensibilität** | **Gartennutzung** | **Duldung, Überwachungsmaßnahmen** | **Risikoabwälzung** | **Erfahrungs- und Informationsstand** |
| Gewichtung % | 2,5 | 2,5 | 2,5 | 2,5 | 40 | 10 | 10 | 5 | 5 | 10 | 10 |
| Zutrefflichkeit (0 bis 1) | 1 | 1 | 0,66 | 0,1 | 0 | 0,1 | 0,75 | 0,1 | 0,1 | 0,5 | 1 |
| Ergebnis | | | | | | | | | | | 31,40 |

*Tab. 5.4: Bewertungsmatrix nach Bachmann und Effenberger zur Ermittlung des Werteinflussses eines Eintrags in das Bodenkataster, nachgezeichnet*

Der Minderwert infolge der Eintragung ergibt sich damit zu rd. 32 %.

Zunächst ist hier die Frage zu stellen, ob es sich wirklich um einen merkantilen Minderwert handelt. Denn im vorliegenden Fall war das Grundstück noch nicht saniert. Tatsächlich soll hier nicht die Belastung als solche, sondern nur der Eintrag ins Schadstoffkataster bewertet werden. Das ist so aber nicht umsetzbar, zumal davon auszugehen ist, dass ein Käufer, wenn er von der Eintragung erfährt, weitere Informationen anfordern würde. Das bedeutet, vor Kauf hätte er die Information, ob der Eintrag aufgrund eines tatsächlichen Vorkommens oder aufgrund einer bereits beseitigten Belastung erfolgte. Der Eintrag an sich mag das Haus stigmatisieren, aber die Information, ob die Altlast beseitigt ist oder nicht, hat einen wesentlichen Einfluss auf die Höhe der Wertminderungen aufgrund des Eintrags. Im Bewertungsfall soll nun rückwirkend ein Abschlag geschätzt werden. Dann muss davon ausgegangen werden, dass der Käufer die Information bekommen hätte, dass eine Belastung aufgrund einer ehemaligen Deponienutzung am Stichtag vorhanden war. Damit hat der Eintrag einen hohen Stellenwert.

Die Vorgehensweise mittels der Bewertungsmatrix an sich ist nachvollziehbar und die Höhe des Abschlags durchaus denkbar. Die Autoren sprechen am Ende von einem Wertabschlag, nicht von einem merkantilen Minderwert. Um diesen kann es sich bei dem konkreten Bewertungsfall nicht handeln, da die Verunreinigung am Stichtag noch vorhanden ist.

## 5.9 2015 Berechnung des merkantilen Minderwerts – Kinzer

*Kinzer*[47] stellt in seinem Fachartikel in der GuG im Jahr 2015 sein Wertermittlungsmodell zur Ermittlung des merkantilen Minderwerts vor. Vorab bezieht er sich auf die in der Literatur gängige Spanne von 0 bis 10 %, die der merkantile Minderwert üblicherweise beträgt. Es wird

47 *Kinzer, C.-M.*: Berechnung des merkantilen Minderwertes, GuG – Grundstücksmarkt und Grundstückswert, 2015, Heft 5, S. 283 bis 285.

zwar nicht erwähnt, auf was sich die prozentuale Spanne bezieht, man kann davon ausgehen, dass es sich um den unbelasteten Verkehrswert handelt.

Die Vorgehensweise nach *Kinzer* basiert auf der Auernhammer'schen Zielbaummethode. Weiter wird grundsätzlich unterstellt, dass kein Schaden mehr vorhanden ist und dass dieser fachgerecht beseitigt wurde.

Die von *Kinzer* entwickelte Matrix umfasst zehn Einflusskriterien:

1. Grad der Schädigung:

   Hiernach führt eine einfache Beschädigung zu einem geringen Minderwert. Der höchste Abschlag soll bei Häusern mit einem beseitigten Hausschwamm oder bei Bergschäden erfolgen.

2. Alter des Gebäudes:

   Den geringsten Abschlag soll ein unsanierter Altbau erfahren, den höchsten ein Neubau.

3. Restnutzungsdauer:

   Den geringsten Abschlag sollen Gebäude mit einer Restnutzungsdauer unter 20 Jahren und den höchsten Abschlag Gebäude mit einer Restnutzungsdauer über 60 Jahren erhalten.

4. Optische Wahrnehmung von Schadensbeseitigungsmaßnahmen:

   Wenn ein Schaden nicht sichtbar ist, erfolge der geringste Abzug, bei optischen Spuren der höchste.

5. Ruf des Gebäudes:

   Den geringsten Abzug würden Gebäude erfahren, bei denen der Schaden nahezu unbekannt ist. Spektakuläre, stadtbekannte Schäden erführen den höchsten.

6. Lage:

   Einfache und mittlere Wohnlagen erhielten einen geringen bis mittleren Abzug, während repräsentative Lagen den höchsten Abzug erhielten.

7. Art des Objektes:

   Bestehende Geschäftshäuser hätten den geringsten, repräsentative Wohnhäuser den höchsten Abzug.

8. Marktsituation:

   Bei starker Nachfrage gebe es einen geringen und bei niedriger Nachfrage einen höheren Abschlag.

9. Preissituation:

   Objekte im unteren Preissegment bekämen den geringsten, im oberen Preissegment den höchsten Abschlag.

10. Künftiger Unterhaltungsmehraufwand.

    Es wird berücksichtigt, dass ggf. ein Unterhaltungsmehraufwand entsteht.

In der nachfolgenden Matrix wurde in Spalte 4 jedes Einflusskriterium bewertet. Zugrunde liegt eine Skala von 1 bis 10, die somit die vorgenannte Spanne des Werteinflusses des merkantilen Minderwerts widerspiegelt. Werden alle Kriterien mit 10 bewertet, ist der maximal mögliche Abschlag von 10 % vom unbelasteten Verkehrswert erreicht.

Im Beispiel von *Kinzer* geht es um einen Neubau eines Einfamilienwohnhauses innerhalb eines Neubaugebietes. Das Neubaugebiet sei 1 km entfernt vom Stadtzentrum. Das Gebäude hätte erhebliche konstruktive Schäden im statisch konstruktiven Bereich gehabt. Es sei ein Beweissicherungsverfahren vor einem Landgericht erfolgt. Im Zuge dessen sei das Gebäude technisch nachgebessert worden. Nach Fertigstellung sei der Schaden als solcher nicht mehr erkennbar gewesen. Der Nachbesserungsaufwand habe 45.000,00 € betragen.

| | **1** | **2** | **3** | **4** |
|---|---|---|---|---|
| **1. Grad der Beschädigung** | Beispielbewertung Flachdachreparatur | Verdacht auf Bergschäden | Beseitigter Hausschwamm, beseitigte konkrete Bergschäden | 1 |
| **2. Bausubstanz** | Unsanierter Altbau | Sanierter Altbau | Neubau | 8 |
| **3. Restnuztungsdauer** | Bis 20 Jahre | 21 bis 59 Jahre | Über 60 Jahre | 8 |
| **4. Schadensbeseitigung** | Keine Spuren | Leichte Spuren | Deutliche Spuren | 1 |
| **5. Ruf des Gebäudes** | Nahezu unbekannt | | Sind bekannt | 4 |
| **6. Lage des Grundstücks** | Gewerbegebiet bis einfache Wohnlage | Gute Wohnlage | Repräsentatives Villenviertel | 5 |
| **7. Art des Objekts** | Geschäftshaus | Allgemeines Wohnhaus | Repräsentatives Wohnhaus | 8 |
| **8. Marktsituation** | Starke Nachfrage | Mittlere Nachfrage | Kaum Nachfrage | 5 |
| **9. Preissituaton des Objekts** | Bis 250.000 € | 250.000 bis 500.000 € | Über 500.000 € | 4 |
| **10. künftiger Unterhaltungsmehraufwand** | Kein zusätzlicher Aufwand | | Gewisser zusätzlicher Aufwand | 1 |
| **Insgesamt** | | | | 45 |

*Tab. 5.5: Bewertungsmatrix nach Kinzer zur Ermittlung des merkantilen Minderwerts, nachgezeichnet*

Die Tabelle ergibt nach Einwertung der Einflusskriterien einen Abschlag von 4,5 %.

Die Vorgehensweise ist grundsätzlich plausibel und nachvollziehbar. Zunächst wird eine Spanne für den merkantilen Minderwert festgelegt und dann erfolgt durch Bewertung einzelner Einflusskriterien eine Einordnung des merkantilen Minderwerts des konkreten Fallbeispiels bzw. Bewertungsobjekts innerhalb der Skala.

Im Detail allerdings sind einige Unstimmigkeiten zu finden. So gibt es einige Doppelberücksichtigungen bei den Einflusskriterien. Hierzu zählen z.B. das Gebäudealter und die Restnutzungsdauer. Es ist nicht nachvollziehbar, warum an dieser Stelle eine Unterscheidung erfolgt. Ein hohes Alter bringt auch eine geringe Restnutzungsdauer mit sich. Es kann sein, dass der Hintergrund ist, die durchgeführten Modernisierungsmaßnahmen über die Restnutzungsdauer darstellen zu wollen. Hierzu stellt sich zum einen die Frage, ob diese überhaupt ein Einflusskriterium in Bezug auf die Höhe des merkantilen Minderwerts sind, und zum anderen führt er es zu einer nicht gewollten Doppelberücksichtigung.

Weiter liegt eine Überschneidung der Einflüsse bei den Kriterien „Lage", „Marktsituation" und „Preissituation" vor. Auch wenn die Lage auf eine Lage in einer repräsentativen oder eben nicht repräsentativen Gegend abstellt und mit Marktsituation die Nachfrage am Markt gemeint ist und die Preissituation auf das Gebäude an sich zielt, so ist doch offensichtlich, dass diese drei Kriterien einander bedingen und in einzelnen Fällen sich auch erheblich überlappen können. So wird eine repräsentative Villa i.d.R. auch einen höheren Verkehrswert haben, die repräsentative Lage wird einen höheren Bodenwert und damit wiederum einen höheren Verkehrswert bewirken und der nachfragestarke Markt wiederum spiegelt sich in einem höheren Bodenwertniveau und am Ende wieder in einem höheren Verkehrswert nieder. Somit wäre die Lage in drei Kriterien berücksichtigt.

Bei der Betrachtung der Einordnung des Fallbeispiels in die Matrix fallen zwei Dinge auf. Zum einen wird bei der Schadenshöhe trotz erheblicher Schäden an der Konstruktion nur ein Einfluss von 1 % geschätzt. Hier wären doch eher 8 bis 10 % zu erwarten. Gerade weil auch Bergschäden, die hier mit 10 % gewertet werden, auch Schäden in der Konstruktion darstellen. Eine Begründung für den geringen Ansatz könnte sein, dass die Schäden beseitigt sind. Diese überzeugt aber nicht vor dem Hintergrund, dass dies ja bei allen Szenarien so sein muss, denn sonst entstünde kein merkantiler Minderwert. Auch bei dem Beispiel „Bergschäden" wird davon ausgegangen, dass diese beseitigt sind.

Weiter werden für den Ruf des Gebäudes nur 4 % vergeben. Das ist insofern erstaunlich, da hier sicherlich eine Offenbarungspflicht vorliegt. Es kann also davon ausgegangen werden, dass jeder Kaufinteressent über den ehemaligen Schaden informiert wird. Damit wäre die Bekanntheit sehr groß und eher mit 8 bis 10 % einzuschätzen.

Zuletzt ist anzumerken, dass die Kriterien nach *Kinzer* nicht gewichtet werden. Es wäre in Hinblick auf die Marktnähe sicher eine Überlegung wert, ob das ein oder andere Kriterium den Markt im Einzelfall mehr beschäftigt und in seiner Entscheidung beeinflusst. Somit könnten unterschiedliche Kriterien in unterschiedlichen Bewertungsfällen auch unterschiedlich stark gewichtet werden.

Die tatsächlichen Schadensbeseitigungskosten betrugen 45.000,00 € bei einem Verkehrswert von 300.000,00 €. Dies entspricht 15 % des unbelasteten Verkehrswerts. Wären in der Matrix alle Kriterien mit 10 % angesetzt worden, dann ergäbe sich ein Abschlag für den merkantilen Minderwert von 10 %. Dieser läge unterhalb der tatsächlichen Kosten und ist in diesem Fall plausibel. Es könnte aber auch einen Fall geben, in dem die tatsächlichen Schadensbeseitigungskosten geringer als 10 % vom Verkehrswert sind. Dann wäre es sicher nicht marktgerecht, die Spanne für den merkantilen Minderwert zwischen 0 bis 10 % anzusetzen. Abgesehen davon gibt es keinen Beweis, dass diese Spanne marktkonform ist. Nach *Kinzer* ist diese aber starr anzuwenden. Nach Auffassung der Verfasserin dürfte die Obergrenze aber keinesfalls größer sein als der das Verhältnis der Schadensbeseitigungskosten zum Verkehrswert. Der Markt würde bei vorhandenen Schäden maximal die vollen Schadensbeseitigungskosten in Abzug bringen, bei bereits beseitigten Schäden wird er keinesfalls einen höheren Abschlag machen.

## 5.10 2018 Der merkantile Minderwert: technische und rechtliche Widersprüche – Zöller

Im Rahmen der Aachener Bausachverständigentage 2018 hat sich *Prof. Zöller*[48] in seinem Einleitungsbeitrag zum Thema „Der merkantile Minderwert: technische und rechtliche Widersprüche“ zum merkantilen Minderwert geäußert. Schon im ersten Abschnitt stellt er klar, dass sich seiner Meinung nach „[...] die in anderen Verkehrskreisen zumindest teilweise berechtigten Minderwerte sich nicht auf Immobilien übertragen lassen[...]“. In seinem Beitrag geht er auf die Üblichkeit von Mängeln beim Bauen ein. Demnach gebe es keine Baustelle ohne Baumängel. Die Mängel würden aber i.d.R. während des Bauens abgestellt. Nach *Zöller* können, wenn alle Gebäude üblicherweise mit (beseitigten) Mängeln behaftet sind, übliche Mängel nicht zur relativen Wertbeeinflussung führen, weil der Vergleich zu nicht ehemals mangelbehafteten Gebäuden, die es tatsächlich nicht gibt, unmöglich ist. „[...] Für Mängel, die während der Baumaßnahme beseitigt werden, werden vor und bei der Abnahme keine merkantilen Minderwerte angesetzt. Auf welcher Grundlage sollten für technisch gleiche Sachverhalte nach der Abnahme merkantile Minderwerte angesetzt werden können? Warum sollten diese alleine durch die Abnahme auf den Preis beim eventuellen, späteren Verkauf des Hauses Einfluss nehmen, bei dem die Abnahme der ursprünglichen Leistung keine Rolle mehr spielt? [...]“

Er schließt sich der Erkenntnis von *Liebheit* an, dass ein im Nachhinein mit verschärftem Problembewusstsein beseitigter Mangel eine höhere Ausführungsqualität erwarten lasse als die Ausführungsqualität bei einem anderen Haus, das unter üblichen Produktionsbedingungen unter Zeit- und Kostendruck erstellt wurde und bei dem ein solcher Mangel vielleicht nur deswegen nicht aufgetreten ist, weil er noch nicht entdeckt wurde.

Im Folgenden diskutiert *Zöller* die möglichen Wertermittlungsverfahren und die Daseinsberechtigung des merkantilen Minderwerts. Zunächst liegen keine Verfahren vor, nach denen der merkantile Minderwert „berechnet“ werden kann, wie sie nach der Nutzwertanalyse nach *Zangemeister*[49] bzw. der Zielbaummethode nach *Auernhammer und Kamphausen (Kapitel 3.2)* in der Bauschadenbewertung bekannt sind.

48 *Zöller, M.*: Der merkantile Minderwert: technische und rechtliche Widersprüche, Einleitung, in: Oswald, R./ Zöller, M. (Hrsg.): Aachener Bausachverständigentage 2018, Springer Vieweg, Wiesbaden, 2018, S. 133 ff.

49 *Zangemeister, C.*: Nutzwertanalyse in der Systemtechnik, Eine Methodik zur multidimensionalen Bewertung und Auswahl von Projektalternativen, 5. Aufl., Zangemeister & Partner, 2014.

Hier sollte von Seiten der Immobilienbewerter der Einwand erfolgen, dass in der Immobilienbewertung ohnehin nicht gerechnet, sondern nur geschätzt wird. Und es stellt sich auch die Frage, warum eine Näherungsmethode für den merkantilen Minderwert nicht in Frage kommt. Genau genommen ist die Zielbaumethode nach *Auernhammer* auch nur eine Näherungsmethode, bei der ein großes Problem in kleinere Teilprobleme unterteilt wird. Bei der Bewertung der Teilprobleme werden Annahmen und Einordnungen getroffen (z.B. die Höhe des prozentualen Anteils des Geltungs- und Gebrauchswerts), diese sind auch in der Bauschadenbewertung höchst subjektiv.

Damit ist die Aussage *Zöllers*, der merkantile Minderwert könne nur auf subjektiven Abschätzungen beruhen, zwar nicht falsch, aber auch nicht verwerflich, da Gleiches immer bei der Verwendung von Näherungsmethoden geschieht und in der Bauschadenbewertung genauso üblich ist wie in der Immobilienbewertung.

Es gehe also um subjektive Abschätzungen, die einen Minderungsbetrag bei einem in der Zukunft liegenden möglichen Verkauf begründen sollen, den die Gruppe der Interessenten jeweils für nicht vorhandene Mängel und Schäden ansetzen könnte. Dabei sei es schwierig, zukünftige Marktentwicklungen abzuschätzen. Hier greift das Stichtagsprinzip der Wertermittlung. Da der Wert der Immobilie zu einem Wertermittlungsstichtag ermittelt wird, und für diesen immer ein hypothetischer Verkauf unterstellt wird, ist dies auch beim merkantilen Minderwert keine Besonderheit. Das ist nun einmal die Aufgabe der Sachverständigen für bebaute und unbebaute Grundstücke. Es muss ein Marktverhalten abgebildet werden am Wertermittlungsstichtag und dazu ist auch in die Zukunft zu schauen. Ein Grundstück, neben dem in Zukunft mit hinreichender Wahrscheinlichkeit eine Autobahn errichtet wird, wird sicher auf dem Markt niedriger gehandelt als eines, neben dem niemals eine Autobahn gebaut werden wird. Oft reicht auch schon ein Gerücht aus, um den Kaufpreis zu senken. Daher ist es nicht hilfreich, rational analytisch an Immobilienbewertung heranzugehen, es geht vielmehr darum, den Markt abzubilden. Nur so kann marktgerecht bewertet werden.

Ginge es nach *Zöller*, dann hätte auch der Referentenentwurf des Gebäudeenergiegesetzes Ende 2023 keinen Einfluss auf die Immobilienpreise haben dürfen. Am Stichtag im Herbst 2023 handelte es sich ja nun erstmal nur um einen Entwurf, der noch nicht in Kraft war. Und genau genommen waren die darin enthaltenen Reglements und Forderungen an die Eigenheimbesitzer bzgl. erforderlicher energetischer Maßnahmen bei Weitem nicht so weitreichend, wie sie von den Kaufinteressenten interpretiert und ausgeschmückt wurden. Es herrschte eine Riesenaufregung am Markt und viele Transaktionen wurden auf Eis gelegt, der Markt stagnierte. Rational betrachtet war nichts passiert und auch der Entwurf sah zum einen viele Dinge gar nicht vor, vor denen der Markt Angst hatte, zum anderen waren viele Punkte auch bereits in der gültigen Version von 2020 zum Gebäudeenergiegesetz enthalten. Aber das Feuer war entflammt und nun war und ist es immer noch an den Immobilienbewertern, diese Sorge des Marktes einzufangen und in Wertabschläge umzuwandeln. So werden auch heute noch Häuser mit Gasheizungen vom Markt kritischer betrachtet als Öl- oder Pelletheizungen. Rational betrachtet gibt es dafür erst einmal keinen Grund.

Zuzustimmen ist der Aussage, dass die Nachfragesituation auf dem jeweiligen Immobilienmarkt ein Einflusskriterium ist. Und natürlich steht bei angespannten Märkten die Lage an erster Stelle, danach kommt das Gebäude, dann Mängel und für behobene Mängel gibt es tendenziell keinen Abschlag. Aber dass Kaufpreise nicht von Verdachtsmomenten beeinflusst werden, muss dementiert werden. Allein der Verdacht auf Schadstoffe im Gebäude kann den Kaufpreis senken. So sieht es auch bei dem Verdacht auf einen wieder aufflammenden Schwammbefall aus.

Wenn *Zöller* schreibt, dass sich der Marktwert zunächst aus der Lage des Objekts, der Ausstattung, dem Standard und so weiter, aber keinesfalls aus nicht mehr vorhanden Mängeln generiere, so ist dem zuzustimmen, wenn wir dabei an kleinere übliche Baumängel denken. Risse im Putz, ein Kratzer im Glas der Wohnzimmerscheibe, Unebenheiten im Fußbodenbelag, eine zerkratzte Eingangstür oder Ähnliches bewegen den Markt ganz sicher nicht. Ein nicht druckwasserdichter Ankerstopfen in der weißen Wanne oder ein nicht fachgerecht ausgeführter Lichtschacht im drückenden Wasser, der zu einem Wassereinbruch im Keller geführt hat, hallt möglicherweise auch nach Beseitigung noch nach, weil möglicherweise das Vertrauen in die bauliche Qualität des Gebäudes erschüttert ist. Hier ist der Zeitfaktor ganz wichtig. Man kann sich vorstellen, dass der Markt drei Monate nach Schadensbeseitigung größere Sorgen bzgl. der Nachhaltigkeit der Reparaturmaßnahme hat als fünf Jahre danach, in denen der Schaden nicht wieder eingetreten ist.

*Zöller* schreibt, dass beseitigte Fehler nicht zu einem merkantilen Minderwert führen, weil nach dessen Definition der Gebrauchswert eingeschränkt sein muss, und diese den Ertragswert nicht wesentlich beeinflussen. Er stellt die Frage, wie es sein kann, dass reine Verdachtsmomente zu einem Abschlag führen können, wenn nicht einmal vorhandene Mängel einen nennenswerten Einfluss haben.

Dem muss insoweit zugestimmt werden, dass der Einfluss von vorhanden Baumängeln und Bauschäden[50] zumindest in Randgebieten und Städten im Durchschnitt im einprozentigen Bereich vom unbelasteten Verkehrswert liegt. Insofern kann bestätigt werden, dass ein beseitigter Mangel im Ballungsgebiet tendenziell keinen merkantilen Minderwert verursachen kann, wenn schon der vorhandene Schaden nur einen Abschlag von rd. 3 % erlaubt. Für ländliche Gebiete ist das nicht so einfach zu verneinen. Hier liegen die Abschläge für vorhandene Mängel und Schäden auch im zweistelligen Prozentbereich und damit kann durchaus auch ein merkantiler Minderwert darstellbar sein.

Auch wenn es i.d.R. sinnvoll und marktgerecht ist, von den Schadensbeseitigungskosten auf die Marktreaktion zu schließen, ist dies nicht bei allen Schadensarten richtig. Bei Schimmel, Hausschwamm, Schadstoffen wie Asbest und radioaktiven Belastungen hat sich gezeigt, dass der Markt sehr empfindlich ist. Oftmals sind die Abschläge hier im Verhältnis zu den Schadensbeseitigungskosten im Vergleich zu anderen Schadensarten sehr hoch. *Zöller* gibt zu bedenken, dass sich der merkantile Minderwert auf ein ganzes Gebäude beziehe, während sich die Mangelbeseitigung auf einen Vertrag eines Unternehmers für ein Gewerk bezieht. Hier sei angemerkt, dass sich der merkantile Minderwert auf den Verkehrswert und somit auf das bebaute (und auch unbebaute) Grundstück bezieht. An einem Beispiel zeigt *Zöller*, dass es schwierig ist, den merkantilen Minderwert auf dem Rücken des Unternehmers abzuladen. Bei einer mangelhaften Abdichtung mit einem Werkslohn von 5.000,00 € bei einem Verkehrswert von 500.000,00 € hält er es für fragwürdig, ob man einen zu 1 % ermittelten merkantilen Minderwert beim Unternehmer geltend machen könne und den Werkslohn somit auf null he-

50 *Unglaube, D.*: Baumängel und Bauschäden in der Wertermittlung, 2. Aufl., Reguvis, Köln 2024.

runterkürze. Und damit stellt er gleich die Anschlussfrage, wie es sich verhalte, wenn ein anderer Sachverständiger den merkantilen Minderwert auf 3 % geschätzt hätte. Seiner Meinung nach sei eine Kürzung des Werklohns nicht gerechtfertigt und eine Geltendmachung von Schadensersatz nicht möglich, weil dieser nur bei Vorsatz umsetzbar sei.

Genau genommen ist die Frage nicht, ob man dem Unternehmer den Werklohn für eine nachträglich mangelfreie Leistung kürzen darf, sondern vielmehr, wie hoch der Schadensersatz ist für den Schaden, den der Unternehmer aufgrund seiner zunächst erheblich mangelbehafteten Leistung langfristig verursacht hat.

Um *Zöllers* Frage zu beantworten, kann die Rechtsprechung zitiert werden, wonach es sich bei dem merkantilen Minderwert um einen Mangelfolgeschaden handelt, für den nach § 823 Abs. 1 BGB Schadensersatz gefordert werden kann. Hiernach muss nicht zwangsläufig Vorsatz vorliegen. Fahrlässigkeit reicht auch aus, um einen Schadensersatzanspruch zu begehren.

> „(1) Wer vorsätzlich oder fahrlässig das Leben, den Körper, die Gesundheit, die Freiheit, das Eigentum oder ein sonstiges Recht eines anderen widerrechtlich verletzt, ist dem anderen zum Ersatz des daraus entstehenden Schadens verpflichtet."

Somit ist es durchaus möglich, einen Unternehmer auf Schadensersatz zu verklagen, wenn seine zunächst mangelhafte Leistung zu einem massiven Mangelfolgeschaden geführt hat. Im vorgenannten Beispiel würde somit nicht der Werklohn gekürzt, sondern der Schadensersatz in Höhe des geschätzten merkantilen Minderwerts beziffert werden. Dabei würde die Schätzung des Sachverständigen über den merkantilen Minderwert die Grundlage für die Schätzung des Gerichts nach Zivilprozessordnung (ZPO) darstellen.

*Zöller* erkennt den merkantilen Minderwert nur in besonderen Fällen an. Bei Mörderhäusern etc. könne es einen solchen geben, aber auch nur, wenn es Alternativen gebe. Auch auf dem Kfz- und Kunstmarkt sei ein merkantiler Minderwert vertretbar. Für Immobilien sieht er diesen nicht. Er argumentiert, dass merkantile Minderwerte auf Verdachtsmomenten beruhten und somit nicht als Folgeschaden neben einer mangelfreien, vollständigen Werkleistung angesetzt werden könnten. Weiter gebe es keinen Schadensersatz, da kein schuldhaftes Handeln vorliege.

Hierzu wurde bereits ausgeführt *(Kapitel 4.1)*, dass es keine überzeugenden Gründe gibt, wieso der merkantile Minderwert nicht auch auf Immobilien übertragbar sein sollte. Die Unterschiede zwischen Kraftfahrzeugen und Immobilien stehen dem nicht entgegen. Auch kann die Meinung des fehlenden schuldhaften Handelns nicht geteilt werden. Nur weil nach Nachbesserung der Fehler beseitigt wurde, hat der zunächst durch schuldhaftes bzw. fahrlässiges Handeln entstandene Mangel zu einem Schaden geführt.

## 5.11 2018 Zur Versachlichung der Ermittlung der Höhe eines (bautechnisch irrationalen) merkantilen Minderwerts – Thees

Laut *Thees*[51] handelt es sich bei dem merkantilen Minderwert um *„die Differenz des Marktwertes einer ehemals beschädigten und einwandfrei reparierten Sache gegenüber ihrem Wert vor der Beschädigung oder dem Wert einer unbeschädigten Sache im gleichen Gebrauchszustand"*.

Hinsichtlich der Berechnung des merkantilen Minderwerts betont er, dass der Ertragswert keinesfalls eine Orientierung geben könne, da dieser nach ordnungsgemäßer Reparatur keine wirkliche Schmälerung erfahre. Er unterscheidet, dass bei ehemaligen wesentlichen Mängeln bei Verkauf möglicherweise eine Offenbarungspflicht bestünde, diese aber bei reiner Vermietung entfalle.

Dabei übersieht *Thees*, dass in der Wertermittlung grundsätzlich ein Verkauf unterstellt wird, ansonsten kann kein Verkehrswert ermittelt werden.

*Thees* räumt ein, dass beim sogenannten Mörderhaus die Vermarktung eines Objekts leiden könne, dies aber den Sonderfall darstelle.

Weiter schreibt er, dass auch der Gebrauchswert keine Auskunft über die Höhe des merkantilen Minderwerts gebe. Da er Begrifflichkeiten verwendet, die in der Wertermittlung nicht vorkommen, ist die Nachvollziehbarkeit schwierig. Er stellt darauf ab, dass nach vollständiger Mängelbeseitigung keine Beeinträchtigung des Gebrauchswerts vorliegt. Somit sei bei der Ermittlung des merkantilen Minderwerts auf den Verkaufswert des Objekts abzuzielen.

Natürlich ist bei der Ermittlung des merkantilen Minderwerts der Verkehrswert zu ermitteln. Nur handelt es sich bei den vorgenannten Begriffen Ertragswert und Gebrauchswert nicht um andere Werte. In der Wertermittlung bestimmen wir den Verkehrswert, der über drei verschiedene Verfahren ermittelt werden kann. Diese generieren somit den Ertragswert, den Sachwert und den Vergleichswert. Alle drei Verfahren führen bei Verwendung marktkonformer Eingangsparameter zum gleichen Ergebnis. Wenn *Thees* schreibt, der Ertragswert führe nicht zum Ziel, da bei einem Renditeobjekt die Miete maßgeblich sei, und diese würde nicht gemindert, da ein Vermieter keine Offenbarungspflicht habe, dann stellt er hiermit normierte Wertermittlungsverfahren in Frage. Er erwähnt auch einen sogenannten Gebrauchswert, der auch nicht zum Ziel führe, da ein fachlich einwandfrei beseitigter Mangel unterstellt werde. Daher müsse bei der Ermittlung des merkantilen Minderwerts auf den Verkaufswert abgestellt werden. Aus Sicht der Immobilienbewertung ist diese Darstellung schon allein wegen der Begrifflichkeiten nicht nachvollziehbar. Abgesehen davon, dass es den Gebrauchswert in der Immobilienbewertung nicht gibt, stellen „Ertragswert", „Verkaufswert" und „Verkehrswert" den gleichen Sachverhalt dar. Das Ertragswertverfahren ist eines von drei normierten Verfahren, die zum Verkehrswert führen.

51 *Thees, E.*: Der merkantile Minderwert: technische und rechtliche Widersprüche, 3. Beitrag: Zur Versachlichung der Ermittlung der Höhe eines (bautechnisch irrationalen) merkantilen Minderwertes, in: Oswald, R./ Zöller, M. (Hrsg.): Aachener Bausachverständigentage 2018, Springer Vieweg, Wiesbaden 2018, S. 161 ff.

Darüber hinaus ist es unerheblich, ob bei einem vermieteten Objekt ein Einfluss auf die Miete entsteht, wenn dem Mieter der ehemalige Mangel vorenthalten wird. Die Frage ist, ob ein Käufer bei Offenbarung des ehemaligen Mangels oder Schadens einen Wertabschlag vorsehen würde.

*Thees* gleitet immer weiter von den Grundsätzen der Immobilienbewertung ab, indem er schreibt, dass der Verkehrswert nicht anwendbar sei, wenn diesem der Ertragswert oder der Sachwert zugrunde lägen. Er sei nur verwendbar, wenn er auf Basis von Vergleichsobjekten ermittelt worden sei. Da diese aber i.d.R. nicht vorlägen, müsse eine Näherungsmethode verwendet werden.

An dieser Stelle sei die Anmerkung erlaubt, dass es sich bei allen drei Verfahren im weitesten Sinne um Vergleichswertverfahren handelt, denn sowohl der Liegenschaftszinssatz als auch der Sachwertfaktor stammen aus vergleichbaren Objekten. Natürlich bildet das Vergleichswertverfahren den Markt am besten ab, da die Vergleichsobjekte gezielt und spezifisch auf das Bewertungsobjekt abgestellt wurden. Aber auch bei diesem wird es, so ist *Thees* zuzustimmen, keine Vergleichbarkeit bzgl. individueller Schäden geben, das vor allem, weil diese Daten in den Kaufpreissammlungen nicht erhoben werden. Somit müssen die ehemaligen Bauschäden und Baumängel unter den besonderen objektspezifischen Grundstücksmerkmalen am Ende des Verfahrens berücksichtigt werden. So steht es auch in der ImmoWertV. Bis hierhin hat *Thees* noch keine neuen Informationen zur Ermittlung des merkantilen Minderwerts vorgebracht.

Weiter führt er aus, dass bei der Ermittlung des merkantilen Minderwerts maßgebend auf die Art und den Umfang der Schädigung und/oder erforderlicher Reparaturmaßnahmen abgestellt wird. Dabei sei es schwierig, die Qualität und Quantität von Schäden bzw. Reparaturmaßnahmen an die wertmindernden Befürchtungen zu knüpfen. Er betont, dass nicht unberücksichtigt bleiben dürfe, dass Gebäude im Laufe ihrer Stand- und Nutzungszeit planmäßigen Instandsetzungs- und Modernisierungsmaßnahmen ausgesetzt seien.

Der Immobilienmarkt berücksichtige solche Maßnahmen eher positiv und mache sich keine Sorgen über verborgen gebliebene Mängel oder Schäden. Daher sei es fraglich, warum gerade schadensbedingte grundlegende Instandsetzungsmaßnahmen negativ bewertet werden sollten. Dies könne nur in Sonderfällen vorliegen. Eine grundsätzliche Korrelation zwischen Baumaßnahmen und merkantilem Minderwert sei somit wenig nachvollziehbar. Sanierungen, Instandhaltungen und Renovierungen seien die übliche Tagesordnung für Gebäude.

Und genau hier spricht er das Schlüsselwort an. Üblich! Bei den besonderen objektspezifischen Grundstücksmerkmalen geht es ja genau um die Dinge, die über das Übliche hinausgehen. Übliche Instandsetzungsmaßnahmen werden auch zu keinem merkantilen Minderwert führen. Wenn aber eine Fahrlässigkeit in der Ausführung zu einer Flutung eines Kellers und anschließenden massiven Trocknungsarbeiten führte, dann geht es hier eben nicht um eine übliche Instandsetzung. Und wenn solche sensiblen Stellen am Gebäude fahrlässig ausgeführt werden, dann ist es nachvollziehbar, dass der Markt möglicherweise ein vermindertes

Vertrauen in die bauliche Qualität des Hauses hat. Insbesondere dann, wenn sich solche Fehler häufen.

*Thees* führt folgende Voraussetzungen für das Vorhandensein eines merkantilen Minderwerts auf:

- Der Markt muss von möglicherweise irrational handelnden Personen beherrscht sein, bei denen das technische Fachwissen deutlich hinter dem „Bauchgefühl" zurücktritt.
- Der Markt muss klein sein. Die Zahl der Interessenten muss gering sein.
- Der Markt muss ausreichend Alternativen in ausreichender Zahl hergeben.

Zum ersten Punkt ist zu sagen, dass es auf den Markt ankommt. Insofern ist dem Punkt zuzustimmen, dass der merkantile Minderwert überwiegend in emotionalen Märkten abbildbar ist. Der Einfamilienhausmarkt z.B. ist überwiegend emotional geprägt. Hier handelt es sich i.d.R. um einen einmaligen Hauskauf für die Familie zur Eigennutzung. Hier soll alles richtig gemacht werden. Gesundheit und Glück stehen im Vordergrund. Die Mehrheit dieser Käufer nimmt keinen Sachverständigen mit zum Ortstermin (weniger als 10 % der Kaufinteressenten).[52] Die Entscheidungen werden überwiegend von Laien und nach Gefühl getroffen. Die letzten beiden Punkte bedingen sich gegenseitig. Auch dem ist zuzustimmen, dass es in einem angespannten Markt keinen merkantilen Minderwert geben kann. Wenn für vorhandene Mängel und Schäden kaum Abschläge gemacht werden, dann erst recht nicht für beseitigte.

Nach Darstellung der Voraussetzungen listet *Thees* die seiner Meinung nach vorliegenden Einflusskriterien für die Näherungsmethode auf:

V1 Altersentwertung des Gebäudes, Restnutzungsdauer,

V2 Schadenumfang: Schwere der Schädigung, Eingriff in die Bausubstanz

V3 Art der Bausubstanz,

V4 Art der Beseitigung der Schäden,

V5 Vorschäden, sonstige Schäden,

V6 Erkennbarkeit der Nachbesserung,

V7 Kosten der Beseitigung,

V8 Art des Objektes, Marktteilnehmer (professionell, unprofessionell),

V9 Marktbekanntheit des Schadens, Ruf des Gebäudes,

V10a Marktnachfrage,

V10b Preisniveau,

V10c Verhältnis Bodenwert zu Marktwert.

Diese aufgezeigten Einflusskriterien werden in einer Matrix gewichtet und bewertet. Das Bewertungssystem allerdings basiert auf einer individuellen Bewertungsskala pro Einflusskriterium. Während die Skala für das Kriterium 1 „Alterswertminderung" von 0 bis 10 reicht, erstreckt sie sich für Kriterium 4 „Art der Schadensbeseitigung" von -10 bis +10. Nach *Thees*

52 *Unglaube, D.*: Baumängel und Bauschäden in der Wertermittlung, 2. Aufl., Reguvis, Köln 2024.

könnten einzelne Schadensbeseitigungen mit einer besonderen sachverständigen Betreuung und Dokumentation sogar andere Kriterien „heilen".

Insgesamt beruht die Methode auf drei Annahmen:

1. Der Gesamtzielbetrag lässt sich in Beiträge zu Einzelzielen zerlegen.
2. In der Hierarchie kann von einem Oberziel logisch auf Unterziele geschlossen werden.
3. Man ermittelt den Beitrag des Projektes zur untersten Zielebene.

Wichtig ist laut *Thees*, dass es keine Abhängigkeit der einzelnen Kriterien untereinander gibt. Interessant ist, dass über das Einflusskriterium 10 der maximale merkantile Minderwert festgelegt wird.

| | **Maximaler merkantiler Minderwert** |
|---|---|
| **Nicht durchsetzbar** | |
| Beste Lage, sehr hohe Nachfrage, unelastische Nachfragefunktion, niedriges Preisniveau | 0 % |
| **Verhandelbar, denkbar** | |
| Elastische Nachfragefunktion, Preisreduktion erhöht die Nachfrage | 2 bis 5 % |
| **Kaum handelbares Objekt** | |
| Andere Wertfaktoren treten in den Vordergrund, weitere Preisreduktion erhöht die Nachfrage kaum | (5 %) |

*Tab. 5.6: Maximaler merkantiler Minderwert nach Thees, nachgezeichnet*

Somit legt *Thees* eine Spanne von 0 bis 5 % vom unbelasteten Verkehrswert für die maximale Höhe des merkantilen Minderwerts fest. Es ist leider nicht dargestellt, inwieweit hier der Marktbezug vorhanden ist. Er weist lediglich darauf hin, dass diese Spanne in jedem Bewertungsfall erneut zu ermitteln sei. Gleiches gelte auch für die Gewichtungsansätze.

In der Matrix erfolgt nun die Bewertung und Gewichtung der Einzelkriterien. Die rote Linie stellt dabei die Grenze zu den K.-o.-Kriterien dar. Orange markiert sind die ausgewählten Bewertungen.

| | | | | | | | | | | | | | | | |
|---|---|---|---|---|---|---|---|---|---|---|---|---|---|---|---|
| V1 | Alterswertminderung | 100 % | 90 % | 80 % | 70 % | 60 % | 50 % | 40 % | 30 % | 20 % | 10 % | 0 % | Gewichtung | Bewertung | TNW |
| | | 0 | 0 | 0 | 3 | 4 | 5 | 6 | 7 | 8 | 9 | 10 | 0,3 | 9 | 2,7 |
| V2 | Schadensumfang | *keiner* | | | | | | | | | sehr tiefgreifend | | | | |
| | | 0 | 1 | 2 | 3 | 4 | 5 | 6 | 7 | 8 | 9 | 10 | 0,6 | 2 | 1,2 |
| V3 | Art der Bausubstanz | *Einfachste* | | | | | | | | | schwierige | | | | |
| | | 0 | 1 | 2 | 3 | 4 | 5 | 6 | 7 | 8 | 9 | 10 | 0,5 | 5 | 2,5 |
| V4 | Schadensbeseitigung | *Beste Doku* | | | | | | | | | keine Doku | | | | |
| | | –10 | –8 | –6 | –4 | –2 | 0 | 2 | 4 | 6 | 8 | 10 | 0,7 | –10 | –7 |
| V5 | Anteil von sonstigen Vorschäden am Wert | 100 % | 90 % | 80 % | 70 % | 60 % | 50 % | 40 % | 30 % | 20 % | 10 % | 0 % | | | |
| | | 0 | 0 | 0 | 0 | 0 | 0 | 0 | 0 | 8 | 9 | 10 | 0,3 | 10 | 3 |
| V6 | Erkennbarkeit von Schadensbeseitigung | *nicht erkennbar* | | | | | | | | | grundlegend erkennbar | | | | |
| | | 0 | 1 | 2 | 3 | 4 | 5 | 6 | 7 | 8 | 9 | 10 | 0,5 | 0 | 0 |
| V7 | Mangelbeseitigung i.R.z.VW | 0 % | 10 % | 20 % | 30 % | 40 % | 50 % | 60 % | 70 % | 80 % | 90 % | 100 % | | | |
| | | 0 | 0 | 0 | 0 | 4 | 5 | 6 | 7 | 8 | 9 | 10 | 0,5 | 4 | 2 |
| V8 | Marktteilnehmer | *Core-Immo* | | | | | | | | | EFH | | | | |
| | | 0 | 0 | 0 | 1 | 1 | 2 | 2 | 4 | 6 | 8 | 10 | 1 | 1 | 1 |
| V9 | Marktbekanntheit | *Unbekannt* | | | | | | | | | höchste Ausstrahlung | | | | |
| | | 0 | 1 | 2 | 3 | 4 | 5 | 6 | 7 | 8 | 9 | 10 | 0,5 | 3 | 1,5 |
| | Maximal mögliche Zeitnutzwerte | | | | | | | | | | | | 49 % | | |
| | Summe der Teilnutzwerte | | | | | | | | | | | | | | 6,9 |
| | | | | | | | | | | | | | | in Prozent | 14 % |
| | Verkehrswert des Objekts | | | | | | | | | | | | | 4 Mio. € | |
| V10 | Maximal möglicher merkantiler Minderwert separat zu ermitteln | | | | | | | | | | | | | 2 % | |
| | Anteil nach obiger Methode | | | | | | | | | | | | | 14 % | |
| | **Merkantiler Minderwert** | | | | | | | | | | | | | 11.265 € | |
| | | | | | | | | | | | | | rd. | **11.000 €** | |

*Abb. 5.1: Ergebnis der Bewertungsmatrix nach Thees an einem Beispiel, nachgezeichnet*

Zusammenfassend ist zu sagen, dass die Methode nach *Thees* zunächst nachvollziehbar und besser als alle zuvor beschriebenen Methoden ist. Aber auch hier sind einige Defizite aufzuzeigen. Was die Wahl der Einflusskriterien angeht, wurde eine ganz wichtige Komponente vergessen. Die Zeitdauer nach Schadensbeseitigung dürfte wohl eines der wichtigsten Einflusskriterien darstellen. Wenn nach Schadensbeseitigung mehrere Jahre vergangen sind, dürfte der ehemalige Schaden keinen Einfluss auf den Kaufpreis haben. Liegt die Mängelbeseitigung erste wenige Wochen zurück, ist das Unbehagen durchaus größer. Ob alle benannten Kriterien wirklich in keiner Abhängigkeit zueinander stehen, ist zu prüfen. So könnten die Art der Bausubstanz und die Höhe der Schadensbeseitigungskosten miteinander korrelieren. Eine komplexe und anspruchsvolle Bausubstanz kann bei Beschädigung auch zu höheren Kosten führen als eine einfache Konstruktion. Wichtiger für die Bewertung ist die Tatsache, dass der Matrix vorab eine Spanne für den merkantilen Minderwert zugrunde gelegt wird. Dies ist in jedem Fall sinnvoll. So kann dann mit der Feinjustierung über die Einflusskriterien der Wert innerhalb der Spanne festgelegt und begründet werden. Schade ist aber, dass eben diese Spanne, wie *Thees* schreibt, „separat" ermittelt werden muss. Und hierzu gibt der Autor neben der vorgestellten Tabelle über den Markt keine Anhaltspunkte, wie die Spanne zu ermitteln ist bzw. woher er die im Beispiel angesetzten 5 % Maximalwert nimmt. Kollegen haben in der Literatur immer wieder von 0 bis 10 %, 0 bis 15 % und vereinzelt auch von 0 bis 20 % gesprochen. Was den bei den in den vorherigen Kapiteln diskutierten Ansätzen immer wieder bemängelten fehlenden Marktbezug angeht, bestand hier kurz Hoffnung, dass er in dem Verfahren nach *Thees* berücksichtigt wird. Leider findet sich dieser lediglich in der Spanne wieder, die die Basis der Näherungsmethode darstellt. Und hier fehlt die Begründung bzw. der Nachweis, dass der verwendete Spannenansatz marktgerecht ist.

## 5.12 2018 Der merkantile Minderwert bei deutschen Immobilien: Standard oder Axiom, gar Chimäre, bloß ein Irrtum? – Ulrich

*Ulrich*[53] kommt in seinen Ausführungen zu dem Schluss, dass der merkantile Minderwert ein Axiom, eine gültige Wahrheit, die keines Beweises bedarf, ist. *„[...] mir offenbart sich keine veröffentlichte gerichtliche Mitteilung, welche die juristische Existenz von merkantilem Minderwert grundsätzlich verneint [...].“*

Er widerspricht damit *Liebheit*, der der Meinung war, dass der merkantile Minderwert ein Phantom und juristisch nicht haltbar sei.[54]

Zu begrüßen ist auch sein Hinweis, dass der merkantile Minderwert, wenn nicht ausschließlich, dann unter Hinzuziehen von denjenigen Personen, die den Markt ausmachen, ermittelt werden soll. Reine Bausachverständige seien keine kompetente Adresse. Nur Fachleute, die den Immobilienmarkt überschauten, seien in der Lage, den Werteinfluss beseitigter Schäden auf den Kaufpreis einzuschätzen.

Auf den von *Zöller* bzw. *Grams* vorgebrachten Aspekt, ein Unternehmer wegen eines merkantilen Minderwerts nicht zu belangen, da kein schuldhaftes Handeln vorliege, entgegnet *Ulrich*, genau wie auch in *Kapitel 5.10* beschrieben, dass das schuldhafte Verhalten nicht auf den nachträglich mangelfreien Zustand abstelle, sondern auf die ursprünglich mangelbehaftete Ausführung.

> „[...] Grams übersieht, dass der Grund der Haftung auf merkantilen Minderwert trotz der durchgeführten technischen Nachbesserung in der ursprünglich ungenügend erledigten Leistung angelegt ist. [...]“

Gleichzeitig weist er aber auch darauf hin, dass daraus auf keinen Fall geschlossen werden kann, dass jede durchgeführte Beseitigung eines Mangels durch Reparatur in jedem Fall die Haftung des für den Mangel Verantwortlichen auf Ersatz eines merkantilen Minderwerts auslöse.

Er stellt klar, dass zum Auslösen eines merkantilen Minderwerts die ehemaligen Mängel und Schäden den Bereich von Bagatellen klar übersteigen. In der Immobilienbewertung wissen wir, dass der Zustand nach § 8 ImmoWertV über „das Übliche“ hinausgehen muss.

Ob ein Schaden erheblich war, kann laut *Ulrich* daran festgemacht werden, ob hierfür eine Offenbarungspflicht besteht. Seiner Meinung nach besteht diese ganz sicher bei Wassereintritt

53 *Ulrich J.*: Der merkantile Minderwert: technische und rechtliche Widersprüche, 2. Beitrag: Der „merkantile Minderwert“ bei deutschen Immobilien: Standard oder Axiom, gar Chimäre, bloß ein Irrtum? in: Oswald, R./ Zöller, M. (Hrsg.): Aachener Bausachverständigentage 2018, Springer Vieweg, Wiesbaden, 2018, S. 142 ff.

54 *Liebheit, U.*, Vorsitzender Richter am OLG, Der merkantile Minderwert begründet keinen Magelschaden, www.fahnenbruck-bauen.de/pdf/Liebheit-2015-06-23.pdf.

von außen in Kellerbereiche, großflächig undichte Dächer und auch die Bausubstanz erfassende Schimmelpilzvorkommnisse erheblichen Ausmaßes.

In jedem Fall sei die Beeinträchtigung substanziiert darzustellen.

In Bezug auf die Qualifikation von Sachverständigen zitiert *Ulrich* einige Quellen, die gemeinsam haben, dass nur ein Sachverständiger, der den Grundstücksmarkt kennt, den merkantilen Minderwert bewerten kann. Dabei ist *Bindthardt, VersR 1965, 18, 19* der Meinung, dass dies nur ein Makler sein kann. *Mantscheff, BauR 1982,435,437* wehrt sich gegen diese Aussage, dass Bausachverständige den Markt nicht kennen würden. Seiner Meinung nach seien die meisten auch mit Wertermittlungen befasst. Ein Makler sollte seiner Meinung nach nicht hinzugezogen werden, da dieser nicht in der Lage sei, die Auswirkungen eines technischen Mangels in das richtige Verhältnis zum Wert des Gebäudes einzuordnen. *Kamphausen, Der Sachverständige 1965,280,284/285* ist der Meinung, dass Bau- und Bewertungssachverständige prädistiniert seien, die sowohl über Kenntnisse der Wertermittlung als auch über technische Kenntnisse verfügen. Ein interdisziplinäres Gemeinschaftsgutachten sei auch denkbar.

Interessant an den oben dargestellen Ausführungen ist, dass, außer bei *Kamphausen*, entweder von einem Bausachverständigen oder von einem Makler die Rede ist. Dieser Einschätzung ist schwer zu folgen und es drängt sich die Frage auf, wieso ein Makler und nicht ein Sachverständiger für die Bewertung von bebauten und unbebauten Grundstücken hinzugezogen werden sollte. So oder so ist aber sicher, dass der Makler und der Immobilienbewerter i.d.R. den Markt besser kennen als ein Bauschadenbewerter. Oftmals steht sogar technisches Know-how einer marktgerechten Grundstücksbewertung im Weg. Maßgeblich ist die Käuferreaktion und nicht die technische Expertise, die der Käufer i.d.R. nicht hat.

Dem stimmt *Ulrich* in seinem letzten Abschnitt wieder zu, indem er schreibt, dass der merkantile Minderwert *„[...] eben nicht unmittelbare wertbildende technische und damit so verifizierbare Eigenschaften der konkreten Immobilie betrifft, sondern exklusiv ihr darüber hinausgehendes Ansehen auf dem Markt, eben den Preis, d.h. nicht die wertbildenden physikalischen (=technischen) Faktoren dieser Immobilie, sondern die Höhe des für diese Immobilie bei ihrem Verkauf zu zahlenden Geldes sind tangiert. [...]"*

In der Konsequenz schlägt er vor, den strittigen Begriff des merkantilen Minderwerts „nicht technisch bedingter, zusätzlicher Minderpreis auf dem Markt zu nennen", um künftig den Diskussionen zu dem Thema zu entgehen. Hier sei angemerkt, dass der Zusatz „merkantil" bereits auf den Markt hinweist. Insofern ist es ohnehin nicht erklärbar, warum das Thema so intensiv von den Sachverständigen aus dem Bereich der Bauschadenbewertung diskutiert wird.

## 5.13 2018 Merkantiler Minderwert: (K)ein Thema für die Immobilienbewertung – Schmidbauer

*Schmidbauer*[55] stellt in seinem Vortrag zum merkantilen Minderwert die provokante These in den Raum, dass merkantiler Minderwert und Immobilienbewertung sich gegenseitig ausschließen. Seiner Meinung nach handelt es sich beim merkantilen Minderwert um ein Homonym. Er sei eine haltlose Schätzung, die es weder im Kfz-Bereich noch auf dem Kunstmarkt und schon gar nicht in der Immobilienbewertung geben könne.

In seinem Beitrag stellt er ein Gutachten eines Sachverständigen für Grundstücksbewertung vor, in dem dieser den merkantilen Minderwert in einer Höhe von 10 % von den Herstellkosten ermittelt. Die Höhe des merkantilen Minderwerts ermittelt dieser über eine Näherungsmethode. *Schmidbauer* kritisiert die Vorgehensweise, da der Sachverständige einerseits schreibt, dass sich der merkantile Minderwert nur auf den Bereich erstrecken könne, der auch vom Mangel erfasst sei, andererseits dann aber einen prozentualen Abschlag von den gesamten Herstellkosten vornimmt. Weiter kritisiert *Schmidbauer,* dass der Sachverständige im Vorfeld zum merkantilen Minderwert ausführt, dass es keine Berechnungsverfahren gebe und dann über die Einflusskriterien einen Abschlag „errechne".

Was die Berechnungsverfahren angeht, kann man dem Sachverständigen unterstellen, dass er darauf abzielte, zu sagen, dass es keine normierten oder standardisierten Verfahren wie das Ertragswertverfahren oder Sachwertverfahren in der Wertermittlung gibt. Genau aus diesem Grund wendet er ja die Näherungsmethode an. Insbesondere weil *Schmidbauer* in seinem Artikel als Germanist sehr auf die Begrifflichkeiten schaut, sollte an dieser Stelle erinnert werden, dass es sich bei der Immobilienbewertung um eine Schätzung handelt und insofern ohnehin keine Berechnungen erfolgen, weder in der Ermittlung des Verkehrswerts noch in der Ermittlung des merkantilen Minderwerts.

Die Kritik an dem Abschlag vom Herstellwert ist zu unterschreiben, allerdings mit einer anderen Begründung. Die Ansicht, der merkantile Minderwert könne sich nur auf den Bereich erstrecken, der auch mangelbehaftet sei, ist nicht nachvollziehbar. Sogar *Zöller* hat einen „Ausstrahlungsfaktor" ins Leben gerufen, um bei der Ermittlung des technischen Minderwerts auch die Auswirkungen auf andere Bauteile oder des Gebäudes zu berücksichtigen. Demnach kann sogar in der technischen Betrachtung eine Ausstrahlung auf das Gebäude vorhanden sein. Bei der Betrachtung der Käuferreaktion auf dem Grundstücksmarkt kann nur von der Betrachtung des gesamten Grundstücks ausgegangen werden. Daher sollte der merkantile Minderwert als prozentualer Abschlag vom unbelasteten Verkehrswert und nicht vom Gebäudewert ausgewiesen werden. Rechnerisch kann es egal sein, solange die absoluten Zahlen stimmen.

Nicht nachvollziehbar ist die Argumentationskette zum Nachweis, dass es den merkantilen Minderwert bei Neubauten (analog zu Neuwagen) nicht geben könne, weil einem abgenommenen Gebäude gerade durch die Abnahme eine Mangelfreiheit attestiert wird. Zunächst ist ein abgenommenes Gebäude per se nicht mangelfrei, sonst gäbe es die langen Mängellisten

55 *Schmidbauer, W.*: Der merkantile Minderwert: technische und rechtliche Widersprüche, 4. Beitrag: Merkantiler Minderwert: (K)ein Thema für die Immobilienbewertung, in: Oswald, R./ Zöller, M. (Hrsg.): Aachener Bausachverständigentage 2018, Springer Vieweg, Wiesbaden 2018, S. 173 ff.

bei der Abnahme nicht. Stellt der Autor auf wesentliche Mängel ab, dann mag das stimmen, dass das Gebäude frei von wesentlichen Mängeln ist. Das widerspricht aber nicht dem Vorhandensein des merkantilen Minderwertes, denn genau das ist ja eine Bedingung für seine Existenz, der Mangel muss behoben sein.

Grundsätzlich ist es richtig, dass der Begriff „merkantiler Minderwert“ gerne und oft verwendet wird. *Schmidbauer* ist zuzustimmen, dass dies fast inflationär geschieht und sicher oftmals keine ernsthafte Sorge oder ein ungutes Gefühl bzgl. der baulichen Qualität des Gebäudes besteht, sondern eine Möglichkeit gesehen wird, eine Art Wiedergutmachung zu erlangen, die der technische Minderwert aufgrund seiner oftmals viel zu geringen Höhe nicht abbilden kann.

Nach Ansicht der Verfasserin sollte an dieser Stelle angesetzt werden und ein Verfahren gefunden werden, wie der technische Minderwert die Beeinträchtigung des Käufers oder Bauherrn adäquat abbildet. Der merkantile Minderwert sollte nur für die Bereiche in der Immobilienbewertung angesetzt werden, in denen er auch wirklich sichtbar wird. Bei Baumängeln und Bauschäden insbesondere bei Neubauten liegt er i.d.R. unter 5 % und dient eher als Instrument zur Optimierung des technischen Minderwerts.

## 5.14 2021 Methodische Vorgehensweise bei der Ermittlung des merkantilen Minderwertes – Dippold

*Dippold*[56] beschäftigt sich in seinem Beitrag über die methodische Vorgehensweise bei der Ermittlung des merkantilen Minderwerts mit den auch hier im Kapitel bereits dargestellten Ansätzen der Kollegen *Auernhammer, Kinzer, Schmidbauer, Thees und Bachmann/ Effenberger*. Bei der Vorgehensweise nach *Kinzer* sieht *Dippold* Stärken in der Übersichtlichkeit der Berechnungsmatrix, er bemängelt, wie auch im vorigen Kapitel dargestellt, dass die Kriterien nicht gewichtet werden.

Die von *Schmidbauer* vorgestellte und kritisierte Methode einer Grundstücksbewertung mittels Zu- und Abschlägen vom Mittelwert bewertet *Dippold* ebenfalls als recht willkürlich.

Die Methode nach *Thees* ähnele der von *Kinzer*, nur dass *Thees* die Kriterien gewichtet habe. Stärken des Verfahrens sieht er in der Gewichtung, Schwächen sieht er in der Belegung der Einzelkriterien nach Gewichtung mit einem Faktor von 0,02 bis 0,1. Dadurch verringere sich die Höhe des merkantilen Minderwerts erheblich. Tatsächlich handelt es sich bei der Spanne von 2 bis 10 % um die separat ermittelte Spanne der Höhe des merkantilen Minderwerts, in deren Bereich die Feinjustierung mittels Näherungsmethode stattfindet. Man kann zwar über die Richtigkeit der Spanne philosophieren, aber inhaltlich handelt es sich nicht um einen weiteren Faktor.

In Bezug auf die Methode von *Bachmann und Effenberger* stellt *Dippold* ausschließlich die Stärken des Verfahrens dar, die er in der Übersichtlichkeit der Matrix, der Beschreibung der Kriterien und der Festlegung der Skalierung bei jedem Kriterium sieht.

56 *Dippold, R.*: Methodische Vorgehensweise bei der Ermittlung des merkantilen Minderwertes, GuG – Grundstücksmarkt und Grundstückswert, 2021, Heft 4, S. 232 bis 240.

Nach der Darstellung der einzelnen Verfahren ermittelt *Dippold* einen merkantilen Minderwert anhand eines Beispiels zum einen mittels Näherungsmethode und zum anderen zur Plausibilisierung auf Basis einer Expertenbefragung. Inhaltlich geht es um einen Neubau eines Mehrfamilienwohnhauses, bei dem die Fugen zwischen den Sichtbetonfertigteilen unterschiedliche Tiefen aufwiesen. Es bestand die Gefahr, dass Regenwasser in die Fugen eintritt und dauerhaft zu Feuchteschäden führt. Zur Nachbesserung wurden die Fugen mit einem Dichtstoff verschlossen. Die Kosten beliefen sich auf rd. 150.000,00 €. Der Verkehrswert des mangelfreien Objekts betrug 5 Mio. €.

Für seine Bewertungsmatrix wählt *Dippold* folgende Einflusskriterien:

- Art der Immobilie,
- Alter des Gebäudes,
- Art der Bausubstanz,
- Sanierungsarbeiten,
- zeitlicher Abstand zur Schadensbeseitigung,
- Anteil an sonstigen Vorschäden,
- Erkennbarkeit der Schadensbeseitigung,
- Kosten der Mängelbeseitigung i.V.z. Verkehrswert,
- Lage des Bewertungsgrundstücks,
- Bekanntheit Schaden (Medienaufmerksamkeit),
- Marktnachfrage.

Das Vorgehen bei der Einschätzung erläutert er an einzelnen Kriterien. Zum Kriterium „Art der Immobilie" führt er aus, dass *„[…] je verbreiteter eine Immobilienart ist (z.B. Einfamilienhaus, Reihenhaus), desto geringer wird im Allgemeinen der merkantile Minderwert ausfallen. Bei größeren Standard-Immobilien (z.B. Mehrfamilienhaus, Wohn- und Geschäftshaus) ist der merkantile Minderwert in einem mittleren Bereich. Bei Spezialimmobilien (z.B. Hotel, Einkaufszentrum) wird der merkantile Minderwert sich in der Regel deutlich bemerkbar machen. […]"*.

Der Ansatz ist zwar insofern nachvollziehbar, dass bei einem geringen Angebot an vergleichbaren Immobilien ein Makel, hier der merkantile Minderwert, einen höheren Einfluss hat als bei einem Markt mit einem knappen Angebot, da die Käufer dann „leidensfähiger" sind. Aber hier wird der wichtigste Aspekt, nämlich die Käuferemotionen, außer Acht gelassen. Und da will es nicht ganz einleuchten, warum ein Investor, der ein Einkaufszentrum erwerben möchte, für einen Mord im Einkaufszentrum einen größeren Abschlag machen sollte als ein privater Käufer, der ein Einfamilienhaus kaufen möchte, in dem jemand ermordet wurde. Gleiches gilt für behobene Schäden. Der Einfamilienhausmarkt ist geprägt von Familien mit Kindern, die die Immobilie i.d.R. selbst nutzen wollen. Man kann sich vorstellen, dass die auf einen beseitigten Hausschwamm- oder Schimmelbefall emotionaler reagieren als ein Investor, der an dem Kauf eines Hotels interessiert ist. Bei der Bewertung der „Art der Immobilie", also dem Teilmarkt, muss unbedingt der psychologische Faktor berücksichtigt werden. Und ob es wirklich viele Einfamilienhäuser gibt, die als Alternativen zur Verfügung stehen, hängt insbesondere von der Lage ab. Man kann also nicht pauschal sagen, für Einfamilienhäuser gibt es Alternativen, für Einkaufszentren nicht, daher ist der Abschlag bei diesen höher anzusetzen.

Das Kriterium Marktnachfrage taucht am Ende der Kriterienliste noch einmal auf. Somit dürfen hier Bedenken einer möglichen Doppelberücksichtigung vorgetragen werden, denn diese ist möglicherweise auch schon unter dem Kriterium „Lage des Bewertungsobjekts" eingeflossen. Zumindest könnte hier eine gewisse Überschneidung erfolgen.

Hingegen ist die Anmerkung *Dippolds*, dass er diesem Kriterium „Marktnachfrage" keinen zu hohen Einfluss geben möchte, da er der Meinung ist, der Markt sei bereits im Liegenschaftszinssatz abgebildet, nicht nachvollziehbar. Der Liegenschaftszinssatz fand Eingang im Ertragswertverfahren unter der Annahme eines mangelfreien und auch ehemals mangelfreien Objekts. Der merkantile Minderwert wird aber unter den besonderen objektspezifischen Grundstücksmerkmalen (boG) am Ende des Bewertungsverfahrens erfasst und diese boG sind nach ImmoWertV unter „Zuhilfenahme von Zu- und Abschlägen" marktgerecht zu berücksichtigen. Gerade hier ist es also unumgänglich, die Marktnachfrage zugrunde zu legen. Schon allein deshalb, weil der Markt in Ballungsgebieten fast gar nicht auf diese reagiert, während sie in nachfrageschwachen Gegenden hoch anzusetzen sind. Die Lage hat somit einen Einfluss auf die Bewertung und kann sogar ein K.-o.-Kriterium darstellen.

Bei den Beurteilungskriterien sind somit zwischen „Art der Immobilie" und „Marktnachfrage", „Alter des Gebäudes" und „Art der Bausubstanz", sowie zwischen „Lage des Bewertungsgrundstücks" und „Marktnachfrage" Zusammenhänge zu erkennen.

Die Bewertungsmatrix ergibt dann einen merkantilen Minderwert von 6,24 %. Die durchgeführt Expertenbefragung kommt im Mittel zu einem merkantilen Minderwert von 6,8 %.

Das ist im ersten Moment beeindruckend. Bei näherem Hinsehen sind die Auswertung der Expertenbefragung und die Vorgehensweise fraglich. Die Befragten wurden in einem zwanzigminütigen Vorgespräch über den Fall in Kenntnis gesetzt. Das ist zwar einerseits begrüßenswert, da man davon ausgehen kann, dass die Kollegen einen beigelegten Text möglicherweise nicht so aufmerksam gelesen hätten. Durch das Gespräch wurden sie umfänglich informiert. Es ist aber nicht ganz auszuschließen, dass sie während des Gesprächs durch die persönlichen Schilderungen in ihrer Meinung bereits beeinflusst wurden. Das kann unbewusst durch bestimmte Formulierungen oder vorgegebene Wertspannen geschehen. Auch ist nicht transparent, ob alle Adressaten genau die gleichen Informationen erhalten hatten.

Es handelte sich um 15 Rückläufe mit einer Spanne an Ergebnissen von 2,5 bis 25 %. Die Antwort mit den 25 % wurde als Ausreißer deklariert und nicht gewertet. Der Mittelwert ergibt sich zu 6,8 % und bestätigt damit die zuvor ermittelten 6,24 %. Dabei darf angemerkt werden, dass die Darstellung des merkantilen Minderwerts auf zwei Stellen nach dem Komma eine Genauigkeit suggeriert, die tatsächlich auf Basis der groben Schätzungen nicht vorhanden ist.

Grundsätzlich ist die Idee der Plausibilisierung der Näherungsmethode mittels einer weiteren Methode gut und wird in der Immobilienbewertung mittels der normierten Verfahren immer angewendet. Hier stellt sich aber die Frage, inwieweit die Expertenbefragung eine Plausibilisierung darstellen kann, da sie sehr vage und steuerbar ist. Auch spielen die Adressaten eine große Rolle. Hier wurden überwiegend Sachverständige zu Rate gezogen. Ist es nicht gerade das Problem, dass die Sachverständigen keine Idee haben, wie man den merkantilen Minderwert ermitteln kann? Wie kann dann eine Umfrage unter Sachverständigen ein marktkonformes Ergebnis liefern? Sollte man dann nicht besser den Markt befragen und nicht Kollegen befragen, was sie glauben, wie der Markt tatsächlich fühlt? *(Siehe auch Kapitel 11 zur Expertenbefragung).*

## 5.15 2022 Der merkantile Minderwert bei Wohnimmobilien – Smolibowski

*Smolibowski*[57] hat erstmals eine Marktuntersuchung zum merkantilen Minderwert vorgenommen. Im Gegensatz zu den in den vorherigen Kapiteln beschriebenen Näherungsmethoden, bei denen der Marktbezug überwiegend fehlte, hat *Smolibowski* den Markt untersucht und statistisch ausgewertet. Das Ergebnis seiner Auswertung sind mehrere Formeln je nach Schadensart, die zur Ermittlung des merkantilen Minderwerts dienen sollen.

Insgesamt umfasste diese Marktuntersuchung rund 450 Rückläufe, wovon 187 Fälle auf Feuchteschäden, 52 Fälle auf Hausschwamm, 57 Fälle auf Bergschäden, 67 Fälle auf Kontamination und 87 Fälle auf Suizid, Mord etc. entfielen.

Nach Auswertung der Rückläufe generierte er folgende Formeln:

**Abschlag für ehem. Feuchteschäden in % vom Verkehrswert (bis zum Jahr 12):**

$$10{,}35 - 0{,}38 \times x + c + z$$

mit x = Zeitraum in Jahren nach Schadensbeseitigung bis zum Stichtag
c = +4,09, wenn Schaden hoch, 0 = mittel, −1,88 wenn niedrig
z = Zusatzfaktor, bedingt durch Angebot und Nachfrage (sachverständig zu schätzen)

**Abschlag für ehem. Feuchteschäden in % vom Verkehrswert (ab dem Jahr 12):**

$$5{,}79 - 1{,}05 \times (x - 12) + c + z$$

mit x = Zeitraum in Jahren nach Schadensbeseitigung bis zum Stichtag
c = +4,09, wenn Schaden hoch, 0 = mittel, −1,88 wenn niedrig
z = Zusatzfaktor, bedingt durch Angebot und Nachfrage (sachverständig zu schätzen)

**Abschlag für ehem. Hausschwammbefall in % vom Verkehrswert (bis zum Jahr 13):**

$$19{,}09 - 0{,}77 \times x + z$$

mit x = Zeitraum in Jahren nach Schadensbeseitigung bis zum Stichtag
z = Zusatzfaktor, bedingt durch Angebot und Nachfrage (sachverständig zu schätzen)

57 *Smolibowski, G.*: Der merkantile Minderwert bei Wohnimmobilien, Reguvis, Köln 2022.

**Abschlag für ehem. Hausschwammbefall in % vom Verkehrswert (ab dem Jahr 13):**

**$9{,}08 - 1{,}82 \times (x - 13) + z$**

mit $x$ = Zeitraum in Jahren nach Schadensbeseitigung bis zum Stichtag
$z$ = Zusatzfaktor, bedingt durch Angebot und Nachfrage (sachverständig zu schätzen)

**Abschlag für ehem. Kontamination in % vom Verkehrswert (bis zum Jahr 20):**

**$16{,}10 - 0{,}37 \times x + c + z$**

mit $x$ = Zeitraum in Jahren nach Schadensbeseitigung bis zum Stichtag
$c$ = 9,30, wenn Ursprungsschaden hoch
$c$ = 0, wenn Ursprungsschaden mittel bzw. niedrig
$z$ = Zusatzfaktor, bedingt durch Angebot und Nachfrage (sachverständig zu schätzen)

Formel gilt nur bis Jahr 20

**Abschlag für ehem. Setzungen und Bergschäden in % vom Verkehrswert (bis zum Jahr 20):**

**$9{,}38 - 0{,}15 \times x + c_1 + c_2 + z$**

mit $x$ = Zeitraum in Jahren nach Schadensbeseitigung bis zum Stichtag
$c_1$ = 8,10, wenn Ursprungsschaden hoch
$c_1$ = 0, wenn Ursprungsschaden mittel bzw. niedrig
$c_2$ = −5,30, wenn Preissegment hoch
$c_2$ = 0, wenn Preissegment mittel bzw. niedrig
$z$ = Zusatzfaktor, bedingt durch Angebot und Nachfrage (sachverständig zu schätzen)

Formel gilt nur bis Jahr 20

**Abschlag für Suizid, Mord o.ä. % vom Verkehrswert (bis zum Jahr 8):**

**$13{,}34 - 0{,}15 \times x + c + z$**

mit $x$ = Zeitraum in Jahren nach Schadensbeseitigung bis zum Stichtag
$c$ = −3,73, wenn Preissegment hoch
$c$ = 0, wenn Preissegment mittel
$c$ = 1,76, wenn Preissegment niedrig
$z$ = Zusatzfaktor, bedingt durch Angebot und Nachfrage (sachverständig zu schätzen)

Formel gilt nur bis Jahr 8

## *Beispiel*

*Im Folgenden soll ein Beispiel anhand der vorgenannten Formeln bearbeitet werden. Es geht darum, einen merkantilen Minderwert aufgrund eines ehemaligen Feuchteschadens im Keller eines neueren Einfamilienwohnhauses im Randgebiet zu ermitteln. Der Keller besteht aus WU-Beton. Aufgrund unsachgemäß ausgeführter Fugen kam es kurz nach der Errichtung bei Starkregen zu einem massiven Wassereinbruch. In der Folge musste der komplette Innenausbau der Wohnräume im Untergeschoss zurückgebaut werden. Die Schadensbeseitigung erfolgte mittels Injektionen. Die Kosten betrugen rd. 50.000,00 €. Der unbelastete Verkehrswert beträgt am Wertermittlungsstichtag*

*650.000,00 €. Das Haus soll nun vier Jahre nach Schadensbeseitigung verkauft werden (siehe auch Kapitel 13.1). Nach der Formel von Smolibowski für Feuchteschäden bis Jahr 12 ergibt sich:*

***10,35 – 0,38 × 4+ 4,09 + z = 12,92 + z***

*Je größer der Nachfrageüberhang, desto kleiner ist der merkantile Minderwert. Bei einem starken Nachfrageüberhang kann sich der Wert auf null reduzieren. Daher muss z so geschätzt werden, dass der sich der Markt abbildet. Wenn z = –12,92 wäre, gäbe es keinen merkantilen Minderwert. Also könnte man nun zwischen 0 und –12,92 einen Wert für z bestimmen. Da das Bewertungsobjekt im Randgebiet liegt und somit Angebot und Nachfrage eher ausgeglichen sind, vielleicht ein leichter Nachfrageüberhang vorhanden ist, könnte ein Wert von –7 passend sein. Der merkantile Minderwert ergäbe sich dann zu* ***rd. 6 %.***

*Würde das Haus nun nach einem Jahr verkauft, wäre der merkantile Minderwert 7,1 %.*

***10,35 – 0,38 × 1 + 4,09 – 7 = 7,07, rd. 7,1 %***

*Würde das Haus nach zehn Jahren verkauft, ergäbe sich ein merkantiler Minderwert von 3,6 %.*

***10,35 – 0,38 × 10 + 4,09 – 7 = 3,64, rd. 3,6 %***

*Wenn man bedenkt, dass die tatsächlichen vollen Schadensbeseitigungskosten mit 50.000,00 € 7,7 % des unbelasteten Verkehrswerts ausmachen, ist festzustellen, dass nach der Methode von Smolibowski der Abschlag nach einem Jahr Mangelfreiheit immer noch fast genauso hoch wäre wie zu dem Zeitpunkt, an dem das Wasser in den Keller gelaufen ist. Nach Unglaube[58] liegt der mittlere Abschlag für tatsächlich vorhandene große Schäden im Randgebiet bei rd. 5,5 %. Vor dem Hintergrund erscheint es nicht plausibel, dass für beseitigte Schäden nach einem Jahr Mangelfreiheit noch 7,1 % Abschlag gemacht werden.*

*Im Folgenden wird die Formel für den Hausschwamm genauer betrachtet.*

***19,09 – 0,77 × x + z***

*Im vorliegenden Fall lag ein Hausschwammbefall in einem Randgebiet bei einem älteren Gebäude vor. Nun wird der Verlauf des merkantilen Minderwerts über die Zeit ermittelt. Hierzu wird die Formel für eine Zeitdauer nach Schadensbeseitigung von null Jahren, einem Jahr, vier Jahren, fünf Jahren und zehn Jahren ermittelt.*

*19,09 – 0,77 × 0 – 6 = 13,1*

*19,09 – 0,77 × 1 – 6 = 12,3*

*19,09 – 0,77 × 4 – 6 = 10,0*

*19,09 – 0,77 × 5 – 6 = 9,2*

*19,09 – 0,77 × 10 – 6 = 5,4*

58 *Unglaube, D.*: Baumängel und Bauschäden in der Wertermittlung, 2. Aufl., Reguvis, Köln 2024.

Es drängt sich die Frage auf, ob die Formel bei unterjähriger Betrachtung funktioniert. Wenn der Schaden am Wertermittlungsstichtag behoben wurde, dann müsste in der Formel für x = 0 eingesetzt werden. Im vorliegenden Fall ergäbe sich der merkantile Minderwert zu 13,09 %. Er wäre also etwas geringer bzw. fast genauso groß wie nach einem Jahr. Es ist fraglich, ob dies wirklich marktgerecht ist. Es ist wohl eher davon auszugehen, dass der Markt kurz nach der Schadenbehebung eine wesentlich größere Skepsis hat als ein Jahr danach.

Auch wird schnell klar, dass die Schätzung des Wertes z maßgeblich ist. Wäre er auf einen Prozentpunkt höher oder niedriger geschätzt worden, hätte sich auch der merkantile Minderwert um einen Prozentpunkt verändert. Besonders schwierig ist die Schätzung von z. So wie es bei dem Beispiel für den Feuchteschaden erfolgte, kann es nicht richtig sein, denn hier wurde der Wert unter Zugrundelegung eines Zeitraumes ermittelt und dann auf Basis der Spanne zwischen 0 und dem errechneten Wert geschätzt. Wenn ein gleicher Sachverhalt aber erst für einen anderen Zeitraum ermittelt würde, würde sich z, also die Marktanpassung, in Abhängigkeit von x verhalten.

**Bei x = 4 Jahren:** $10{,}35 - 0{,}38 \times 4 + 4{,}09 + z = 12{,}92 + z$

Hier wurde z auf –7 geschätzt, weil es zwischen 0 und 12,92 liegt und Angebot und Nachfrage ausgeglichen sind bzw. ein geringer Nachfrageüberhang besteht.

**Bei x = 2 Jahren:** $10{,}35 - 0{,}38 \times 2 + 4{,}09 + z = 13{,}68 + z$

Analog der Vorgehensweise oben müsste z nun in der Spanne zwischen 0 und 13,68 gesucht werden. Dann würde sich z zu 8 ergeben.

Da die Marktsituation nicht abhängig von der Zeitdauer nach Schadensbeseitigung ist, kann diese Vorgehensweise nicht richtig sein. Leider erklärt *Smolibowski* nicht, wie z richtig geschätzt werden kann.

> „[...] Außerdem ist zu prüfen, ob für die Immobilie ein Angebots- oder Nachfrageüberhang besteht. Je größer der Nachfrageüberhang, umso kleiner wird tendenziell der merkantile Minderwert. Bei einem starken Nachfrageüberhang kann sich dieser Wert sogar auf null reduzieren. Dieser Korrekturfaktor ist sachverständig zu schätzen, da es derzeit noch keine wissenschaftlich fundierten Ergebnisse hierzu gibt. [...]"

Zunächst ist es missverständlich, dass die Rede von einem „Faktor" ist, da es sich mathematisch gesehen bei z um einen Summanden handelt. Darüber hinaus führt die grobe sachverständige Schätzung von z am Ende der Rechnung die gesamte wissenschaftliche Ableitung der Formel ad absurdum. So genau und fundiert die Herleitung der Formel auch sein mag, durch die Addition eines unbegründeten freigeschätzten Wertes geht alle Genauigkeit verloren. Und gerade weil z die Marktsituation widerspiegelt, fehlt also auch in diesem Verfahren wieder der Marktbezug.

Dieser soll im Nachgang sachverständig geschätzt werden. Könnte man dann nicht gleich den merkantilen Minderwert „sachverständig" schätzen?

Wie bei vielen Methoden in der Vergangenheit ist es auch hier leider nicht gelungen, Erfahrungswerte in ein generell gültiges Schema zu packen. Der Ansatz der Marktuntersuchung gab Hoffnung, dass bei dieser Methode der Markt abgebildet würde. Leider sind die Rückläufe sehr gering und es ist fragwürdig, inwieweit eine Auswertung über rd. 50 Fälle pro Schadensart aussagekräftig ist. Dennoch ist es begrüßenswert, dass eine Untersuchung des

Marktes und der einzelnen Schadensarten durchgeführt wurde, auch wenn das Ergebnis für die Praxis schwer anwendbar ist.

*Smolibowski* selbst weist darauf hin, dass die Bestimmtheitsmaße der einzelnen Schätzungen sehr gering sind und daher der merkantile Minderwert nicht unmittelbar aus den Faktoren Zeit, Schadenshöhe und Preissegment abgeleitet werden kann. Die Ergebnisse zeigten vielmehr an, welche Bedeutung den nicht untersuchten Determinanten bei der Bemessung des merkantilen Minderwerts zukomme. Diese seien insbesondere „psychologische Dispositionen der Marktteilnehmer“ und vor allem die „objektspezifische Angebots- und Nachfragesituation“.

Somit sind die von *Smolibowski* wissenschaftlich fundierten abgeleiteten Werte und Wahrscheinlichkeitsintervalle aufgrund ihres geringen Bestimmtheitsmaßes nur bedingt verwendbar und die nicht untersuchten, aber maßgeblichen Determinanten weiterhin sachverständig ohne jegliche Grundlage zu schätzen.

# 6 Rechtsprechung

## 6.1 Entwicklung der Rechtsprechung zum merkantilen Minderwert

Das deutsche Schadensrecht beschäftigt sich seit mehr als sechzig Jahren mit dem merkantilen Minderwert.[59] Ursächlich begann das Thema im Bereich der Kfz-Bewertung.

1937: Das Reichsgericht stellte fest, dass die Wiederherstellung der einwandfreien Betriebssicherheit eines Unfallwagens nichts darüber besage, ob der Verkaufswert des Wagens wieder hergestellt sei.[60]

1958: Der Bundesgerichtshof erkannte den merkantilen Minderwert erstmals als erstattungsfähigen Schaden eines Unfallereignisses an.[61] Allerdings war die Entscheidung mit Einschränkungen versehen. Der Geschädigte sollte so lange auf die Erhebung einer Feststellungsklage beschränkt sein, solange sich der im Minderwert enthaltene Schaden nicht endgültig festlegen oder abschätzen ließ. Die Begründung lautete, dass der Minderwert eines Fahrzeugs mit der Zeit absinke und schlussendlich verschwinde. Somit lasse sich ein Schaden erst dann feststellen, wenn er sich an einem bestimmten Anlass (Verkauf, Verpfändung etc.) realisiert habe. Ein umgehender Ausgleich des merkantilen Minderwerts würde zu einer ungerechtfertigten Privilegierung des geschädigten Fahrzeugeigentümers führen.

1961: Die vorgenannte Begründung wurde vielfach kritisiert, sodass der BGH seine Meinung dahin änderte, dass auch ein unmittelbarer Ausgleich des merkantilen Minderwerts anerkannt wurde. Die Begründung hierzu hieß nun, dass sich der Geschädigte ja mit der Weiternutzung eines Fahrzeugs begnüge, dessen Wert nach der allgemeinen Verkehrsauffassung geringer sei als der eines unfallfreien.

1966: Es wurde präzisiert, dass der Geschädigte den Minderwert ersetzt verlangen kann, wie er sich im Zeitpunkt der Inbetriebnahme nach der Reparatur ergibt.[62]

1979: Der BGH stellte fest, dass der Richter den Minderwert im Allgemeinen unter der Inanspruchnahme sachverständiger Hilfe in jedem Streitfall korrekt zu ermitteln habe.[63]

2004: Im Gebrauchtwagenmarkt war bis dato eine Obergrenze von 100.000 km Leistung für den Ersatz eines merkantilen Minderwerts festgelegt. Durch die fortschreitende Technik und die damit verbundenen Methoden zur Reparatur verunfallter Wagen erhöhte sich die Lebensdauer derselben. Im Jahr 2004 hat der BGH auf diesen Trend reagiert und „eine Grenzverschiebung bei der Bewertung des merkantilen Minderwerts für möglich gehalten".

---

59 *Zeilsberger, H./ Woyte, B. et al.*: Der merkantile Minderwert in der Praxis, Schriftenreihe Verkehrsrecht, Kirschbaum Verlag, Bonn 2012.

60 Vgl. RG, Urt. v. 19.8.1937 – VI 100/37 –, JW 1937, 3308.

61 Vgl. BGH, Urt. v. 29.4.1958 – VI ZR 82/57 –, NJW 1958, 1085.

62 Vgl. BGH, Urt. v. 2.12.1966 – VI ZR 72/65–, NJW 1967, 552.

63 Vgl. BGH, Urt. v. 18.9.1979 – VI ZR 16/79 –, NJW 1980, 282.

## 6.2 Übersicht über Urteile zum Thema merkantiler Minderwert

Im Folgenden werden sämtliche Urteile, die zum merkantilen Minderwert gesprochen wurden, in einer Übersicht dargestellt. Hervorgehoben sind die Gerichtsurteile, aus denen die Definitionen hervorgegangen sind, und die Urteile, die in den folgenden Kapiteln im Einzelnen betrachtet werden.

| Jahr | Urteil | Sachverhalt | Merkantiler Minderwert | Höhe des merkantilen Minderwerts | Kapitel |
|---|---|---|---|---|---|
| 2022 | OLG Brandenburg, 1.12.2022 – 12 U 199/21 | Einfamilienhaus mit mehreren Planungs- und Ausführungsfehlern | bestätigt | Der merkantile Minderwert wurde in Höhe von 25.000,00 € bestätigt | 6.3.1 |
| 2022 | OLG Naumburg, 30.7.2021 – 2 U 41/19 | Kompletterneuerung eines Trapezblechdaches eines Parkdecks | nicht bestätigt | 0,00 € | 6.3.2 |
| 2020 | LG München, 28.2.2020 – 10 O 1403/19 | Günstigere Schadensbeseitigungsmaßnahme gewählt | nicht bestätigt | Der merkantile Minderwert bemisst sich nicht an der Differenz zwischen der günstigeren Schadensbeseitigungsmaßnahme | 6.3.3 |
| 2020 | OLG Brandenburg, 9.7.2020 – 12 U 76/19 | Mangelhafte Abdichtung Bodenplatte | nicht bestätigt | 0,00 € | 6.3.4 |
| 2018 | BGH, 22.2.2018 – VII ZR 46/17 | Äquivalenzgebot, mangelhafte Natursteinplatten | dem Grunde nach bestätigt | Schadensersatz für fiktive Mängelbeseitigungskosten können geltend gemacht werden | 6.3.5 |
| 2017 | OLG Brandenburg, 17.1.2017 – 6 U 40/15 | Risse in Bodenplatte infolge Bauarbeiten auf dem Nachbargrundstück | bestätigt | 10 % des unbelasteten Verkehrswerts nach § 287 ZPO auf Basis eines Sachverständigengutachtens | 6.3.6 |
| 2017 | BGH, 21.7.2017 – VZR 1050/15 | Altlastenverdacht | dem Grunde nach bestätigt | An Vorinstanz zurückverwiesen, um die Höhe zu bestimmen | 6.3.7 |
| 2016 | LG Hamburg, 3.2.2016 – 302 O 365/14 | Schäden durch Bauarbeiten am Nachbargebäude | nicht bestätigt | 0,00 € | 6.3.8 |

| Jahr | Urteil | Sachverhalt | Merkantiler Minderwert | Höhe des merkantilen Minderwerts | Kapitel |
|---|---|---|---|---|---|
| 2016 | KG Berlin, 21.11.2016 – 20 U 109/14 | Schäden durch Bauarbeiten am Nachbargebäude | bestätigt | 5 % des unbelasteten Verkehrswerts nach § 287 ZPO über Vergleichsobjekte ohne Sachverständigengutachten | 6.3.9 |
| 2015 | OLG Düsseldorf, 23.4.2015 – 5 U 97/14 | Nagelschuhe beschädigen Parkett mit 2 mm tiefen Löchern | nicht bestätigt | 0,00 € | 6.3.10 |
| 2015 | OLG Brandenburg, 14.10.2015 – 4 U 6/12 | Nicht ausreichende Betondeckung bei Bodenplatte, vermindertes Vertrauen in die bauliche Qualität | bestätigt | 11.280,00 € | 6.3.11 |
| *2015* | *OLG München, 3.11.2015 – 9 U 2777/11* | *Sanierung mangelhafter Tiefgaragenabfahrten sowie weitere Schäden und Mängel* | *bestätigt* | *30.677,51 €* | |
| 2014 | KG Berlin, 4.4.2014 – 21 U 18/13 | Expertenbefragung, Schäden nach Planungsfehler | bestätigt | 8,3 % des Verkehrswertes, 150.000,00 €, Schätzung nach § 287 ZPO auf Basis eines Sachverständigengutachtens mit Expertenbefragung | 6.3.12 |
| 2014 | LG Frankenthal, 8.4.2014 – 6 O 361/13 | Diverse Mängelbeseitigungen an Neubau Doppelhaushälfte | nicht bestätigt | Der merkantile Minderwert in Höhe von 10.000,00 € wurde abgelehnt wegen fehlender Begründung | 6.3.13 |
| *2014* | *OLG Köln, 16.6.2014 – 12 U 44/13* | *Boden- und Grundwasserkontamination* | *nicht bestätigt* | *0,00 €* | |
| *2014* | *OLG Düsseldorf, 18.7.2014 – 9 U 100/13* | *Risse infolge Bauarbeiten auf Nachbargrundstück* | *nicht bestätigt* | *0,00 € (unter 10 % des Gebäudewertes)* | |

| Jahr | Urteil | Sachverhalt | Merkantiler Minderwert | Höhe des merkantilen Minderwerts | Kapitel |
|---|---|---|---|---|---|
| 2014 | OLG Oldenburg, 11.12.2014 – 8 U 140/09 | Der merkantile Minderwert bezieht sich auf die verringerte Verwertbarkeit eines Bauwerks aufgrund einer vertragswidrigen Ausführung. Maßgebend hierfür ist die Beurteilung, ob eventuelle Kaufinteressenten ein im Vergleich zur vertragsgemäßen Ausführung geringeres Vertrauen in die Qualität des Bauwerks haben. Ein merkantiler Minderwert ist zu ersetzen, wenn die vertragswidrige Ausführung im Vergleich zur vertragsgemäßen eine verringerte Verwertbarkeit zur Folge hat. | bestätigt | 10 % des Verkehrswerts, 1.750,00 € nach § 287 ZPO | 6.3.14 |
| 2013 | OLG München, 17.12.2013 – 9 U 960/13 | Umfangreiche Dachsanierung einer Wohnanlage mit zwei Mehrfamilienhäusern | bestätigt | < 1 % des Gesamtkaufpreises, 50.000,00 € bei 11 Mio. €, Schätzung nach § 287 ZPO ohne Sachverständigengutachten | 6.3.15 |
| *2013* | *OLG Jena, 19.12.2013 – 1 U 84/07* | *Ein merkantiler Minderwert kann nicht allein mit der Anzahl der zwischenzeitlich beseitigten Mängeln begründet werden* | *nicht bestätigt* | *0,00 €* | |
| 2012 | LG Köln, 9.10.2012 – 27 O 520/11 | Bodenverunreinigung durch Leck in Kerosinleitung | nicht bestätigt | 0,00 € | 6.3.16 |
| *2012* | *BGH, 6.12.2012 – VII ZR 84/10* | *Vollständige Neuherstellung. Expertenbefragung, Schäden nach Planungsfehler* | *nicht bestätigt* | *Klage abgewiesen und zurück an den Senat verwiesen* | |

| Jahr | Urteil | Sachverhalt | Merkantiler Minderwert | Höhe des merkantilen Minderwerts | Kapitel |
|---|---|---|---|---|---|
| 2011 | LG Marburg, 14.1.2011 – 1 O 256/08 | Mangelhafte Abdichtung eines Gebäudes, Erstattung merkantilen Minderwerts auch bei objektiv unbegründetem Mangelverdacht | bestätigt | 2,13 % des Gebäudeverkehrswerts (502.000,00 €) | 6.3.17 |
| *2011* | *OLG Stuttgart, 8.2.2011 – 12 U 74/10* | *Feuchtigkeitsschäden am Pultdach* | *bestätigt* | *2 % der Baukosten, Schätzung nach § 287 ZPO* | |
| 2010 | OLG Hamm, 10.5.2010 – 17 U 92/09 | Mangelhafte Kellerabdichtung, zu schmale Grundstückszufahrt (Zufahrt über gegenüberliegende Stellplätze) | bestätigt | 7.800,00 €, Verkehrswert unbekannt, Schätzung nach § 287 ZPO auf Basis eines Sachverständigengutachtens | 6.3.18 |
| 2009 | OLG Frankfurt, 23.6.2009 – 16 U 223/07 | Reste eines Luftschutzbunkers auf Grundstück | bestätigt | 2 % des unbelasteten Verkehrswerts nach Sachverständigengutachten | 6.3.19 |
| *2009* | *OLG Braunschweig, 23.7.2009 – 8 U 158/05* | *Mangelhafte Bauwerksgründung* | *bestätigt* | *4,2 % des Gebäudewerts nach Gesamtminderwertabkommen* | |
| *2008* | *OLG Brandenburg, 28.8.2008 – 5 U 28/07* | *Schwammbefall* | *dem Grunde nach bestätigt, aber nicht ausreichend substanziiert* | *0,00 €* | |
| 2007 | OLG Celle, 18.9.2007 – 16 U 38/07 | Doppelsuizid Eigentümer | Rücktritt vom Kaufvertrag wegen arglistigen Verschweigens des Maklers | 0,00 € | 6.3.20 |

| Jahr | Urteil | Sachverhalt | Merkantiler Minderwert | Höhe des merkantilen Minderwerts | Kapitel |
|---|---|---|---|---|---|
| *2005* | *OLG Hamm, 4.7.2005 – 17 U 94/04* | *MFH 2005, Risse und Sackungen infolge Rohrvortriebsarbeiten auf Nachbargrundstück. Der merkantile Minderwert wirkt sich nicht nur beim Verkauf aus, sondern kann auch bei anderen Gelegenheiten von Bedeutung sein, bei denen es auf eine Bewertung ankommt (z.B. Verpfändung)* | *dem Grunde nach bestätigt* | | |
| *2003* | *BGH, 9.1.2003 – VII ZR 181/100* | *Neben einer Minderung für einen technischen Minderwert kann der AG Ausgleich für einen merkantilen Minderwert verlangen, wenn die vertragswidrige Ausführung eine verringerte Verwertbarkeit zur Folge hat, weil die maßgeblichen Verkehrskreise ein im Vergleich zur vertragsgemäßen Ausführung geringeres Vertrauen in die bauliche Qualität des Gebäudes haben* | *dem Grunde nach bestätigt* | | |
| *2000* | *OLG Düsseldorf, 4.2.2000 – 7 U 67/98* | *Bergbauschäden* | *bestätigt* | *6 % nach § 287 ZPO* | |
| *1996* | *OLG Karlsruhe, 13.9.1996 – 3 U 45/95* | *Heizölverunreinigung von Kellerräumen* | *nicht bestätigt* | *0,00 DM* | |
| *1994* | *BGH, 15.12.1994 – VII ZR 246/93* | *Verminderte Tragfähigkeit der Decke eines Neubaus für einen Lebensmittelmarkt* | *nicht bestätigt* | *nicht ausreichend vorgetragen* | |

| Jahr | Urteil | Sachverhalt | Merkantiler Minderwert | Höhe des merkantilen Minderwerts | Kapitel |
|---|---|---|---|---|---|
| *1991* | *BGH, 11.7.1991 – III ZR 301/90* | *Zu den Mängelbeseitigungskosten kann im Einzelfall ein merkantiler Minderwert hinzuzurechnen sein, der trotz völliger und ordnungsgemäßer Instandsetzung deshalb verbleibt, weil bei einem großen Teil des Publikums vor allem wegen des Verdachts verborgen gebliebener Schäden eine den Preis beeinflussende Abneigung gegen den Erwerb besteht* | *dem Grunde nach bestätigt* | | |
| *1985* | *BGH, 19.9.1985 – VII ZR 158/84* | *Undichte Bodenplatte. Der merkantile Minderwert gehört zu den Mangelfolgeschäden, die nach § 280 Abs. 1 BGB zu ersetzen sind* | *bestätigt* | *20.000,00 DM* | |
| *1981* | *BGH, 2.4.1981 – III ZR 186/79* | *Gebäuderisse nach U-Bahn Bau* | *dem Grunde nach bestätigt* | *nicht bekannt* | |
| *1977* | *BGH, 8.12.1977 – VII ZR 60/76* | *Flachdachschaden. Der merkantile Minderwert liegt in der Minderung des Verkaufswerts einer Sache, die trotz völliger und ordnungsgemäßer Instandsetzung deshalb verbleibt, weil bei einem großen Teil des Publikums vor allem wegen des Verdachts verborgen gebliebener Schäden eine den Preis beeinflussende Abneigung gegen den Erwerb besteht* | *dem Grunde nach bestätigt* | *nicht bekannt* | |

| Jahr | Urteil | Sachverhalt | Merkantiler Minderwert | Höhe des merkantilen Minderwerts | Kapitel |
|---|---|---|---|---|---|
| *1971* | *BGH, 14.1.1971 – VII ZR 3/69* | *Diverse Mängel, verminderte Deckentragfähigkeit* | *bestätigt* | *10.000,00 DM, Verkehrswert nicht benannt* | |
| *1968* | *BGH, 20.6.1968 – III ZR 32/66* | *Ehemaliger Hausschwammbefall* | *bestätigt* | *14.000,00 DM, Verkehrswert nicht benannt* | |
| *1961* | *BGH, 5.10.1961 – VII ZR 146/60* | *Diverse Rohbaumängel* | *dem Grunde nach bestätigt* | *nicht bekannt* | |
| *1953* | *BGH, 25.2.1953 – II ZR 172/52* | *Der merkantile Minderwert ist nicht durch einen technischen Sachverständigen, sondern durch eine Sachverständige für den Häusermarkt zu schätzen.* | | | |

*Tab. 6.1: Übersicht über Urteile zum Thema merkantiler Minderwert*

# 6.3 Neueste Urteile zum merkantilen Minderwert bei Immobilien

## 6.3.1 OLG Brandenburg, 1.12.2022

### Sachverhalt

Die Kläger waren Bauherren eines Einfamilienhauses und beauftragten den Beklagten zu 1 als Bauleiter und Statiker sowie die Beklagten zu 2 und 3 für Trockenbau, Wärmedämmung und Dampfsperre. Das Bauvorhaben wurde zwischen 1999 und 2001 ausgeführt.

Verträge und Leistungen

Im November 1999 schlossen die Kläger und der Beklagte zu 1 einen schriftlichen Vertrag für „weitere Planungsleistungen", der die Leistungsphasen 1 bis 4 der Statik und Tragwerksplanung sowie des Wärmeschutznachweises umfasste. Mündlich wurde der Beklagte zu 1 auch mit der Erstellung einer entsprechenden Ausführungsplanung und der Bauüberwachung für den Rohbau beauftragt. Im März 2001 stellte der Beklagte zu 1 den Klägern eine Teilrechnung über „Bauüberwachung und Vergabe" in Höhe von 20.000,00 DM zuzüglich Mehrwertsteuer. Im Mai 2001 beauftragten die Kläger die Firma mit Trockenbauarbeiten, Wärmedämmung und Dampfsperre im Dachbereich. Der Vertrag legte eine Gewährleistungsfrist von fünf Jahren fest.

Mängel und Schadensfälle

Kellerabdichtung

Vor dem Bezug des Hauses wiesen die Kläger den Beklagten zu 1 auf Mängel an der Kellerabdichtung hin, die von der Firma erstellt worden war. Wasser trat in den Keller ein und die Mängelbeseitigung wurde durch die Firma durchgeführt. Die Versicherung des Beklagten zu 1 übernahm die Kosten. Im September 2001 bezogen die Kläger das Haus. Später zeigten die Kläger erneut einen Wasserschaden an, der durch Trocknungsmaßnahmen verursacht worden sein sollte.

Beweissicherungsverfahren

Im September 2005 reichten die Kläger einen Antrag auf Beweissicherung beim Landgericht ein, der die Bauwerksabdichtung betraf. Das Gericht holte das Gutachten vom Januar 2007 ein, das Feuchte an einer Ecke des Gemeinschaftsraumes feststellte. Ein weiteres selbstständiges Beweisverfahren wurde im Februar 2005 eingeleitet, das Mängel im Bereich des Trockenbaus und des Daches betraf.

Klage und Verjährung

Die Kläger erhoben im September 2010 Klage und machten verschiedene Schadensersatzansprüche geltend. Das Landgericht verurteilte die Beklagten als Gesamtschuldner auf Zahlung von Schadensersatz in Bezug auf den Komplex „Dach". In Bezug auf die Kellerabdichtung sei ein etwaiger Anspruch gegen den Beklagten zu 1 verjährt. Ansprüche in Bezug auf den Trockenbau seien ebenfalls verjährt. Ein Anspruch gegen den Beklagten zu 1 wegen weiterer Mängel bestehe nicht, da es an einem entsprechenden Auftragsverhältnis fehle.

Berufung der Kläger

Die Kläger legten Berufung gegen das Urteil ein und führten aus, dass der Beklagte zu 1 für den Wasserschaden im Keller hafte und die Verjährung nicht eingetreten sei. Sie behaupteten, der Beklagte zu 1 habe die Untersuchungen und Beratungen nicht ordnungsgemäß durchgeführt. Die Kläger machten weiterhin Ansprüche wegen der Risse in den Trockenbauwänden geltend. Sie führten auch an, dass der Beklagte zu 1 für die unzureichende Planung des Winterwärmeschutzes hafte. Die Kläger beantragten Schadensersatz für verschiedene Mängel, einschließlich der Kellerabdichtung, des Daches, des Trockenbaus und der thermischen Unbehaglichkeit.

Verteidigung der Beklagten

Die Beklagten beantragten die Zurückweisung der Berufung. Der Beklagte zu 1 erhob Anschlussberufung und beantragte die Abweisung der Klage. Er verteidigte die Entscheidung des Landgerichts, dass die Ansprüche hinsichtlich der Kellerabdichtung verjährt seien. Die Beklagten zu 2 und 3 argumentierten, dass die Berufung unzulässig sei und die Ansprüche wegen der Trockenbauarbeiten verjährt seien.

**Entscheidung des Berufungsgerichts**

Die Berufung der Kläger und die Anschlussberufung des Beklagten zu 1 wurden teilweise als zulässig und teilweise als unzulässig erklärt. Die Berufung der Kläger hinsichtlich der Forderungen auf Rückzahlung von Honorar, Mängeln an den Dachholzkästen und der Pflicht zur Erstattung der Mehrwertsteuer wurde als unzulässig verworfen. Die Berufung und die Anschlussberufung hatten im Umfang des Tenors Erfolg. Das Berufungsgericht stellte fest, dass die Kläger Anspruch auf Schadensersatz wegen der Kellerabdichtung in Höhe von 10.044,21 € netto haben. Die Beklagten zu 2 und 3 haften für die Mängel am Dach in Höhe von 89.474,25 € netto. Die Kläger haben Anspruch auf Schadensersatz wegen der Mängel im Trockenbau in Höhe von 3.072,48 € netto. Die Kläger haben einen Anspruch auf Schadensersatz wegen der thermischen Unbehaglichkeit in Höhe von 1.692,80 € netto. Die Kläger haben Anspruch auf Ersatz des merkantilen Minderwertes in Höhe von 25.000,00 €.

#### Kommentar

In diesem Urteil wird also ein merkantiler Minderwert in Höhe von 25.000,00 € anerkannt. Es wird deutlich, dass bei der Errichtung des Hauses mehrere Planungs- und Ausführungsfehler auftraten und auch mehrere Gewerke betroffen waren. Insofern ist durchaus nachvollziehbar, dass das Vertrauen in die bauliche Qualität des Gebäudes erschüttert ist und dass auch die Sorge vor verborgen gebliebenen Schäden besteht. Die Bauzeit von drei Jahren zeigt auch, dass der Bau des Einfamilienwohnhauses offensichtlich nicht problemlos durchgeführt wurde.

Leider ist nicht ersichtlich, wie der bestätigte merkantile Minderwert ermittelt wurde. Unbekannt ist auch der Verkehrswert des Gebäudes. Erläutert wurde, dass es sich um ein Einfamilienwohnhaus handelt. Demnach ist ein merkantiler Minderwert in Höhe von 25.000,00 € verhältnismäßig hoch. Bei einem Verkehrswert von 1 Mio. bspw. wären dies 2,5 % des unbelasteten Verkehrswerts.

### 6.3.2 OLG Naumburg, 30.7.2021

#### Sachverhalt

Die Beklagte beauftragte die Klägerin im Mai 2014 mit dem Bau eines Parkhauses zu einem Festpreis von rd. 2 Mio. € netto. Der Vertrag umfasste verschiedene Regelungen zu Leistungsänderungen und Abnahmeverfahren. Die Klägerin, ein Bauunternehmen, fordert von der Beklagten die Zahlung des Restwerklohns. Die Klägerin hatte diesen wegen Mängeln bei der Errichtung eines Parkhauses einbehalten. Die Klägerin begann mit den Bauarbeiten und reichte insgesamt 13 Nachträge ein. Wöchentliche Baubesprechungen wurden durchgeführt, um den Fortschritt zu dokumentieren.

Im Oktober 2014 ordnete die Beklagte einen Baustopp an, um die Fassadenplanung zu überarbeiten, was die weiteren Arbeiten verzögerte. Im März 2015 meldete die Klägerin die Fertigstellung ihrer Arbeiten, jedoch verweigerte die Beklagte die Abnahme im Dezember 2015 aufgrund von Mängeln. Bemängelt wurde u.a. die Bauausführung bei der Verwendung von Setzbolzen für die Befestigung von Trapezblechen des Daches.

Die Klägerin einigte sich im Juni 2015 mit der Beklagten auf die Beseitigung der Mängel, was zur Erneuerung der Fassade und des Daches führte. Im Oktober 2015 verweigerte die Beklagte erneut die Abnahme, stützte sich auf Gutachten, die Mängel an der Dachkonstruktion rügten. Im Januar 2016 kündigte die Beklagte den Bauvertrag fristlos. Die Klägerin reichte eine Schlussrechnung über rd. 3,3 Mio. € ein, von der die Beklagte die Zahlung verweigerte. Sie fordert Schadensersatz wegen eines merkantilen Minderwerts.

**Entscheidung**

In Bezug auf den Merkantilen Minderwert wurde Folgendes festgestellt:

Ein merkantiler Minderwert einer baulichen Anlage i.S. einer Schadensposition liegt vor, wenn trotz vollständiger und ordnungsgemäßer Instandsetzung eine geringere Verwertbarkeit verbleibt, weil die maßgeblichen Verkehrskreise ein im Vergleich zur vertragsgemäßen Ausführung geringeres Vertrauen in die Qualität des Bauwerks haben. Daran fehlt es, wenn ein als mangelhaft gerügtes Dach vollständig demontiert und neu errichtet wird.

**Kommentar**

In diesem Fall wurde ein Trapezblechdach vollständig demontiert und neu errichtet. Das Gericht begründet sein Urteil der Ablehnung des merkantilen Minderwerts damit, dass bei einem komplett erneuerten Bauteil kein geringeres Vertrauen in die bauliche Qualität erfolgen kann. Dieses Urteil ist auch sehr wichtig für die Immobilienbewertung. Bei der Bewertung der Einflusskriterien im Zuge der Näherungsmethoden muss demnach auch die Schadensbeseitigungsmaßnahme beurteilt werden. Wie im vorliegenden Beispiel kann ein Wiederaufbau auch zu einem Ausschlusskriterium für den merkantilen Minderwert werden. Interessanterweise wurde im Fall des OLG München vom 17.12.2013 *(Kapitel 6.3.15)* Gegenteiliges entschieden. Damals sah man die Erneuerung von großen Teilen des Daches eines Mehrfamilienhauses als Reparatur des Gesamtgebäudes an, die zu einem verminderten Vertrauen in die bauliche Qualität des Gebäudes führt. Dieses Urteil von Naumburg ist leichter nachzuvollziehen.

## 6.3.3 LG München, 28.2.2020

**Sachverhalt**

Mehrere Wohnungseigentümer machen gegen den in Anspruch genommenen Versicherer Ansprüche wegen einer angeblichen nach Schadensbeseitigung verbliebenen Wertminderung geltend. Verschiedene Räume von Wohnungen waren durch verunreinigtes Wasser beschädigt worden. Ein vom Versicherer beauftragter Sachverständiger zeigte drei alternative Möglichkeiten zu einer Schadensbeseitigung auf. Alle Maßnahmen waren geeignet, den Schaden so zu beseitigen, dass die Räume, die als Hobbyräume im Kellergeschoss genutzt wurden, nach einer Schadensbeseitigung wieder bewohnbar waren. Die Eigentümer beschlossen, den Schaden durch Trocknung und Versiegelung der Böden beseitigen zu lassen. Diese Möglichkeit war eine der drei Schadensbeseitigungsmöglichkeiten, die vom Gutachter für gangbar erachtet wurden. Nach Durchführung der Arbeiten, die mangelfrei erfolgten und durch die die Bewohnbarkeit der betroffenen Räume wiederhergestellt worden war, behaupten die Eigentümer, dass eine Wertminderung verbleiben würde. Diese ermitteln sie als Differenz zwischen den Kosten der erfolgreich durchgeführten Maßnahme und den – wesentlich höheren – Kosten einer alternativen Schadensbeseitigungsmöglichkeit. Bei dieser hätte der Boden vollständig entfernt und anschließend wieder neu aufgebaut werden müssen.

**Entscheidung**

Das Gericht weist die Klage ab, da sich die klagenden Wohnungseigentümer selbst für eine der möglichen Schadensbeseitigungsmaßnahmen entschieden haben und die Trocknung und Versiegelung des Bodens unstreitig fachgerecht durchgeführt worden sind. Die betroffenen Räume sind wieder bewohnbar. Vorbehaltlich der Pflicht zur Schadensminderung hätte ggf. die Möglichkeit bestanden, dass die Eigentümer von vorneherein die teurere Schadensbeseitigungslösung hätten wählen können. Nach dem eigenen Vorbringen der Eigentümer wäre bei dieser Lösung keine (angebliche) Wertminderung verblieben. In den maßgeblichen Versicherungsbedingungen wird des Weiteren nicht zwischen „notwendigen Reparaturkosten" und einer darüber hinausgehenden „durch die Reparatur nicht auszugleichenden Wertminderung" differenziert.

Einen merkantilen Minderwert nach einem Gebäudewasserschaden kann man nicht dadurch bestimmen, dass man die billigere Methode zur Mängelbeseitigung wählt, bei der eventuell ein Minderwert verbleibt, und dann die Differenz zur teureren Methode, nach der kein merkantiler Minderwert verbleiben würde, als Minderwert beziffert.

**Kommentar**

Im vorliegenden Fall wurde eine Schadensbeseitigung auf Basis einer von drei vom Sachverständigen vorgeschlagenen Maßnahmen durchgeführt. Es wurde die kostengünstigste Maßnahme gewählt. Die Maßnahme wurde fachgerecht durchgeführt. Die Frage, ob danach ein ungutes Gefühl bestehen bleibt, welches einen merkantilen Minderwert rechtfertigen würde, wird nicht gestellt. Stattdessen wird auf die Preisdifferenz zwischen dem günstigsten und dem teuersten Verfahren abgestellt. Nach außen macht das den Anschein, dass es hier ausschließlich um eine Bereicherung und nicht um eine ernsthafte Sorge bzgl. der baulichen Qualität geht. Offensichtlich hatten die Eigentümer keine Bedenken hinsichtlich der günstigen Variante, sonst hätten sie diese nicht ausgewählt. Nicht ganz nachvollziehbar allerdings ist, wieso der Sachverständige drei Maßnahmen zur Schadensbeseitigung nannte, die alle vermeintlich gleich geeignet waren, den Schaden zu beseitigen. Wieso ist der komplette Rückbau des Estrichs eine Alternative zur Trocknung? Entweder muss der Estrich aus bautechnischen Gründen (Schimmel, Kontamination, Verlust der Materialeigenschaften etc.) zurückgebaut werden oder dies ist nicht erforderlich. Wenn der Rückbau nicht erforderlich ist und auch eine Trocknung ausreicht, so wie sie hier durchgeführt wurde, dann stellt der Rückbau auch keine Alternative dar. Das gilt genauso umgekehrt. Wenn der Estrich zurückgebaut werden muss, dann kann eine Trocknung nicht ausreichend sein. Von diesem Standpunkt aus ist es nachvollziehbar, dass bei einer einfachen Trocknung ein ungutes Gefühl verbleibt. Sicherer wäre der Rückbau gewesen. Im vorliegenden Fall hatten die Eigentümer aber selbst diese Maßnahme gewählt. Betrachtet man aber den Markt, ist es durchaus denkbar, dass Käufer die Frage stellen, wieso damals nicht der Estrich zurückgebaut wurde, sondern nur die günstige Trocknungsvariante gewählt wurde. Hier könnte die Sorge vor Folgeschäden bestehen. Wenn der Estrich nicht ausreichend getrocknet wurde, könnte eine Restfeuchte zu Folgeschäden führen. Das Vorhandensein eines merkantilen Minderwerts ist somit nicht ganz auszuschließen. Allerdings ist die Fragestellung hier eine andere. Genau genommen hat der Sachverständige durch seine drei Varianten die Tür zum merkantilen Minderwert geöffnet.

### 6.3.4 OLG Brandenburg, 9.7.2020

**Sachverhalt**

Das Urteil des Oberlandesgerichts Brandenburg bezieht sich auf eine Klage des Klägers gegen die Beklagten wegen mangelhafter Abdichtung des Kellers eines Einfamilienhauses. Der Kläger fordert einen Kostenvorschuss zur Mangelbeseitigung und Schadensersatz sowie die Feststellung einer Erstattungspflicht für weitergehende Schäden.

Der Kläger behauptet, dass die Beklagte zu 1. die Abdichtung der Bodenplatte des Kellers nach DIN 18195, Teil 6, schuldete, während die Beklagte zu 1. eine Abdichtung nach Teil 4 der Norm ausführte. Es besteht Streit über die Ursachen von Feuchtigkeitseintritten im Keller und über die Berechtigung der Beklagten, eine Nachbesserung zu verweigern.

**Entscheidung**

Erstinstanzliches Urteil

Das Landgericht hat die Klage abgewiesen und argumentiert, dass der Kläger sich mit der veränderten vertraglichen Ausführung einverstanden erklärt habe und daher keine Rechte aus der Abweichung herleiten könne.

Berufung des Klägers

Der Kläger hat gegen das Urteil Berufung eingelegt und argumentiert, dass das Landgericht seinen Kostenvorschussanspruch zu Unrecht verneint habe. Er sei baufachlicher Laie und habe stets auf einer fachgerechten Ausführung der Kellerabdichtung bestanden.

Argumente des Klägers in der Berufung

- Der Kläger behauptet, dass die Beklagte zu 1. ihn zur Zustimmung zu einer geringwertigeren Ausführung gedrängt habe.
- Der Kläger habe seine Mängelanzeige unter dem Eindruck der fachlichen Kompetenz der Beklagten zurückgenommen.
- Der Kläger argumentiert, dass die Abdichtung nach DIN 18195, Teil 6, erforderlich sei und die Werkleistung daher mangelhaft sei.
- Der Kläger fordert weiterhin die Ausführung der Abdichtung nach DIN 18195, Teil 6.

Erwiderung der Beklagten

Die Beklagte zu 1. argumentiert, dass die Abdichtung der Kellersohle erst nach dem Anbringen des Innenputzes erfolgt sei und der Kläger ohne Druck hätte entscheiden können. Sie bestreitet, den Kläger zur Zustimmung gedrängt zu haben.

Der Beklagte zu 2. argumentiert, dass seine Planung mangelfrei gewesen sei und er die abweichende Ausführung zu keinem Zeitpunkt legitimiert habe.

Entscheidung des Oberlandesgerichts

Die Berufung ist zulässig und form- und fristgerecht eingelegt.

Die erhobene Feststellungsklage ist zulässig, da ein Rechtsschutzbedürfnis besteht.

Gewährleistungsansprüche gegen Beklagte zu 1.: Dem Kläger stehen Gewährleistungsansprüche gegen die Beklagte zu 1. nicht zu, da die Abdichtung der Bodenplatte nach DIN 18195, Teil 4, vereinbart wurde und die Beklagte zu 1. die Mangelbeseitigung wegen Unzumutbarkeit berechtigt verweigert hat.

Ansprüche gegen den Beklagten zu 2.: Ein Anspruch des Klägers gegen den Beklagten zu 2. besteht nicht, da ein Feuchtigkeitseintritt durch die Bodenplatte nicht bewiesen ist.

Ergebnis

Nach allem bleibt auch die Feststellungsklage ohne Erfolg.

Keine Zulassung der Revision

Gründe für die Zulassung der Revision sind nicht gegeben, da die Entscheidung einen Einzelfall betrifft und der Senat nicht von der höchst- oder obergerichtlichen Rechtsprechung abweicht.

**Kommentar**

Der merkantile Minderwert kam hier im Zusammenhang mit der Schadensersatzforderung nicht zum Zuge, da kein Schaden nachgewiesen werden konnte und die abweichende Ausführung offensichtlich mit Zustimmung des Bauherrn erfolgte. Hier wurde die Klage grundsätzlich abgewiesen, es ging nicht im Speziellen um den merkantilen Minderwert.

## 6.3.5 BGH, 22.2.2018

**Sachverhalt**

Die Klägerin begehrt von den Beklagten zu 1 und 5 aus eigenem und aus abgetretenem Recht Schadensersatz wegen Mängeln an den im Außenbereich eines Einfamilienhauses verlegten Natursteinplatten.

Sie beauftragten mit Vertrag von Juli 2002 den Beklagten zu 5 mit der Planung der Freianlagen und der Überwachung ihrer Herstellung sowie mit Vertrag von April 2004 unter Einbeziehung der VOB/B (2002) die Beklagte zu 1 mit der Ausführung der Naturstein-, Fliesen- und Abdichtungsarbeiten im Innen- und Außenbereich des Objekts. Die Streithelfer zu 1 und 2 waren mit der Gebäudeplanung betraut.

Die Beklagte zu 1 ließ die Natursteinplatten des Typs xy, einen römischen Travertin, durch ihre Nachunternehmerin verlegen. Die Klägerin nahm die Arbeiten ab und bezahlte die im Jahr 2005 erstellte Schlussrechnung der Beklagten zu 1.

Im Jahr 2007 zeigten sich erste Mängel der Natursteinarbeiten, die sich in der Folgezeit verstärkten. Es kam u.a. zu Rissen und Ablösungen der Platten, zu Kalk- und Salzausspülungen, Farb- und Putzabplatzungen sowie zu starken Durchfeuchtungen des Putzes.

**Entscheidung**

In Bezug auf die Schadensersatzansprüche im Bau- und Architektenrecht, insbesondere die Bemessung des Schadens bei mangelhafter Planung und Überwachung sowie bei Mängeln des Bauwerks, hat der BGH Folgendes entschieden:

Ein Besteller kann Schadensersatz für fiktive Mängelbeseitigungskosten geltend machen und auf den Vorschussanspruch zurückkommen. Der Architekt schuldet Schadensersatz gemäß § 634 Nr. 4, § 280 Abs. 1 BGB für Planungs- oder Überwachungsfehler, die sich im Bauwerk verwirklicht haben.

Der Schadensersatzanspruch gegen den Architekten ist auf Zahlung eines Geldbetrags gerichtet, um den Vermögensnachteil des Bestellers auszugleichen. Ein Zahlungsanspruch in Höhe der fiktiven Mängelbeseitigungskosten gegen den Architekten scheidet aus. Die Schadensbemessung orientiert sich daran, welche Dispositionen der Besteller zur Schadensbeseitigung trifft, um eine Überkompensation zu vermeiden. Der Besteller kann den Schaden nach dem Minderwert des Bauwerks im Vergleich zu einem hypothetischen Wert bei mangelfreier Architektenleistung bemessen. Lässt der Besteller den Mangel beseitigen, sind die aufgewandten Kosten als Schaden gemäß § 634 Nr. 4, § 280 Abs. 1 BGB zu ersetzen. Architekt und Bauunternehmer haften gemeinsam für Mängel des Bauwerks und den entstandenen Schaden, wenn beide ihre Pflichten mangelhaft erfüllt haben.

**Kommentar**

Der Besteller, der das Werk behält und den Mangel nicht beseitigen lässt, kann den Schaden in der Weise bemessen, dass er im Wege einer Vermögensbilanz die Differenz zwischen dem hypothetischen Wert der durch das Werk geschaffenen oder bearbeiteten, im Eigentum des Bestellers stehenden Sache ohne Mangel und dem tatsächlichen Wert der Sache mit Mangel ermittelt.

Häufig sind die sich aus dem Minderwertverfahren ergebenden Beträge derart gering, dass die Akzeptanz des Minderungsbetrags sinkt. Es zeichnete sich der Trend ab, dass sich Auftraggeber lieber den Betrag zur Beseitigung der Mängel als Schadensersatz auszahlen lassen.

Der BGH geht mit der Entscheidung zum Äquivalenzgebot gegen solche Schadensersatzforderungen vor, bei denen nur die fiktiven Kosten einer Nacherfüllung geltend gemacht, aber nicht dafür verwendet werden.

Im vorliegenden Fall ist zu bezweifeln, ob die mangelhaften Fliesen einen Einfluss auf den Verkehrswert des Grundstücks haben. Die Vermögensbilanz dürfte keinen nennenswerten Differenzbetrag hervorbringen.

### 6.3.6 OLG Brandenburg, 17.1.2017

**Sachverhalt**

Ein Auftragnehmer (AN) wird mit der Errichtung einer Stahlhalle nebst Bodenplatte beauftragt. Der Auftraggeber (AG) hat einen Architekten mit der Bauaufsicht beauftragt. Nach Abschluss und Abnahme zeigen sich Risse in der Bodenplatte. Der AG nimmt den AN auf Mängelbeseitigungsvorschuss in Anspruch. Da der AN auch die Statik geliefert habe, hätte ihm auch die Beibringung eines Fugenplans oblegen. Der AN müsse sich kein Mitverschulden des Architekten zurechnen lassen, weil er kein Erfüllungsgehilfe sei. Der AN wendet Mitverschulden ein.

Nach Abschluss und Abnahme der Arbeiten nimmt die Klägerin die Beklagte auf Vorschuss für Mangelbeseitigungskosten wegen Rissen in der 720 qm großen Bodenplatte in Anspruch. Zudem verlangt sie den Ersatz des merkantilen Minderwerts.

**Entscheidung**

Das Gericht bestätigt, dass sich der AG ein Mitverschulden seines Architekten anrechnen lassen muss, wenn er dessen Erfüllungsgehilfe ist.

> „[...] Dem Landgericht ist auch zu folgen, soweit es den merkantilen Minderwert auf 12.000,00 € festgesetzt hat. Beanstandungsfrei ist das Landgericht den Feststellungen des Sachverständigen zur Höhe des merkantilen Minderwerts gefolgt. Insbesondere rügt die Berufung ohne Erfolg, der Sachverständige habe unberücksichtigt gelassen, dass das Grundstück im Altlastenregister des Landkreises verzeichnet ist. Denn tatsächlich hat der Sachverständige ausdrücklich auch im Hinblick auf etwaige bestehende Altlasten einen Abschlag auf den Bodenwert von 1/3 vorgenommen. Dass ein weiterer Abschlag gerechtfertigt wäre – der eventuell sogar den Ansatz jeglichen merkantilen Minderwerts ausschlösse – ist nicht nachzuvollziehen. Denn nach der durch den Sachverständigen eingeholten Auskunft des zuständigen Landkreises ist nicht erkennbar, dass das Grundstück tatsächlich Altlasten aufweist und aus welchen Gründen es überhaupt in dem Altlastenkataster Berücksichtigung gefunden hat. [...]"

Das Landgericht hat Beweis erhoben durch Einholung eines Sachverständigengutachtens und die Beklagte unter Abweisung der Klage im Übrigen zur Zahlung eines Kostenvorschusses in Höhe von 11.250,00 € sowie von Schadensersatz wegen merkantilen Minderwerts in Höhe von 12.000,00 € verurteilt.

Zur Begründung hat es ausgeführt, die Beklagte habe den Mangel an der Bodenplatte der Produktionshalle zu vertreten. Sie habe den Betonfußboden mangelhaft ausgeführt, denn die aufgetretenen Risse hätten ihre Ursache in der Eigenverformung des Betons, der die Beklagte nicht durch ausreichende Scheinfugen entgegengewirkt habe. Da die Beklagte auch die Statik geliefert habe, hätte auch die Beibringung eines Fugenplans ihr selbst oblegen. Die Klägerin müsse sich kein Mitverschulden des planenden Architekten zurechnen lassen, weil Statiker und Architekten im Verhältnis zueinander nicht Erfüllungsgehilfen des Bauherrn seien.

Die Klägerin habe zudem Anspruch auf Ersatz merkantilen Minderwerts der Halle nach § 634 Nr. 4 BGB, denn der Verkaufswert des Gebäudes sei wegen des Verdachts verborgen gebliebener Schäden verringert. Hinsichtlich der Höhe der Wertminderung sei den Ausführungen des gerichtlichen Sachverständigen zu folgen.

Ohne Erfolg bleibt die Berufung schließlich auch, soweit sie sich gegen die Berechnung der Höhe des merkantilen Minderwerts richtet. Das Landgericht ist bei seiner Schätzung nach § 287 ZPO auch insoweit beanstandungsfrei den Ausführungen des Sachverständigen gefolgt. Dessen Erläuterungen sind in sich schlüssig und nachvollziehbar. Zwar hat er sich bei der Bestimmung der Höhe des entstehenden Schadens ausdrücklich von den auf Erfahrungswerten beruhenden Abschlägen in dem von ihm zuvor eingeführten Standardwerk der Verkehrswertermittlung von Grundstücken gelöst. Dies hat er allerdings plausibel mit den Besonderheiten der Halle begründet. Dass das Landgericht seiner Wertermittlung gefolgt ist, ist nicht zu beanstanden. Denn nachdem es keinen Markt für bestimmte Wertminderung gibt und keine allgemeinen Parameter gefunden werden können, nach denen Abschläge zu bemessen sind, muss sich die Wertminderung immer auf das konkrete Objekt und seine individuellen Eigenschaften unter Berücksichtigung der Schadensursache und den zum Wertermittlungsstichtag herrschenden allgemeinen Marktbedingungen beziehen. Maßgeblich sind dabei die Erfahrungswerte, die sich bei Beobachtung des entsprechenden Marktes ergeben. Dass der Sachverständige in der hier zu beurteilenden Konstellation – das Bauwerk besteht nur aus zwei Komponenten, nämlich Bodenplatte und Hülle – jedem einzelnen Bestandteil ein größeres Gewicht einräumt als bei Gebäuden, die noch weitere Elemente wie Zwischenwände, Geschossdecken aufweisen, an denen Mängel bestehen können, ist nicht zu beanstanden.

> „Einem Bauwerk kommt ein merkantiler Minderwert zu, wenn nach erfolgter Mangelbeseitigung eine verringerte Verwertbarkeit gegeben ist, weil die maßgeblichen Verkehrskreise ein im Vergleich zur vertragsgemäßen Ausführung geringeres Vertrauen in die Qualität des Gebäudes haben."

Entgegen der Ansicht der Berufung kommt es für die Feststellung eines merkantilen Minderwerts also nicht darauf an, ob der Bodenplatte auch nach einer Reparatur noch ein optischer Mangel oder eine technisch nur eingeschränkte Brauchbarkeit anhaften wird. Vielmehr ist entscheidend, ob der Markt den Schaden bei der Preisbemessung mit einem Abschlag bestraft, und zwar auch dann, wenn die Sache technisch einwandfrei repariert worden ist. Ob der Geschädigte die Sache tatsächlich veräußert oder weiter benutzt, ist dabei irrelevant. Vorliegend ergibt sich der merkantile Minderwert der Bodenplatte, wie das Landgericht zu Recht angenommen hat, bereits daraus, dass die Vielzahl der Risse der Bodenplatte das Vertrauen eines potenziellen Käufers in die vollständige Mangelbeseitigung zu erschüttern geeignet sind.

> „Der merkantile Minderwert ist auf 10 % des Gebäudewertes zu bemessen (§ 287 ZPO)."

### Kommentar

Das Gericht lässt einen merkantilen Minderwert in Höhe von 10 % vom unbelasteten Verkehrswert zu. Die Schadensbeseitigungsmaßnahmen sind im Urteil nicht beschrieben. Die Urteilsbegründung insgesamt ist nachvollziehbar und aus Sachverständigensicht zu begrüßen. Insgesamt ist ein Abschlag von 10 % vom unbelasteten Verkehrswert recht hoch. Insbesondere vor dem Hintergrund, dass es sich hierbei um ein gewerbliches Objekt handelt und dabei die Käuferemotionen und Sorgen eher zu vernachlässigen sind.

## 6.3.7 BGH, 21.7.2017

### Sachverhalt

Der Kläger kaufte 2003 mehrere Grundstücke von der Beklagten zu 1, wobei die Haftung für Sachmängel ausgeschlossen wurde, außer bei Vorsatz und Arglist.

Der Beklagte zu 3, von Beruf Bauingenieur und Geschäftsführer der Komplementärin der Beklagten zu 1, hatte die Grundstücke im Jahre 1989 von einem Hoch- und Tiefbauunternehmen erworben. Ihm war bekannt, dass auf den Grundstücken in den 1960er bis 80er Jahren eine Asphaltmischanlage für den regionalen Straßenbau sowie ein Klärschlammrückhaltebecken betrieben worden waren. Die damalige Verkäuferin hatte in dem mit dem Beklagten zu 3 geschlossenen Vertrag versichert, dass ihr Bodenverunreinigungen nicht bekannt seien.

Aufgrund der früheren Nutzung der Grundstücke besteht ein Altlastenverdacht, weshalb der Kläger Schadensersatz in Höhe von 884.000,00 € sowie die Feststellung weiterer Schadensersatzpflichten verlangt.

**Entscheidung**

Das Oberlandesgericht hat diese erstmals in der Berufungsinstanz gestellten Anträge abgewiesen. Mit der von dem Senat zugelassenen Revision, deren Zurückweisung die Beklagten beantragen, verfolgt der Kläger die Anträge weiter.

Der Käufer kann im Rahmen des sogenannten kleinen Schadensersatzes Ausgleich des mangelbedingten Minderwerts oder Ersatz der Mängelbeseitigungskosten verlangen.

Verlangt er, wie hier der Kläger, Ausgleich des merkantilen Minderwerts der erworbenen Grundstücke, so erschöpft sich dieser nicht zwingend in dem Betrag, um den der Wert der Grundstücke wegen des Bestehens des Altlastenverdachts gemindert ist. Beweist der Käufer, dass die Grundstücke tatsächlich kontaminiert sind, so ist vielmehr diese Kontamination in die Berechnung des Minderwerts einzustellen. Die Haftung des Verkäufers für den Sachmangel, der sich aus einer früheren gefahrenträchtigen Nutzung eines Grundstücks ergibt, die einen Altlastenverdacht begründet, erfasst auch die Folgen des Verdachts, der sich realisiert.

> „[...] Begründet die frühere Nutzung eines Grundstücks einen Altlastenverdacht, weist dieses einen Sachmangel i.S.v. § 434 Abs. 1 Satz 2 BGB auf, ohne dass weitere Umstände hinzutreten müssen. Insbesondere bedarf es für die Annahme eines Sachmangels keiner zusätzlichen Tatsachen, die auf das Vorhandensein von Altlasten deuten.
>
> BGB § 444
>
> 1. Verschweigt der Verkäufer eine ihm bekannte Nutzung des Grundstücks, die einen Altlastenverdacht begründet, so handelt er objektiv arglistig im Sinne von § 444 BGB.
> 2. Bezogen auf den subjektiven Tatbestand der Arglist hält der Verkäufer einen Sachmangel mindestens für möglich, wenn er die frühere Nutzung des Grundstücks kannte und es zumindest für möglich hielt, dass diese einen Altlastenverdacht begründet. Auch insoweit müssen keine konkreten – dem Verkäufer bekannten – Tatsachen hinzutreten, die den Altlastenverdacht erhärten. [...]"

**Kommentar**

Der BGH hat den merkantilen Minderwert dem Grunde nach anerkannt und zur Bestimmung der Höhe an die Vorinstanz zurückverwiesen. Maßgeblich ist hier die Tatsache, dass die Vornutzung arglistig verschwiegen wurde.

## 6.3.8 LG Hamburg, 3.2.2016

**Sachverhalt**

Der Bauträger errichtet auf einem Elbgrundstück ein Wohnhaus mit Tiefgarage. Das Gebäude auf dem Nachbargrundstück weist nach Abschluss der Arbeiten neben alten auch neue Risse im Mauerwerk auf. Der Eigentümer beantragt die Durchführung eines selbstständigen Beweisverfahrens, um den ursächlichen Schaden zu ermitteln. Der zunächst beauftragte Wertgutachter ermittelt einen merkantilen Minderwert des Objekts in Höhe von 27.600,00 € bei einem Verkehrswert von 920.000,00 €. Danach stellt ein Baugutachter Kosten für die Beseitigung der Risse in Höhe von 13.000,00 € fest. Der Eigentümer verlangt vom Bauträger auch den merkantilen Minderwert, dessen Bezahlung der Bauträger verweigert.

**Entscheidung**

Dem Eigentümer steht zwar ein Entschädigungsanspruch gemäß § 906 Abs. 2 Satz 2 BGB dem Grunde nach zu. Ein merkantiler Minderwert liegt aber nur vor, wenn nach erfolgter Mängelbeseitigung eine verringerte Verwertbarkeit gegeben ist, weil die maßgeblichen Verkehrskreise ein im Vergleich zur vertragsgemäßen Ausführung geringeres Vertrauen in die Qualität des Gebäudes haben. Aus den in den Leitsätzen wiedergegebenen Erwägungen ist ein solcher hier jedoch nicht erkennbar, zumal seit dem Schadensereignis bereits fünf Jahre vergangen sind, und das Auftreten weiterer Risse nicht bekannt ist.

Soweit der Wertgutachter pauschal einen Minderwert von 3 % angibt, überzeugt dies nicht, weil bei seiner Schätzung die Schadensbeseitigungskosten von nicht einmal der Hälfte des von ihm geschätzten Minderwerts unberücksichtigt blieben. Somit ist zweifelhaft, ob der Eigentümer als redlicher Verkäufer einem Kaufinteressenten die ausgeführten Mängelbeseitigungsarbeiten offenbaren muss. Vollständig beseitigte Risse im Mauerwerk, die nach allgemeinen Erkenntnissen in Altbauten, wie auch hier, regelmäßig vorhanden sind, spielen in Verkaufsverhandlungen nach Auffassung des Gerichts bei einem Objekt mit Elbblick keine im Verkaufswert messbare Rolle.

Der merkantile Minderwert ist in Bezug auf die individuellen Eigenschaften des konkreten Objekts zu ermitteln, unter Berücksichtigung der Schadensursache und der zum Tag der Wertermittlung herrschenden allgemeinen Marktbedingungen. Den Minderwert kann das Gericht im Rahmen der freien Überzeugung nach § 287 Abs. 1 ZPO schätzen. Die Schätzung des Gerichts kann dazu führen, dass nach vollständiger Schadensbeseitigung kein merkantiler Minderwert des Grundstücks verbleibt. Das kann der Fall sein, wenn die Kosten der Schadensbeseitigung im Verhältnis zum Verkehrswert nur gering (hier 1,42 %) sind und keine gravierenden Schäden vorlagen, die nach der allgemeinen Verkehrsanschauung befürchten lassen, dass das Schadensbild auch zukünftig auftritt. Hier wurde die Klage auf den merkantilen Minderwert abgelehnt.

**Kommentar**

Im vorliegenden Fall waren seit Schadensbeseitigung bereits fünf Jahre vergangen. Studien zufolge ist das Risiko des Wiedereintritts von Schäden nach fünf Jahren nach Schadensbeseitigung extrem gering. Darüber hinaus waren die Schadensbeseitigungskosten in diesem Fall sehr niedrig. Auch war nicht klar, ob der Schaden bei Verkauf überhaupt offengelegt werden müsste. Darüber hinaus liegt das Grundstück im Ballungsgebiet, wo Baumängel und Bauschäden, auch wenn sie nicht beseitigt sind, kaum einen Einfluss auf den Verkehrswert haben. Insofern sind hier einige Ausschlusskriterien erfüllt, sodass kein merkantiler Minderwert indiziert ist.

## 6.3.9 KG Berlin, 21.11.2016

### Sachverhalt

Ein jahrzehntelang unbebautes Grundstück im Eigentum der Beklagten wurde im Jahr 2008 mit einem Wohngebäude bebaut. Die Beklagte teilte das Gebäude in Wohnungseigentum auf.

Die Klägerin ist die Eigentümerin des Hausgrundstücks auf dem Nachbargrundstück. Aufgrund von Rissbildungen an ihrem Gebäude verlangte sie in der 1. Instanz von der Beklagten die Zahlung eines Vorschusses zur Beseitigung von durch Bauarbeiten auf dem Nachbargrundstück verursachten Schäden an dem Gebäude und Ersatz des hierdurch entstandenen merkantilen Minderwerts am Gebäude. Diese bezifferte sie auf 7,5 % des Verkehrswertes, was 490.000,00 € entspricht. Der Verkehrswert betrug zum damaligen Zeitpunkt rd. 6,5 Mio. €.

Die Streithelferin zu 1. ist die von der Beklagten seinerzeit beauftragte Generalunternehmerin. Die Streithelferin zu 2. hat im Auftrag der Streithelferin zu 1. die Gründungsarbeiten durchgeführt. Im Rahmen der Schadensbeseitigung wurden die Risse verschlossen und die Raufasertapete der jeweils risssanierten Wand oder Decke gestrichen.

### Entscheidung

Das Landgericht hat nach aufwändiger Beweisaufnahme durch Einholung von Gutachten des Sachverständigen die Beklagte zur Zahlung von rd. 380.000,00 € verurteilt und im Übrigen die Klage abgewiesen.

Die Klägerin habe gegen den Beklagten einen verschuldensunabhängigen nachbarrechtlichen Ausgleichsanspruch nach § 906 Abs. 2 Satz 2 BGB auf Zahlung eines Betrages in Höhe von 5 % des Verkehrswertes (rd. 380.000,00 €) wegen des merkantilen Minderwertes, der durch die von den Bauarbeiten verursachten Schäden eingetreten sei. Ferner habe sie einen Anspruch in Höhe von 57.120,00 € auf Zahlung eines Kostenvorschusses für die Beseitigung der durch die Bauarbeiten an dem früheren Grundstück der Beklagten verursachten Schäden an dem Gebäude der Klägerin.

Die Beklagten gehen in Berufung. Die Berufung wird abgelehnt.

Der Bundesgerichtshof hat zwar in der genannten Entscheidung darauf hingewiesen, dass es „grundsätzlich einen richtigen Ansatz darstelle, bei der Bemessung des merkantilen Minderwerts Experten zu befragen, wie sich der reparierte Schaden auf die Bereitschaft potentieller Kaufinteressenten am Markt zur Zahlung des vollen oder nur eines entsprechend geminderten Kaufpreises auswirken würde".

Auf der anderen Seite hat der Bundesgerichtshof es als zulässig (und in dem betreffenden Fall sogar als geboten) angesehen, die Schadenshöhe nach § 287 ZPO zu schätzen, wenn es „nur an ausreichenden Anhaltspunkten fehlt, einen einheitlichen Schaden in seinem vollen Umfang zu schätzen". Die Umstände, die die Annahme eines erheblichen merkantilen Schadens rechtfertigten, böten „in der Regel auch ausreichende Grundlage für die Ermittlung eines gewissen (Mindest-)Schadens nach § 287 ZPO". Auch wenn der so geschätzte Betrag hinter dem wirklichen Schaden zurückbleiben möge, werde wenigstens vermieden, dass der Geschädigte völlig leer ausgehe. Dieses entspreche dem Zweck des § 287 ZPO, der, um derartige unbillige Ergebnisse zu vermeiden, dem Richter auferlege, einen Schaden trotz unvollständiger Aufklärung des Sachverhalts durch Schätzung festzulegen.

Abgesehen davon, dass dieses wenig praktikabel und schwer realisierbar erscheint, geht der Senat nicht davon aus, dass er damit einer „objektiven" Wahrheit näherkommen würde. Denn die Antworten der befragten Personen würden letztlich auch nur „aus dem Bauch heraus" gegeben, da es keine Grundlagen gibt, die eine „objektive" Berechnung des merkantilen Minderwerts ermöglichen. Denn da der Mangel repariert ist, handelt es sich auch nur um den „gefühlten" Minderwert des Objekts, wegen einer „gefühlten" Unsicherheit in Bezug auf dessen Mangelfreiheit auch in Zukunft. Lediglich diese auf der Grundlage von Gefühlen geäußerten Meinungsäußerungen würden dann in ein Gutachten einfließen und die Grundlage die Ermittlung des merkantilen Minderwertes sein.

Selbst wenn man der Auffassung wäre, dass auf der Grundlage einer solchen Befragung eine objektive Bestimmung des merkantilen Minderwertes möglich sei, ist die Einholung eines Gutachtens deswegen nicht geboten, weil die Klägerin in der Berufungsinstanz nur noch den Mindestschaden – 5 % des Verkehrswertes – geltend macht. Wie bereits oben ausgeführt, steht fest, dass die Rissbildung zu einem erheblichen merkantilen Minderwert führt und der Verkäufer demzufolge – trotz der (unterstellten) Beseitigung der Schäden – eine Hinweispflicht hat.

Auch die Annahme eines niedrigeren Prozentsatzes als 5 % kommt nicht in Betracht. Wäre das der Fall, würde das im Widerspruch zu der obigen Aussage, dass durch die Rissbildung und die damit verbundenen Folgen „ein merkantiler Schaden erheblichen Ausmaßes eingetreten ist", stehen.

Der merkantile Minderwert ist letztlich nur die Folge eines vom Kaufinteressenten „gefühlten" Makels, der dem Bauwerk anhaftet, obwohl der Mangel beseitigt, d.h., das Bauwerk mangelfrei ist. Das „Gefühl" des Mangels resultiert einerseits aus der unbestimmten Befürchtung, der/ein Mangel könne wieder auftreten, und andererseits ist das Objekt „gefühlt" weniger wert, weil es schon einmal „repariert" werden musste. Ähnliche Gefühle sind im Spiel, wenn ein selbst erstklassig reparierter Unfallwagen bewertet wird.

Dabei ist die Höhe der Schadensbeseitigungskosten aber nur ein und nicht zwingend das ausschlaggebende Kriterium bei der Annahme eines Minderwertes jedenfalls bei Bauwerken. Es ist denkbar, dass ein Gebäude mit einem Mangel behaftet war, dessen Beseitigung nicht viel kostete, dessen früheres Vorhandensein bei dem Erwerber gleichwohl erhebliche und sich überproportional auf den Kaufpreis und die Kaufentscheidung auswirkende negative Gefühle auslöst. Dieses dürfte z.B. bei einem früheren Befall von Holzbock oder Ratten der Fall sein, um ein extremes Beispiel zu nennen.

Aber auch Umstände, die – wie im vorliegenden Fall – letztlich die Stabilität eines Bauwerks betreffen, lösen beim potenziellen Käufer auch dann starke Bedenken aus, wenn sich die Mängelbeseitigungskosten im Vergleich zum Verkehrswert in Grenzen halten. Denn der Käufer befürchtet aufgrund der schon einmal nach Erschütterungen durch Bauarbeiten auf dem Nachbargrundstück aufgetretenen Rissbildungen, dass es mit der Stabilität des Gebäudes nicht zum Besten bestellt ist. Realisiert sich die Befürchtung des Käufers, dass das Gebäude durch Erschütterungen irgendwelcher Art erneut zu Schaden kommt, so sind die Kosten, die für die Beseitigung der neuen Schäden erforderlich sind, weder in der Realität noch in der Vorstellung des Käufers auf den Betrag begrenzt, der für die Beseitigung der bereits aufgetretenen Schäden erforderlich war. Vielmehr geht die Befürchtung des Käufers dahin, dass unter Umständen infolge der angenommenen Instabilität ein weit kostenintensiverer Schaden entstehen könnte.

**Kommentar**

In diesem Fall gesteht das Gericht der Klägerin einen merkantilen Minderwert in Höhe von 5 % vom unbelasteten Verkehrswert zu. Bei dem Bewertungsobjekt handelt es sich um ein Mehrfamilienwohnhaus mit einem Verkehrswert von rd. 6,3 Mio. € am Wertermittlungsstichtag. Aus der Begründung wird deutlich, dass das Kammergericht Berlin den merkantilen Minderwert als gegeben ansieht, da durch die Erschütterungen am Gebäude und die daraus resultierte Rissbildung die Statik beeinträchtigt war und daher ein vermindertes Vertrauen in die bauliche Qualität des Gebäudes bei einem breiten Teil des Publikums besteht.

Tatsächlich hat sich nach Marktuntersuchungen gezeigt, dass die meisten Befragten keine Sorge beim Kauf von Objekten mit beseitigten statischen Problemen hatten. Die Umfrage aus *Kapitel 9.3* zeigt, dass 47 % der Befragten ein Haus mit einem ehemaligen statischen Problem ohne Wertminderung kaufen würden. Nur 12 % würden vom Kauf zurücktreten. Der Umfrage lagen überwiegend Einfamilienhäuser zugrunde. Da der Einfamilienhausmarkt der emotionalste Markt ist, ist davon auszugehen, dass im Mehrfamilienhausmarkt die Abneigungen und Abschläge eher geringer sind. Was die Abschläge angeht, wurden die meisten bei bis zu 2 % vom unbelasteten Verkehrswert gemacht. Bei einem Prozentsatz von 47 % der Käufer, die den vollen Preis zahlen würden, ist bei einem Markt wie Berlin davon auszugehen, dass dieser eingegrenzte Käuferkreis schnell gefunden ist, sodass keine Preisreduktion notwendig ist.

Die vorangestellte ausführliche Begründung des Gerichts ist nachvollziehbar und in sich schlüssig. Sicher argumentieren viele Käufer so, aber es gibt eben auch die Käufergruppe, die mit den ehemaligen Rissen kein Problem hat und die macht hier fast 50 % aus.

Der merkantile Minderwert in Höhe von 5 % erscheint deshalb in diesem Fall zu hoch.

Interessant ist die Ausführung des Gerichts zur Begründung, dass kein Sachverständiger hinzugezogen werden soll, da die von diesem durchgeführte Expertenbefragung schlussendlich auch nicht „der Wahrheit näherkäme", weil die „Antworten der befragten Personen auch nur aus dem Bauch herausgegeben würden". Diese Einschätzung deckt sich mit der in *Kapitel 11* beschriebenen Kritik an der Expertenbefragung.

## 6.3.10 OLG Düsseldorf, 23.4.2015

**Sachverhalt**

Im vorliegenden Fall wurde das Parkett im Wohnbereich eines Hauses durch einen Mitarbeiter einer Subunternehmerin beschädigt. Dieser verletzte die Sorgfaltspflichten aus dem Werkvertrag, indem er das neu verlegte Parkett mit Nagelschuhen betrat und hierbei bis zu 2 mm tiefe Löcher im Holzboden verursachte.

Der Sachverständige hatte festgestellt, dass aufgrund der Erscheinung der Löcher, ihrer Tiefe, ihres Durchmessers und ihrer Position im Parkett davon auszugehen war, dass diese von Nagelschuhen stammten. Unstreitig hätten die im Auftrag der Klägerin tätigen Handwerker solche Schuhe bei den Arbeiten getragen.

Zur Beseitigung der Schäden und zur Wiederherstellung des Zustandes, wie er sich darstellen würde, wenn es nicht zur Beschädigung gekommen wäre, waren u.a. für Abschleifarbeiten nach den Feststellungen des Sachverständigen Kosten in Höhe von netto 2.227,63 € angemessen und erforderlich. Zur Schadensbeseitigung seien ferner Malerarbeiten erforderlich, da die Sockelleisten demontiert und anschließend wieder montiert werden und außerdem beim Abschleifen Staub freigesetzt werde, der sich aller Voraussicht nach auf der Oberfläche der Decken und Wände absetzen werde. Für diese Arbeiten seien Kosten in Höhe von 2.961,41 € netto ortsüblich und angemessen. Die von dem Beklagten behaupteten Reinigungskosten fielen nach den Feststellungen des Sachverständigen im Umfang von 223,26 € netto an. Hinzu käme eine Auslagenpauschale, die mit 50,00 € angemessen angesetzt wäre.

Die Klägerin nimmt die Beklagten auf Zahlung von Restwerklohn aus Estrich- und Bodenarbeiten im Wohnhaus der Beklagten in Anspruch.

**Entscheidung**

Zur Begründung hat die Einzelrichterin ausgeführt, der Klägerin stehe der tenorierte Betrag aus § 631 BGB zu. Im Umfang von 5.462,30 € sei der Anspruch dagegen im Wege der Aufrechnung untergegangen. Zur Überzeugung der Kammer stehe fest, dass einer der Mitarbeiter der von der Klägerin beauftragten Subunternehmerin oder der ebenfalls im Auftrag der Klägerin auf der Baustelle anwesende Mitarbeiter der Firma die Sorgfaltspflichten aus dem Werkvertrag verletzt habe, indem er das neu verlegte Parkett im Wohnbereich mit Nagelschuhen betreten und hierbei bis zu 2 mm tiefe Löcher im Holzboden verursacht habe.

Dagegen stehe den Beklagten keine Gegenforderung auf Ersatz für die Wertminderung des Parkettbodens zu. Der Sachverständige habe zwar festgestellt, dass bei einer Renovierung des im Zeitpunkt des Schadenseintrittes 3,5 Jahre alten Bodens dieser 7,5 Jahre früher als üblich renovierungsbedürftig geworden wäre, da von einem durchschnittlichen Renovierungsintervall von elf Jahren auszugehen sei. Tatsächlich sei eine Renovierung jedoch nicht durchgeführt worden. Im Zeitpunkt der letzten mündlichen Verhandlung sei eine Renovierung des zu diesem Zeitpunkt 9,5 Jahre alten Parkettbodens nicht erfolgt. Eine Wertminderung aufgrund einer frühzeitigen Renovierung sei demnach nicht eingetreten; eine Ersatzfähigkeit einer fiktiv berechneten Wertminderung bestehe nicht. Die Wertminderung richte sich nach den Feststellungen des Sachverständigen nicht nach dem Umfang der gegenwärtig vorhandenen Schäden, sondern nur im Fall der tatsächlichen Renovierung nach der dann tatsächlich eintretenden Verkürzung der Lebensdauer des Bodens.

Zutreffend hat das Landgericht den Beklagten grundsätzlich einen Schadenersatzanspruch wegen der Beschädigung des Parkettbodens durch das Betreten mit Nagelschuhen zuerkannt. Die Klägerin greift mit der Berufung nicht die vom Landgericht festgestellte Verletzung einer Schutzpflicht gemäß § 280 Abs. 1 BGB an, die sie aufgrund der Zurechnung des Handelns ihrer Erfüllungsgehilfen gemäß § 276 BGB zum Ersatz des aus der Verletzung des Erhaltungsinteresses entstandenen Schadens verpflichten. Auch die Berechtigung der die Beschädigung des Parketts an sich betreffenden Gegenforderung steht zweitinstanzlich nicht mehr im Streit der Parteien.

Schließlich steht den Beklagten auch wegen eines etwaigen Minderwerts aufgrund der Beschädigung kein fälliger aufrechenbarer Gegenanspruch zu. Hinsichtlich der Wertminderung einer Sache kommt einerseits ein technischer und andererseits ein merkantiler Minderwert in Betracht. Der merkantile Minderwert ist zu ersetzen, wenn eine vom Markt beachtete Differenz des Vermögensbestandes des Geschädigten nach Reparatur des Schadens zu jenem vor seinem Eintritt verbleibt. Der technische Minderwert ist zu ersetzen, wenn die sorgfältige und fachgerechte Reparatur nicht den gleichen technischen Zustand (Gebrauchsfähigkeit, Betriebssicherheit, Lebensdauer, äußeres Bild) wie vor der Beschädigung wiederherstellen kann.

Ein technischer Minderwert ist nicht bereits dadurch eingetreten, dass ein vorzeitiges Abschleifen erforderlich geworden ist. Vielmehr kommt es für das Vorliegen eines technischen Minderwerts darauf an, ob durch das Abschleifen die Lebensdauer des Parketts verkürzt wird. Dies setzt wiederum die tatsächliche Durchführung der Abschleifarbeiten voraus. Andernfalls ist die Wertminderung nach den Kosten der Schadenbeseitigung zu bemessen.

Ein merkantiler Minderwert setzt ebenfalls die tatsächliche Durchführung der Schadenbeseitigungsmaßnahmen voraus. Da es sich bei dem Parkett nicht um eine Sache mit selbstständigem Marktwert handelt, sondern um einen wesentlichen Bestandteil des Gebäudes gemäß § 94 Abs. 2 BGB, wäre für den merkantilen Minderwert auf den Wert des Grundstücks abzustellen. Einen solchen haben die Beklagten nicht dargelegt. Es ist auch nicht ersichtlich, dass das Grundstück einen Wertverlust durch die Verkürzung der Lebensdauer des Parketts erfährt.

**Kommentar**

In diesem Urteil wird der merkantile Minderwert als die Differenz des Vermögensbestandes des Geschädigten nach der Reparatur des Schadens zu jenem vor seinem Eintritt beschrieben. Dies bedeutet, dass der merkantile Minderwert zu ersetzen ist, wenn eine vom Markt beachtete Differenz des Vermögensbestandes des Geschädigten nach der Reparatur des Schadens verbleibt.

Ein technischer Minderwert hingegen tritt ein, wenn die sorgfältige und fachgerechte Reparatur nicht den gleichen technischen Zustand wie vor der Beschädigung wiederherstellen kann.

Hier wird diskutiert, ob durch das Abschleifen des Parketts die Lebensdauer des Bodens verkürzt wird und ob dies einen technischen Minderwert darstellt. Der merkantile Minderwert setzt ebenfalls die tatsächliche Durchführung der Schadenbeseitigungsmaßnahmen voraus. Da es sich bei dem Parkett nicht um eine Sache mit selbstständigem Marktwert handelt, sondern um einen wesentlichen Bestandteil des Gebäudes, wäre für den merkantilen Minderwert auf den Wert des Grundstücks abzustellen.

Schon allein, weil der merkantile Minderwert nur bei großen bis erheblichen Mängeln oder Schäden auftreten kann, ist hier klar, dass ein paar Löcher im Parkett nicht zu einer Wertminderung des Grundstücks führen können. Dieses Ausschlusskriterium steht einem Vorhandensein des merkantilen Minderwerts entgegen. Dieser Fall zeigt wieder deutlich, dass der Begriff merkantiler Minderwert oftmals zur reinen Erhöhung der Schadenssumme verwendet wird.

### 6.3.11 OLG Brandenburg, 14.10.2015

#### Sachverhalt

Die Klägerin klagte gegen den Beklagten wegen Schadensersatzansprüchen, die aus einem Pauschalpreisvertrag für den Bau eines Einfamilienhauses resultierten. Der Beklagte hatte einen Vertrag über die baubegleitende Qualitätskontrolle mit der Klägerin und ihrem Ehemann abgeschlossen. Die Klägerin machte geltend, dass der Beklagte für erkennbare Baumängel verantwortlich sei, die während der Bauarbeiten aufgetreten sind. Der Vertrag enthielt Regelungen zur Mängelhaftung und Haftung für Schäden, wobei die Haftung für Schäden, die auf einer fahrlässigen Pflichtverletzung beruhen, festgelegt wurde. Die Klägerin argumentierte, dass der Beklagte wie ein Architekt wegen schuldhafter Verletzung der Objektüberwachungspflicht hafte. Der Beklagte wies diese Ansprüche zurück und berief sich auf Verjährung sowie eine Haftungsbeschränkungsklausel.

Es wurde Schadensersatz für die Mängel (ungeschützte Lagerfugen, Wärmebrücken, fehlerhafte Abdichtungshöhen, Gefälleausbildung, Türeinbau, Absturzsicherung am Treppenloch der Bodenklappleiter) sowie ein merkantiler Minderwert wegen einer ausgeführten PE-Folie statt einer Sauberkeitsschicht in Höhe von 8.600,00 € gefordert. Insgesamt belief sich die Summe auf 33.270,60 €.

#### Entscheidung

Das Landgericht stellte fest, dass der Beklagte teilweise gegen seine Pflichten verstoßen hatte, und verurteilte ihn zur Zahlung von Schadensersatz. Das Gericht qualifizierte den Vertrag als Werkvertrag und entschied, dass die Haftungsbeschränkungsklausel unwirksam sei, da sie die ordnungsgemäße Bauüberwachung ausschließe. Der Beklagte legte Berufung ein und führte an, dass er nicht wie ein Architekt hafte und die Baumängel nicht erkennbar gewesen seien. Er forderte die Abweisung der Klage und kritisierte die Entscheidung des Landgerichts als fehlerhaft.

Das Berufungsgericht entschied, dass die Berufung des Beklagten nur teilweise Erfolg hatte, da es nur um einen geringfügigen Betrag von 2.014,62 € ging. Die Anschlussberufung der Klägerin wurde als unbegründet abgelehnt. Das Gericht stellte fest, dass die Klägerin legitimiert war und der Beklagte nach wie vor für die festgestellten Mängel haftete.

Insgesamt wurde das Urteil des Landgerichts teilweise bestätigt, und der Beklagte wurde zur Zahlung von 33.270,60 € verurteilt. Die Verjährung der Schadensersatzansprüche wurde als nicht eingetreten angesehen, da die Klage rechtzeitig erhoben wurde.

Der Senat hält daran fest – und sieht sich durch die schriftlichen und mündlichen Ausführungen des Sachverständigen darin bestärkt –, dass die unstreitig fehlende Sauberkeitsschicht unter der Bodenplatte nicht durch die PE-Folie ersetzt werden konnte, da die für die Stahlbewehrung zum Korrosionsschutz und zur Sicherung des Verbundes zwischen Stahl und Beton erforderlichen Betonüberdeckungen bei dieser Art Verlegung nicht sicher eingehalten werden können; nach den überzeugenden Ausführungen des dem Senat als äußerst fachkundig bekannten Sachverständigen entspricht diese Ausführung (auch heute) nicht den allgemein anerkannten Regeln der Technik.

**Kommentar**

Das Gericht bezieht sich in seiner Begründung zum Schadensersatz wegen eines merkantilen Minderwerts darauf, dass die Herstellung der Bodenplatte auf einer PE-Folie statt einer Sauberkeitsschicht nicht den anerkannten Regeln der Technik entspricht. Das bedeutet, dass es sich um eine Abweichung vom Vertragssoll handelt. Für Minderwerte infolge eines Mangels wird der technische Minderwert ermittelt. Der merkantile Minderwert ist nur begründbar, wenn trotz fachgerechter Mangelbeseitigung ein ungutes Gefühl verbleibt oder die fachgerechte Beseitigung des Mangels zu einer abweichenden Ausführung führt, die wiederum bei einem großen Teil des Publikums als geringere Verwertbarkeit eingestuft wird. Hier wird allerdings der Mangel nicht fachgerecht beseitigt.

Die Entscheidung ist somit nicht nachvollziehbar.

## 6.3.12 KG Berlin, 4.4.2014

*KG, Urt. v. 4.4.2014 – 21 U 18/13; BGH, Beschl. v. 17.5.2017 – VII ZR 129/14 (Nichtzulassungsbeschwerde zurückgewiesen)*

**Problem/Sachverhalt**

Ein Bauherr verlangt von seinen Architekten und Statikern Schadensersatz wegen vielfältiger Risse im Innen- und Außenbereich an zwei baugleichen Mehrfamilienhäusern. Schadensursächlich war ein fehlendes Gleitlager. Am Ende wurden die Risse durch Anbringen eines Wärmedämmverbundsystems optisch kaschiert. Neben Mietausfall und restlichen Nachbesserungskosten macht er einen merkantilen Minderwert von 150.000,00 € (8,3 % des Verkehrswerts) geltend.

Das KG hatte die Klage wegen des merkantilen Minderwerts zunächst abgewiesen, da sich die Höhe des Minderwerts nicht ermitteln lasse. Nachdem der BGH das Urteil aufgehoben und die Sache an einen anderen Senat zurückverwiesen hat, bejaht das KG jetzt nach ergänzender Begutachtung durch den Sachverständigen einen merkantilen Minderwert von 150.000,00 €.

**Entscheidung**

Ein merkantiler Minderwert als Mangelfolgeschaden liegt vor, wenn auch nach erfolgter Mängelbeseitigung eine geringere Verwertbarkeit gegeben ist, weil die maßgeblichen Verkehrskreise ein im Vergleich zur vertragsgemäßen Ausführung geringeres Vertrauen in die Qualität des Gebäudes haben. Das ist hier der Fall. Die Mangelfolgen (umlaufender Mauerwerksriss) sind mit erheblichem Aufwand durch Anbringung einer Wärmedämmung und innen durch vorgebaute Trockenbauwände nur optisch beseitigt, während der eigentliche Mangel (fehlendes Gleitlager) fortbesteht und das Auftreten neuer Risse nicht völlig auszuschließen ist. Über diesen Umstand ist ein etwaiger Erwerber redlicherweise aufzuklären. Der Senat schätzt den merkantilen Minderwert auf mindestens 150.000,00 €. Der Sachverständige hat entsprechend den Vorgaben des BGH eine Expertenbefragung unter 15 ihm bekannten Maklern, Sachverständigen für Grundstücksbewertung, Bauträgern und Projektentwicklern durchgeführt, indem er ihnen den Sachverhalt unter Beifügung eines Fragebogens und eines Auszugs aus seinem Gutachten nebst Anlage zur Verfügung gestellt hat, und aus ihren Antworten eine Wertminderung von 10 % ermittelt. Bezogen auf den maßgeblichen Ertragswert der

Immobilie von 1,8 Mio. € ergibt dies einen über dem Klageantrag liegenden merkantilen Minderwert von 180.000,00 €.

Zu den Beseitigungskosten für Baumängel wegen Planungsfehlern kann ein technischer oder merkantiler Minderwert hinzukommen, dessen Höhe tatrichterlich zu ermitteln ist. Schätzungsgrundlage kann eine sachverständig durchgeführte „Expertenbefragung" sein.

**Kommentar**

Hier wird der Begriff des merkantilen Minderwerts unsachgemäß verwendet. Im vorliegenden Fall wurden die Schäden nicht beseitigt, sondern lediglich optisch verdeckt. Das Gleitlager fehlt weiterhin und ein Auftreten weiterer Risse ist nicht auszuschließen. Da der merkantile Minderwert erst nach fachgerechter abgeschlossener Mangelbeseitigung aus einem unguten Gefühl heraus entsteht, trifft dies in diesem Fall nicht zu. Hier ist eine berechtigte Sorge vorhanden, da ein Mangel eben nicht beseitigt wurde. Es handelt sich um eine Abweichung vom Vertragssoll, die zu einer Beeinträchtigung der Funktion und der Optik führte. Dies wird über den technischen Minderwert abgegolten. Darüber hinaus könnte eine Risikoabschätzung erfolgen, inwieweit dieser Mangel weitere Schäden in der Zukunft generiert. Mit dem merkantilen Minderwert hat dies nichts zu tun.

Die Entscheidung ist nicht nachvollziehbar.

## 6.3.13 KG Frankenthal, 8.4.2014

**Tatbestand**

Die Klägerin begehrt aus eigenem und abgetretenem Recht gegenüber der Beklagten Zahlung wegen merkantilen Minderwertes.

Die Klägerin und ihr Ehemann schlossen mit der Beklagten im Juli 2008 einen notariellen Kauf- und Bauvertrag ab. Gegenstand des Vertrages war der Verkauf eines Grundstücks der Beklagten an die Klägerin und ihren Ehemann sowie eine Bauverpflichtung zur Errichtung einer Doppelhaushälfte durch die Beklagte auf diesem Grundstück. Zur Errichtung des gesamten Bauwerks bediente sich die Beklagte der Firma X.

Nach Errichtung des Objektes und dessen Abnahme kam es zu zahlreichen Mängelbeseitigungen durch die Firma. Die Klägerin macht den merkantilen Minderwert gegenüber der Beklagten geltend. Dies lehnten die Prozessbevollmächtigten der Beklagten mit Schreiben von August 2011 ab. Außergerichtliche Einigungsversuche zwischen den Parteien scheiterten.

Die Klägerin trägt vor, ihr stehe der geltend gemachte Anspruch auf Zahlung gegenüber der Beklagten zu. Sie habe nach der Mängelbeseitigung einen Anspruch auf einen merkantilen Minderwert des gekauften Objekts. Dieser Anspruch stehe ihr neben den anderen Ansprüchen zu. Eine fachgerechte Nachbesserung durch die Beklagte bzw. Streitverkündete werde mit Nichtwissen bestritten.

Soweit sich die Beklagte wegen des Anspruchs auf die Regelungen im abgeschlossenen Vertrag berufe, sei der dort vereinbarte Haftungsausschluss unwirksam und stehe einem Anspruch nicht entgegen. Die Klägerin beantragt, die Beklagte zu verurteilen, an sie 10.000,00 € zzgl. Zinsen in Höhe von 5 % über dem jeweiligen Basiszinssatz zu bezahlen.

Die Beklagte und die Streitverkündete beantragen, die Klage abzuweisen.

Die Beklagte trägt vor, der Klägerin stünde der geltend gemachte Anspruch nicht zu. Auf Grund der Regelungen im Vertrag von Juli 2008 könne der Käufer Schadensersatz neben der Leistung nur unter den Voraussetzungen des § 9 Abs. 2 des Vertrages verlangen. Danach stehe dieser ein Anspruch auf merkantilen Minderwert nicht zu. Im Übrigen werde die seitens der Klägerin vorgenommene Berechnung und die Höhe des geltend gemachten Anspruchs bestritten. Ein merkantiler Minderwert, wie er von der Klägerin beansprucht werde, sei weder begründet noch schlüssig und nicht konkret dargelegt, geschweige denn nachgewiesen. Das von ihr errichtete Gewerk sei nach Durchführung der Mangelbeseitigungsarbeiten einwandfrei.

**Entscheidung**

Die zulässige Klage ist nicht begründet.

Der Klägerin steht gegenüber der Beklagten der geltend gemachte Anspruch auf merkantilen Minderwert aus dem streitgegenständlichen notariellen Kauf- und Bauvertrag nicht zu.

Nach dem zwischen den Parteien zugrunde liegenden Kauf- und Bauvertrag regeln sich die Rechts- und Sachmängel gem. § 9. Dort wird in Ziffer 3 Satz 1 bestimmt, dass hinsichtlich der Werkleistungen das Werkvertragsrecht des Bürgerlichen Gesetzbuches Geltung besitzt. Danach richten sich gem. Ziffer 3 Satz 3 des Vertrages die Ansprüche des Käufers wegen Mängeln der Bau- und Planungsleistungen auf Nachbesserung. Weiterhin ist dann in Satz 4 von Ziffer 3 bestimmt, dass der Verkäufer zur Nacherfüllung berechtigt und verpflichtet ist. Satz 5 regelt dann, dass bei zweimaligem Fehlschlagen eines Nacherfüllungsversuchs oder deren Verweigerung der Käufer den Kaufpreis mindern, den Mangel selbst beseitigen und Ersatz der erforderlichen Aufwendungen verlangen, sowie vom Vertrag zurücktreten oder Schadensersatz verlangen kann.

Danach enthält § 9 Ziffer 3 Satz 1 bis 5 des Kauf- und Bauvertrages die Umsetzung der werkvertraglichen Regelungen, wie sie im BGB unter §§ 634, 635, 637 und 638 BGB bestimmt sind. Liegen danach Mängel an dem von der Streitverkündeten errichteten Gewerk vor, muss die Klägerin nach den Vorgaben des zwischen den Parteien abgeschlossenen Kauf- und Bauvertrages vorgehen. Dort ist zunächst klar bestimmt, dass dem Käufer zunächst nur die Ansprüche auf Nacherfüllung zustehen und erst dann, wenn diese scheitern, die weiteren gesetzlichen Ansprüche, wie sie in dem Vertrag festgehalten sind, zustehen. Erst dann, wenn die Nacherfüllung zweimal fehlgeschlagen ist, kann die Klägerin weitere Ansprüche, u.a. auch Minderung, geltend machen.

Hierzu fehlt jedoch jegliches Vorbringen der Klägerin. Diese trägt zwar Nachbesserungsversuche der Beklagten bzw. der Streitverkündeten vor, doch nicht, ob diese fehlgeschlagen sind. Insoweit kann die Klägerin nicht mit Nichtwissen bestreiten, dass sie eine fachgerechte Nachbesserung erhalten habe. Das streitgegenständliche Objekt ist vorliegend abgenommen und nach der Abnahme muss die Klägerin, soweit sie Ansprüche aus dem Werk gegenüber dem Werkunternehmer geltend macht, ihre Ansprüche substanziiert darlegen und beweisen. Hieran fehlt es jedoch.

Im Übrigen wurden seitens der Klägerin gegenüber der Beklagten auch keine ordnungsgemäßen Fristen gesetzt.

**Kommentar**

Hier wurde der merkantile Minderwert in Höhe von 10.000,00 € abgelehnt, da die Fristsetzung nicht erfolgte und die Grundlage für den merkantilen Minderwert nicht erläutert wurde.

### 6.3.14 OLG Oldenburg, 11.12.2014

**Sachverhalt**

Im vorliegenden Fall führte eine nicht fachgerecht ausgeführte Dämmung einer Warmwasserleitung zu einem höheren Energieverbrauch von ca. 50,00 € pro Jahr. Der Auftragnehmer kann die Mängelbeseitigung verweigern, wenn der Nachbesserungsaufwand unverhältnismäßig ist. Hier war das mit Schadensbeseitigungskosten in Höhe von 44.000,00 € der Fall. In diesem Fall kann der Auftraggeber Minderung in Form eines angemessenen Ausgleichsbetrags für den Wertverlust des Bauwerks verlangen.

Die Klägerin hat in der mündlichen Verhandlung des Senats im Oktober 2009 unstreitig gestellt, dass die Warm- und Kaltwasserleitungen in der Bodenplatte nur „halb isoliert worden sind mit 50%iger Dämmung". Eine Nachbesserung hat sie wegen Unverhältnismäßigkeit abgelehnt. Die Beklagte ist danach wegen dieses Mangels von dem bisher erhobenen Leistungsverweigerungsrecht abgerückt und verlangt nunmehr per Widerklage Schadensersatz von 44.002,67 €.

**Entscheidung**

Die zulässige Berufung der Beklagten hat zum Teil Erfolg. Die Widerklage ist unbegründet.

1. Die Klägerin hat gegen die Beklagte einen fälligen Anspruch auf Zahlung von Werklohn aus dem zwischen den Parteien geschlossenen Werkvertrag betreffend Arbeiten am Objekt in Höhe von 3.282,12 €. Dieser Anspruch ist durch die von der Beklagten mit Schriftsatz von April 2008 erklärte Hilfsaufrechnung mit einem auf den Ersatz des merkantilen Minderwerts gerichteten Schadensersatzanspruchs wegen fehlerhafter Dämmung der Warmwasserleitungen im Objekt in Höhe von 1.750,00 € untergegangen. Den technischen Minderwert von 1.000,00 € hat der Senat bereits von dem Restwerklohnanspruch für die Arbeiten an dem Objekt abgezogen; in diesem Punkt ist das erste Senatsurteil vom Bundesgerichtshof nicht aufgehoben worden.

2. Die Klägerin hat gegen die Beklagte einen Anspruch auf Zahlung von Werklohn in Höhe von 6.935,12 € aus dem zwischen den Parteien geschlossenen Werkvertrag über Arbeiten am Objekt In Höhe von 3.000,00 € ist diese Forderung jedoch nur Zug um Zug gegen die Beseitigung der im Urteilstenor bezeichneten Mängel fällig; in Höhe von 1.000,00 € ist sie infolge des der Beklagten zu erstattenden technischen Minderwerts erloschen. Der Beklagtenvertreter hat in der mündlichen Verhandlung den Grundstückswert mit 150.000,00 bis 200.000,00 € beziffert. Ein merkantiler Minderwert von mindestens 20.000,00 €, wie ihn sich die Beklagte vorstellt, würde danach einen Abschlag von mindestens 10 % vom Verkehrswert bedeuten. Das ist angesichts der bei schwerwiegenden Mängeln oder einem Verdacht auf das Vorliegen solcher Mängel zuerkannten Minderungsbetragen deutlich überzogen. Der von dem Sachverständigen ermittelte Betrag beläuft sich auf ca. 1 % des von der Beklagten genannten Verkehrswerts. Das ist zur Überzeugung des Senats (§ 287 ZPO) angesichts der zuvor beschriebenen Gesamtumstände ein angemessener Schadensausgleich.

Der merkantile Minderwert bezieht sich hier auf die verringerte Verwertbarkeit eines Bauwerks aufgrund einer vertragswidrigen Ausführung. Maßgebend hierfür ist die Beurteilung, ob eventuelle Kaufinteressenten ein im Vergleich zur vertragsgemäßen Ausführung geringeres Vertrauen in die Qualität des Bauwerks haben.

**Kommentar**

Hier liegt eine Abweichung vom Vertragssoll vor. Der Mangel kann wegen Unverhältnismäßigkeit nicht behoben werden. Im Falle des erhöhten Energieverbrauchs handelt es sich eindeutig um eine Beeinträchtigung der Funktion. Diese Vertragsabweichung ist mit dem technischen Minderwert zu bewerten. Das Vertrauen in die bauliche Qualität des Gebäudes ist wegen einer unzureichenden Dämmung einer Rohrleitung eher nicht erschüttert. Hier verbleibt kein ungutes unbegründetes Gefühl nach Mangelbeseitigung. Vielmehr ist der Mangel nicht beseitigt und wird auch nicht beseitigt, was dem Vorhandensein eines merkantilen Minderwerts entgegensteht.

Die Entscheidung des Gerichts ist somit nicht nachvollziehbar.

## 6.3.15 OLG München, 17.12.2013

**Sachverhalt**

Bei den Bewertungsobjekten handelt es sich um zwei Mehrfamilienwohnhäuser in Form einer Wohnanlage mit 75 Einheiten. Der Durchschnittspreis der Wohnungen lag über 150.000,00 €. Mithin stellt die Anlage einen Gesamtwert von über 11 Mio. € dar. Bezogen auf einen solchen Wert beträgt der verlangte merkantile Minderwert in Höhe von 50.0000,00 € weniger als 1 % des Gesamtkaufpreises. Gefordert wird dieser, da umfangreiche Dachsanierungsarbeiten stattfanden. Die Ausführung der Dachsanierung begann im Mai 2013 und kostete ca. 1,35 Mio. €.

**Entscheidung**

Wohnungseigentumseinheiten in einer bevorzugten Wohngegend sind marktgängige und verwertbare Objekte, sodass nach der Beseitigung von Baumängeln grundsätzlich ein merkantiler Minderwert in Betracht kommt.

Ein merkantiler Minderwert kann auch dann eintreten, wenn aus technischer Sicht die Mängel vollständig beseitigt sind. Insofern bildet dieser Minderwert die – bautechnisch unzutreffende – Einschätzung der beteiligten Verkehrskreise ab. Dem liegt die Annahme zu Grunde, dass eine Reparatur nicht die fachliche Qualität einer von vorneherein richtigen Herstellung erreicht.

Bei der vollständigen Neuherstellung eines Daches handelt es sich um einen gravierenden Sanierungseingriff. Es besteht deshalb immer die theoretische Möglichkeit, dass sich die Mängelbeseitigung nachteilig auf den Bestand auswirkt.

Die Klägerin hat dem Grunde nach Anspruch auf Ersatz des merkantilen Minderwerts. Bei den Wohnungseigentumseinheiten in der streitgegenständlichen Anlage handelt es sich um marktgängige Objekte, sodass deren Verwertbarkeit bei den maßgeblichen Verkehrskreisen grundsätzlich festgestellt werden kann und ein merkantiler Minderwert in Betracht kommt.

Entgegen der Ansicht der Beklagten kann ein merkantiler Minderwert gerade dann noch eintreten, wenn aus technischer Sicht die Mängel vollständig beseitigt sind. Insofern bildet der merkantile Minderwert eine – bautechnisch unzutreffende – Einschätzung der beteiligten Verkehrskreise ab. Dem liegt die Annahme zugrunde, dass eine Reparatur wohl nicht die fachliche Qualität einer von vornherein richtigen Herstellung erreicht.

Entgegen der Ansicht der Beklagten handelt es sich bei der vorliegenden Dachsanierung um eine solche Reparatur. Denn selbst wenn das Dach vollständig neu hergestellt worden wäre, würde sich diese Maßnahme doch als Reparatur bezüglich des Hauses darstellen. Dies gilt umso mehr, als unstreitig wesentliche Holz- und Metallteile nicht ausgetauscht wurden. Bei derartig gravierenden Sanierungseingriffen in ein Gebäude besteht immer die theoretische Möglichkeit, dass dabei nachteilige Einwirkungen auf den Bestand erfolgen. Während der Ausführung der streitgegenständlichen Dachsanierung könnte zeitweise der Schutz gegen Regen fehlen, Wasser in das Gebäude eindringen, durch Aufzugs- und Leitungsschächte tiefer gelegene Geschoße erreichen und dort Schimmel- und Feuchteschäden auslösen, etwa in Form verzogener Gipskarton-, Tür- und Fensterelemente. Die Dachsanierung mit Gerüstaufbau kann Schäden und Verschmutzungen an der Gebäudeaußenseite verursachen. Schäden können noch nach Abschluss der Sanierung auftreten, bspw. kann die Lebensdauer von Anstrichen, Leitungen und anderen technischen Einrichtungen verkürzt sein.

All dies mag im konkreten Fall durch eine sorgfältige Vorgehensweise vermieden werden. Eine entsprechende Sicherheit würden die beteiligten Verkehrskreise möglicher Erwerber von Wohnungseinheiten jedoch nicht gewinnen können und dennoch einen Abschlag verlangen. Dies gilt für hochpreisige Objekte in bevorzugten Wohnlagen genauso wie für Objekte in einfacheren Wohnlagen.

Der Verkäufer einer Wohnung in der streitgegenständlichen Anlage wird wegen der grundlegenden Bedeutung der Dachsanierung für das Gemeinschaftseigentum verpflichtet sein, diesen Umstand einem Erwerber zu offenbaren, weil davon die Kaufentscheidung wesentlich beeinflusst werden kann (*Palandt/Weidenkaff*, BGB, 73. Aufl. 2014, § 433 Rn. 23). Der Veräußerer kann somit die Kenntnis des Erwerbers und dessen Verlangen einer Kaufpreisreduzierung nicht vermeiden.

Demzufolge besteht der Anspruch auf Ersatz des merkantilen Minderwerts dem Grunde nach. Er besteht mindestens in Höhe der vom Landgericht zugesprochenen 50.000,00 €. Entgegen der Ansicht der Beklagten muss insoweit kein Gutachten eingeholt werden.

Denn dieser geringe Prozentsatz liegt unter der von einem Sachverständigengutachten zu erwartenden Genauigkeit. Der Sachverständige müsste unter Berücksichtigung vergleichbarer Immobilien Schlüsse auf die streitgegenständliche Immobilie ziehen. Da es in der Realität nach Art, Alter, Lage, Ausrichtung, Ausstattung, Grundrissschnitt, Größe usw. keine identische Vergleichsimmobilie gibt, muss denknotwendig die sachverständige Beurteilung Wertungen enthalten, deren Genauigkeit nicht den Bereich unter 1 % des Kaufpreises erfasst und erfassen kann. Anders als im Fall des BGH (a. a. O.) muss hier keine Streubreite von 5 bis 30 % beurteilt werden. Demzufolge erscheint vorliegend die Zuziehung eines Sachverständigen entbehrlich.

**Kommentar**

Es ist interessant, dass das Gericht hier argumentiert, dass eine umfangreiche Sanierung ein massiver Eingriff in das Bauwerk ist und damit der merkantile Minderwert in jedem Fall gegeben ist. Selbst wenn keine Bauteile verblieben wären, handle es sich um eine Reparatur am Gebäude, so das OLG München.

Im neusten Urteil in diesem Zusammenhang, dem Urteil des OLG Naumburg vom 30.7.2021 *(Kapitel 6.3.1)*, wurde der merkantile Minderwert nicht anerkannt, weil das Dach vollständig zurückgebaut wurde. Hier war die Argumentation, dass ein neues Dach keine Sorgen vor verdeckten Schäden generieren könne.

Sicherlich liegt es nicht nur an diesen, dass ein merkantiler Minderwert bestätigt wird. Hier handelte es sich um Wohngebäude, bei denen der Markt nachweislich emotionaler reagiert. Im Fall von Naumburg ging es um ein Parkhaus.

Insgesamt kann darüber diskutiert werden, inwieweit ein merkantiler Minderwert in Höhe von 0,45 % überhaupt maßgeblich ist. Der Käufer einer Eigentumswohnung wird sicherlich keinen Wertabschlag vorsehen, wenn man ihm beim Kauf mitteilt, dass das Dach aufwendig repariert wurde. Wenn sich das Objekt zusätzlich in einem Ballungsgebiet befindet, ist ohnehin kein merkantiler Minderwert abbildbar.

## 6.3.16 OLG Köln, 9.10.2012

**Sachverhalt**

Die Kläger sind seit 2001 Eigentümer einer gewerblich genutzten Immobilie. Das Objekt besitzt eine Größe von rd. 7.000 m² und ist mit drei Gewerbehallen bebaut. Durch ein Leck in einer Kerosinleitung, die von der Beklagten unterhalten und betrieben wurde, kam es 2012 zum Austritt von mehr als 1.000.000 l Kerosin, welche sich unterirdisch auf dem Grundwasser schwimmend in einer Art unterirdischem See ansammelten. Seit 2012 pumpt die Beklagte Kerosin ab und plant langfristige biologische Sanierungsmaßnahmen, die Jahrzehnte dauern könnten.

Die Kläger behaupten, dass der Bodenwert ihres Grundstücks auf absehbare Zeit vollständig zerstört sei und eine Wiederherstellung des ursprünglichen Zustands unwahrscheinlich sei. Die Kläger verlangen Schadensersatz für den merkantilen Minderwert ihres Grundstücks aufgrund der Kerosin-Kontamination.

Sie vertreten die Ansicht, dass ihnen der volle Bodenwert, den sie mit 130,00 €/m² ansetzen, als Minderwert zustehe. Hieraus ergebe sich eine Forderung in Höhe von 881.530,00 €.

*Parallel haben sie bezugnehmend auf den für ein Grundstück in C ermittelten Wert von 120,00 €/qm einen Grundstückswert von 3.486.240,00 € berechnet, den sie als um 25 % gemindert ansehen, woraus sie sich eine Forderung in Höhe von 871.560,00 € errechnet haben.*

Die Beklagte vertritt die Ansicht, dass ein merkantiler Minderwert noch nicht geltend gemacht werden könne, da die Schadensbeseitigung noch nicht abgeschlossen sei. Weiter vertritt die Beklagte die Ansicht, es sei von einem Bodenwert von lediglich 80,00 €/m² auszugehen, der auch nicht auf „Null" reduziert sein könne, da eine Einschränkung der gewerblichen Nutzung weder aktuell vorliege noch für die Zukunft zu befürchten sei.

**Entscheidung**

Das Landgericht hat die Klage abgewiesen, da der Minderwert erst nach vollständiger Instandsetzung bewertet werden könne.

Der geltend gemachte merkantile Minderwert betreffe lediglich den nach vollständiger Instandsetzung verbleibenden Minderwert, für den auf den Zeitpunkt der vollständigen Instandsetzung abzustellen sei. Hierzu sei klägerseits zu wenig vorgetragen worden. Insbesondere sei nicht dargelegt worden, woraus sich nach vollständiger Sanierung noch ein Minderwert ergeben solle. Ferner fehle es an Darlegungen zur Gegenüberstellung des unbeeinträchtigten Verkehrswertes mit dem nach Ansicht der Kläger dauerhaft verbleibend beeinträchtigten Verkehrswert.

**Kommentar**

Nachvollziehbar in diesem Fall ist zunächst die Argumentation, dass der merkantile Minderwert erst nach vollständiger Schadensbeseitigung zu beziffern ist. Die Definition stellt ja auf die fachgerechte Beseitigung ab. Tatsächlich aber hat das Grundstück zum Eintritt des Schadens bereits einen über den Abschluss der Schadensbeseitigung hinausgehenden Minderwert, ein Stigma, erfahren. Zum Wertermittlungsstichtag stehen die Schadensbeseitigungsmaßnahmen und die Kosten fest. Auch ist klar, dass das Grundstück in das Altlastenkataster aufgenommen wird. Untersuchungen[64] *(Kapitel 5.8)* hierzu belegen, dass das Grundstück allein dadurch eine Wertminderung erfährt. Somit ist klar, dass sich auch nach vollständiger Beseitigung der Kontamination ein Minderwert ergeben wird. Offensichtlich waren die Punkte nicht aussagekräftig vorgetragen worden, sodass die Klage abgewiesen wurde.

### 6.3.17 LG Marburg, 14.1.2011

**Problem/Sachverhalt**

Ein Architekt war vom Bauherrn für den Neubau eines Hauses mit Architektenleistungen beauftragt worden. Der Verkehrswert des Hauses beträgt heute 502.000,00 €. Wegen mangelhafter Durchführung der Bauleitung durch den Architekten kam es zu Ausführungsfehlern bei der Bauwerksabdichtung sowie der Drainageanlage. Durch rechtskräftiges Urteil des LG Marburg wurde der Architekt zur Zahlung von Mängelbeseitigungskosten verurteilt; ferner wurde festgestellt, dass er auch die weiteren in Zusammenhang mit der Mängelbeseitigung noch entstehenden Kosten zu tragen habe. Der Bauherr ist nun der Auffassung, er habe auch Anspruch auf einen merkantilen Minderwert, da gerade Mängel in der Abdichtung und Drainage eines Bauwerks das Qualitätsvertrauen der maßgeblichen Verkehrskreise bei einem etwaigen Verkauf in sehr großem Maße beeinträchtigten. Er beantragt, den Architekten zu verurteilen, an ihn 35.000,00 € (4 % der Gesamtbau- und Grundstückskosten) zu zahlen. Der Architekt beantragt, die Klage abzuweisen, da bei Durchführung der Nachbesserungsarbeiten keine Gefahr mehr bestehe, dass unentdeckt gebliebene Mängel an der Abdichtung oder Drainage nicht beseitigt würden.

64 *Bachmann, S./ Effenberger, P.*: Wertminderung eines Grundstücks aufgrund eines Eintrags in das Bodenbelastungskataster, GuG – Grundstücksmarkt und Grundstückswert, 2013, Heft 1, S. 37 bis 42.

#### Entscheidung

Die Klage des Bauherrn hat teilweise Erfolg. Zu den noch entstehenden Mängelbeseitigungskosten, die der Architekt nach dem rechtskräftigen Urteil des LG Marburg zu tragen hat, ist hier der merkantile Minderwert des Werks hinzuzurechnen. Dies deshalb, weil auch bei völliger und ordnungsgemäßer Instandsetzung eines mangelhaften Bauwerks bei einem großen Teil des Publikums wegen des Verdachts verborgen gebliebener Schäden ein geringeres Vertrauen in die Qualität des Gebäudes und somit eine den Preis beeinflussende Abneigung gegen dessen Erwerb bestehen bleibt. Ein merkantiler Minderwert ist somit gerade auch dann gegeben, wenn ein objektiv unbegründeter Verdacht besteht, das Bauwerk könne noch weitere verborgene Mängel aufweisen. Die mangelhafte Abdichtung eines Bauwerks stellt den „geradezu klassischen Fall eines merkantilen Minderwerts" dar. Die sich im merkantilen Minderwert niederschlagende, nicht objektivierbare Abneigung von möglichen Käufern gegen den Erwerb des Gebäudes ist als Geldbetrag schwer zu beziffern und lässt sich alleine am Verkehrswert des Bauwerks festmachen. Die Höhe des merkantilen Minderwerts ist – wie bereits oben ausgeführt – schwierig zu ermitteln. Hier hat der Sachverständige mit Hilfe einer statistischen Erhebung durch die Befragung von Immobilienmaklern und Bewertungssachverständigen einen Mittelwert von 2,13 % des Gebäudeverkehrswerts für die Bewertung des merkantilen Minderwerts in € ermittelt.

Aus den Ausführungen des Sachverständigen ergibt sich ein Mittelwert von 2,13 % des Verkehrswerts, sodass die Klage des B in Höhe von 10.690,00 € (= 2,13 % von 502.000,00 €) Erfolg hat. Im Übrigen wird die Klage abgewiesen.

#### Kommentar

In diesem Fall wurde der merkantile Minderwert auch ohne objektiv unbegründeten Mängelverdacht bestätigt. Es wird davon ausgegangen, dass ein Großteil des Publikums ein vermindertes Vertrauen in die nachgebesserte Abdichtung hat. Zur Ermittlung der Höhe des merkantilen Minderwerts führte der Sachverständige eine sogenannte Expertenbefragung durch. Diese ist, wie in *Kapitel 11* ausgeführt, höchst zweifelhaft und leicht angreifbar. Inwieweit bei dieser Entscheidung die Marktsituation berücksichtigt wurde, ist nicht erkennbar.

### 6.3.18 OLG Hamm, 10.5.2010

#### Sachverhalt

Der Kläger verlangt von der Beklagten Schadensersatz wegen Mängeln an seinem von ihr errichteten Haus. Die Mängel betreffen die Abdichtung des Kellers und die Funktionstauglichkeit der Garagenzufahrt. Unstreitig haben die Parteien einen Werkvertrag über die Errichtung des Gebäudes getroffen. Die Werkleistung ist abgenommen. Unstreitig lag ein Mangel der Bauleistung vor, der zu Feuchtigkeit im Keller geführt hat und der mittlerweile beseitigt ist.

Die Garagenzufahrt sei funktionstauglich und entspreche der Baugenehmigung, sie sei daher mangelfrei und kein Minderwert zu ersetzen. Die Fahrversuche bei dem Ortstermin ohne Beteiligung der Parteien könnten die hier eingehaltenen technischen Standards nicht widerlegen. Ferner seien die ästhetischen Bedenken des Landgerichts ohne Substanz. Die Gestaltung des Vorgartens stehe dem Sondernutzungsberechtigten frei, er habe sie selbst so herzurichten, wie es seinen Wohn-, Park-, Ein- und Ausstiegsgewohnheiten entspricht. Die

Vertragsunterlagen enthielten keinen Hinweis auf einen Vorgarten; dort sei auch ein Sammelstandort für die Müllbehälter an der Straßenzufahrt vorgesehen, wo sie die Ein- und Ausfahrt nicht behindern würden.

**Entscheidung**

Zu Recht hat das Landgericht dem Kläger dem Grunde nach den merkantilen Minderwert als Schaden zuerkannt. Die Ausführungen der Beklagten mit der Berufungsbegründung geben keinen Anlass zu einer abweichenden Beurteilung.

Ein sog. merkantiler Minderwert liegt vor, wenn der Mangel den Veräußerungswert der baulichen Anlage mindert, und zwar im Unterschied zum technischen Minderwert gerade dann, wenn dies trotz Mangelbehebung der Fall ist und die Wertminderung nur auf dem objektiv unbegründeten Verdacht beruht, das Bauwerk könne noch weitere verborgene Mängel aufweisen.

Mit zutreffender Begründung, auf die zur Vermeidung von Wiederholungen Bezug genommen wird, hat das Landgericht diese Voraussetzungen und entgegen der Ansicht der Beklagten den Anlass für den Verdacht – die vorherigen Mangelerscheinungen – bejaht. Auch der Kläger weist zutreffend darauf hin, dass eine mangelhafte Abdichtung des Kellers der „klassische Fall eines merkantilen Minderwertes" ist.

Zur Bestimmung der Höhe des – konkret festzustellenden – merkantilen Minderwerts bedurfte es der Einholung eines ergänzenden Sachverständigengutachtens.

Das Landgericht hat auf der Grundlage des schriftlichen Gutachtens des Sachverständigen vom Februar 2009 und seiner ergänzenden Anhörung in der mündlichen Verhandlung zwar einen merkantilen Minderwert in Höhe von 7.520,00 € zugesprochen. Allerdings ist der Senat an diese Feststellung nicht gebunden, weil die Voraussetzungen des § 529 I Nr. 1 ZPO vorliegen und erneute Feststellungen geboten sind. Im Ergänzungsgutachten von Mai 2010 beziffert er diesen auf 7.800,00 €.

Der Senat hatte keine Bedenken, die gutachterlichen Stellungnahmen des Sachverständigen im Rahmen der nach § 287 I ZPO vorzunehmenden Schätzung des merkantilen Minderwerts seiner Entscheidung zugrunde zu legen. Der Sachverständige hat unter Auswertung aller Anknüpfungstatsachen und unter Berücksichtigung der Vorgaben der Rechtsprechung diesen Wert nachvollziehbar und zutreffend ermittelt; er hat sich dabei auch detailliert mit den Einwendungen der Beklagten auseinandergesetzt. Zur Vermeidung von Wiederholungen wird insbesondere auf die Begründung in dem Ergänzungsgutachten verwiesen.

**Kommentar**

Der merkantile Minderwert wurde in diesem Fall bestätigt und auf 7.800,00 € beziffert.

Ein sogenannter merkantiler Minderwert liegt vor, wenn der Mangel den Veräußerungswert der baulichen Anlage mindert, und zwar im Unterschied zum technischen Minderwert gerade dann, wenn dies trotz Mangelbehebung der Fall ist und die Wertminderung nur auf dem objektiv unbegründeten Verdacht beruht, das Bauwerk könne noch weitere verborgene Mängel aufweisen.

Ein Mangel liegt vor, wenn die Grundstücks-/Garagenzufahrt zum Haus des Bauherrn zu eng geplant und angelegt worden ist, sodass das Einfahren nur unter Nutzung der gegenüberliegenden Stellplätze der Nachbarn (Sondernutzungsrecht) möglich ist und deshalb kein nach der nach dem Vertrag geschuldeten räumlichen Situation zweckentsprechendes, funktionstaugliches Werk hergestellt worden ist.

Die langfristige Nutzungseinschränkung ist ganz klar mit dem technischen Minderwert zu beziffern. Hier verbleibt kein ungutes Gefühl nach fachgerechter Mangelbeseitigung. Vielmehr erfolgte keine Mangelbeseitigung und es verbleibt eine Beeinträchtigung der Funktion.

Wieso ein merkantiler Minderwert begründet wird, ist nicht nachvollziehbar. Dieser kann allenfalls aus der nachgebesserte Kellerabdichtung resultieren.

## 6.3.19 OLG Frankfurt, 23.6.2009

### Sachverhalt

Die Parteien stritten über Minderungsansprüche aus einem Kaufvertrag über ein Grundstück, das ein Zweifamilienhaus und Überreste eines Luftschutzbunkers aus dem Zweiten Weltkrieg beinhaltete. Vorliegend handelt es sich bei dem Kaufgegenstand um ein aus ursprünglich zwei selbstständigen Flächen bestehendes Grundstück, das mit einem Zweifamilienhaus bebaut ist und im unbebauten Teil derzeit einen Garten aufweist. Es liegt in einer Stadt und damit in einem Wohngebiet, das planungsrechtlich als Bauland ausgewiesen ist. Es handelt sich um eine gehobene bis sehr gute Wohnlage, was sich in dem von dem Sachverständigen in seinem Gutachten von Februar 2009 mit 500,00 €/m² angegebenen Bodenrichtwert und in dem von dem Kläger entrichteten Kaufpreis niederschlägt. Vor diesem Hintergrund kann ein vernünftiger Durchschnittskäufer erwarten, dass ein Grundstück vergleichbarer Art nicht mit Resten eines gesprengten Luftschutzbunkers versehen ist, die sich über eine Länge von über 20 m, eine Breite von ca. 4 m und eine Höhe über Boden von ca. 1,60 m auf dem Grundstück verteilen und die sowohl eine uneingeschränkte gärtnerische Nutzung als auch eine veränderte bauliche Nutzung zumindest wesentlich erschweren und beeinträchtigen.

Das Landgericht hatte der Klage in Höhe von 105.000,00 € stattgegeben, da das Grundstück aufgrund des Bunkers mangelhaft sei und die Beklagte den Mangel arglistig verschwiegen habe, was eine Berufung des Haftungsausschlusses ausschloss.

### Entscheidung

Das Gericht bestätigte, dass das Grundstück aufgrund der Bunkerreste mangelhaft war und die Beklagte den Kläger nicht über diese Mängel informierte. Die Beklagte hätte den Kläger über den Mangel aufklären müssen, da dieser für die Kaufentscheidung von Bedeutung war.

Damit hat sie aber in dem Kläger die Erwartung erweckt, dass das Grundstück eine Beschaffenheit aufweist, die grundsätzlich auch eine weitere Bebauung oder bauliche Veränderung des bestehenden Zustands ermöglicht. Erwartungen können aber auch durch frühere Äußerungen des Verkäufers geweckt werden, selbst wenn sie später nicht Vertragsinhalt werden.

Die Minderung wurde auf 157.500,00 € festgelegt, da der Wert des Grundstücks ohne die Mängel 1.065.000,00 € betrug und mit den Mängeln nur 904.000,00 €. Der Kläger hatte 1.050.000,00 € für das Grundstück gezahlt, was zu einer Überzahlung von 157.500,00 € führte.

Der merkantile Minderwert bezieht sich auf die Wertminderung einer Sache, die trotz sorgfältiger und vollständiger Reparatur im Geschäftsverkehr vielfach niedriger bewertet wird. Dies beruht auf der Lebenserfahrung, dass eine einmal mit Mängeln behaftete Sache im Geschäftsverkehr oft einen Sicherheitsabschlag erfährt. Ein Beispiel dafür ist ein gesprengter Luftschutzbunker, bei dem wertrelevante Kontaminationen im Erdreich aufgrund der vorgenommenen Sprengungen nicht völlig auszuschließen sind. Der merkantile Minderwert wird oft als psychologischer Minderwert bezeichnet und kann einen erheblichen Einfluss auf den Verkehrswert einer Immobilie haben.

#### Kommentar

Insbesondere die Sorge über eine mögliche Kontamination durch die Sprengung des Bunkers begründet einen merkantilen Minderwert. Das Urteil ist somit nachvollziehbar.

### 6.3.20 OLG Celle, 18.9.2007

#### Sachverhalt

Die Eheleute x kamen in dem Bewertungsobjekt durch Erhängen im Rahmen eines Doppelsuizids zu Tode. Der Tod wurde länger nicht bemerkt, sodass sich die Leichen zum Zeitpunkt der Entdeckung in einem fortgeschrittenen Verwesungszustand befanden. Die Erben und Beklagten entschieden, das Haus über einen Makler verkaufen zu lassen. Ihnen und dem Makler waren die Todesumstände bekannt.

Der Kläger erwarb das Haus, ohne über die Umstände des Todes informiert zu werden. Nach dem Kauf erfuhr er von dem Doppelsuizid. Er erklärte die Anfechtung des Kaufvertrags wegen arglistiger Täuschung und forderte Rückzahlungen. Das Gericht hörte verschiedene Zeugen, um die Aussagen über die Informationsweitergabe durch den Makler zu klären.

Mit Vertrag von März 2006 kaufte der Kläger das Haus von den Beklagten zum Preis von 346.000,00 € und unterwarf sich der Zwangsvollstreckung in sein gesamtes Vermögen.

Mit Schreiben vom Mai 2006 erklärte der Bevollmächtigte des Klägers die Anfechtung des Vertrages wegen arglistiger Täuschung gegenüber der Beklagten zu 3 und gegenüber der Beklagten zu 1 und 2. Nach erklärter Anfechtung verlangt der Kläger von den Beklagten zu 1 und 2 die Scheckzahlung von 23.000,00 € zurück und von den Beklagten zu 1 bis 3 die gezahlte Maklercourtage und die Kosten der Beurkundung von zusammen 22.549,30 €.

Er hat behauptet, als der Makler davon berichtet habe, dass die Voreigentümer sich das Leben genommen hätten, habe seine Ehefrau nachgefragt, „aber doch nicht in diesem Haus", woraufhin der Makler erklärt habe, die Voreigentümer hätten sich in Spanien das Leben genommen.

#### Entscheidung

Das Oberlandesgericht entschied, dass die Beklagten aufgrund falscher Angaben des Maklers in der Verantwortung standen, und erklärte die Zwangsvollstreckung für unzulässig. Die Beklagten wurden verurteilt, dem Kläger insgesamt 45.549,30 € zu zahlen, einschließlich Zinsen. Die Kosten des Rechtsstreits wurden den Beklagten auferlegt.

**Kommentar**

Der Fall zeigt deutlich, dass es Käufer gibt, die eine Immobilie, in der ein Doppelsuizid stattgefunden hat, nicht kaufen möchten. Hier war das Problem, dass die Käufer aktiv nachgefragt hatte, wo sich die beiden Besitzer das Leben nahmen, und der Makler in diesem Falle den tatsächlichen Ort arglistig verschwiegen hatte. Die Tatsache, dass der Kauf rückabgewickelt wurde, zeigt, dass solche Ereignisse vom Markt emotional aufgenommen werden, auch wenn Umfragen zeigen, dass bei einem Doppelsuizid die Mehrheit der Befragten den vollen Kaufpreis zahlen würden. Es gibt aber auch 19 % der Befragten, die vom Kauf zurücktreten würden *(Kapitel 9.2)*. In diesem Fall kam sicher noch erschwerend hinzu, dass die Käufer getäuscht wurden.

## 6.4 Zusammenfassung

Bei Sichtung der Urteile fällt auf, dass oftmals darüber diskutiert wird, ob ein merkantiler Minderwert auch nach vollständiger Schadensbeseitigung berechtigt ist. Die Diskussion verwundert, denn genau das ist die Definition des merkantilen Minderwerts. Er ist der Minderwert, der trotz vollständiger und fachgerechter Mangelbeseitigung in fachlich einwandfreier Weise verbleibt, weil bei einem großen Teil des Publikums eine Abneigung gegen den Erwerb besteht. Somit müsste die Diskussion eher darum gehen, ob er auch vorhanden sein kann, wenn der Schaden nicht beseitigt ist.

Hierzu gab es einige Urteile, nach denen ein merkantiler Minderwert bestätigt wurde, obwohl der Mangel nicht behoben war. Dies war bei einer zu eng geplanten Einfahrt oder einer unvollständigen Wärmedämmung einer Rohrleitung in der Bodenplatte der Fall. Diese Entscheidungen sind schwer nachvollziehbar, denn sie widersprechen der vorgenannten Definition des merkantilen Minderwerts. Hier führt ein Planungsfehler zu einer dauerhaften Beeinträchtigung der Gebrauchstauglichkeit. Für diese Beeinträchtigungen können Minderwerte als technische Minderwerte nach den Schätzmethoden von *Auernhammer und Kamphausen* ermittelt werden. Gleiches gilt für die erhöhten Energiekosten aufgrund einer fehlenden Dämmung. Hier können die Mehrkosten über die Restnutzungsdauer des Gebäudes kapitalisiert werden. In beiden Fällen handelt es sich um rational nachvollziehbare Einbußen in der Nutzung des Gebäudes. Ein merkantiler Minderwert stellt sich nicht dar.

Interessant sind die Urteile zu den Kompletterneuerungen von Bauteilen. Zu begrüßen ist das neueste Urteil des OLG Naumburg, wonach der merkantile Minderwert bei Kompletterneuerung eines Daches nicht nachweisbar ist.

Bei der Suche nach Gerichtsurteilen rund um den merkantilen Minderwert ergeben sich zahlreiche Urteile zu dem Thema. Bei näherer Betrachtung wird deutlich, dass der Begriff sehr oft im falschen Zusammenhang verwendet wird. So gibt es einige Gerichtsfälle, in denen über einen vermeintlichen merkantilen Minderwert verhandelt wurde, obwohl der Betrag, der strittig war, nichts mit einem merkantilen Minderwert zu tun hat. Ein Beispiel hierfür ist der Fall, in dem die günstigste von drei alternativen Schadensbeseitigungsmaßnahmen ausgewählt und dann der Differenzbetrag zur teuersten Variante eingeklagt wurde.

Auch über den Zeitpunkt der Ermittlung des merkantilen Minderwerts wird diskutiert. So sah es das Oberlandesgericht Celle nicht, dass am Wertermittlungsstichtag ein merkantiler Minderwert vorhanden sein kann, wenn der Schaden, in diesem Fall eine Verunreinigung mit Kerosin im Untergrund, nicht beseitigt ist. Dagegen gibt es andere Urteile, die besagen, dass der Minderwert am Wertermittlungsstichtag vorhanden sei, auch wenn der Schaden an diesem Tag noch nicht beseitigt ist.

Eine geringere Verwertbarkeit des Gebäudes wurde sehr oft attestiert und damit der merkantile Minderwert begründet. In vielen Fällen, in denen der merkantile Minderwert in diesem Zusammenhang bestätigt wurde, ist diese Vorgehensweise fraglich, da der Minderwert i.d.R. mit dem technischen Minderwert abgegolten wird.

Betrachtet man die Historie der Urteile, ist zum einen erkennbar, dass die Urteile von der Kfz-Bewertung hin zur Immobilienbewertung angepasst wurden, und zum anderen, dass die Anerkennung des merkantilen Minderwerts tendenziell weniger wird.

Was bei fast allen Urteilen komplett unberücksichtigt blieb, waren Aussagen zur Marktlage. Es wurde sehr detailliert begründet, warum ein merkantiler Minderwert vorhanden sei oder eben auch nicht vorhanden sei. Dabei wurde immer wieder auf das verminderte Vertrauen in die bauliche Qualität des Gebäudes und die daraus resultierende geringere Verwertbarkeit des Gebäudes abgestellt. Ganz wichtig ist aber doch die Lage des Objekts. Es mag sein, dass die Mehrheit der potenziellen Kaufinteressenten Abstand vom Kauf nehmen würde oder einen Wertabschlag machen würde. Die eigentliche Frage ist aber doch, wie lange es dauert, bis der Makler dann den reduzierten Käuferkreis erreicht. Umfragen *(Kapitel 9.3)* haben ergeben, dass ehemalige Baumängel und Bauschäden den Markt ohnehin nicht sonderlich beschäftigen. 10 bis 12 % der Befragten, würden ein Haus mit einem ehemaligen Baumangel oder Bauschaden nicht kaufen. Das bedeutet, dass knapp 90 % kein Problem mit dem Kauf hätten. Somit ist anzunehmen, dass diese überwiegende Mehrheit lageübergreifend schnell gefunden ist und keine Wertminderung erfolgt. Wären es bspw. nur 20 % der Marktteilnehmer, die kein Problem mit dem Kauf hätten, würde dies in Ballungsgebieten mit einem angespannten Markt sicher immer noch keine Auswirkungen auf den Preis haben. Das Objekt wäre möglicherweise etwas länger am Markt, aber aufgrund der hohen Nachfrage wäre ein Käufer aus der reduzierten Gruppe von 20 % so schnell gefunden, dass kein Preisnachlass erforderlich würde. Anders sähe es mit diesem Szenario in ländlichen Gebieten aus. Wenn die Nachfrage ohnehin gering ist und zusätzlich nur 20 % der Käufer für das Objekt in Frage kommen, dann wird das Objekt sehr lange am Markt sein müssen, bis diese Käufergruppe gefunden ist. Der Makler wird den Preis reduzieren müssen.

Hiermit wird klar, dass es nicht ausreicht, die rechtlichen Definitionen zum merkantilen Minderwert separiert vom Marktgeschehen zu betrachten. Die gleiche Abneigung kann in unterschiedlichen Lagen andere Auswirkungen auf den Preis haben. Somit hängt die „Verwertbarkeit“ des Grundstücks vor allem von der Nachfragesituation ab.

Zusammenfassend muss festgestellt werden, dass viele Minderwerte allein über den technischen Minderwert dargestellt werden können. Weiter ist der merkantile Minderwert in Fällen, in denen Komplettsanierungen stattfanden oder zumindest ganze Bauteile ausgetauscht wurden, oftmals nicht mehr darstellbar. In allen übrigen Fällen, in denen der merkantile Minderwert per Definition vorhanden sein könnte, ist es maßgeblich, die Lage zu betrachten. In Ballungsgebieten liegen i.d.R. keine merkantilen Minderwerte vor.

# 7 Anwendungsbereiche

In *Kapitel 3.3* wurde die Abgrenzung des Begriffes merkantiler Minderwert erläutert. In Hinblick auf die juristischen Definitionen zählen zum merkantilen Minderwert ausschließlich:

- fachgerecht beseitigte Baumängel und Bauschäden,
- fachgerecht beseitigte Schadstoffe in Gebäuden und auf Grundstücken,
- Ereignisse, die zu einen Imageschaden führen bzw. ein ungutes Gefühl beim Käufer bewirken.

Im Folgenden werden einige besonders hervorzuhebende Anwendungsbereiche näher erläutert. Es handelt sich dabei um Anwendungsbereiche, die entweder besonders häufig auftreten oder beim Käufer eine hohe Sensibilität generieren.

In die Rubrik „fachgerechte beseitigte Baumängel und Bauschäden" sind ein ehemaliger Hausschwammbefall, Bergschäden und Überschwemmungen einzuordnen. Ehemalige Altlasten sowie ein Kampfmittelfund zählen zu den „fachgerecht beseitigten Schadstoffen in Gebäuden und auf Grundstücken". Mord und Totschlag zählen zu den Ereignissen, die zu einem Imageschaden führen und ein ungutes Gefühl beim Käufer hervorrufen können.

Wichtig bei der Bewertung ist es, zwischen Lagemerkmal und merkantilem Minderwert zu unterscheiden. Das ist in Einzelfällen oftmals kaum abgrenzbar. Im nächsten Kapitel wird insbesondere auf diese Problematik eingegangen.

## 7.1 Hausschwamm

### 7.1.1 Schädigende Wirkung und Schadensbeseitigung

Der Echte Hausschwamm (*Serpula lacrymans*) zählt zu den gefährlichsten holzzerstörenden Pilzen, die Holzbauteile in Gebäuden befallen. Er ist Hauptverursacher für Schäden durch Schwammbefall in Gebäuden. Verbautes Holz wird dabei bevorzugt befallen. Hierzu wird ein feuchtes und nicht zu kühles Milieu zum Wachstum (günstig 35 bis 60 % Holzfeuchtigkeit) benötigt. Nicht selten sind Guttationströpfchen auf dem Hausschwamm zu sehen: „Tränender Hausschwamm".

Der Echte Hausschwamm bildet als typischer Oberflächenpilz ein gut entwickeltes Oberflächenmyzel. Die Myzelien können u.a. Mauerwerk, Putz und Schüttungen durchdringen und unterwachsen. Aufgrund des überwiegend versteckten Wachstums kann seine Anwesenheit lange verborgen bleiben. Das birgt die Gefahr, dass tragende Konstruktionen unbemerkt zersetzt werden. Der Befall von Holz geht meist mit einer intensiven, grobwürfeligen Braunfäule einher. Bei fortgeschrittenem Befall wird das Holz würfelartig gebrochen und lässt sich mit der Hand eindrücken. Charakteristisch sind die bräunlichen, weißrandigen, fladenförmigen Fruchtkörper, in denen die Sporen gebildet werden. Es kommt zu einer immensen Sporenproduktion. Der echte Hausschwamm kommt vorwiegend in Altbauten vor. Er wächst auch an erdberührenden Bauteilen, z.B. an verlorener Holzschalung. Häuser mit hoher relativer Luftfeuchtigkeit sind günstig für den Hausschwamm, daher ist er oft in unbewohnten Häusern zu finden. Im Gebäude tritt er in Zwischendecken, unter Böden, hinter Wandverkleidungen sowie im Trauf- und Drempelbereich auf. Im Außenbereich kommt der Echte Hausschwamm eher selten vor. In der freien Natur ist er nicht vorhanden. Seine versteckte Lebensweise macht ihn so gefährlich. Bis zur ersten Entdeckung des Pilzes auf Oberflächen kann jahrelanges Wachstum in Hohlräumen und damit eine fortgeschrittene Zerstörung der Holzbauteile vorangegangen sein. Pilzsporen befinden sich immer in der Luft. Daher ist nicht der Pilz die Ursache des Schadens, sondern die Feuchtigkeit. Diese stellt in Kombination mit organischem Material die Lebensgrundlage für den Pilzbefall dar. Das Nährsubstrat, die Temperatur sowie die Feuchteverhältnisse sind verantwortlich für den Pilzbefall. Der Hausschwamm bevorzugt Nadelhölzer, ist aber auch an Laubhölzern zu finden. Dabei sind helle Laubhölzer stärker gefährdet, da sie schnell und stark zerstört werden, genauso wie Nadelhölzer. Dunkle Laubhölzer hingegen werden sehr langsam abgebaut. Tropenhölzer befällt der Hausschwamm nicht. Optimale Wachstumsbedingungen für Hausschwamm im Vergleich zu den anderen Pilzarten sind bei 18 bis 22 °C erreicht. Bei 26 bis 28 °C stellt er sein Wachstum ein. Er stirbt dann aber nicht ab. Besonders gefährlich ist, dass der Hausschwamm keine besonderen Anforderungen an die Holzfeuchte stellt. Günstig ist eine Anfangsfeuchte von ca. 30 bis 40 %, bei zunehmendem Wachstum sind 40 bis 60 % ideal. Er kann auch trockenes Holz befallen und dieses selbst anfeuchten. Auch kann er über sein Myzel Wasser über weite Strecken transportieren. Die Hauptursachen für den Befall sind:

- Baufehler (z.B. verlorene Holzschalung, unzureichende Bauaustrocknung),
- mangelnde Instandhaltung (z.B. undichte Dächer, defekte Scheiben),
- Wasserschäden (z.B. Rohrbrüche, Leckagen),
- Einschleppung (z.B. infiziertes Altholz),
- Fehler bei der Bausanierung (z.B. Nutzungsänderungen mit erhöhtem Feuchteeindrang, energetische Sanierungen in Kombination mit falschem Nutzerverhalten).

Liegt der Verdacht auf einen Befall mit Echtem Hausschwamm vor, muss eine eingehende Untersuchung durchgeführt werden. In Zweifelsfällen muss anhand einer Probenentnahme im Labor getestet werden, ob ein Befall vorliegt. Bei positivem Ergebnis sind die befallenen Bereiche zu untersuchen. Hierzu können Bohrkernentnahme und Bohrwiderstandsmessung eingesetzt werden, aber auch zerstörungsfreie Untersuchungen in Form von Endoskopien. Die Bekämpfung von Hausschwamm ist unbedingt durch ein autorisiertes Fachunternehmen gemäß DIN 68800-4 durchzuführen. Der Echte Hausschwamm ist der mit Abstand am schwersten zu bekämpfende holzzerstörende Pilz, da er Mauerwerk intensiv durchwachsen und so auch an neues Holz gelangen kann.

Die Sanierung ist i.d.R. sehr umfangreich. Sie gliedert sich gemäß WTA-Merkblatt E-1-2 grob in fünf Schritte:

- Beseitigung der Feuchtequelle und Trocknung der durchfeuchteten Bauteile,
- Entfernen zugänglicher Myzelien, Fruchtkörper und befallener Materialien,
- Rückbau bzw. Teilausbau geschädigter Holzbauteile,
- Im Bedarfsfall Imprägnieren verbliebener Holzbauteile,
- Behandlung des Mauerwerks mit einem Schwammsperrmittel.

Befallene Holzteile müssen häufig in der Längsachse mit 1 m Sicherheitsabstand vom letzten erkennbaren Befall gesund geschnitten werden. Bei fortgeschrittenem Befall ist es manchmal notwendig, die tragenden Bauteile auszutauschen. Die getrockneten Schadstellen werden mit geeigneten chemischen Schutzmitteln behandelt. Dabei werden sie mit Schwammsperrmitteln im Oberflächenverfahren behandelt oder es wird eine Bohrlochtränkung durchgeführt. Anschließend wird das Holz imprägniert. Bei der Sanierung ist darauf zu achten, die Verschleppungsgefahr durch eine geeignete fachgerechte Entsorgung zu vermeiden. Bei denkmalgeschützten Gebäuden wird alternativ u.a. das Heißluftverfahren angewandt. Dabei werden hinreichend hohe Temperaturen über einen längeren Zeitraum in das Bauteil eingebracht. Hierbei wird sich die Eigenschaft zunutze gemacht, dass der Pilz z.B. bei einer Mindesttemperatur des Bauteils von 50 °C über eine Zeit von mindestens 16 Stunden abstirbt. Bei großen Räumen oder dicken Wänden ist das Verfahren unter wirtschaftlichen Gesichtspunkten allerdings nur begrenzt einsetzbar. Die Beseitigung des Hausschwamms ist mit hohen Kosten verbunden. Ein Hausschwammbefall ist in Sachsen und Thüringen derzeit noch meldepflichtig.

## 7.1.2 Werteinfluss bei Hausschwammbefall

Die Auswertungen von rd. 1.100 Kauffällen von Einfamilien- und Mehrfamilienwohnhäusern[65] nach Schadensart zeigt, dass für Hausschwammbefall und Schädlingsbefall die größten Abschläge gemacht wurden.

Die Darstellung der Minderungen nach Schadensart zeigt, dass sich die durchgeführten Abschläge überwiegend in einer Spanne von 10.000,00 bis 70.000,00 € bewegen. Abschläge unter 10.000,00 € kommen nur bei kleinen Feuchteschäden und Rissen vor. Die größten Abschläge mit über 70.000,00 € erfolgten bei Schäden aufgrund von Schimmel, Hausschwamm und Schädlingen.

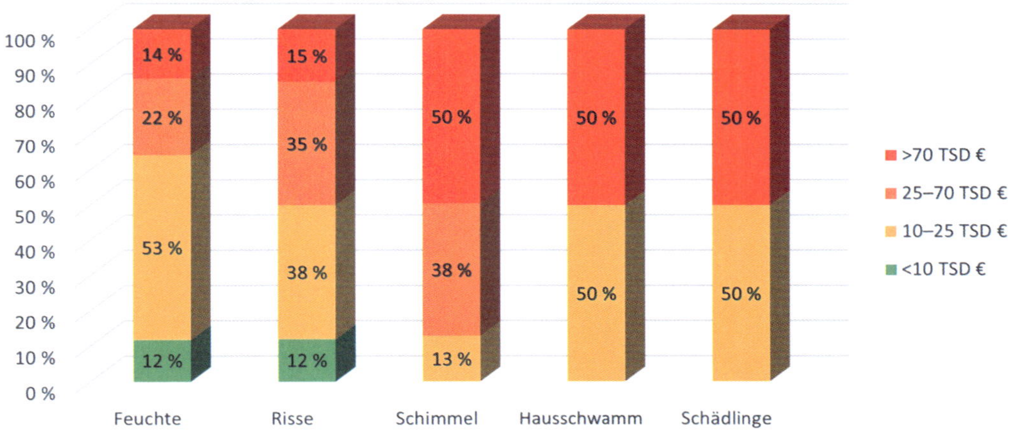


*Abb. 7.1: Minderung von Kaufpreisen nach Schadensart, Auswertung Unglaube 2020 bis 2023*

65 *Unglaube, D.*: Baumängel und Bauschäden in der Wertermittlung, 2. Aufl., Reguvis, Köln 2024, Kap. 5.7.2.7.

Der Hausschwammbefall ist mit Schadensbeseitigungskosten zwischen 15.000,00 bis 50.000,00 € überwiegend der Kategorie „große Schäden“ aus der vorgenannten Auswertung zuzuordnen. Die untenstehende Tabelle zeigt, dass der Wertabschlag infolge großer Schäden zwischen im Mittel 3,1 % im Ballungsgebiet (Gegenden mit Bodenrichtwerten > 500,00 €/m²) und im Mittel 8,2 % im ländlichen Bereich (Gegenden mit Bodenrichtwerten < 150,00 €/m²) bezogen auf den unbelasteten Verkehrswert liegt.

| | Schadensgröße | | | | | | | | | | | | | | |
|---|---|---|---|---|---|---|---|---|---|---|---|---|---|---|---|
| | klein | | | mittel | | | groß | | | erheblich | | | zusammen | | |
| Jahre 2020-2023 | Anz. | Ø | Max. | Anz. | Ø | Max. | Anz. | Ø | Max. | Anz. | Ø | Max | Anz. | Ø | Max. |
| Allgemein (alle Lagen) | 563 | 0,6 % | 20,0 % | 227 | 1,5 % | 25,0 % | 101 | 5,4 % | 66,7 % | 47 | 6,3 % | 75,0 % | 940 | 1,3 % | 42,9 % |
| Ländliches Gebiet | 81 | 1,2 % | 26,0 % | 29 | 3,9 % | 21,7 % | 16 | 8,2 % | 45,0 % | 5 | 9,7 % | 48,4 % | 131 | 2,4 % | 32,6 % |
| Randgebiet | 285 | 0,6 % | 20,0 % | 119 | 1,5 % | 25,0 % | 64 | 5,5 % | 66,7 % | 22 | 9,3 % | 75,0 % | 492 | 1,5 % | 42,9 % |
| Ballungsgebiet | 196 | 0,3 % | 13,5 % | 79 | 0,7 % | 12,1 % | 21 | 3,1 % | 24,0 % | 20 | 2,2 % | 34,7 % | 317 | 0,6 % | 25,8 % |

*Abb. 7.2: Minderung von Kaufpreisen nach Lage und Schadensgröße, Auswertung Unglaube 2020 bis 2023*

Für die Bewertung der Minderung infolge eines beseitigten Hausschwammbefalls kann dies als Obergrenze dienen. Siehe hierzu die Erläuterung der Näherungsmethode in *Kapitel 10.*

## 7.1.3 Werteinfluss bei beseitigtem Hausschwammbefall

Der Echte Hausschwamm wurde 2004 von der Deutschen Gesellschaft für Mykologie zum Pilz des Jahres gewählt, um auf seine häufig unterschätzte wirtschaftliche Bedeutung hinzuweisen.

In *Kapitel 5.4* wird die Vorgehensweise von *Tewis* zur Ermittlung des Werteinflusses eines beseitigten Hausschwammbefalls im Detail dargestellt.

*Tewis*[66] hatte im Jahr 2000 hierzu einen Artikel in der Zeitschrift GuG veröffentlicht. Grundsätzlich geht er davon aus, dass nach sechs bis acht Jahren nach Schadensbeseitigung nicht mehr mit dem Aufleben eines beseitigten Hausschwamms zu rechnen ist.

In einer Matrix unterteilt er fünf Kategorien von Befallsgrößen von sehr klein bis sehr groß. Hierzu stellt er prozentuale Abschläge vom Bauwert (Neubauwert abzüglich Minderung infolge Alter und Schäden) in Abhängigkeit des ehemaligen Schadensausmaßes sowie der Wahrscheinlichkeit des Feuchteeindrangs dar. Die Wertabschläge liegen zwischen 0 und 20 %.

Hier sei darauf hingewiesen, dass es sich nicht um den Abschlag vom unbelasteten Verkehrswert handelt. Der Abschlag bezieht sich ausschließlich auf die Gebäudekosten.

Auch ist wichtig, dass die Einstufung von *Tewis* nach dem Schadensumfang nicht kongruent zu der Einteilung nach *Unglaube* ist. Die Kategorisierung des Schadensausmaßes bezog sich bei *Unglaube* auf grob unterstellte Schadensbeseitigungskosten. Diese sind in der ersten Spalte der Matrix dargestellt. Zur besseren Übersicht wurden sie der Matrix von *Tewis* vorangestellt. Da selbst die Schadensbeseitigungskosten von nach *Tewis* deklarierten „sehr kleinen“ Schäden bereits im Bereich von 10.000,00 € liegen können und ein Hausschwammbefall

66 *Tewis, N.*: Merkantiler Minderwert bei Hausschwamm-Befall, GuG – Grundstücksmarkt und Grundstückswert, 2000, Heft 1, S. 11 bis 33.

als solcher eher einen großen Schaden darstellt, beginnt die Einteilung nach *Unglaube* in der unten stehenden Tabelle bereits mit „mittleren Schäden". Kleine Schäden nach *Tewis* entsprechen somit mittleren bis großen Schäden nach *Unglaube*, mäßige Schäden nach *Tewis* entsprechen großen Schäden nach *Unglaube* und große Schäden nach *Tewis* entsprechen großen bis erheblichen Schäden nach *Unglaube*.

Für die letzte Kategorie in der Matrix von *Tewis,* die sehr großen Schäden, gibt es keine Zuordnung nach *Unglaube*. Hier gibt er eine Spanne von 10 bis 20 % vom Gebäudewert für den merkantilen Minderwert für einen Hausschwammbefall, dessen restlose Beseitigung nicht garantiert werden kann. Nach der Definition des merkantilen Minderwerts stellt dies ein K.-o.-Kriterium für dessen Vorhandensein dar. Der merkantile Minderwert kann nur auftreten, wenn der Markt eine irrationale Sorge hat, obwohl der Schaden fachgerecht und komplett beseitigt wurde. Die Sorge, dass der Hausschwamm weiterwächst, wenn er nicht vollumfänglich fachgerecht beseitigt wurde, ist sehr rational. Hier handelt es sich dann um einen Wertabschlag für vorhandene Schäden.

Dabei drängt sich die Frage auf, wer ein Haus kaufen würde, bei dem die restlose Beseitigung des Hausschwamms schon von vornherein nicht gewährleistet werden kann.

| **nach Auswertung *Unglaube*** | **Bewertung *Tewis*** | | |
|---|---|---|---|
| **Schadensumfang:** | | Trockenheit dauerhaft gewährleistet oder sehr gesuchtes Objekt in gesuchter Lage (wenn Kaufpreis vorliegt):<br>**Vereinbarter Kaufpreis ist erheblich unter Verkehrswert** | Trockenheit nicht sicher und dauerhaft gewährleistet oder großes Angebot, nicht so gesuchte Lage oder (bei vorhandenem Kaufpreis):<br>**Kaufpreis deutlich über dem Verkehrswert** |
| **mittlere Schäden** (Schadensbeseitigungskosten 10.000,00 bis 25.000,00 €) | **sehr klein,**<br>z.B. Anzeichen auf begrenzten Raum, kein oder unbedeutender Austausch von Bauteilen. | 0 % | 5 % |
| **mittlere Schäden** (Schadensbeseitigungskosten 10.000,00 bis 25.000,00 €) / **große Schäden** (Schadensbeseitigungskosten 25.000,00 bis 70.000,00 €) | **klein,**<br>z.B. wenige Bauteile auszutauschen, Schaden gut abzugrenzen, übersichtliche Zugänglichkeit für Sanierungsarbeiten. | 1 % | 7 % |

| **nach Auswertung *Unglaube*** | **Bewertung *Tewis*** | | |
|---|---|---|---|
| **große Schäden** (Schadensbeseitigungskosten 25.000,00 bis 70.000,00 €) | **mäßig,** z.B. schon deutlicher Befall, wenn mehr als ein Geschoss befallen ist oder mehr als ein Herd. | 3 % | 10 % |
| **große Schäden** (Schadensbeseitigungskosten 25.000,00 bis 70.000,00 €) / **erhebliche Schäden** (Schadensbeseitigungskosten > 70.000,00 €) | **groß,** umfangreicher Befall mit mehreren Herden und schwieriger Zugänglichkeit. | 5 % | 15 % |
| **K.o.** | **sehr groß,** restlose Beseitigung nicht gewährleistet | 10 % | 20 % |
| Folgende Faktoren ändern die Zahlen: | • Sehr durchgreifender Umbau (z.B. Stahlbetondecken statt Holzbalkendecken) lässt Minderwert u.U. sogar zu Null werden, insbesondere dann, wenn der Pilz mangels Nahrungsangebot nicht mehr wachsen kann.<br>• Gebäudeverbesserung durch Sanierung kann auch werterhöhend sein, wenn damit eine Renovierung oder Modernisierung verbunden ist.<br>• Bei Ermittlung der Wertminderung nach Kauf (arglistiges Verschweigen des Mangels) kann der Kaufpreis („Schnäppchen“) einen Minderwert beeinflussen, weil „bei diesem Preis“ auch Verkauf bei Kenntnis dieses Mangels durchgeführt worden wäre.<br>• Schadensfreier Zustand von etwa zehn Jahren wird kaum noch eine merkantile Wertminderung | | |

*Tab. 7.1: Bewertungsmatrix für ehemaligen Hausschwammbefall nach Tewis, nachgezeichnet*

Im Folgenden werden drei Beispiele eines Hausschwammbefalls nach der Methode *Tewis* betrachtet und der Wertabschlag wird zur Kontrolle im Nachgang auf den unbelasteten Verkehrswert bezogen, um das Ergebnis mit den Auswertungen nach *Unglaube* vergleichen zu können.

## *Beispiel 1:*

*Das Einfamilienwohnhaus befindet sich im Randgebiet mit einem Bodenrichtwertniveau von 400,00 €/m². Es handelt sich um einen sehr kleinen (nach Tewis) ehemaligen Hausschwammbefall, der sich nur auf ein Geschoss erstreckte. Ein Austausch von Bauteilen war nicht vonnöten, da der Befall mittels Heißluftverfahren beseitigt werden konnte. Tewis schlägt einen Abschlag vom Gebäudewert bis 5 % vor. Bei einer Randlage könnte somit ein Abschlag von 2,5 % marktgerecht sein. Demnach ergibt sich bei einem Gebäudewert von 131.304,45 € für den Wertabschlag ein Betrag von 3.282,61 €.*

| **Einfamilienwohnhaus im Randgebiet<br>mittlerer Schaden (U), sehr kleiner Schaden (T)** | | |
|---|---|---|
| **Gebäudewert** | | **131.304,45 €** |
| Außenanlagen | *5 % vom Geb.wert* | 6.565,22 € |
| Bodenwert | | 250.000,00 € |
| **vorläufiger Sachwert** | *Geb.+AA+BW* | **387.869,68 €** |
| Sachwertfaktor | *gem. MB* | 1,13 |
| **Sachwert** | | **438.292,73 €** |
| boG | *2,5 % vom Gebäudewert* | -3.282,61 € |
| **Sachwert** | | **435.010,12 €** |

| | |
|---|---|
| **merkantiler Minderwert** | **rd. 0,07 %** |

*Abb. 7.3: Ermittlung des merkantilen Minderwerts bei sehr kleinem Schaden im Randgebiet*

*Bezogen auf den mangelfreien Verkehrswert von 438.292,73 € ergibt sich der merkantile Minderwert zu 0,07 %. Es kann also davon ausgegangen werden, dass der Markt für einen solchen kleinen Befall keinen Wertabschlag macht.*

*Entsprechend Abbildung 7.4 macht der Markt im Randgebiet für* ***vorhandene*** *mittlere Schäden einen mittleren Wertabschlag in Höhe von 1,5 %. Der Abschlag von 0,07 % für einen* ***beseitigten*** *mittleren Hausschwammbefall ist somit plausibel.*

| | Schadensgröße | | | | | | | | | | | | | | |
|---|---|---|---|---|---|---|---|---|---|---|---|---|---|---|---|
| | klein | | | mittel | | | groß | | | erheblich | | | zusammen | | |
| **Jahre 2020-2023** | Anz. | Ø | Max. | Anz. | Ø | Max. | Anz. | Ø | Max. | Anz. | Ø | Max | Anz. | Ø | Max. |
| Allgemein (alle Lagen) | 563 | 0,6 % | 20,0 % | 227 | 1,5 % | 25,0 % | 101 | 5,4 % | 66,7 % | 47 | 6,3 % | 75,0 % | 940 | 1,3 % | 42,9 % |
| Ländliches Gebiet | 81 | 1,2 % | 26,0 % | 29 | 3,9 % | 21,7 % | 16 | 8,2 % | 45,0 % | 5 | 9,7 % | 48,4 % | 131 | 2,4 % | 32,6 % |
| Randgebiet | 285 | 0,6 % | 20,0 % | 119 | 1,5 % | 25,0 % | 64 | 5,5 % | 66,7 % | 22 | 9,3 % | 75,0 % | 492 | 1,5 % | 42,9 % |
| Ballungsgebiet | 196 | 0,3 % | 13,5 % | 79 | 0,7 % | 12,1 % | 21 | 3,1 % | 24,0 % | 20 | 2,2 % | 34,7 % | 317 | 0,6 % | 25,8 % |

*Abb. 7.4: Wertabschläge vom unbelasteten Verkehrswert in den Jahren 2020 bis 2023*

In den folgenden Beispielen wird weiterhin von einer Lage im Randgebiet ausgegangen, aber das Schadensausmaß wird jeweils erhöht.

## *Beispiel 2:*

*Das Einfamilienwohnhaus befindet sich im Randgebiet mit einem Bodenrichtwertniveau von 400,00 €/m². Es handelt sich um einen kleinen (nach Tewis) ehemaligen Hausschwammbefall, der sich nur auf ein Geschoss erstreckte. Die Zugänglichkeit für die Sanierung war gegeben. Einzelne Bauteile wurden ausgetauscht. Die Schadensbeseitigungskosten betrugen rd. 25.000,00 €. Nach der Matrix von Tewis wird ein Wertabschlag von 1 % (in gesuchter Lage) und 7 % (in nicht so gesuchter Lage) vorgeschlagen. Für das Randgebiet könnten 4 % passend sein.*

*Demnach ergibt sich bei einem Gebäudewert von 131.304,45 € für den Wertabschlag ein Betrag von 5.252,18 €. Bezogen auf den mangelfreien Verkehrswert von 438.292,73 € ergibt sich der merkantile Minderwert zu 1,2 %.*

| **Einfamilienwohnhaus im Randgebiet mittlerer Schaden (U), kleiner Schaden (T)** | | |
|---|---|---|
| **Gebäudewert** | | **131.304,45 €** |
| Außenanlagen | *5 % vom Geb.wert* | 6.565,22 € |
| Bodenwert | | 250.000,00 € |
| **vorläufiger Sachwert** | *Geb.+AA+BW* | **387.869,68 €** |
| Sachwertfaktor | *gem. MB* | 1,13 |
| **Sachwert** | | **438.292,73 €** |
| boG | *4 % vom Gebäudewert* | -5.252,18 € |
| **Sachwert** | | **433.040,56 €** |
| | **merkantiler Minderwert** | **rd. 1,2 %** |

*Abb. 7.5: Ermittlung des merkantilen Minderwerts bei kleinem Schaden im Randgebiet*

*Entsprechend Abbildung 7.6 macht der Markt im Randgebiet für **vorhandene** mittlere Schäden einen mittleren Wertabschlag in Höhe von 1,5 %. Der Abschlag von 1,2 % für einen **beseitigten** mittleren Hausschwammbefall ist somit plausibel.*

| | Schadensgröße | | | | | | | | | | | | | | |
|---|---|---|---|---|---|---|---|---|---|---|---|---|---|---|---|
| | klein | | | mittel | | | groß | | | erheblich | | | zusammen | | |
| **Jahre 2020-2023** | Anz. | Ø | Max. | Anz. | Ø | Max. | Anz. | Ø | Max. | Anz. | Ø | Max | Anz. | Ø | Max. |
| Allgemein (alle Lagen) | 563 | 0,6 % | 20,0 % | 227 | 1,5 % | 25,0 % | 101 | 5,4 % | 66,7 % | 47 | 6,3 % | 75,0 % | 940 | 1,3 % | 42,9 % |
| Ländliches Gebiet | 81 | 1,2 % | 26,0 % | 29 | 3,9 % | 21,7 % | 16 | 8,2 % | 45,0 % | 5 | 9,7 % | 48,4 % | 131 | 2,4 % | 32,6 % |
| Randgebiet | 285 | 0,6 % | 20,0 % | 119 | 1,5 % | 25,0 % | 64 | 5,5 % | 66,7 % | 22 | 9,3 % | 75,0 % | 492 | 1,5 % | 42,9 % |
| Ballungsgebiet | 196 | 0,3 % | 13,5 % | 79 | 0,7 % | 12,1 % | 21 | 3,1 % | 24,0 % | 20 | 2,2 % | 34,7 % | 317 | 0,6 % | 25,8 % |

*Abb. 7.6: Wertabschläge vom unbelasteten Verkehrswert in den Jahren 2020 bis 2023*

## *Beispiel 3:*

*Das Einfamilienwohnhaus befindet sich im Randgebiet mit einem Bodenrichtwertniveau von 400,00 €/m². Es handelt sich um einen mäßigen (nach Tewis) ehemaligen Hausschwammbefall, der sich nur auf mehrere Geschosse erstreckte. Die Zugänglichkeit für die Sanierung war gegeben, es gab aber mehrere Herde. Einzelne Bauteile wurden ausgetauscht. Die Schadensbeseitigungskosten betrugen rd. 40.000,00 €. Nach der Matrix von Tewis wird ein Wertabschlag von 3 % (in gesuchter Lage) und 10 % (in nicht so gesuchter Lage) vorgeschlagen. Für das Randgebiet könnten 6 % passend sein.*

| **Einfamilienwohnhaus im Randgebiet<br>großer Schaden (U), mäßiger Schaden (T)** | | |
|---|---|---|
| **Gebäudewert** | | **131.304,45 €** |
| Außenanlagen | *5 % vom Geb.wert* | 6.565,22 € |
| Bodenwert | | 250.000,00 € |
| **vorläufiger Sachwert** | *Geb.+AA+BW* | **387.869,68 €** |
| Sachwertfaktor | *gem. MB* | 1,13 |
| **Sachwert** | | **438.292,73 €** |
| boG | *6 % vom Gebäudewert* | -7.878,27 € |
| **Sachwert** | | **430.414,47 €** |

| | |
|---|---|
| **merkantiler Minderwert** | **rd. 1,8 %** |

*Abb. 7.7: Ermittlung des merkantilen Minderwerts bei mäßigem Schaden im Randgebiet*

*Demnach ergibt sich bei einem Gebäudewert von 131.304,45 € für den Wertabschlag ein Betrag von 7.878,27 €. Bezogen auf den mangelfreien Verkehrswert von 438.292,73 € ergibt sich der merkantile Minderwert zu 1,8 %.*

| | Schadensgröße | | | | | | | | | | | | | | |
|---|---|---|---|---|---|---|---|---|---|---|---|---|---|---|---|
| | klein | | | mittel | | | groß | | | erheblich | | | zusammen | | |
| **Jahre 2020-2023** | Anz. | Ø | Max. | Anz. | Ø | Max. | Anz. | Ø | Max. | Anz. | Ø | Max | Anz. | Ø | Max. |
| Allgemein (alle Lagen) | 563 | 0,6 % | 20,0 % | 227 | 1,5 % | 25,0 % | 101 | 5,4 % | 66,7 % | 47 | 6,3 % | 75,0 % | 940 | 1,3 % | 42,9 % |
| Ländliches Gebiet | 81 | 1,2 % | 26,0 % | 29 | 3,9 % | 21,7 % | 16 | 8,2 % | 45,0 % | 5 | 9,7 % | 48,4 % | 131 | 2,4 % | 32,6 % |
| Randgebiet | 285 | 0,6 % | 20,0 % | 119 | 1,5 % | 25,0 % | 64 | 5,5 % | 66,7 % | 22 | 9,3 % | 75,0 % | 492 | 1,5 % | 42,9 % |
| Ballungsgebiet | 196 | 0,3 % | 13,5 % | 79 | 0,7 % | 12,1 % | 21 | 3,1 % | 24,0 % | 20 | 2,2 % | 34,7 % | 317 | 0,6 % | 25,8 % |

*Abb. 7.8: Wertabschläge vom unbelasteten Verkehrswert in den Jahren 2020 bis 2023*

*Entsprechend Abbildung 7.8 macht der Markt im Randgebiet für **vorhandene** große Schäden einen mittleren Wertabschlag in Höhe von 5,5 %. Der Abschlag von 1,8 % für einen **beseitigten** großen Hausschwammbefall ist somit plausibel.*

## Beispiel 4:

*Das Einfamilienwohnhaus befindet sich im Randgebiet mit einem Bodenrichtwertniveau von 400,00 €/m². Es handelt sich um einen großen (nach Tewis) ehemaligen Hausschwammbefall, der sich auf mehrere Geschosse erstreckte. Die Zugänglichkeit für die Sanierung war schwierig und es gab mehrere Herde. Einzelne Bauteile wurden ausgetauscht. Die Schadensbeseitigungskosten betrugen rd. 75.000,00 €. Nach der Matrix von Tewis wird ein Wertabschlag von 5 % (in gesuchter Lage) und 15 % (in nicht so gesuchter Lage) vorgeschlagen. Für das Randgebiet könnten 10 % passend sein.*

| Einfamilienwohnhaus im Randgebiet<br>erheblicher Schaden (U), großer Schaden (T) | | |
|---|---|---|
| **Gebäudewert** | | **131.304,45 €** |
| Außenanlagen | *5 % vom Geb.wert* | 6.565,22 € |
| Bodenwert | | 250.000,00 € |
| **vorläufiger Sachwert** | *Geb.+AA+BW* | **387.869,68 €** |
| Sachwertfaktor | *gem. MB* | 1,13 |
| **Sachwert** | | **438.292,73 €** |
| boG | *10 % vom Gebäudewert* | -13.130,45 € |
| **Sachwert** | | **425.162,29 €** |
| | | |
| | **merkantiler Minderwert** | **rd. 3,0 %** |

*Abb. 7.9: Ermittlung des merkantilen Minderwerts bei großem Schaden im Randgebiet*

*Demnach ergibt sich bei einem Gebäudewert von 131.304,45 € für den Wertabschlag ein Betrag von 13.130,45 €. Bezogen auf den mangelfreien Verkehrswert von 438.292,73 € ergibt sich der merkantile Minderwert zu rd. 3 %.*

| | Schadensgröße | | | | | | | | | | | | | | |
|---|---|---|---|---|---|---|---|---|---|---|---|---|---|---|---|
| | klein | | | mittel | | | groß | | | erheblich | | | zusammen | | |
| Jahre 2020-2023 | Anz. | Ø | Max. | Anz. | Ø | Max. | Anz. | Ø | Max. | Anz. | Ø | Max | Anz. | Ø | Max. |
| Allgemein (alle Lagen) | 563 | 0,6 % | 20,0 % | 227 | 1,5 % | 25,0 % | 101 | 5,4 % | 66,7 % | 47 | 6,3 % | 75,0 % | 940 | 1,3 % | 42,9 % |
| Ländliches Gebiet | 81 | 1,2 % | 26,0 % | 29 | 3,9 % | 21,7 % | 16 | 8,2 % | 45,0 % | 5 | 9,7 % | 48,4 % | 131 | 2,4 % | 32,6 % |
| Randgebiet | 285 | 0,6 % | 20,0 % | 119 | 1,5 % | 25,0 % | 64 | 5,5 % | 66,7 % | 22 | 9,3 % | 75,0 % | 492 | 1,5 % | 42,9 % |
| Ballungsgebiet | 196 | 0,3 % | 13,5 % | 79 | 0,7 % | 12,1 % | 21 | 3,1 % | 24,0 % | 20 | 2,2 % | 34,7 % | 317 | 0,6 % | 25,8 % |

*Abb. 7.10: Wertabschläge vom unbelasteten Verkehrswert in den Jahren 2020 bis 2023*

*Entsprechend Abbildung 7.10 macht der Markt im Randgebiet für **vorhandene** erhebliche Schäden einen mittleren Wertabschlag in Höhe von 9,3 %. Der Abschlag von 3 % für einen **beseitigten** erheblichen Hausschwammbefall ist somit plausibel.*

### *Beispiel 5:*

*Das Einfamilienwohnhaus befindet sich im Randgebiet mit einem Bodenrichtwertniveau von 400,00 €/m². Es handelt sich um einen sehr großen (nach Tewis) Hausschwammbefall, der schlecht zugänglich ist, weswegen eine Schadensfreiheit nicht garantiert werden kann.*

*Nach der Matrix von Tewis könnte hier ein maximaler Wertabschlag von 20 % angesetzt werden.*

| **Einfamilienwohnhaus im Randgebiet k.o. (U), sehr großer Schaden (T)** | | |
|---|---|---|
| **Gebäudewert** | | **131.304,45 €** |
| Außenanlagen | *5 % vom Geb.wert* | 6.565,22 € |
| Bodenwert | | 250.000,00 € |
| **vorläufiger Sachwert** | *Geb.+AA+BW* | **387.869,68 €** |
| Sachwertfaktor | *gem. MB* | 1,13 |
| **Sachwert** | | **438.292,73 €** |
| boG | *20 % vom Gebäudewert* | -26.260,89 € |
| **Sachwert** | | **412.031,84 €** |

| | |
|---|---|
| **merkantiler Minderwert** | **rd. 6 %** |

*Abb. 7.11: Ermittlung des merkantilen Minderwerts bei sehr großem Schaden im Randgebiet*

*Demnach ergibt sich bei einem Gebäudewert von 131.304,45 € für den Wertabschlag ein Betrag von 26.260,89 €. Bezogen auf den mangelfreien Verkehrswert von 438.292,73 € ergibt sich der merkantile Minderwert zu rd. 6 %. Der Gebäudewert macht rd. 30 % des mangelfreien Verkehrswerts aus.*

| | Schadensgröße | | | | | | | | | | | | | | |
|---|---|---|---|---|---|---|---|---|---|---|---|---|---|---|---|
| | klein | | | mittel | | | groß | | | erheblich | | | zusammen | | |
| **Jahre 2020-2023** | Anz. | Ø | Max. | Anz. | Ø | Max. | Anz. | Ø | Max. | Anz. | Ø | Max | Anz. | Ø | Max. |
| Allgemein (alle Lagen) | 563 | 0,6 % | 20,0 % | 227 | 1,5 % | 25,0 % | 101 | 5,4 % | 66,7 % | 47 | 6,3 % | 75,0 % | 940 | 1,3 % | 42,9 % |
| Ländliches Gebiet | 81 | 1,2 % | 26,0 % | 29 | 3,9 % | 21,7 % | 16 | 8,2 % | 45,0 % | 5 | 9,7 % | 48,4 % | 131 | 2,4 % | 32,6 % |
| Randgebiet | 285 | 0,6 % | 20,0 % | 119 | 1,5 % | 25,0 % | 64 | 5,5 % | 66,7 % | 22 | 9,3 % | 75,0 % | 492 | 1,5 % | 42,9 % |
| Ballungsgebiet | 196 | 0,3 % | 13,5 % | 79 | 0,7 % | 12,1 % | 21 | 3,1 % | 24,0 % | 20 | 2,2 % | 34,7 % | 317 | 0,6 % | 25,8 % |

*Abb. 7.12: Wertabschläge vom unbelasteten Verkehrswert in den Jahren 2020 bis 2023*

*Wie zuvor ausgeführt, kann es sich bei dieser Wertminderung nicht um einen merkantilen Minderwert handeln, da der Schaden nicht beseitigt ist und damit der Definition des merkantilen Minderwerts widerspricht. Praktisch betrachtet stellt sich die Frage, ob ein Haus mit einem ggf. nicht zu beseitigenden Hausschwammbefall überhaupt verkäuflich ist. Würde der Käufer da nicht eher einen Abriss kalkulieren? Und wäre der Minderwert dann nicht eher 30 % in diesem Fall? Nämlich der Wert des Gebäudes?*

Die zuvor betrachteten Beispiele befanden sich alle im Randgebiet. Abschließend wird noch eine Plausibilisierung zum Wertminderungsansatz im Ballungsgebiet durchgeführt.

### *Beispiel 6:*

*Das Einfamilienwohnhaus befindet sich im Ballungsgebiet mit einem Bodenrichtwertniveau von 800,00 €/m². Es handelt sich um einen mäßigen (nach Tewis) Hausschwammbefall, der sich nur auf mehrere Geschosse erstreckte. Die Zugänglichkeit für die Sanierung war gegeben, es gab aber mehrere Herde. Einzelne Bauteile wurden ausgetauscht. Die Schadensbeseitigungskosten betrugen rd. 40.000,00 €.*

*Nach Tewis Matrix liegt der Wertabschlag bei 3 % für gesuchte Lagen und einem mäßigen Schadensumfang.*

| Einfamilienwohnhaus im Ballungsgebiet<br>großer Schaden (U), mäßiger Schaden (T) | | |
|---|---|---|
| **Gebäudewert** | | **131.304,45 €** |
| Außenanlagen | *5 % vom Geb.wert* | 6.565,22 € |
| Bodenwert | | 400.000,00 € |
| **vorläufiger Sachwert** | *Geb.+AA+BW* | **537.869,68 €** |
| Sachwertfaktor | *gem. MB* | 1,40 |
| **Sachwert** | | **753.017,55 €** |
| boG | *3 % vom Gebäudewert* | -3.939,13 € |
| **Sachwert** | | **749.078,41 €** |
| | **merkantiler Minderwert** | **rd. 0,5 %** |

*Abb. 7.13: Ermittlung des merkantilen Minderwerts bei mäßigem Schaden im Ballungsgebiet*

*Bei einem Gebäudewert von 131.304,45 € ergibt sich für den Wertabschlag in Höhe von 3 % vom Gebäudewert ein Betrag von 3.939,13 €. Bezogen auf den mangelfreien Verkehrswert von 753.017,55 € beträgt der merkantile Minderwert rd. 0,5 %.*

| | Schadensgröße | | | | | | | | | | | | | | |
|---|---|---|---|---|---|---|---|---|---|---|---|---|---|---|---|
| | klein | | | mittel | | | groß | | | erheblich | | | zusammen | | |
| Jahre 2020-2023 | Anz. | Ø | Max. | Anz. | Ø | Max. | Anz. | Ø | Max. | Anz. | Ø | Max | Anz. | Ø | Max. |
| Allgemein (alle Lagen) | 563 | 0,6 % | 20,0 % | 227 | 1,5 % | 25,0 % | 101 | 5,4 % | 66,7 % | 47 | 6,3 % | 75,0 % | 940 | 1,3 % | 42,9 % |
| Ländliches Gebiet | 81 | 1,2 % | 26,0 % | 29 | 3,9 % | 21,7 % | 16 | 8,2 % | 45,0 % | 5 | 9,7 % | 48,4 % | 131 | 2,4 % | 32,6 % |
| Randgebiet | 285 | 0,6 % | 20,0 % | 119 | 1,5 % | 25,0 % | 64 | 5,5 % | 66,7 % | 22 | 9,3 % | 75,0 % | 492 | 1,5 % | 42,9 % |
| Ballungsgebiet | 196 | 0,3 % | 13,5 % | 79 | 0,7 % | 12,1 % | 21 | 3,1 % | 24,0 % | 20 | 2,2 % | 34,7 % | 317 | 0,6 % | 25,8 % |

*Abb. 7.14: Wertabschläge vom unbelasteten Verkehrswert in den Jahren 2020 bis 2023*

*Entsprechend Abbildung 7.14 macht der Markt im Ballungsgebiet für* ***vorhandene*** *große Schäden einen mittleren Wertabschlag in Höhe von 3,1 %. Der Abschlag von 0,5 % für einen* ***beseitigten*** *erheblichen Hausschwammbefall ist somit plausibel. Das stützt auch die These, dass es in Ballungsgebieten i.d.R. keine merkantilen Minderwerte gibt.*

## 7.2 Bergschäden

Gemäß Bundesberggesetz (BbergG) § 114 „Der Bergschaden" Abs. 1 heißt es:

> „[...] (1) Wird infolge der Ausübung einer der in § 2 Abs. 1 Nr. 1 und 2 bezeichneten Tätigkeiten oder durch eine der in § 2 Abs. 1 Nr. 3 bezeichneten Einrichtungen (Bergbaubetrieb) ein

Mensch getötet oder der Körper oder die Gesundheit eines Menschen verletzt oder eine Sache beschädigt (Bergschaden), so ist für den daraus entstehenden Schaden nach den §§ 115 bis 120 Ersatz zu leisten. [...]"

Im Folgenden wird dargestellt, welche Verfahren zur Ermittlung des Ersatzes bei Bergschäden vorhanden sind.

### 7.2.1 Schädigende Wirkung und Schadensbeseitigung

Bergschäden haben verschiedene Ursachen. Grundwasserabsenkungen sind eine davon. Zur Gewinnung der Braunkohle im Tagebau wird das Grundwasser bis unter den tiefsten Punkt des Tagebaus abgepumpt. Im Tagebau Hambach z.B. reichen die Pumpen zur Druckentwässerung bis in eine Tiefe von ca. 550 m. Derzeit sind im Rheinischen Braunkohlenrevier rund 1.500 Brunnen in Betrieb, die jährlich mehr als 540 Mio. m³ Grundwasser fördern.[67]

Diese Grundwasserabsenkung lässt sich nicht nur auf den Tagebau beschränken, sondern verursacht einen weiträumigen Absenkungstrichter.

Die Grundwasserabsenkung passiert üblicherweise nicht gleichmäßig in alle Richtungen. Ursache hierfür sind die unterschiedlich durchlässigen Schichten, der Schichtenaufbau sowie die unregelmäßigen Grundwasserleiterschichten inklusive geologischer Störungen.

Aufgrund des Wasserentzugs schrumpfen die oberen Bodenschichten und in der Folge senkt sich die Oberfläche langsam, aber kontinuierlich. Die Absenkungen können mehrere Meter betragen.

Nicht nur Grundwasserabsenkungen sind die Ursache für Schäden an Gebäuden in Bergbaugebieten, sondern auch der Grundwasserwiederanstieg nach Beendigung des Tagebaus. Durch Veränderungen im Baugrund kann es zu erhöhten Wasserdrücken auf Gebäude kommen. In der Folge können Keller überflutet werden.

Auch tagebauinduzierte Seismizität kann eine Ursache für Gebäudeschäden sein. Großtagebaue führen zu einer Änderung der Auflastverhältnisse auf der Erdkruste, die Mikrobeben auslösen können.

Die Bausubstanz ist i.d.R. starr und kann diese Veränderungen nur bedingt kompensieren. Bei größeren Verformungen kommt es i.d.R. zur Rissbildung oder zum Kippen des gesamten Gebäudes. Im schlimmsten Fall sind die Gebäude danach unbewohnbar.

Die kostenintensivsten Bergschäden sind Schieflagen, Gefügelockerungen in der Bausubstanz, Deformierungen der Bauteile (Verdrehungen, Verdrillungen) oder Versumpfungen (aufstauende Nässe).

Zur Schadensbeseitigung kommen die unterschiedlichsten Verfahren zum Einsatz.

Wichtig für das Vorhandensein eines merkantilen Minderwerts ist, dass nicht nur der Schaden, sondern auch die Schadensbeseitigungsmaßnahmen erheblich waren.

67 Bund, Landesverband NRW: Braunkohle und Bergschäden, o. J., https://www.bund-nrw.de/themen/braunkohle/hintergruende-und-publikationen/verheizte-heimat/bergschaeden-durch-braunkohle/.

Bei Bergschäden sind das i.d.R. massive Eingriffe in die Lastableitung. Dazu zählen nach *Schürken*[68] folgende Maßnahmen:

- herkömmliche Verfahren wie Rissverpressungen, Abbruch und Wiederaufbau von Mauerwerksteilen,
- Hebung eines Gebäudes unterhalb der Fundamente zur Beseitigung von Schieflagen,
- Hebungen eines Gebäudes unterhalb der Kellerdecke zur Beseitigung von Schieflagen,
- Einbau von aktiven Ausgleichsfundamenten im Zuge einer Schadensbeseitigung zur Vermeidung zukünftiger Schäden bei Lage eines Gebäudes im Bereich von Störungszonen.

Die vorgenannten Arten der Schadensbeseitigungen werden mit Zuschlägen bis zu 60 % in Faktor B *(siehe Kapitel 5.6)* berücksichtigt.

### 7.2.2 Werteinfluss bei Bergschäden

Die Ermittlung des Minderwerts bei Bergschäden erfolgt seit 1978 gemäß dem sogenannten Gesamt-Minderwertabkommen von 2001. Dieses ist über mehrere Jahre durch Verhandlungen zwischen dem Verband Bergbaugeschädigter Haus- und Grundeigentümer e.V (VBHG) und der (RAG) Aktiengesellschaft Essen, vertreten durch die Deutsche Steinkohle AG (DSK), Herne entstanden. Zweck der Vereinbarung ist es, die für Schadensregulierung beweis- und verfahrenserleichternde Regelungen zur Verfügung zu stellen.

Die im heutigen Gesamt-Minderwertabkommen festgehaltenen Regelungen sind keine Rechtsnormen, aber in der Bergschadensregulierung anerkannt. In *Kapitel 5.6* ist dieses im Detail beschrieben.

Die Vereinbarung unterscheidet dabei zwischen „schieflagenbezogenen Minderwerten" in Teil 1 und „merkantilem Minderwert" in Teil 2.

Der schieflagenbezogene Minderwert wird mit einem Vom-Hundert-Satz des Gebäudewerts ausgedrückt. Voraussetzung für einen Minderwert ist eine messtechnisch festgestellte Gebäudeschieflage. Diese muss der Eigentümer nachweisen. Wie diese zu ermitteln ist, ist im Abkommen genau beschrieben. Bei Wohngebäuden wird für Schieflagen unter 2 mm/m kein Minderwertausgleich geleistet. Bei Schieflagen zwischen 2 und 15 mm/m beträgt der Minderwert je 2 mm/m Schieflage 1 % des Gebäudewerts. Bei Schieflagen über 15 mm/m wird die Feststellung des Minderwerts der Vereinbarung im Einzelfall überlassen. Für andere Nutzungen gelten andere Richtwerte.

Bei Vorliegen nicht behebbarer Schäden kann es keinen merkantilen Minderwert geben. Dies widerspricht der Definition des merkantilen Minderwerts, wonach diese auf eine fachgerechte Beseitigung der Schäden abstellt.

In Teil 2 des Abkommens sind die Ermittlungen des merkantilen Minderwerts beschrieben.

> „[...] Ein Anspruch auf Ersatz eines bergschadensbedingt eingetretenen merkantilen Minderwerts kommt insbesondere in Betracht nach einer Hebung des Gebäudes oder nach einem sonstigen erheblichen Eingriff in die Tragwerkskonstruktion. Ein Anspruch kommt auch in Be-

68 *Schürken, J.*: Besonderheiten der Verkehrswertermittlung im Zusammenhang mit Bergschäden, WFA 2-98, S. 3 bis 9.

tracht bei anderweitigen, erheblichen Substanzschäden, die objektiv geeignet scheinen, bei Dritten ernsthafte und nachvollziehbare wertmindernde Befürchtungen auszulösen.[...]"[69]

Um einen Minderwertanspruch zu begründen, muss der Grundstücksmarkt das Bewertungsobjekt in Hinblick auf die Einwirkungen des Bergbaus und seine Folgen wertmäßig geringer einschätzen als vor dem Eingriff. Dabei muss der Schaden erheblich gewesen sein und die Instandsetzungsmaßnahmen müssen schwere Eingriffe in die Bausubstanz und Statik des Gebäudes darstellen. Dies trifft bei Hebungen nach Schiefstellung, Unterfangungen und Ähnlichem zu.

Im Rahmen des Gesamt-Minderwertabkommens werden die Schadensbeseitigungskosten als Indiz für das Vorhandensein eines merkantilen Minderwerts herangezogen. Der Betrachtungszeitraum, in dem die die Kosten für die Substanzschäden zusammengefasst werden, umfasst fünf Jahre. Ein Minderwert liegt vor, wenn die Substanzschäden einen Betrag von 75.000,00 € bzw. 30 % des Gebäudewerts übersteigen.

Der merkantile Minderwert wird gemäß Gesamt-Minderwertabkommen mittels einer Formel mit drei Faktoren ermittelt.

- Faktor A (A1 und A2) – Reparaturaufwand und Verhältnis zum Gebäudewert,
- Faktor B – Art der Schadensbeseitigungsmaßnahmen,
- Faktor C – Verkäuflichkeit des Gebäudes.

Merkantiler Minderwert = A × B × C

Die Werte der einzelnen Faktoren sind der Anlage zum Abkommen zu entnehmen. Auch hier erfolgt der Minderungsansatz als Prozentsatz vom Gebäudewert.

| **Anlage zum Gesamt-Minderwertabkommen VBHG/RAG, Stand 12.12.2001** | | | | | | | | | | | | |
|---|---|---|---|---|---|---|---|---|---|---|---|---|
| | Faktor A1 | | Faktor A2 | | | Faktor B | | | | Faktor C | | |
| | Erheblicher Substanzschaden | | Erheblicher Eingriff in die Tragkonstruktion | | | Art der Schadensbeseitigung | | | | Verkäuflichkeit des Gebäudes | | |
| | Reparaturaufwand | | Reparaturaufwand | | | Reparaturaufwand | | | | Einordnung | | |
| | >= 30 und < 50 % des GW oder 75.000 € | >= 50 % des GW | >= 10 und < 30 % des GW, mindestens 20.000 € | >= 30 und < 60 % des GW, mindestens 30.000 € | >= 60 % des GW, mindestens 40.000 € | Standard | Hebung | | Ausgleichselemente | gut | normal | schlecht |
| | | | | | | | Unter Fundament | Unter Decke | | | | |
| RND in Jahren | Schadensgrad in % des GW | | Schadensgrad in % des GW | | | Korrekturfaktor | | | | Korrekturfaktor | | |
| 50 bis 69 | 3 | 4 | 2 | 3 | 4 | 1 | 1 | 1,2 | 1,3 bis 1,5 | 0,8 | 1 | 1,1 |
| 70 bis 79 | 4 | 5 | 3 | 4 | 5 | 1 | 1 | 1,2 | 1,3 bis 1,5 | 0,8 | 1 | 1,1 |
| 80 bis 89 | 5 | 6 | 4 | 5 | 6 | 1 | 1 | 1,2 | 1,3 bis 1,6 | 0,8 | 1 | 1,1 |
| 90 bis 99 | 6 | 7 | 5 | 6 | 7 | 1 | 1 | 1,2 | 1,3 bis 1,6 | 0,8 | 1 | 1,1 |
| Anmerkungen zur Anwendung:<br>1. RND = Restnutzungsdauer des Gebäudes<br>2. GW = Gebäudewert | | | | | | | | | | | | |

*Tab. 7.2: Bewertungsmatrix zur Ermittlung des merkantilen Minderwerts gem. Minderwertabkommen, nachgezeichnet*

69 Gesamtminderwertabkommen VBHG/RAG in der Fassung vom 12.12.2001.

Im Folgenden wird der merkantile Minderwert infolge Bergschäden nach dem Minderwertabkommen ermittelt. Im Anschluss wird der Wertabschlag auf den unbelasteten Verkehrswert bezogen, um den Ansatz zu plausibilisieren.

## *Beispiel*

*Einfamilienhaus im Randgebiet, Wertermittlungsstichtag 2024, RND = 50 Jahre, Reparaturaufwand für Hebung unter Fundament = 80.000,00 €, Gebäudewert 207.237,14 €:*

*Merkantiler Minderwert (mM):*

- *Faktor A1 – Reparaturaufwand und Verhältnis zum Gebäudewert = 3 (80.000/207.237 = 39 %),*
- *Faktor B – Art der Schadensbeseitigungsmaßnahmen = 1,*
- *Faktor C – Verkäuflichkeit des Gebäudes = 1.*

*Nach der Formel aus dem Minderwertabkommen Teil 2 zur Ermittlung des merkantilen Minderwerts ergibt sich dieser wie folgt:*

*mMW = 3 × 1 × 1= 3 % vom Gebäudewert*

*Bei einem Gebäudewert von 207.237,14 € ergibt sich der merkantile Minderwert zu 6.217,11 €. Bezogen auf den unbelasteten Verkehrswert sind dies rd. 1,3 %.*

| **Einfamilienwohnhaus im Randgebiet** | | |
|---|---|---|
| **Gebäudewert** | | **207.237,14 €** |
| Außenanlagen | *5 % vom Geb.wert* | 8.289,49 € |
| Bodenwert | | 240.000,00 € |
| **vorläufiger Sachwert** | *Geb.+AA+BW* | **455.526,63 €** |
| Sachwertfaktor | *gem. MB* | 1,02 |
| **Sachwert** | | **464.637,16 €** |
| boG | *3 % vom Gebäudewert* | -6.217,11 € |
| **Sachwert** | | **458.420,04 €** |
| | **merkantiler Minderwert** | **rd. 1,3 %** |

*Abb. 7.15: Ermittlung des merkantilen Minderwerts bei Bergschäden im Randgebiet*

*Nach dem Minderwertabkommen ergibt sich somit ein merkantiler Minderwert von rd. 1,3 % bei Schadensbeseitigungskosten von 80.000,00 €.*

| | Schadensgröße | | | | | | | | | | | | | | |
|---|---|---|---|---|---|---|---|---|---|---|---|---|---|---|---|
| | klein | | | mittel | | | groß | | | erheblich | | | zusammen | | |
| Jahre 2020-2023 | Anz. | Ø | Max. | Anz. | Ø | Max. | Anz. | Ø | Max. | Anz. | Ø | Max | Anz. | Ø | Max. |
| Allgemein (alle Lagen) | 563 | 0,6 % | 20,0 % | 227 | 1,5 % | 25,0 % | 101 | 5,4 % | 66,7 % | 47 | 6,3 % | 75,0 % | 940 | 1,3 % | 42,9 % |
| Ländliches Gebiet | 81 | 1,2 % | 26,0 % | 29 | 3,9 % | 21,7 % | 16 | 8,2 % | 45,0 % | 5 | 9,7 % | 48,4 % | 131 | 2,4 % | 32,6 % |
| Randgebiet | 285 | 0,6 % | 20,0 % | 119 | 1,5 % | 25,0 % | 64 | 5,5 % | 66,7 % | 22 | 9,3 % | 75,0 % | 492 | 1,5 % | 42,9 % |
| Ballungsgebiet | 196 | 0,3 % | 13,5 % | 79 | 0,7 % | 12,1 % | 21 | 3,1 % | 24,0 % | 20 | 2,2 % | 34,7 % | 317 | 0,6 % | 25,8 % |

*Abb. 7.16: Wertabschläge vom unbelasteten Verkehrswert in den Jahren 2020 bis 2023*

*Gemäß Abbildung 7.16 beträgt der mittlere Wertabschlag bei* ***vorhandenen*** *erheblichen Schäden in Randgebieten rd. 9,3 %. Insofern ist ein Wertabschlag für* ***beseitigte*** *Schäden in Höhe von 1,3 % nachvollziehbar.*

## 7.3 Überschwemmungen

### 7.3.1 Zahlen und Statistiken

Aufgrund des Klimawandels nehmen die Wetterextreme stetig zu. Die weltweit häufigsten Naturkatastrophen stellen Hochwasserereignisse dar. *Kropp*[70] erläutert zu Eingang seiner Dissertation den Unterschied zwischen Hochwasser und Überschwemmung wie folgt:

> „Eine Überschwemmung, auch als Überflutung bekannt, ist eine vorübergehende vollständige Bedeckung einer normalerweise trockenliegenden Fläche mit Wasser. Überschwemmungen können beispielsweise durch über das Ufer tretende Gewässer, zu langsam abfließendes Wasser, das Versagen von Dämmen und Talsperren oder Wasserrohrbrüchen hervorgerufen werden. Im Gegensatz dazu ist Hochwasser der Zustand bei Gewässern, bei dem der Wasserstand deutlich über dem Pegelstand des Mittelwassers liegt. Folglich muss ein Hochwasserereignis nicht zwangsläufig zu einer Überschwemmung führen. Hat eine Überflutung mit Wasser stattgefunden, so handelt es sich entsprechend um ein Überschwemmungsereignis. Gebiete, die in der Vergangenheit überschwemmt worden sind, beziehungsweise für die die Wahrscheinlichkeit besteht, zukünftig überschwemmt zu werden, sind definitionsgemäß Überschwemmungsgebiete."

Die meisten Hochwasserereignisse werden durch starke Regenfälle oder Schneeschmelze ausgelöst. Die schlimmsten Flutkatastrophen der letzten 20 Jahre werden im Folgenden beschrieben.

**August 2002: Elbehochwasser in Sachsen**

Nach sintflutartigem Regen brachen zahlreiche Dämme entlang der Elbe in Sachsen zusammen. Mehr als 20 Menschen kamen ums Leben.

**Juni 2016: Simbach am Inn**

Am 1.6.2016 wurde die Innenstadt von Simbach am Inn infolge eines Hochwassers überschwemmt. Nach einem Starkregenereignis stiegen die Pegelstände der Flüsse derart, dass die Ortschaften überschwemmt wurden. Mehr als 5.000 Haushalte waren betroffen, 400 Gebäude wurden überflutet. Es entstand ein Sachschaden in Höhe von rd. 1,25 Mrd. €. In Simbach starben fünf Menschen, in den nächstgelegenen Gemeinden Julbach und Triftern gab es zwei weitere Todesopfer.

70 *Kropp, S. A.*: Hochwasserrisiko und Immobilienwerte, Diss., München 2016.

*Abb. 7.17: Sturzflut Simbach 2016*

*Abb. 7.18: Sturzflut Simbach 2016*

**Juli 2017: Harz und Harzvorland**

Das Hochwasser im Harz und Harzvorland von Ende Juli 2017 wurde durch tagelange Regenfälle des Tiefdruckgebietes „Alfred“ verursacht, die im südlichen Niedersachsen, über Teilen Hessens und Thüringens bis nach Nordbayern niedergingen. Die stärksten Niederschläge waren im Harz mit stellenweise über 300 $l/m^2$ zu verzeichnen. In der Folge des Dauerregens traten Bäche und Flüsse in Niedersachsen, Thüringen sowie Sachsen-Anhalt über die Ufer und überschwemmten Ortschaften. Die hohen Niederschlagsmengen führten in mehreren Landkreisen im südlichen Niedersachsen zu erheblichen Hochwasserauswirkungen. Es kam zu Schäden an privaten Gebäuden, an der öffentlichen Infrastruktur und auf landwirtschaftlichen Produktionsflächen. Stark betroffen waren der Harz und die Region Hannover sowie südlich davon gelegene Gegenden wie das Gebiet um Hildesheim. Hochwasser trat vor allem an den Flüssen Leine, Oker, Ilse, Radau und Innerste auf.

**Juli 2021: Flutkatastrophe in Nordrhein-Westfalen und Rheinland-Pfalz**

Mitte Juli kam es in Teilen Deutschlands zu extremen Unwettern. Die tagelangen Starkregen führten zu massiven Pegelanstiegen. Es kam zu Erdrutschen und Überschwemmungen. Die schlimmsten Auswirkungen des Hochwassers gab es in Nordrhein-Westfalen und Rheinland-Pfalz. Neben dem Ahrtal waren in Rheinland-Pfalz auch andere Eifel-Regionen sowie die Stadt Trier betroffen. In Nordrhein-Westfalen richtete das Hochwasser vor allem in Hagen und Wuppertal, im Kreis Euskirchen, dem Rhein-Sieg-Kreis sowie in Teilen des Bergischen Landes große Schäden an.

In Teilen der beiden Bundesländer fielen innerhalb von 24 Stunden 100 bis 150 Liter Regen pro Quadratmeter. In Deutschland kam es aufgrund dieses Jahrhunderthochwassers, das durch das Tiefdruckgebiet „Bernd“ ausgelöst wurde, zu 180 Todesopfern. Betroffen waren Bayern, Baden-Württemberg und Sachsen. Das Unwetter richtete auch in Teilen Belgiens, Frankreichs, der Niederlande, in Luxemburg und anderen Regionen Europas zum Teil erhebliche Schäden an.

**Jahreswechsel 2023/2024: Weihnachtshochwasser**

Seit Weihnachten 2023 kam es zu starken Regenfällen, die bis Januar 2024 anhielten. In der Folge kam es zu Überschwemmungen. Mehrere Ortschaften mussten evakuiert werden, verschiedene Talsperren waren vollständig gefüllt und führten Wasser über ihre Hochwasserentlastungen ab. Betroffen waren Teile von Norddeutschland, insbesondere Niedersachsen, sowie Sachsen-Anhalt, Thüringen und Nordrhein-Westfalen.

### 7.3.2 Schädigende Wirkung und Schadensbeseitigung

In Deutschland sind einem Gutachten[71] zufolge fast 400.000 Menschen unmittelbar von Hochwasser bedroht. Demnach werden etwa 384.000 Menschen in den kommenden Jahren mit hoher Wahrscheinlichkeit von einem Hochwasser-Ereignis betroffen sein – davon allein rund 190.800 Bewohner entlang des Rheins und seiner Nebenflüsse. Das zeigt ein Gutachten des Unabhängigen Instituts für Umweltfragen (UfU) im Auftrag der Grünen-Bundestagsfraktion.

Bei den Bundesländern liegen Berlin und Sachsen mit 143,9 bzw. 137,7 Schäden pro 1.000 Wohngebäuden deutlich über dem Bundesdurchschnitt, während Baden-Württemberg die meisten Starkregenereignisse pro 1.000 Quadratkilometer aufweist.

In Hessen gibt es zur Prävention daher Starkregen-Gefahrenkarten und ein kommunales Monitoring-System. Ein solches gibt es jetzt auch in Simbach, nachdem im Juni 2016 Teile der Stadt Simbach am Inn und des Marktes Triftern überschwemmt waren.

Hochwasser kann erhebliche physische Schäden an Gebäuden und Infrastruktur verursachen.

Die Schäden reichen von klassischen Feuchteerscheinungen wie Ausblühungen und Verfärbungen, Farb- und Putzabplatzungen, Korrosion über Kontaminationen, Verunreinigungen durch Schadstoffe, Schmutz, Schlamm oder Fäkalien bis hin zur Zerstörung der Infrastruktur des Gebäudes wie Elektroleitungen, Sanitärleitungen, Heizungen etc. Im schlimmsten Fall ist die Tragfähigkeit beeinträchtigt oder gar komplett zerstört, sodass die Häuser massive Risse aufweisen, einstürzen oder wegrutschen.

So mannigfaltig die Schadensarten sind, so vielfältig und umfangreich sind die entsprechenden Schadensbeseitigungsmaßnahmen und die damit einhergehenden Kosten.

71 Tagesschau 11.9.2024.

*Abb. 7.19: Hochwasserschaden Simbach 2016*

Neben den akuten Schadensbeseitigungsmaßnahmen ist eine Planung der künftigen Situation im Überschwemmungsgebiet wichtig. Hierzu zählen Hochwasservorsorge und Hochwasserschutz.

Beides sind eine Gemeinschaftsaufgabe der betroffenen Kommunen und des Staates. In Deutschland sind für die staatlichen Aufgaben des Hochwasserschutzes weitgehend die Bundesländer zuständig.

**Sanierung Flutkatastrophe Juli 2021 Rheinland-Pfalz**

Rheinland-Pfalz hat nach der Flutkatastrophe im Juli 2021 weitere Maßnahmen ergriffen:

- Bewertung des Hochwasserrisikos,
- Erstellung von Hochwassergefahren- und Hochwasserrisikokarten und
- Hochwasserrisikomanagementplan.

Beim Wiederaufbau im Ahrtal sollten alle Wohngebäude, Brücken und Straßen so gestaltet werden, dass zukünftige Hochwasser- und Starkregenereignisse weniger Schäden verursachen. Das Forschungsprojekt KAHR (Klima, Anpassung, Hochwasser, Resilienz), das den Wiederaufbau wissenschaftlich begleitet, hat dazu zehn Empfehlungen ausgearbeitet. Eine der Empfehlungen ist, den Flüssen mehr Raum zu geben und die Wohnbebauung von den Ufern der Flüsse zurückzuziehen, der sogenannte Siedlungsrückzug.

Bis auf 34 Gebäude durften alle zerstörten Häuser an der Ahr wieder aufgebaut werden. Neu erstellte Überschwemmungskarten zeigen, dass große Teile der Gemeinden bereits bei kleineren Hochwasserereignissen überschwemmt werden. Solange ein Gebäude nicht komplett zerstört wurde, gilt jedoch Bestandsschutz. Das bedeutet, dass auch ein Haus im Überschwemmungsgebiet wieder saniert und aufgebaut werden darf.

Beim Wiederaufbau stoßen verschiedene Interessen aufeinander. Dabei geht es z.B. um die Frage, ob Denkmalschutz oder Hochwasserschutz wichtiger ist.

**Sanierung nach dem Hochwasser im Juni 2016 in Simbach am Inn**

Im Zuge von Sofortmaßnahmen nach dem Hochwasser im Juni 2016 wurde der stark geschädigte linke Simbachdeich in Teilen saniert und durch eine Bohrpfahlwand verstärkt.

Weiter wurde der Simbach verbreitert, ebenfalls durch Einsatz einer Bohrpfahlwand sowie Geländeabtragung zur Verbreiterung des Bachbetts. Darüber hinaus wurde ein Regenrückhaltebecken errichtet. Die Sanierungskosten betrugen 52 Mio. €.

In der nahegelegenen Gemeinde Triftern sah das Sanierungskonzept ebenfalls ein Hochwasserrückhaltebecken oberhalb der Ortschaft Triftern am Altbach vor. Darüber hinaus sind ergänzende Ausbaumaßnahmen innerhalb der Ortschaften erforderlich, um die Bebauung auch vor großen Hochwasserereignissen zu schützen. Hierfür sind ein Geländeabtrag, der Bau eines Entlastungsgerinnes und bauliche Schutzmaßnahmen durch Hochwasserschutzwände oder Deiche erforderlich. Des Weiteren ist für einen ganzheitlichen Schutz vor Hochwasser eine Binnenentwässerung unerlässlich. Diese besteht aus Schöpfwerken zur Ableitung des Binnenwassers, Anpassungsmaßnahmen an den bestehenden städtischen Entwässerungsleitungen, Errichtung von Verschlussbauwerken binnenseitig der Schutzlinie. Um ansteigendes Grundwasser zu beherrschen, werden diese Maßnahmen soweit erforderlich ergänzt durch eine Untergrundabdichtung entlang der Schutzlinie mit dahinterliegenden Sickerleitungen. Neben den rein technischen Maßnahmen sind wegen des Eingriffs in den Naturraum ökologische Ausgleichs- und Ersatzmaßnahmen durchzuführen.[72]

## 7.3.3 Werteinfluss bei beseitigten Überschwemmungsschäden

Die Wertminderung von Grundstücken nach einem Hochwasser kann durch verschiedene Faktoren beeinflusst werden.

*Kropp*[73] hat sich mit dem Einfluss der Lage in überschwemmungsgefährdeten Gebieten sowie zu den Folgen von Überschwemmungsereignissen auf den Verkehrswert von Wohnimmobilien beschäftigt. Er verweist in diesem Zusammenhang auf den § 194 des Baugesetzbuchs:

> „Nach § 194 Baugesetzbuch sind die rechtlichen Gegebenheiten und tatsächliche Eigenschaften im Rahmen der Verkehrswertermittlung zu berücksichtigen. Insofern sind die Lage einer Immobilie in einem nach § 76 Wasserhaushaltsgesetz oder einem entsprechenden Landesgesetz förmlich festgesetzten Überschwemmungsgebiet (rechtliche Gegebenheit) sowie eine konkrete Überschwemmungsgefährdung (tatsächliche Eigenschaft), insbesondere wenn in der Vergangenheit bereits ein Überschwemmungsereignis stattgefunden hat, zu berücksichtigen. Darüber hinaus wird explizit darauf hingewiesen, dass Umwelteinflüsse, folglich auch Überschwemmungsereignisse, zu den Grundstücksmerkmalen gehören."

72 Wasserwirtschaftsamt Deggendorf: Hochwasserschutz Altbach, o. J., https://www.wwa-deg.bayern.de/projekte/hws_altbach/index.htm.

73 *Kropp, S. A.*: Hochwasserrisiko und Immobilienwerte, Diss., München 2016.

Auf Basis einer Kaufpreisanalyse sowie Befragungen von Sachverständigen, Maklern und Gutachterausschüssen hat er folgende Einflüsse herausgearbeitet. Über 1.550 Sachverständige für die Bewertung von Immobilien sind im Zeitraum von August bis Oktober 2013 gebeten worden, an der Umfrage Hochwasserrisiko und Immobilienwerte teilzunehmen. Es gab 502 Rückläufe. Die Hälfte der Befragten verfügte über eine Berufserfahrung von mehr als zehn Jahren, rd. ein Drittel hatte sogar mehr als 20 Jahre Erfahrung auf dem Gebiet der Immobilienbewertung.

In der Umfrage wurden zwei Szenarien behandelt. Szenarium 1 betrachtete den Werteinfluss von ausgewiesenen Überschwemmungsgebieten, ohne dass ein Ereignis stattgefunden hatte. In Szenario 2 ging es darum einzuschätzen, wie der Markt auf eine Immobilie in einem ausgewiesenen Überschwemmungsgebiet reagiert, wenn dort auch in den letzten zehn Jahren ein Überschwemmungsereignis stattgefunden hat.

| **Ansatz** | **Ansatz** | **Wertminderung** |
|---|---|---|
| Szenario 1 | Wohnimmobilien in ausgewiesenen Überschwemmungsgebieten | 6 bis 10 % vom Verkehrswert |
| Szenario 2 | Wohnimmobilien in ausgewiesenen Überschwemmungsgebieten sowie konkretes Überschwemmungsereignis innerhalb der letzten zehn Jahre | 16 bis 25 % vom Verkehrswert |

*Tab. 7.3: Umfrageergebnisse nach Kropp (2016), nachgezeichnet*

Die Umfrage zeigte, dass bei 65 % der befragten Sachverständigen allein das Szenario 1 zu einem Wertabschlag führen würde. Bei einem zusätzlichen Überschwemmungsereignis würden 97 % der Befragten einen Wertabschlag vorsehen.

Eigentlich war ein solches Ergebnis zu erwarten. Interessant sind die Begründungen der wenigen Kollegen, die keine Werteinbuße sehen. Diese begründen ihren Standpunkt damit, dass die von den Gutachterausschüssen erfassten Vergleichspreise und abgeleiteten Bodenwerte den Umstand des Hochwasserrisikos bereits berücksichtigten. Einige wenige sehen auch eine Werterhöhung aufgrund der Lage zum Fluss, die das Risiko des Hochwassers wieder ausgleicht.

*Kropp* befragte neben den Sachverständigen auch Makler. Im Jahr 2014 kam es zu 174 Rückläufen auf 2.200 Anfragen. 78 % der Makler sahen eine Wertminderung aus Szenario 1 und 95 % eine Wertminderung aus Szenario 2. Demnach sahen mehr Makler einen Wertabschlag aufgrund der Lage im Überschwemmungsgebiet als Sachverständige. Was die Beeinträchtigung durch die Lage im Überschwemmungsgebiet mit zusätzlichem Überschwemmungsereignis angeht, waren sich beide Gruppen fast einig. Da die Sachverständigen, die keinen Wertabschlag angaben, dies mit der Einpreisung im Bodenrichtwertniveau begründeten, ist eine direkte Vergleichbarkeit der beiden Umfragen nicht gegeben.

Interessant waren noch die Antworten der Makler auf die folgenden Fragen:

| **Fragestellung** | **Topantwort** | **Häufigkeit der Nennung** |
|---|---|---|
| Wie lange dauert es, bis sich der Verkehrswert einer durch ein Überschwemmungsereignis betroffenen Immobilie wieder „erholt" hat? | Drei bis zehn Jahre | rd. 40 % |
| Um wie lange kann ein konkretes Überschwemmungsereignis die Vermarktungsdauer einer Immobilie verlängern? | Länger als sechs Jahre | rd. 80 % |
| Denken Sie, dass sich höhere Versicherungsbeiträge bzw. eine Nichtversicherbarkeit auf den Immobilienwert auswirken können? | „Ja" sagen 43 % der Bewertungssachverständigen und 88 % der Makler | |

*Tab. 7.4: Spezialfragen zum Immobilienmarkt nach Kropp (2016)*

Auch wenn in dieser Arbeit von *Kropp* darauf hingewiesen wird, dass Expertenbefragungen höchstrichterlich anerkannt sind, bleibt die Unsicherheit, ob der Markt auch wirklich so reagiert. Gerade bei Themen, für die keine Marktdaten vorliegen, sind sogenannte Expertenbefragungen beliebt. Inwieweit die grobe Einschätzung von Sachverständigen die Käuferreaktionen widerspiegeln kann, bleibt kritisch zu betrachten. Umfragen haben gezeigt, dass Sachverständige den Markt oftmals entspannter einschätzen, als es potenzielle Käufer tun.

*Kropp* hat in seiner Arbeit aber nicht nur Sachverständige und Makler, sondern auch Gutachterausschüsse befragt und weitere Analysen von Kaufpreissammlungen sowie Bodenrichtwerten und auch Versicherungskosten durchgeführt. Die Ergebnisse sind wie folgt zusammengefasst.

| **Analyse von *Kropp*** | **Abschläge** |
|---|---|
| Kaufpreissammlung unbebauter Wohnbaugrundstücke | 7 bis 20 % vom Bodenwert (abhängig vom Bodenrichtwertniveau) |
| Bodenrichtwertanalysen | um rd. 7 % geringere Entwicklung der Bodenrichtwerte über fünf Jahre nach dem Ereignis |
| Kapitalisierung potenzieller Versicherungsmehrkosten | zwischen 200,00 bis 400,00 € pro überfluteten m² BGF (abh. von der Schadensstufe) |
| Mehrkosten hochwasserangepassten Bauens | rd. 500,00 € (Neubau) bzw. rd. 700,00 € (Bestandsobjekt) pro m² BGF Kellerfläche |
| Intersubjektive Schätzung durch Experten | Abschläge zwischen 6 und 10 % (Lage) sowie 16 und 25 % (Lage & Ereignis) vom Verkehrswert des bebauten Grundstücks |

*Tab. 7.5: Zusammenfassung der Ergebnisse der Einzelauswertungen nach Kropp (2016), nachgezeichnet*

Grundsätzlich muss zwischen Wertminderungen aufgrund von beseitigten Schäden und Wertminderungen aufgrund der Lage im Überschwemmungsgebiet unterschieden werden. Nicht alle Wertminderungen, die sich aus der Überschwemmung ergeben, sind dem merkantilen Minderwert zuzurechnen.

Bei den beseitigten Schäden an den Gebäuden handelt es sich i.d.R. um Feuchteschäden, Schimmel, Verunreinigungen, Risse, Tragwerkseinbußen u.v.m. Die Schadensbeseitigungen können vielfältig sein. In Abhängigkeit von der Art der Schadensbeseitigungsmaßnahme, dem Schadensausmaß, den Schadensbeseitigungskosten und noch weiteren Einflusskriterien kann ein Wertabschlag für die beseitigten Schäden geschätzt werden.

Der merkantile Minderwert liegt in diesem Zusammenhang in der Befürchtung, dass Folgeschäden auftreten könnten (z.B. bei Trocknungsmaßnahmen), oder in der Sorge nach verborgen gebliebenen Schäden (z.B. bei Schimmel, Kontamination oder Schädlingsbefall) oder durch mangelndes Vertrauen in die bauliche Qualität (wenn z.B. Ersatz- oder Verstärkungsmaßnahmen aufgrund Beeinträchtigungen der Tragfähigkeit erforderlich waren).

Die Vorgehensweise zur Ermittlung des merkantilen Minderwerts bei beseitigten Schäden ist in *Kapitel 12* erläutert und entsprechende Beispiele zu dieser Näherungsmethode finden sich in *Kapitel 13*.

Wenn aufgrund eines Hochwasserereignisses das Grundstück nun in einem neu definierten Überschwemmungsgebiet liegt, dann bringt dies über die tatsächlichen bzw. beseitigten Schäden an dem Gebäude hinaus weitere negative Eigenschaften mit sich. Zum einen haben Grundstücke, die sich in ausgewiesenen Überschwemmungsgebieten befinden, ein höheres Risiko für zukünftige Hochwasserereignisse, zum anderen dürften die Kosten für die Hochwasserversicherung steigen oder die Gebäude ggf. gar nicht mehr zu versichern sein. Beides hat einen negativen Einfluss auf den Kaufpreis solcher Objekte. Diese Wertminderung zählt allerdings nicht zum merkantilen Minderwert. Hier geht es nicht um ein Gefühl des Unwohlseins, sondern vielmehr um einen Fakt, dass ein Gebiet zum Risikogebiet erklärt wurde. Der Wertabschlag dürfte sich an der Hochwasserzone bemessen, aus der die Wahrscheinlichkeit und die Stärke eines Wiedereintritts eines Hochwassers abzuschätzen ist. Dabei müssen aber auch Maßnahmen der Kommunen berücksichtigt werden. Wenn Dämme, Regenrückhaltebecken oder Flussbettverbreiterungen durchgeführt wurden, müssen diese auch dementsprechend positiv in die Risikobetrachtung einfließen. Wenn einige Zeit seit dem Ereignis vergangen ist, dürften sich die Wertminderungen aufgrund der Lage im Überschwemmungsgebiet in den Bodenwerten widerspiegeln. In der Regel gibt es dann separate Bodenrichtwertzonen für diese Gebiete. Dann wäre eine darüber hinausgehende Berücksichtigung eines Wertabschlags für die Lage nicht notwendig. Dies ist im Einzelfall zu prüfen.

# 7.4 Altlasten, Kampfmittelbelastung

## 7.4.1 Schädigende Wirkung und Schadensbeseitigung

### Altlasten

Gemäß § 2 Abs. 5 Nr. 1 und 2 und Abs. 6 des Gesetzes zum Schutz vor schädlichen Bodenveränderungen und zur Sanierung von Altlasten (BBodSchG) vom 17.3.1998 sind Altlasten wie folgt beschrieben:

> „[...] Altlasten sind 1. stillgelegte Abfallbeseitigungsanlagen sowie sonstige Grundstücke, auf denen Abfälle behandelt, gelagert oder abgelagert worden sind (Altablagerungen) und 2. Grundstücke stillgelegter Anlagen und sonstige Grundstücke, auf denen mit umweltgefährdenden Stoffen umgegangen worden ist, ausgenommen Anlagen, deren Stilllegung einer Genehmigung nach dem Atomgesetz bedarf (Altstandorte), durch die schädliche Bodenveränderungen oder sonstige Gefahren für den einzelnen oder die Allgemeinheit hervorgerufen werden. [...]"
>
> Altlastverdächtige Flächen: „... sind Altablagerungen und Altstandorte, bei denen der Verdacht schädlicher Bodenveränderungen oder sonstiger Gefahren für den einzelnen oder die Allgemeinheit besteht."
>
> Schädliche Bodenveränderungen: „... sind Beeinträchtigungen der Bodenfunktionen, die geeignet sind, Gefahren, erhebliche Nachteile oder erhebliche Belästigungen für den einzelnen oder die Allgemeinheit herbeizuführen."

Aufgrund von Umnutzungen ehemals gewerblich genutzter Grundstücke wie z.B. Tankstellen, Gerbereien, Industrieanlagen oder anderer kann es zu Kontaminationen durch die Vornutzung kommen. Es gibt aber auch nutzungsunabhängige Kontaminationen durch Unrat, Schotter, Bauschutt oder Hausmüll. Vorgenutzte oder altlastensanierte Grundstücke können zu einer Wertminderung führen. Dabei ist die Folgenutzung bzw. die Sensibilität des Teilmarktes entscheidend. Im Einfamilienhausmarkt sind die Käufer bekannterweise am empfindlichsten. Insbesondere die Sorge um die Gesundheit treibt den Markt um. Das führt dazu, dass vermeintlich gesundheitsgefährdende Verunreinigungen des Grundstücks besonders kritisch betrachtet werden. Es ist nachvollziehbar, dass die Ansprüche an die Schadstofffreiheit des Baugrunds bei Eigennutzung und ggf. Gartennutzung zur Selbstversorgung höher sind als bei einem Mietshaus oder einem gewerblich genutzten Grundstück. Wobei auch hier immer die Folgenutzung bedacht werden muss.

In der Konsequenz führt das dazu, dass auch fachgerecht beseitigte Kontaminationen einen Einfluss auf den Kaufpreis haben.

Laut *Ertl*[74] sind die häufigsten Auswirkungen dieser Altlasten:

- die Verunreinigung des Grundwassers,
- die Aufnahme von Schadstoffen durch Menschen,
- die Ausbreitung von Deponiegas,
- die Verunreinigung von Oberflächengewässern,
- die Aufnahme von Schadstoffen durch Pflanzen.

---

74 *Kerschner, F./ Kleiber, W./ Ertl, D.*: Merkantiler Minderwert von Liegenschaften, Linde, Wien 2021, S. 63.

### 7.4.2 Werteinfluss bei Eintrag im Altlastenkataster

Ehemals verunreinigte Grundstücke werden im Altlastenkataster geführt. Dabei handelt es sich um ein umfassendes Register, in dem sowohl Altlasten als auch altlastverdächtige Flächen dokumentiert sind. Diese Altlastenkataster werden in Deutschland von den Umweltämtern der Länder oder auch der Kommunen in Datenbanken gespeichert, jede Altlast erhält dabei eine eindeutige Altlastenkennziffer.

Nach § 11 BBodSchG regeln die Bundesländer, welche Angaben erfasst werden. In der Regel werden folgende Daten gespeichert:

- Lage, Größe und Zustand der Standorte,
- Art, Menge und Beschaffenheit der Abfälle und sonstiger Stoffe, die abgelagert oder sonst in den Boden eingetragen worden sind,
- Art des früheren Betriebes, der stillgelegten Anlagen oder stillgelegten Einrichtungen,
- frühere, bestehende und geplante Nutzungen der Altlasten und altlastverdächtigen Flächen, deren Einwirkungen auf die Umwelt oder deren sonstigen Beeinträchtigungen der Bodenfunktion, die geeignet sind, Gefahren, erhebliche Nachteile oder erhebliche Beeinträchtigungen für den Einzelnen oder die Allgemeinheit herbeizuführen,
- Personen, die früher Eigentümer, Besitzer oder Inhaber der tatsächlichen Gewalt waren oder gegenwärtig sind,
- die sonstigen Sachverhalte und Rechtsverhältnisse, die für die Abwehr von Gefahren, erheblichen Nachteilen oder erheblichen Belästigungen für den Einzelnen oder die Allgemeinheit erforderlich sind.

Früher wurden Altlasten oder altlastverdächtige Flächen oft zufällig oder durch Beschwerden aus der Bevölkerung entdeckt. Mit Inkrafttreten von § 9 BBodSchG ist die systematische Erfassung und Untersuchung von Verdachtsflächen jedoch zur Aufgabe der zuständigen Behörden geworden.

Um Altablagerungen zu finden, werden alte topographische Karten ausgewertet, bspw. verschwundene Steinbrüche und Sandgruben oder aufgefüllte natürliche Senken. Es wird versucht herauszufinden, wann diese Gruben verschwunden sind und mit welchem Material sie verfüllt wurden, etwa Müll oder Bauschutt. Andere Verdachtsflächen umfassen größere Fabrikgelände, Kasernengelände und Bergwerksgelände. In Zweifelsfällen müssen solche Flächen umweltgeologisch durch Bohrungen untersucht werden. Datenbankprogramme ermöglichen auch eine Priorisierung mittels Kennzahlen, sodass manche Flächen als weniger kritisch oder hochkritisch eingestuft werden können. Dabei spielt auch die Lage der belasteten Fläche eine Rolle, wie die Nähe zu Wasserschutzgebieten oder Wohngebieten.

Die Priorisierung durch Kennzahlen dient auch als Orientierungshilfe bei der Dringlichkeit der Bearbeitung, da selbstverständlich nicht alle Altlasten sofort untersucht werden können.

Spezielle Altlastenkataster werden auch über die Hinterlassenschaften des Bergbaus in Sachsen, Sachsen-Anhalt und Thüringen geführt, bspw. wegen des Abbaus von Uranerzen.

Auf Basis des Umweltinformationsgesetzes sind Auskünfte auch an Privatpersonen möglich, können jedoch je nach Umfang der Recherche kostenpflichtig sein.

*Bachmann und Effenberger*[75] haben festgestellt, dass allein der Eintrag in das Altlastenkataster zu einer Wertminderung führen kann. Ein Eintrag in das Bodenbelastungskataster werde am Markt schwerwiegender registriert als ein nicht an Prüfungsstandards und das Bodenschutzgesetz geknüpftes Verdachtsmoment. Der Eintrag bestärke bei potenziellen Käufern, so die Autoren, den psychologischen Vorbehalt gegen ein altlastenbehaftetes Grundstück. Zusammen mit der Dauerhaftigkeit des Katastereintrags sei das Grundstück bleibend mit einem Makel bzw. Stigma behaftet. Unter *Kapitel 6* ist der Artikel ausführlich dargestellt. Ebenfalls ist dort die Näherungsmethode nach *Bachmann und Effenberger* dargestellt. Folgende Teilziele sind demnach definiert:

- Potenzial der Altlast (10 %),
- befürchtete Restriktionen (40 %),
- Markt und zeitlicher Faktor (20 %).

Diese Teilwerte werden Kriterien zugeordnet:

- 1 = trifft voll zu
- 0 = trifft nicht zu

75 *Bachmann, S./ Effenberger, P.*: Wertminderung eines Grundstücks aufgrund eines Eintrags in das Bodenbelastungskataster, GuG – Grundstücksmarkt und Grundstückswert, 2013, Heft 1, S. 37 bis 42.

| Wertminderung | | | | | | | | | | | |
|---|---|---|---|---|---|---|---|---|---|---|---|
| | Potenzial der Altlast | | | | befürchtete Restriktionen | | | | | | |
| **Kategorie** | **Kategorie** | **Flächenanteil** | **Toxizität** | **Restbelastung** | **zukünftige Bebaubarkeit** | **Gebäudeschäden** | **Nutzungssensibilität** | **Gartennutzung** | **Duldung, Überwachungsmaßnahmen** | **Risikoabwälzung** | **Erfahrungs- und Informationsstand** |
| Merkmale | 0,5 Altlastenverdacht | 0,33 punktuell | 0,33 gering | 0 Dekontamination | 0 | 0 keine | 0,25 gering | frei bewertbar | frei bewertbar | 0 hohe Nachfrage | 0 Nachnutzung |
| | 1,0 Altlastenfläche | 0,66 Teilgrundstück | 0,66 mittel | 0,5 Sicherung | 0,5 mit Einschränkung | 1 Abriss | 0,5 mittel | | | 0,5 ausgeglichener Markt | 0,25 Sanierungsdurchführung |
| | | 1,0 ges. Grundstück | 1,0 sehr hoch | 1,0 Überdeckung | 1,0 nicht realisierbar | | 0,75 hohe | | | 1,0 geringe Nachfrage | 0,5 Sanierungsvorbereitung |
| | | | | | | | 1,0 sehr hohe | | | | 0,75 orientierende Detailuntersuchung |
| | | | | | | | | | | | 1,0 keine bzw. historische Erkundung |
| Gewichtung % | 2,5 | 2,5 | 2,5 | 2,5 | 40 | 10 | 10 | 5 | 5 | 10 | 10 |
| Zutrefflichkeit (0 bis 1) | 1 | 1 | 0,66 | 0,1 | 0 | 0,1 | 0,75 | 0,1 | 0,1 | 0,5 | 1 |
| Ergebnis | | | | | | | | | | | 31,40 |

*Tab. 7.6: Bewertungsmatrix für Altlasteneintrag nach Bachmann und Effenberger, nachgezeichnet*

### Kampfmittelbelastung

Neben den Altlastenverunreinigungen können Grundstücke auch aufgrund von Kampfmittelvorkommen verunreinigt sein. Kampfmittel wie Bombenblindgänger, Granaten und Patronenmunition können erhebliche Gefährdungspotenziale aufweisen. Unsachgemäßes Hantieren birgt erhebliche Risiken und führt zu entsprechenden Gefahren. Nicht selten werden sogenannte Blindgänger, Bomben aus dem Zweiten Weltkrieg, die nicht zündeten, bei Bauarbeiten im Erdreich gefunden. Bei Neubauvorhaben werden die Grundstücke vor Beginn der Baumaßnahme vom Kampfmittelräumdienst auf Gefährdungen überprüft. In diesem Zuge werden Luftbildaufnahmen gesichtet und systematisch ausgewertet.

Das Land trägt die Kosten für die systematische Auswertung von Luftbildaufnahmen und für die Beseitigung von Kampfmitteln, die der Abwehr einer unmittelbaren Gefahr dienen. Der Grundstückseigentümer ist jedoch für die Kosten der Auswertung von Luftbildaufnahmen einzelner Baugrundstücke und für weitergehende Gefahrenerforschungsmaßnahmen verantwortlich.

Bei einem Bombenfund können Evakuierungen und Sperrungen erforderlich sein. Auch nach der Beseitigung der Kampfmittel können langfristige Auswirkungen bestehen bleiben. Potenzielle Käufer könnten weiterhin besorgt über mögliche verbleibende Risiken sein. Die Wahrscheinlichkeit, dass eine zweite Bombe auf dem gleichen Grundstück vorgefunden wird, wird eher gering sein. Der Käufer könnte sich aber bei einer Sprengung Sorgen um Folgeschäden aufgrund der Erschütterung des Erdreichs und der auf dem Grundstück befindlichen Gebäude machen. Im Einzelfall wäre daher auch hier ein merkantiler Minderwert grundsätzlich denkbar.

## 7.5 Umspannwerke und Freileitungen

### 7.5.1 Elektrische und magnetische Felder der Stromleitungen

Stromtrassen werden als Freileitungen oder Erdkabel errichtet. Sie übertragen Drehstrom mit einer Frequenz von 50 Hz. Hierfür sind drei Einzelleiter erforderlich. In den Übertragungsnetzen sind Spannungen von über 380.000 Volt Spannung üblich. Diese ruft zwischen den Leitern und dem Erdboden ein elektrisches Feld hervor. Fließt Strom durch die Leitungen, entsteht zusätzlich ein magnetisches Feld. Beide Felder sind unter den Leitern am größten.

*Abb. 7.20: Freileitungen*

*Abb. 7.21: Umspannwerk*

Das Bundesamt für Strahlenschutz hat 2009 in einer Studie untersucht, wie stark die Felder um Hochspannungs-Freileitungen und -Erdkabel sind. Die höchsten Magnetfeldstärken befanden sich direkt unter 380 kV-Freileitungen und über 380 kV-Erdkabeln.

Über Erdkabeln ist das Magnetfeld vergleichbar hoch wie unter Freileitungen. Es nimmt mit seitlichem Abstand aber schnell ab, da die Leiter in der Erde eng aneinander verlegt werden. Die elektrischen Felder von Erdleitungen sowie die elektrischen Felder der Freileitungen sind durch Gebäude fast vollständig abgeschirmt. Magnetische Felder von Erd- und Freileitungen sind dagegen kaum abzuschirmen.

Aber auch elektrische Geräte und Stromleitungen in Gebäuden generieren Magnetfelder. In unmittelbarer Nähe zu den Geräten ist das Feld oftmals höher als unterhalb von Freileitungen. Mit Abstand vom Gerät nimmt die Belastung deutlich ab.[76]

## 7.5.2 Schädigende Wirkung und Schadensbeseitigung

### Gesundheitliche Folgen von elektrischen und magnetischen Feldern

Auch ohne äußere Felder treten im Körper des Menschen elektrische Felder und Ströme auf. Die natürlichen Feldstärken im Körper liegen im Mittel im Bereich von 5 bis 50 mV/m. Der international empfohlene Basisgrenzwert für niederfrequente elektrische und magnetische Felder orientiert sich an den natürlichen elektrischen Feldstärken im Körper und an den Schwellenwerten für nachgewiesene gesundheitliche Wirkungen. Für die im Körper erzeugte elektrische Feldstärke ist bei 50 Hertz ein Basisgrenzwert von 20 Millivolt pro Meter festgelegt.

Elektrische und magnetische Felder können die natürlichen elektrischen Ströme im menschlichen Körper beeinflussen. Sie erzeugen Ströme, die zur Erregung von Muskeln und Nervenzellen und bei hohen Stromdichten zu Gesundheitsschäden führen können. Diese Auswirkungen wiederum sind Grundlage für die Bestimmung von Grenzwerten. Diese schützen vor allen nachgewiesenen Gesundheitsgefahren.

Es gibt aber epidemiologische Studien, die einen statistischen Zusammenhang zwischen schwachen Magnetfeldern unterhalb der Grenzwerte und einem etwas erhöhten Risiko für Leukämie bei Kindern finden. Die Ursachen für die Entstehungen dieser Krankheiten sind noch nicht ausreichend geklärt. Ein ursächlicher Zusammenhang mit Magnetfeldern ist nicht nachgewiesen.

Auch bei bestimmten Berufsgruppen, die häufig relativ starken Magnetfeldern ausgesetzt sind, gibt es Studien, die darauf hinweisen, dass bei diesen Menschen Erkrankungen des Nervensystems (wie z.B. Alzheimer) eine Rolle spielen könnten. Auch hier ist bisher kein Wirkungsmechanismus gefunden worden.[77]

### Empfehlungen und Schutzmaßnahmen

Zunächst stellen die Grenzwerte den Hauptschutz vor nachgewiesenen gesundheitlichen Auswirkungen dar. Sie beruhen auf dem Stand von Wissenschaft und Technik.

Aber da es auch bei Unterschreitung der Grenzwerte zu unvermeidbaren Wirkungen auf Mensch, Tier und Umwelt kommt, sollten diese vorsorglich auf ein Minimum beschränkt wer-

76 Bundesamt für Strahlenschutz: Elektromagnetische Felder, o. J., https://www.bfs.de/DE/themen/emf/emf_node.html.

77 Bundesamt für Strahlenschutz: Elektromagnetische Felder, o. J., https://www.bfs.de/DE/themen/emf/emf_node.html.

den. Das kann mittels entsprechender Vorsorgemaßnahmen geschehen. Eine davon ist, dass Sorge dafür getragen werden muss, dass neue Leitungen die vorhandene Hintergrundbelastung nicht wesentlich erhöhen.

Hierbei hilft das Einhalten von geeigneten Abständen. Eine andere technische Maßnahme besteht darin, die Einzelleiter von Freileitungen so anzuordnen, dass sich die Magnetfelder größtenteils kompensieren und so die Belastung in der Umgebung reduziert wird.

Es gibt in Deutschland kein Gesetz, das einen Mindestabstand von Hochspannungsleitungen zu Wohngebäuden vorschreibt. Seit 2013 existiert aber ein sogenanntes Überspannungsverbot von Gebäuden und Gebäudeteilen, die zum dauerhaften Aufenthalt von Menschen bestimmt sind. Dies betrifft den Neubau von Freileitungstrassen mit Wechselstrom, die eine Frequenz von 50 Hertz und eine Nennspannung von 220 Kilovolt oder mehr aufweisen.

Nicht betroffen von dem Überspannungsverbot sind bestehende Freileitungstrassen. Außerdem gibt es weitere Ausnahmen, für die eine Stichtagsregelung gilt. Näheres hierzu ist in der Verordnung zur Durchführung des Bundes-Immissionsschutzgesetzes geregelt (§ 4 Abs. 3 26. BImSchV).

Diese beinhaltet auch Grenzwerte zum Schutz der Bevölkerung vor gesundheitlichen Gefahren durch elektrische und magnetische Felder von Gleichstrom- und Niederfrequenzanlagen. Bei Niederfrequenzanlagen dürfen die Grenzwerte an Orten, die zum nicht nur vorübergehenden Aufenthalt von Menschen bestimmt sind, bei höchster betrieblicher Anlagenauslastung nicht überschritten werden. Für Gleichstromanlagen gilt die gleiche Anforderung für Orte, die zum dauerhaften bzw. vorübergehenden Aufenthalt von Menschen bestimmt sind.

Laut Bundesamt für Strahlenschutz ist nach dem derzeitigen wissenschaftlichen Kenntnisstand bei Einhaltung dieser Grenzwerte der Schutz der Gesundheit der Bevölkerung auch bei Dauereinwirkung gewährleistet.

Gleichzeitig wird aber darauf hingewiesen:

> „[...] Herzschrittmacher und andere elektronische Implantate können auch unterhalb der Grenzwerte durch elektrische und magnetische Felder beeinflusst werden. Die Empfindlichkeit eines Schrittmachers hängt von der Art der Implantation ab, von der Programmierung der Empfindlichkeit sowie vom Gerätetyp. Im Einzelnen muss die Gefahr einer Störbeeinflussung vom behandelnden Arzt abgeschätzt werden. Die Auswirkungen für die Betroffenen sind schwer vorhersehbar. In der Regel sollte ein Schrittmacher eine Störung von außen erkennen und in einen sicheren Störmodus umschalten. Mitunter können aber auch unangenehme ‚Stolper-Rhythmen' auftreten. Selbst lebensbedrohliche Situationen können im Einzelfall nicht ausgeschlossen werden. [...]"

### 7.5.3 Werteinfluss bei nahegelegenen Freileitungen und Umspannwerken

Die Ausführungen im vorigen Kapitel haben gezeigt, dass es derzeit keine abschließenden wissenschaftlichen Untersuchungen zu gesundheitlichen Auswirkungen elektrischer und magnetischer Felder gibt. Was nützen Grenzwerte, wenn es auch bei deren Einhaltung zu Restrisiken kommen kann? Die Tatsache, dass neue Trassen nicht mehr über Wohnbebauungen und Kinderspielplätze führen dürfen und dass empfohlen wird, die IRPA-Grenzwerte nicht voll auszuschöpfen, da wegen fehlender Kenntnisse die Möglichkeit nachteiliger Folgen für die Gesundheit auch unterhalb dieser international anerkannten Grenzwerte nicht ausgeschlossen werden kann (Belästigung besonders empfindlicher Personen durch das elektromagnetische Feld und indirekte Feldwirkungen, kein sicherer Schutz der Implantatträger, keine Berücksichtigung möglicher krebserzeugender, krebsfördernder bzw. synergistischer Wirkungen), generiert beim Markt ein ungutes Gefühl, so dass die Sorge einer gesundheitlichen Beeinträchtigung besteht. Die Auswertung einer Umfrage zu diesem Thema in *Kapitel 9* bestätigt das. Die überwiegende Mehrheit der Befragten lehnt den Kauf eines Grundstücks in unmittelbarer Nähe zu einem Hochspannungsmast ab.

Laut *Kleiber* können die Verlegung und Errichtung von Hochspannungsleitungen und von Hochspannungsmasten zu erheblichen Beeinträchtigungen durch Abwärme, elektromagnetische Felder usw. führen. Dies gelte gleichermaßen auch für erdverlegte Höchstspannungsleitungen.

Zur Erlangung von Marktkenntnissen, inwieweit die unmittelbare Lage zu einem Umspannwerk oder Freileitungen den Marktwert beeinflussen, wurden Objekte in diesen Lagen von der Verfasserin untersucht. Ein Auszug aus der Kaufpreissammlung brachte elf Kauffälle.

**Doppelhaushälften**

Bei vier Objekten, die in unmittelbarer Nähe zur Stromtrasse standen, handelte es sich um Doppelhaushälften. Die Leitungen führten direkt über die Grundstücksgrenze mit einem Abstand von ca. 15 m zu den Gebäuden. Die Kaufpreise der Objekte sowie die Jahre des Vertragsabschlusses wurden dokumentiert. Den Kaufpreisen wurde dann der mittlere Kaufpreis für Doppelhaushälften in der Gemeinde aus dem jeweiligen Marktbericht gegenübergestellt. Die Durchschnittswerte im Marktbericht beziehen sich immer auf die letzten drei Jahre. So inkludiert z.B. der Marktbericht 2021 die Verkäufe der Jahre 2019, 2020 und 2021. Aus diesem Grund wurde immer der Marktbericht des Folgejahres zugrunde gelegt. Es konnte festgestellt werden, dass die Kaufpreise der Objekte in unmittelbarer Nähe zu der Freileitung im Mittel 7 % unter den Durchschnittspreisen in der Gemeinde liegen.

Die Aussagekraft auf Basis von vier Fällen ist natürlich beschränkt. Die Tatsache, dass bei allein vier Objekten mehr oder weniger die gleiche Abweichung entstand, bestärkt das Ergebnis wiederum.

| | ***Kaufpreis*** | ***Vertragsjahr*** | ***Marktbericht*** | ***Mittlerer Kaufpreis*** | ***Abweichung vom durchschnittlichen Kaufpreis*** |
|---|---|---|---|---|---|
| *1* | *420.000,00 €* | *2020* | *2021* | *503.333,00 €* | *–8 %* |
| *2* | *300.000,00 €* | *2015* | *2016* | *430.333,00 €* | *–7 %* |
| *3* | *375.000,00 €* | *2019* | *2020* | *543.750,00 €* | *–7 %* |
| *4* | *660.000,00 €* | *2021* | *2022* | *712.500,00 €* | *–7 %* |

*Tab. 7.7: Untersuchung der Kaufpreise von Doppelhaushälften in unmittelbarer Nähe zu Freileitungen*

**Freistehende Einfamilienhäuser**

Die Untersuchung der drei freistehenden Einfamilienhäuser allerdings ergab kein aussagekräftiges Ergebnis. In einem Fall lag der Kaufpreis 4 % über dem Durchschnittspreis in der Gemeinde. Allerdings war bei diesem Objekt die Grundstücksfläche fast doppelt so groß wie die durchschnittlichen Grundstücke in der Gegend. Bei diesem Objekt ging die Stromtrasse direkt an der Grundstücksgrenze entlang. Die beiden anderen Grundstücke lagen in ca. 20 bis 40 m Entfernung von der Freileitung. Die Kaufpreise lagen hier 66 bzw. 67 % unterhalb des mittleren Kaufpreises von freistehenden Einfamilienwohnhäusern.

| | ***Kaufpreis*** | ***Vertragsjahr*** | ***Marktbericht*** | ***Mittlerer Kaufpreis*** | ***Abweichung vom durchschnittlichen Kaufpreis*** |
|---|---|---|---|---|---|
| *1* | *600.000,00 €* | *2020* | *2022* | *576.667,00 €* | *+4 %* |
| *2* | *585.000,00 €* | *2023* | *2024* | *876.667,00 €* | *−67 %* |
| *3* | *392.015,00 €* | *2016* | *2017* | *589.750,00 €* | *−66 %* |

*Tab. 7.8: Untersuchung der Kaufpreise von freistehenden Einfamilienhäusern in unmittelbarer Nähe zu Freileitungen*

Die übrigen vier untersuchten Kauffälle zeigten keine Wertminderungen. Der Abstand der Objekte zur Hochspannungsleitung betrug mehr als 60 m.

*Abb. 7.22: Einfamilienhaus mit Hochspannungsleitung*

*Abb. 7.23: Einfamilienhaus in unmittelbarer Nähe zum Umspannwerk*

Sowohl die Auswertung als auch die Umfrage in *Kapitel 9* haben gezeigt, dass Häuser in unmittelbarer Nähe von Freileitungen einen Wertabschlag erfahren. Laut der Auswertung lag dieser überwiegend bei 7 %.

*Prange*[78] bestätigt diesen Abschlag. Er hatte im Zuge eines Gutachtens zur Wertminderung von Immobilien infolge der Ertüchtigung einer Freileitungstrasse einen allgemeinen Wertabschlag für Freileitungen von 10 % ermittelt.

78 *Scherer, S.*: Starkstrom-Trasse: Immobilienwerte in Gefahr, EN-Südkreis, 22.4.2024.

Im Rahmen einer Umfrage[79] „zu einem Kaufinteresse bei Immobilien unter Höchstspannungsleitungen im Jahr 2024“ wurden drei Fragen mit 154 Rückläufen gestellt. Die Fragen lauteten wie folgt:

- Ich sehe keine Wertminderung
- Ich mindere den Kaufpreis um 10 %
- Ich mindere den Kaufpreis um 20 %
- Ich mindere den Kaufpreis um 30 %
- Ich mindere den Kaufpreis um 40 %
- Ich mindere den Kaufpreis um 50 %
- Ich mindere den Kaufpreis um 60 %
- Ich mindere den Kaufpreis um 70 %
- Ich mindere den Kaufpreis um 80 %
- Ich mindere den Kaufpreis um 90 %
- Nein, eine solche Immobilie möchte ich nicht haben.

*Abb. 7.24: Legende*

1. Würden Sie ein Haus **unter** einer Höchstspannungsleitung kaufen

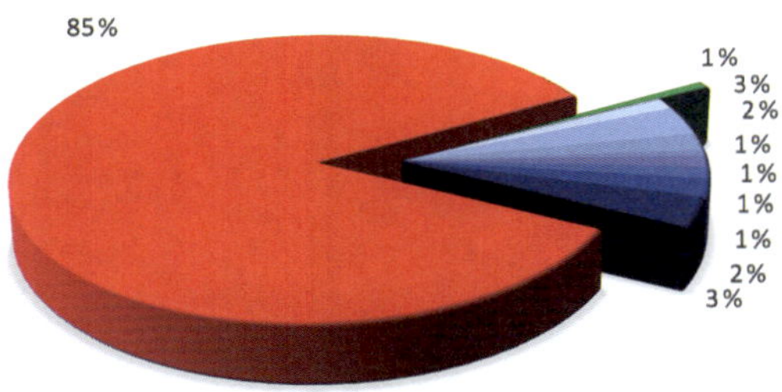


*Abb. 7.25: Auswertung Käuferreaktion auf Haus unter einer Höchstspannungsleitung, nach Prange*

79 *Prange, H.*: Umfrage im Rahmen einer Gutachtenerstellung, 12.3.2024.

2. Würden Sie ein Haus im **Abstand von 150 m** zu einer Höchstspannungsleitung kaufen

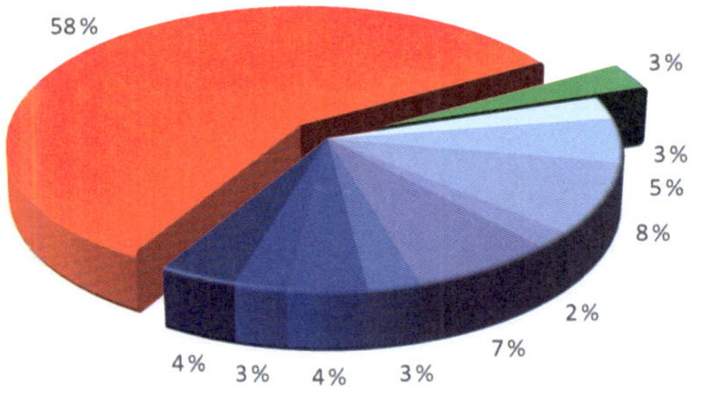


*Abb. 7.26: Auswertung Käuferreaktion auf Haus im Abstand von 150m zu einer Höchstspannungsleitung, nach Prange*

3. Würden Sie ein Haus im **Abstand von 300 m** zu einer Höchstspannungsleitung kaufen

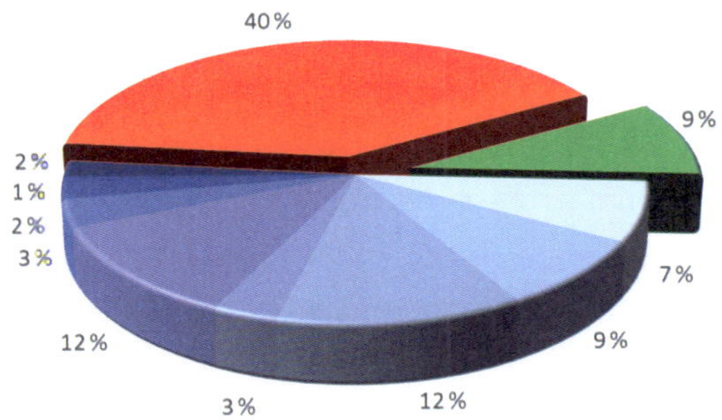


*Abb. 7.27: Auswertung Käuferreaktion auf Haus im Abstand von 300 zu einer Höchstspannungsleitung, nach Prange*

Die Umfrage zeigt, dass die Abneigung gegen die Hochspannungstrasse mit zunehmender Entfernung vom Objekt abnimmt. Die Abfrage war gegliedert in drei Kategorien. Die erste Abfrage bezog sich auf Objekte direkt unter einer Hochspannungsleitung, die zweite auf Objekte im Abstand von 150 m und die dritte auf Objekte im Abstand von 300 m zu einer Hochspannungsleitung.

Bei Objekten direkt unterhalb einer Leitung würden 85 % der Befragten Abstand vom Kauf nehmen, nur 1 % der Befragten hätten kein Problem damit und würden den vollen Preis zahlen. Bei den Gebäuden mit Abstand von 150 m von den Leitungen würden nur noch 58 % Abstand vom Kauf nehmen und 3 % kein Problem haben. Bei 300 m Abstand treten 40 % der Befragten vom Kauf zurück und 9 % hätten kein Problem mit dem Kauf.

Aufgrund der Auswertungen der Umfrage kommt *Prange* zu dem Schluss, dass ein Abschlag in Höhe von 10 bis 35 % für die Beeinträchtigungen nahegelegener Freileitungen aufgrund von Schattenwurf sowie Geräuschentwicklung marktgerecht ist. Für Wohnimmobilien, die einen geringen Abstand zu einer Leitung haben und wo die Auswirkungen deutlich wahrnehmbar sind, wäre ein Abschlag am oberen Ende der Spanne, demnach bei 35 %, angemessen.

Auch ist er der Ansicht, dass ein repräsentatives Gebäude aufgrund einer Hochspannungsleitung einen höheren Abschlag erfahren wird als ein niedrigpreisigeres Objekt. Seiner Meinung nach können die Abschläge bis 80 % gehen, wenn das Objekt unmittelbar unterhalb einer Hochspannungsleitung liegt und weitere negative Eigenschaften hinzukommen.

Die Abgrenzung zwischen dem Wertabschlags aufgrund des Lagemerkmals zu dem Wertabschlag aufgrund des merkantilen Minderwerts ist sehr schwierig.

Der Abschlag entsteht zum einen aufgrund der Optik. Ein Hochspannungsmast im Garten oder vor dem Grundstück stellt zweifelsohne eine optische Beeinträchtigung dar. Darüber hinaus können die Leitungen Geräusche hervorrufen. Der Käufer könnte sich durch ein Surren oder Brummen der Leitungen im Garten gestört fühlen. Außerdem können Verschattungen und Sichtbeschränkungen aufgrund der Masten eintreten.

Und dann, und das dürfte wohl der Hauptgrund für die Wertminderung solcher Objekte sein, verbleibt die Sorge bezüglich der gesundheitlichen Beeinträchtigung. Diese ist i.d.R. begründet. Da in Deutschland keine Mindestabstände zu Hochspannungsleitungen vorgeschrieben sind, kann der Bewohner nur auf die Einhaltung der Grenzwerte der Leitungen hoffen. Diese kann er aber nicht prüfen. Und wenn auch Werte, die unter den Grenzwerten liegen, zu einer gesundheitlichen Beeinträchtigung führen können, dann bleibt die Sorge bestehen. Auch wird klar gesagt, dass es sich um Grenzwerte zum heutigen Stand der Technik handelt. Vielleicht wird in 20 Jahren festgestellt, dass diese viel zu niedrig waren. Diese Sorgen könnte der Markt haben. Die Frage, die nun im Raum steht, ist: Handelt es sich denn wirklich um einen merkantilen Minderwert oder ausschließlich um ein Lagemerkmal?

Zunächst einmal haben die meisten Kaufinteressenten bei Grundstücken in unmittelbarer Nähe zu einem Umspannwerk oder einer Freileitung ein ungutes Gefühl. Die erläuterten Kritikpunkte bezüglich der Optik und der eventuellen Geräuschbelästigung gehören eindeutig zum Lagemerkmal.

Bei der Sorge um die Gesundheit ist die Abgrenzung schwierig. Gäbe es abschließende Studien und sichere Grenzwerte und der Markt hätte weiterhin eine unbegründete Sorge, würde man von einem merkantilen Minderwert sprechen.

Stand heute ist es aber so, dass wir zwar einen Großteil der Auswirkungen untersucht haben, aber auch wissen, dass ein Restthema verbleibt. Diese einzelnen Studien, diese Personengruppen mit Herzschrittmachern oder auch ehemalige Krebspatienten, und die Sorge, welche Studien und Grenzwerte es in der Zukunft geben wird, generieren eine Marktsorge, die ein Stück weit berechtigt ist. Und solange diese berechtigt ist, kann es sich nicht um einen merkantilen Minderwert handeln, denn der bedingt ja, dass die Sorge rational unbegründet ist.

In den meisten Fällen und insbesondere bei älteren Strommasten, die vor 2013 auch auf Wohngrundstücken errichtet wurden, handelt es sich bei dem Wertabschlag vom Kaufpreis überwiegend bis ausschließlich um eine Wertminderung aufgrund des Lagemerkmals.

In Einzelfällen, bei denen die Sorge um gesundheitliche Gefährdungen nachweislich unbegründet sind, kann auch ein merkantiler Minderwert vorliegen.

# 7.6 Mobilfunkmasten

## 7.6.1 Elektromagnetische Felder des Mobilfunks

Sprache oder Bilder werden mittels hochfrequenter elektrische Felder übertragen. Unsichtbar breitet sich dieses Funksignal sehr schnell aus. Das trifft auf die nächstgelegene Funkantenne, die sogenannte Basisstation. Von dort wird es an Vermittlungscomputer weitergeleitet. Diese und die Basisstationen bilden das Funknetz. Mit Abstand von der Basisstation wird das elektromagnetische Feld und damit die Funkverbindung schwächer. Häuser und Bäume können die Felder absorbieren, abblenden oder reflektieren.[80]

## 7.6.2 Schädigende Wirkung und Schadensbeseitigung

Bei Mobilfunkmasten ist es ähnlich wie bei den zuvor beschriebenen Hochspannungsleitungen. Auch hier sind die Gesundheitsrisiken nicht abschließend erforscht.

Im Mobilfunk werden ebenfalls hochfrequente elektromagnetische Felder für die drahtlose Übertragung von Sprache und Daten genutzt. Treffen die magnetischen Felder auf den Menschen, wird ein Teil der Energie absorbiert. Dabei erwärmt sich sein Körpergewebe, vor allem dann, wenn sich das Gerät nah am Körper befindet. Dabei gilt eine Erwärmung von 1 °C für unbedenklich. Ein höherer Temperaturanstieg sollte vermieden werden. Daher gibt es Grenzwerte für Mobiltelefone, den sogenannten SAR–Wert. Auch für die Mobilfunksendeanlagen gelten Grenzwerte. Diese werden schon nach wenigen Metern Entfernung eingehalten. Andere gesundheitsrelevante Wirkungen werden weiter untersucht. Bisher wurden keine weiteren Gesundheitsauswirkungen aufgrund von elektromagnetischen Felder infolge des Mobilfunks nachgewiesen, so das Bundesamt für Strahlenschutz.

Genauso wie bei den Freileitungen sinken auch bei Mobilfunkmasten die Feldstärken bei zunehmender Entfernung zur Quelle. Die Leistungsdichte sinkt im freien Raum entlang der Ausbreitungsrichtung mit dem Quadrat der Entfernung, d.h., bei doppeltem Abstand verringert sie sich auf ein Viertel. Die hochfrequenten Felder an einem bestimmten Punkt sind somit abhängig vom Abstand zur Anlage, aber auch von der Sendeleistung der Anlage, vom Anlagentyp, der Ausrichtung, der Abwärtsneigung der Sendeantennen sowie von der Signaldämpfung durch Vegetation und Bebauung.

80 Bundesamt für Strahlenschutz: Elektromagnetische Felder, o. J., https://www.bfs.de/DE/themen/emf/emf_node.html.

*Abb. 7.28: Mobilfunkantenne auf einem Feld*

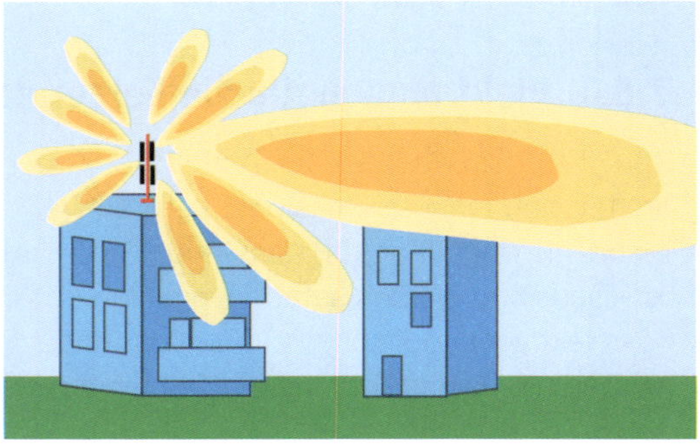

*Abb. 7.29: Darstellung der elektromagnetischen Felder im Umfeld einer Mobilfunkantenne*

## 7.6.3 Werteinfluss bei nahegelegenen Mobilfunkmasten

*Kleiber*[81] unterscheidet bei der Verkehrswertermittlung von Grundstücken im Bereich einer Mobilfunksendeantenne zwischen

- Grundstücken, die mit einer Mobilfunksendeantenne „bestückt" sind, und
- Grundstücken in der Umgebung von Mobilfunksendeantennen.

Dabei sei nicht allein auf die tatsächliche Möglichkeit einer Gesundheitsbeeinträchtigung abzustellen, da auch ästhetische und allgemeine auf dem Grundstücksmarkt vorherrschende irrationale Gesichtspunkte zu einer Wertminderung führen könnten. Bei Grundstücken, die mit einer Mobilfunksendeantenne „bestückt" sind, sei neben einer sich im Einzelfall ergebenden Minderung der Mieteinnahmen der Barwert des Nutzungsentgelts werterhöhend zu berücksichtigen.

*Abb. 7.30: Mobilfunkanlage auf einem Gebäude*

81 *Kleiber, W.*: Wertermittlerportal, Februar 2023, 287.

Auch sind Mobilfunkanlagen nach der Rechtsprechung[82] kein Grund für Mietminderungen. Eine im Einzelfall gegebene Minderung des Mietertrags infolge tatsächlichen bzw. vermuteten Elektrosmogs gegenüber „unbelasteten" Grundstücken kann indessen im Falle einer Neuvermietung durchaus hinzunehmen sein. Insbesondere dann, wenn die Grenzwerte nach 26. BImSchV[83] überschritten sind. Dieser Mindererertrag würde dann wie üblich über die Dauer seines Bestehens kapitalisiert werden.

Bei der Vorgehensweise handelt es sich um die Ermittlung des Barwerts einer Mindermiete. Mit einer merkantilen Wertminderung hat das nichts zu tun.

Wären Käuferkreise trotz Einhaltung der Grenzwerte derart besorgt, dass sich ein entsprechendes Marktverhalten abbilden würde, das eine deutliche Abneigung vom Erwerb zeigt, dann wäre das Vorhandensein eines merkantilen Minderwerts zu vermuten.

Der von *Kleiber* beschriebene dauerhafte Mindererertrag ist nicht nachvollziehbar. Es ist sicher denkbar, dass Mieter bei einer Anlage, die die Grenzwerte nicht einhält, eine Mietminderung verlangen werden. Diese wird so lange fortbestehen, bis die Anlage nachgerüstet oder ersetzt wurde. Nicht denkbar ist, dass die Grenzwerte dauerhaft fortbestehen und der Eigentümer dauerhaft eine geringere Miete erzielt. Wenn Mieter wegen der unterschrittenen Grenzwerten Sorge um ihre Gesundheit haben, werden sie die Wohnung nicht mieten. Eine dauerhafte Mietminderung wird sicher keine Lösung sein.

Nicht nur Wohnungen in Gebäuden, die mit einer Mobilfunkantenne ausgestattet sind, betrifft der Werteinfluss. Auch oder insbesondere Grundstücke im näheren Umfeld zu solchen Antennen können Wertbeeinträchtigungen erfahren. Zu dem „näheren Umfeld" zählen Grundstücke mit einem Abstand von 100 bis 150 m von der Antenne.

Bei der Ermittlung der Wertminderung müssen alle Einflusskriterien betrachtet werden.

- Beeinträchtigung der Sicht,
- Schattenwurf,
- gesundheitliche Beeinträchtigung (Einhaltung der Grenzwerte),
- Teilmarkt,
- Lage.

Dabei ist es schwierig, die einzelnen wertbeeinflussenden Faktoren voneinander zu trennen. Bei einem älteren Hochhaus aus den 1960er oder 1970er Jahren z.B. in einer nicht so guten Lage im Ballungszentrum könnten die Wertvorteile einer Mobilfunkantenne, die Erträge aus der Miete, überwiegen. Wogegen denkbar ist, dass in einer sehr guten Lage im Einfamilienhausmarkt allein der Ausblick auf eine massive Mobilfunkantenne wertmindernd ist. Hinzu käme dann noch die Sorge vor Gesundheitsbeeinträchtigungen.

Zusammenfassend ist zu sagen, dass bei den Mobilfunkanlagen der Minderwert ähnlich wie im vorigen Kapitel bei den Freileitungen und Umspannwerken überwiegend vom Lagemerkmal bestimmt wird. Der merkantile Minderwert kann nur zum Zuge kommen, wenn trotz Ein-

82 LG Kempten, Urt. v. 14.1.2004 – 5 S 2572/02 –, JWO-MietR 2004, 53.
83 Sechsundzwanzigste Verordnung zur Durchführung des BundesImmissionsschutzgesetzes (Verordnung über elektromagnetische Felder – 26. BImSchV), 14.8.2013.

haltung der Grenzwerte eine überwiegende Abneigung auf dem Markt besteht. Eine Umfrage hierzu hat gezeigt, dass die Teilnehmer mit Mobilfunkmasten im Allgemeinen weniger Probleme haben als mit Hochspannungsleitungen *(siehe hierzu Kapitel 9)*.

# 7.7 Windkraftanlagen

## 7.7.1 Beeinträchtigungen durch Windkraftanlagen

Eine Metaanalyse des Umweltbundesamtes in Deutschland aus dem Jahr 2016 ergab, dass die gesundheitlichen Risiken von Windenergieanlagen als „sehr gering" einzustufen sind und dass technische Vorschriften dies heute gewährleisten. Die Studie untersuchte folgende Auswirkungen von:

- hörbarem und nicht hörbarem Schall,
- Schattenwurf,
- Stroboskopeffekt,
- Lichtemissionen,
- Eiswurf und
- subjektiven Wahrnehmungen.

Laut dem BImSchG[84] darf die von einer technischen Anlage verursachte Schallimmission in Deutschland in reinen Wohngebieten nachts einen A-bewerteten Dauerschalldruckpegel von 35 dB nicht überschreiten (allgemeines Wohngebiet 40 dB, Dorf- und Mischgebiet 45 dB, Gewerbegebiet 50 dB). Tagsüber sind die Werte höher. Für baurechtlich nicht festgesetzte Gebiete (z. B. Einzelgehöft im Außenbereich) werden nach aktueller Rechtsprechung die Werte für Mischgebiete angesetzt. Beim Bauantrag für eine Windkraftanlage muss im Rahmen des Genehmigungsverfahrens neben einer rechnerischen Vorhersage der erwarteten Schallimmissionen auch eine Betrachtung der möglichen Auswirkungen des Schattenwurfs vorgelegt werden.

84 Gesetz zum Schutz vor schädlichen Umwelteinwirkungen durch Luftverunreinigungen, Geräusche, Erschütterungen und ähnliche Vorgänge (Bundes-Immissionsschutzgesetz – BImSchG), 24.2.2025.

*Abb. 7.31: Wohngebäude in unmittelbarer Nähe zu einem Windpark*

*Abb. 7.32: Windpark*

Der Schall von Windkraftanlagen entsteht hauptsächlich durch das Windgeräusch der Rotorblätter. Moderne Anlagen können in einen schallreduzierenden Betriebszustand versetzt werden, um die Lärmbelästigung insbesondere nachts zu verringern. Fortschritte in der Technik haben die Geräuschemissionen deutlich gesenkt.

Der Schattenwurf von Windkraftanlagen verursacht periodische Helligkeitsschwankungen, die als unangenehm empfunden werden. In Deutschland darf der Schattenwurf auf Wohnhäuser nicht mehr als 30 Stunden pro Jahr und 30 Minuten pro Tag betragen. Dies wird durch Mess- und Steuerungseinrichtungen in den Anlagen überwacht.

### 7.7.2 Wertminderung durch Windkraftanlagen

Der Begriff merkantiler Minderwert wird oftmals auch in Bereichen verwendet, in denen es keinen merkantilen Minderwert gibt. So wird bei Wohngebäuden in der Nähe von Windparks oftmals der Begriff der merkantilen Wertminderung verwendet. Tatsächlich handelt es sich hier ausschließlich um ein Lagemerkmal. Darüber hinaus befinden sich diese Parks i.d.R. außerhalb von Ortschaften, sodass die Beeinträchtigungen überwiegend Gebäude im Außenbereich betreffen.

## 7.8 Friedhöfe

Aufgrund des zunehmenden Platzmangels in den Städten und Ballungsgebieten wird die Suche nach Baugrundstücken immer schwieriger. Was liegt da näher, als die unbebauten Bereiche näher zu untersuchen. Auf Friedhöfen gibt es viel Platz. Das liegt u.a. daran, dass die Anzahl der Urnenbestattungen in den letzten Jahren stark zugenommen hat. Urnen benötigen wesentlich weniger Platz als Särge. Die Gräber mit Särgen laufen zunehmend ab. Somit gibt es auf den Friedhöfen wieder mehr Platz.

Die Umwandlung von Bestattungsflächen in Bauland könnte somit eine Lösung für das Platzproblem darstellen.

*Abb. 7.33: Abgelaufene Grabstätten*

*Abb. 7.34: Friedhofsgelände*

Nach einer Berechnung des Instituts für Kommunale Haushaltswirtschaft (Helsa) aus dem Jahr 2015 waren damals schon von 425 Mio. m² auf deutschen Friedhöfen 165 Mio. Überhangflächen. Das entspricht mehr als 23.000 Fußballfeldern.

Den Bereich der Friedhöfe, in denen noch niemand bestattet wurde, abzutrennen und umzunutzen, sollte nicht das Problem sein. Schwieriger wird es mit den Bereichen, in denen bereits Gräber sind oder waren.

Beim Fundamentaushub auf Gebeine zu treffen, ist sicher nicht jedermanns Sache. Experten und Verbände raten daher den Kommunen, solche Umnutzungsvorhaben vorher öffentlich zu diskutieren. Bei jüdischen Friedhöfen ist eine Umnutzung ausgeschlossen. Diese Gräber müssen nach jüdischem Glauben ewig bestehen.

Die Umfrage in *Kapitel 9* hat gezeigt, dass die meisten Befragten kein Problem damit hätten, auf einem ehemaligen Friedhofsgelände zu wohnen. Aber auch hier wird die Bewertung auf den Einzelfall abzustimmen sein. Wenn ein großes Areal mit Mietshäusern entsteht, dann ist die Sensibilität sicher nicht so groß, wie wenn man beim Bäumepflanzen im Garten eines Einfamilienhausgrundstücks Gefahr läuft, einen Schädel auszugraben. Mystische Sorgen, wie man sie aus Horrorfilmen kennt, wo sich die Toten an den Ruhestörern rächen, sind sicherlich zu vernachlässigen. Der Minderwert aufgrund des Lagemerkmals dürfte gering sein und ein merkantiler Minderwert ist wohl eher nicht abbildbar. In *Kapitel 9* sind die Ergebnisse zur Umfrage der Käuferreaktionen auf Friedhöfe dargestellt.

## 7.9 Spukhäuser

Großbritannien ist bekannt für Geisterhäuser und Spukgeschichten[85]. Ein berühmtes Spukhaus ist das sogenannte „The Cage". In diesem „Käfig" sollen im 16. Jahrhundert Gefangene eingesperrt worden sein, denen man vorwarf, Hexen zu sein. Mindestens 14 vermeintliche Hexen warteten auf ihre „Verhandlung" in Gefangenschaft. Auch nach der Zeit der Hexenverfolgung wurden dort noch bis 1908 Gefangene eingesperrt.

Die letzte Besitzerin war 2004 in das Haus eingezogen und hatte seitdem immer wieder unheimliche Erlebnisse gehabt. Zunächst habe sie nichts von den paranormalen Aktivitäten geahnt. Dann geschahen ihren Angaben zufolge immer mehr paranormale Dinge. Elektrisches Spielzeug schaltete sich selbstständig ein, Türen schlugen, die Bewohnerin sei zu Boden gestoßen worden, Gegenstände seien durch den Raum geflogen. Auch war die Rede von dunklen Schatten.

Auch vor Freunden der Besitzerin machten die Geister wohl nicht Halt. Angeblich kam es auch zu einer Überströmung der Flurwände mit Blut. Die Besitzerin entschied aufgrund der Vorkommnisse, das Haus im Jahr 2008 zu verlassen.

Die Berichte von dem verhexten Haus zogen natürlich zahlreiche Geisterjäger und Erforscher des Paranormalen aus der ganzen Welt an. Mehrere Untersuchungen und Dokumentarfilme gibt es bereits über „The Cage".

Zwölf Jahre lang versuchte sie vergeblich, das Haus zu verkaufen. Schließlich fand sich eine Makleragentur, die das Haus offensiv mit seiner Geschichte anpries. „Für Liebhaber des Paranormalen". Daraufhin fand sich ein Käufer.

Über den Kaufpreis ist nichts bekannt. Auch nicht, ob der neue Käufer weitere Auseinandersetzungen mit den Geistern im Haus hatte.

85 *Piehler, M.*: Geister inklusive: Berühmtes englisches Spukhaus hat einen neuen Besitzer, 2020, https://de.nachrichten.yahoo.com/geister-inklusive-englands-beruhmtestes-spukhaus-hat-einen-neuen-besitzer-115310936.html.

*Abb. 7.35: Spuk*

Auch in Deutschland gibt es Berichte über sonderbare Vorgänge in Häusern.

Das Gutshaus Fühlingen bei Köln gilt als eines der bekanntesten deutschen Spukhäuser. Den Übermittlungen zufolge kam es im Jahr 1288 im Limburger Erbfolgestreit in der Fühlinger Heide zu einer blutigen Schlacht. Bis zu 1.100 Menschen sollen dabei ums Leben gekommen und in Massengräbern bestattet worden sein. Zur Zeit des Nationalsozialismus wurde das Gutshaus als Schlaflager für Zwangsarbeiter genutzt. Die Gestapo soll einen jungen Mann unweit des Hauses erhängt haben. Es wird berichtet, dass sein Geist auf dem Anwesen umhergeht. Im Haus sollen stampfende Geräusche, ein Knallen im Treppenhaus und unerklärliche Lichter auf Fotos aufgetreten sein. Seit rd. 20 Jahren steht das Gebäude wohl leer.

Auch das ehemalige Grand Hotel Waldlust bei Freudenstadt hat eine blutige Vergangenheit. Das Hotel eröffnete 1902 und beherbergte den Hochadel und Filmstars. Im Zweiten Weltkrieg jedoch wurde das Hotel zum Lazarett umfunktioniert und 1949 kam die Hotelchefin im Hotel gewaltsam zu Tode. Seit den 1960er Jahren berichten Gäste und Angestellte des Schwarzwaldhotels von Spukerscheinungen. Dazu zählen plötzliche Kälte und Modergeruch, wackelnde Gläser und unerklärliches Babygeschrei sowie eine Frau im weißen Schleier, die die ehemalige Hotelchefin sein soll. Nach vielen Besitzerwechseln und Leerstand wurde das Schlosshotel Waldlust 2005 endgültig geschlossen.

Laut der Parapsychologischen Beratungsstelle in Freiburg wenden sich jährlich rund 3.000 Hilfesuchende an die Stelle. Statt von Spuk spricht der Leiter der Parapsychologischen Beratungsstelle lieber von einer Embodiment-Störung. Danach ist der Mensch so in seine Umgebung eingepasst, dass sich innerliche Prozesse in der Außenwelt widerspiegeln können. Emotionale Belastungszustände und Konflikte können sich so in unerklärlichen Vorgängen Bahn brechen.

Auch die Theorie der Verschränkung aus der Quantenphysik kann laut dem Leiter der Beratungsstelle eine Erklärung für das Unerklärliche sein. Sie besagt, dass zwei Dinge, die in keinem kausalen Zusammenhang stehen, trotzdem so verbunden sein können, dass sie aufeinander bezogenes Verhalten zeigen.

Kritiker wie die Mitglieder der Gesellschaft zur wissenschaftlichen Untersuchung von Parawissenschaften (GWUP) sind der Meinung, dass die Ursache für den Grusel bei „Lost Places" in der Bausubstanz der Gebäude liegt. Demnach könnten Wärmebrücken, Vibrationen oder Schall unterhalb der menschlichen Hörfläche bei sensiblen Menschen Unbehagen und Angstzustände auslösen. Alte Elektroinstallationen könnten flackernde Lichter und Schimmel in den Wänden modrigen Geruch generieren.

Eine Umfrage der GWUP im Jahr 2021[86] zeigte, dass nur 6,7 % der Befragten an Spuk und Gespenster glauben. Demnach kann davon ausgegangen werden, dass Mehrheit der „Geisterjäger" und Besucher von Spukhäusern aufgrund des Nervenkitzels und weniger wegen des Glaubens an Gespenster kommen.

## 7.10 Mord, Totschlag und Außergewöhnliches

Neben den beseitigten Baumängeln und Bauschäden gibt es auch andere Ereignisse, die zu einem merkantilen Minderwert führen können. Das sind Gebäude, die aufgrund eines schrecklichen Ereignisses ein Stigma oder einen schlechten Ruf bekommen haben. Mord, Massaker, Spukhäuser, Horrorhäuser u. Ä. können dazu führen, dass Kaufinteressenten Abstand vom Kauf nehmen. Viele empfinden solche Ereignisse als schlechtes Omen. Dies betrifft insbesondere den Teilmarkt Einfamilienhäuser. Hier handelt es sich bei den Kaufinteressenten üblicherweise um Familien oder Paare, die eine Familie planen. Alle diese Käufer planen eine glückliche Zukunft in der Immobilie. Wenn dann herauskommt, dass sich in der Vergangenheit etwas Schreckliches in dem Haus ereignet hat, wirft das einen Schatten auf die Zukunft des Hauses und die Käufer haben ein schlechtes Gefühl.

*Abb. 7.36: Brennendes Haus vom Kannibalen von R.*

86 *Kapp, S.*: Geisterhäuser in Deutschland: Wie viel Spuk ist echt?, 2021, https://www.nationalgeographic.de/reise-und-abenteuer/2021/09/geisterhaeuser-in-deutschland-wie-viel-spuk-ist-echt.

Die Beispiele in *Kapitel 13* zeigen, wie solche Ereignisse zu massiven Wertverlusten der Grundstücke führen können. Die Bausubstanz und das Gebäude sowie das Grundstück an sich sind materiell nicht betroffen. Allein die Informationen über die Vergangenheit führen zu immensen Wertverlusten. Aber auch Werterhöhungen sind denkbar, wenn eine Immobilie z.B. einer berühmten Person gehörte.

Die Ermittlung der Höhe des merkantilen Minderwerts ist sehr schwierig, da hier im Gegensatz zu beseitigten Baumängeln und Bauschäden keine zeitliche Schiene bekannt ist, in der sich der Minderwert auf null reduziert. Auch kann die Schadenshöhe nicht eingegrenzt werden. Im schlimmsten Fall kann der Wert des Grundstücks null betragen. Dies war in der Vergangenheit nicht selten der Fall, dass ein Haus nach einer schrecklichen Tat abgerissen werden musste. Entweder fand sich kein Käufer oder es entstand ein so massiver Sensationstourismus, dass dieser den Anwohnern nicht mehr zuzumuten war.

Wie der Markt auf diese unterschiedlichen Szenarien reagiert, ist neben *Kapitel 9* auch in *Kapitel 10* dargestellt.

# 8 Beantwortung der FAQ

Die eingangs in *Kapitel 2* gestellten Fragen zum merkantilen Minderwert wurden in den vorangegangenen Kapiteln ausführlich betrachtet. Hier folgt eine Zusammenfassung der Erkenntnisse.

## 8.1 Ist der merkantile Minderwert auf die Immobilienbewertung übertragbar?

**Ja, der merkantile Minderwert ist auf die Immobilienbewertung übertragbar.**

In der Literatur gibt es viele Ausführungen, die darstellen, dass es keine Übertragbarkeit vom merkantilen Minderwert, der aus dem Bereich der Kfz-Bewertung stammt, auf den Immobilienbereich gibt. Begründet wird diese immer wieder mit den Unterschieden zwischen den beiden Gütern. Im Folgenden sind diese, wie in *Kapitel 4.1* beschrieben, in der unten stehenden Tabelle zusammengefasst.

| Kraftfahrzeug | Gebäude | Auswirkung auf die Übertragbarkeit |
|---|---|---|
| Mobil | Fest mit dem Erdboden verbunden | Keine – aufgrund der Mobilität ist die Schadensanfälligkeit bei Kraftfahrzeugen höher als bei Gebäuden. |
| Kürzere Lebensdauer | Lange Lebensdauer | Keine – deutet eher darauf hin, dass der merkantile Minderwert bei Gebäuden sogar eine größere Bedeutung hat. |
| Industriell gefertigt | Manuell gefertigt | Keine, da der merkantile Minderwert in beiden Fällen gerechtfertigt sein kann. |
| Serienproduktion | Überwiegend Einzelanfertigung | Keine, da der merkantile Minderwert in beiden Fällen gerechtfertigt sein kann. |
| Geringerer Anschaffungswert | Höherer Anschaffungswert | Keine – deutet eher darauf hin, dass der merkantile Minderwert bei Gebäuden sogar eine größere Bedeutung hat. |
| Gefahr des Totalschadens sehr groß | Die Gefahr, dass das Gebäude aufgrund von Schäden zum Liquidationsobjekt wird, ist eher gering. | Keine – deutet eher darauf hin, dass der merkantile Minderwert bei Gebäuden sogar eine größere Bedeutung hat. |

*Tab. 8.1: Gegenüberstellung der Merkmale für Kfz und Immobilien*

In *Kapitel 4.1* wurde ausführlich erläutert, dass die in der Tabelle aufgeführten Punkte zwar Unterscheidungsmerkmale der beiden Wirtschaftsgüter darstellen, aber dies nicht zwangsweise dazu führt, dass der merkantile Minderwert nicht übertragbar ist. Viel wichtiger sind die Gemeinsamkeiten:

- Vorhandensein von Vergleichsobjekten auf beiden Märkten,
- individuelle Ausstattungen,
- am Markt gehandelte Wirtschaftsgüter,
- Wertverlust bei Beschädigung.

Zwar werden Autos in Serie produziert und Häuser individuell hergestellt, trotzdem gibt es für beide Objektarten in Abhängigkeit vom jeweiligen Teilmarkt Vergleichsobjekte. Eine hinreichende Vergleichbarkeit ist dabei ausreichend. Auch Autos sind nicht identisch. Sie haben unterschiedliche Ausstattungen und Fahrleistungen.

Bei beiden Objekten handelt es sich um Wirtschaftsgüter, die am Markt gehandelt werden. Die Käuferentscheidungen sind auf beiden Märkten überwiegend emotional und teilweise irrational.

Bei Beschädigung wird es bei beiden Märkten eine Abneigung gegen den Kauf geben. Der Markt wird sowohl bei Autos als auch bei Häusern immer ein unbeschädigtes Objekt einem ehemals beschädigtem vorziehen.

Auch im Zusammenhang mit einem negativen Erlebnis besteht bei beiden Märkten eine Abneigung. Dabei ist es nebensächlich, ob der Selbstmord im Haus oder im Auto stattgefunden hat.

Der Begriff des merkantilen Minderwerts ist somit auf den Immobilienmarkt übertragbar und auch, was die Rechtsprechung angeht, schon lange anerkannt.

## 8.2 Wie verhält sich der merkantile Minderwert im Verlauf der Zeit und ab wann ist er nicht mehr darstellbar?

**Für die Ermittlung des merkantilen Minderwerts und zur Überprüfung von Ausschlusskriterien ist die Zeitspanne von fünf Jahren ausreichend genau. Es gibt keine Untersuchungen dazu, in welcher Form der merkantile Minderwert mit zunehmender Zeit nach Schadensbeseitigung sinkt.**

In der Literatur wurde oftmals eine Zeitspanne von 15 Jahren für den Wiedereintritt von Schäden zugrunde gelegt. Dabei wurde in dem anfänglichen Bewertungsmodell ein Instandsetzungsaufwand den jeweiligen Jahren zugeordnet. *Vogel* hatte den kalkulatorischen Instandsetzungsaufwand über einen Zeitraum von 15 Jahren für jedes Jahr gleich hoch angesetzt und eine parabolische Formel für den zeitlichen Verlauf des Risikos des Wiedereintritts zugrunde gelegt.

*Krell und Krell* hatten die Methode an dieser Stelle verfeinert, indem sie unterstellen, dass in den ersten fünf Jahren dieses 15-Jahre-Zeitraumes die Wahrscheinlichkeit des Eintritts von Folgeschäden wesentlich höher sei. Mittels einer Näherungsfunktion über die Häufigkeitsverteilung der Folgeschäden generieren sie eine Exponentialfunktion.

Zum einen ist nicht nachgewiesen, dass sich die Wahrscheinlichkeit des Wiedereintritts des Schadens entsprechend den Modellen von *Vogel* oder *Krell und Krell* verhält. Noch weniger ist sicher, dass sich der Markt analog dem Risiko des Schadenseintritts, also auch innerhalb einer parabolischen oder exponentialen Kurve verhält.

Die Marktreaktion hängt sicherlich nicht ausschließlich von der Wahrscheinlichkeit des Wiedereintritts des Schadens ab. Einflusskriterien wie die Schadensart und die Schadensbeseitigungsmaßnahmen sowie die Lage haben einen wesentlich höheren Einfluss auf die Marktreaktion.

Aus diesem Grund scheint es ausreichend, eine Dauer von fünf Jahren mit einer linearen Abminderung der Wahrscheinlichkeit zugrunde zu legen. Das deckt sich auch mit dem Ansatz von *Krell und Krell*, die sagen, dass in den ersten fünf Jahren ein Wiedereintritt des Schadens am wahrscheinlichsten ist. Ebenso korreliert dieser Zeitraum mit dem Gewährleistungszeitraum, der auf Studien basiert, die zeigen, dass ein Schaden, der in den ersten fünf Jahren nicht eingetreten ist, mit großer Wahrscheinlichkeit danach auch nicht mehr eintritt. Da auch der Markt, der Laie, die fünf Jahre Gewährleistungszeitraum kennt, ist es wahrscheinlich, dass er auch diesen Zeitraum zugrunde legt. Wenn bei einem Verkauf ein Schadensereignis in den letzten fünf Jahren nach Beseitigung nicht mehr aufgetreten ist, wird der Markt auch kaum noch Sorge vor einem Wiedereintritt haben. Es ist auch klar, dass das Vertrauen in die Nachbesserung mit jedem vergangenen schadenfreien Jahr steigt. Somit verringert sich der merkantile Minderwert mit der Zeit nach Schadensbeseitigung. Modellhaft kann hier durchaus eine lineare Abminderung innerhalb von fünf Jahren auf null unterstellt werden.

## 8.3 Zu welchem Zeitpunkt ist der merkantile Minderwert zu ermitteln?

**Der merkantile Minderwert ist zum Wertermittlungsstichtag zu ermitteln. Bei noch nicht beseitigten Mängeln oder Schäden kann eine fiktive Beseitigung unterstellt werden. Hier müssen die Zeitdauer nach Schadensbeseitigung und die Schadensbeseitigungsmaßnahmen besonders beachtet werden.**

Wenn Schäden am Wertermittlungsstichtag bereits beseitigt wurden, ist die Ermittlung des merkantilen Minderwerts, zumindest was den Stichtag angeht, einfach. Maßgeblich ist der Wertermittlungsstichtag. Nach der Vorgehensweise aus *Kapitel 12* werden dann die einzelnen Einflusskriterien bewertet. Dabei wird die Zeitdauer seit Schadensbeseitigung bis zum Wertermittlungsstichtag erfasst und berücksichtigt.

Bei am Stichtag noch nicht beseitigten Schäden stellt sich die Frage, wie damit umgegangen werden soll. Man könnte sich auf den Standpunkt stellen, dass es keinen merkantilen Minderwert am Wertermittlungsstichtag gibt, da der Schaden noch nicht beseitigt ist. Die fachgerechte Beseitigung der Schäden ist schließlich die Grundlage für das Vorhandensein des merkantilen Minderwerts. So lautet die Definition.

Bei näherer Betrachtung wird schnell klar, dass das nicht marktgerecht ist. Ein Besitzer einer Immobilie, dem aufgrund mehrerer Ausführungsfehler einige große Schäden entstanden sind, soll am Wertermittlungsstichtag, an dem die Schäden noch nicht beseitigt sind, entschädigt werden. Vorausgesetzt, seiner Immobilie haftet durch die Schäden längerfristig ein

Stigma an, kann es nicht marktgerecht sein, als Minderwert ausschließlich auf die Schadensbeseitigungskosten abzustellen. Sein Haus hat aufgrund der Schadensereignisse weniger Wert.

Somit erscheint es richtig, bei der Wertermittlung eine fiktive Schadensbeseitigung zu unterstellen und auf Basis dieser einen merkantilen Minderwert zu ermitteln. Der Widerspruch, der hier entsteht, ist, dass an ein und demselben Tag zwei Zustände unterstellt und separat bewertet werden. Einmal werden die tatsächlichen Schadensbeseitigungskosten ermittelt, weil die Schäden zu beseitigen sind. Gleichzeitig wird eine fachgerechte Beseitigung dieser Schäden angenommen und ein weiterer Minderwert ermittelt. Es ist gut vorstellbar, dass diese Vorgehensweise angreifbar ist. Entweder wird davon ausgegangen, dass der Schaden beseitigt ist, oder er ist eben nicht beseitigt. Beides gleichzeitig kann nicht sein. In die Situation des Geschädigten versetzt, muss dieser aber für die Schadensbeseitigungskosten aufkommen und hat ein wertgemindertes Gebäude für die Zukunft. Hier käme die Frage ins Spiel, für wie lange ist das Haus wertgemindert? Nach vorheriger Ausführung könnten das nur fünf Jahre sein. Ist es denn richtig, bei der fiktiven Unterstellung der Schadensbeseitigung davon auszugehen, dass die Schäden gerade erst beseitigt wurden und somit der merkantile Minderwert am höchsten ist? Wird der Geschädigte an dieser Stelle nicht bevorzugt? Nur wenn er das Gebäude an diesem Tag verkaufen wollte, wäre die hohe Wertminderung indiziert. Man könnte genauso gut eine Schadensbeseitigung zweieinhalb Jahren vor dem Wertermittlungsstichtag unterstellen, dann wäre der merkantile Minderwert nur noch halb so hoch. Dann aber würde man mit zwei verschiedenen Stichtagen arbeiten. Bei dieser Überlegung wird schnell klar, dass es nur eine vermeintlich „saubere" und wenig angreifbare Lösung gibt. Das Stichtagsprinzip muss stur eingehalten und somit wird der maximale merkantile Minderwert direkt nach (fiktiver) Schadensbeseitigung ermittelt werden. Am Wertermittlungstichtag ist der Schaden nun einmal am größten.

## 8.4 Gibt es eine Offenbarungspflicht für fachgerecht beseitigte Baumängel und Bauschäden bzw. frühere Geschehnisse im Gebäude?

**Eine pauschale Offenbarungspflicht für beseitigte Baumängel und Bauschäden gibt es nicht. Aber wenn davon auszugehen ist, dass am Stichtag nicht mehr vorhandene Baumängel und Bauschäden oder andere Ereignisse die Käuferentscheidung beeinflussen könnten oder der Käufer explizit danach fragt, sind die Geschehnisse offenzulegen.**

Zunächst gibt es keine grundsätzliche Offenbarungspflicht für beseitigte Baumängel und Bauschäden. Der Verkäufer darf in seinem Interesse handeln und anders als auf dem Gebrauchtwagenmarkt muss der Käufer explizit nachfragen, ob Mängel oder Schäden in der Vergangenheit vorhanden waren. Der oftmals vereinbarte Haftungsausschluss gilt grundsätzlich, greift aber bei arglistigem Verschweigen nicht. Die Gerichtsurteile zeigen, dass erhebliche Mängel und Schäden und solche, die das Kaufverhalten des Käufers beeinflussen könnten, unter die Offenbarungspflicht fallen. Hierbei wird im Einzelfall zu prüfen sein, wann ein Mangel oder Schaden erheblich ist. Sicher ist aber, sobald der Verkäufer diesen nicht offenbaren möchte, hat er bereits eine Ahnung, dass diese Information die Käuferentscheidung beeinflussen könnte. Auf jeden Fall kann nicht grundsätzlich davon ausgegangen werden, dass fachgerecht behobene Mängel und Schäden nicht kommuniziert werden und es deshalb keinen merkantilen Minderwert gibt.

## 8.5 Schließt der Haftungsausschluss für Sachmängel im Vertrag die Geltendmachung eines merkantilen Minderwerts aus?

**Nein, der Haftungsausschluss schließt den merkantilen Minderwert nicht aus.**

Bei Bestandsimmobilien wird im Kaufvertrag häufig ein Haftungsausschluss formuliert. Dieser bezieht sich auf Mängel und Schäden, die möglicherweise nach dem Kauf auftreten bzw. beim Kauf ersichtlich waren – nach dem Motto „gekauft wie gesehen". Hiermit möchte der Verkäufer einer späteren Beanstandung von Baumängeln und Bauschäden vorbeugen.

Der merkantile Minderwert und auch Minderwerte für vorhandene Mängel und Schäden hingegen finden im Rahmen der Kaufverhandlungen vor Vertragsabschluss Berücksichtigung in einer Kaufpreisreduzierung. Im Zuge der Offenbarungspflicht wird der Verkäufer auf vorhandene und beseitigte Schäden aufmerksam machen und dementsprechend wird ein Minderwert verhandelt. Auf dieser Basis wird der Kaufpreis im Vertrag festgehalten. Der Haftungsausschluss im Vertrag soll lediglich bewirken, dass eine darüber hinausgehende Verhandlung bzw. Geltendmachung von Bauschäden nach Vertragsabschluss verhindert wird.

Ein Haftungsausschluss kann schon allein deshalb den merkantilen Minderwert nicht ausschließen, weil er dann auch eine Minderung wegen vorhandener Schäden ausschließen würde. Das wiederum würde bedeuten, dass kein Käufer wegen vorhandener Schäden eine Reduzierung des Kaufpreises bewirken könnte, sobald ein Haftungsausschluss im Vertrag vereinbart wird. Der Markt würde demnach für mangelbehaftete Bestandsimmobilien denselben Preis bezahlen wie für nicht mangelbehaftete Objekte.

Dies ist nachweislich nicht der Fall und die zeitliche Abfolge macht deutlich, dass der Haftungsausschluss in keinem kausalen Zusammenhang zur Wertminderung aufgrund von vorhandenen und beseitigten Schäden steht.

## 8.6 Steht das Werkvertragsrecht dem merkantilen Minderwert entgegen?

**Nein, das Werkvertragsrecht steht dem merkantilen Minderwert nicht entgegen.**

Bei dem merkantilen Minderwert handelt es sich um einen Mangelfolgeschaden. Neben den vertraglichen Mangelrechten wie Erfüllung, Nacherfüllung oder Minderung kann dieser als Alternative zur Erfüllung zusätzlich geltend gemacht werden.

Nach dem BGH-Urteil[87] gehört der merkantile Minderwert zu den Mangelfolgeschäden, die nach § 280 Abs. 1 BGB zu ersetzen sind. Somit steht hier nicht die Frage im Raum, ob man dem Unternehmer den Werklohn für eine nachträglich mangelfreie Leistung kürzen darf, sondern vielmehr, wie hoch der Schadensersatz ist für den Schaden, den der Unternehmer aufgrund seiner zunächst erheblich mangelbehafteten Leistung langfristig verursacht hat.

87 BGH, Urt. v. 19.9.1985 – VII ZR158/84; OLG, Urt. v. 17.12.2013 – U960/13.

Bei dem merkantilen Minderwert handelt es sich um einen Mangelfolgeschaden, für den nach § 823 Abs. 1 BGB Schadensersatz gefordert werden kann. Hiernach muss nicht zwangsläufig Vorsatz vorliegen. Fahrlässigkeit reicht auch aus, um einen Schadensersatzanspruch zu begehren.

> „(1) Wer vorsätzlich oder fahrlässig das Leben, den Körper, die Gesundheit, die Freiheit, das Eigentum oder ein sonstiges Recht eines anderen widerrechtlich verletzt, ist dem anderen zum Ersatz des daraus entstehenden Schadens verpflichtet."

Somit ist es durchaus möglich, einen Unternehmer auf Schadensersatz zu verklagen, wenn seine zunächst mangelhafte Leistung zu einem massiven Mangelfolgeschaden geführt hat. Im vorgenannten Beispiel würde somit nicht der Werklohn gekürzt, sondern der Schadensersatz in Höhe des geschätzten merkantilen Minderwerts beziffert werden. Dabei würde die Schätzung des Sachverständigen über den merkantilen Minderwert die Grundlage für die Schätzung des Gerichts nach Zivilprozessordnung (ZPO) darstellen.

## 8.7 In welchen Zuständigkeitsbereich fällt die Bewertung eines merkantilen Minderwerts?

**Die Bewertung des merkantilen Minderwerts ist Aufgabe der Sachverständigen für die Bewertung von bebauten und unbebauten Grundstücken.**

Dieser kann die Bewertung des merkantilen Minderwerts allein aufgrund seiner Marktkenntnis und auf Basis von Näherungsmethoden durchführen. Ein bautechnisches Wissen ist im Einfamilienhausmarkt schon deshalb nicht erforderlich, da der Markt selbst auch keine Expertise hat. Die Aufgabe des Sachverständigen ist die marktgerechte Bewertung. Oftmals steht ihm da die Expertise sogar eher im Weg.

Anders sieht es aus bei Märkten, in denen die Käufer ihre Experten vor dem Kauf mit der Einschätzung der Immobilie beauftragen. Das ist bei größeren Investoren der Fall. Hier wird das Grundstück vorab im Rahmen einer Technischen Due Diligence gründlich von mehreren Gutachtern betrachtet. Hier wird dann auch ein Sachverständiger für Schäden an Gebäuden eine Beurteilung abgeben. In diesem Fällen muss der Immobilienbewerter eben diese Informationen auch in seinem Gutachten verwerten. Allerdings ist auf den Märkten nur in seltenen Fällen ein merkantiler Minderwert zu berücksichtigen.

Beim Einfamilienhausmarkt wird es dann schwierig, wenn die Schäden am Wertermittlungsstichtag noch nicht beseitigt sind. Dann muss für die Ermittlung des merkantilen Minderwerts eine Schadensbeseitigung unterstellt werden. Hier ist es hilfreich, wenn dazu bereits ein Gutachten des Sachverständigen für Schäden an Gebäuden vorliegt, da die Schadensbeseitigungsmaßnahme und die Schadensbeseitigungskosten sowie die Ursache einen Einfluss auf den merkantilen Minderwert haben. So kann es sein, dass bei einem Wiederaufbau von Bauteilen kein merkantiler Minderwert vorliegt. Zu entscheiden, ob zur Schadensbeseitigung ein Wiederaufbau erforderlich ist oder ob der Schaden anderweitig zu beheben ist, obliegt den Kollegen aus der Bauschadenbewertung. Liegt ein solches Gutachten nicht vor, können nur Annahmen mit entsprechendem Haftungsausschluss im Gutachten vorgenommen werden.

Insgesamt ist zu sagen, dass zur Ermittlung der Höhe des merkantilen Minderwerts zunächst keine technische Expertise erforderlich ist, sondern vielmehr eine Einschätzung der überwiegend emotional geprägten Käuferentscheidungen. Dies können ausschließlich Sachverständige für Grundstücksbewertung leisten. Laut BGH-Urteil vom 25.2.1953 *„[...] ist der merkantile Minderwert nicht durch einen technischen Sachverständigen, sondern durch einen Sachverständigen für den Häusermarkt zu schätzen [...]“.*

## 8.8 Wie kann ein merkantiler Minderwert marktgerecht ermittelt werden?

**Über Käuferreaktionen bzgl. Themen rund um den merkantilen Minderwert liegen keine separaten Marktdaten vor. Zur Ermittlung des merkantilen Minderwerts kann auf Näherungsmethoden zurückgegriffen werden, Expertenbefragungen sollten aufgrund der angreifbaren Ergebnisse nicht durchgeführt werden.**

In der Vergangenheit haben sich viele Kollegen mit der Bewertung von merkantilen Minderwerten beschäftigt. Für einige Bereiche liegen Bewertungsmatrizen vor. Für Bergschäden z.B. gibt es die Tabelle 2 des Gesamtminderwertabkommens, die sich ausschließlich mit der merkantilen Wertminderung beschäftigt *(Kapitel 5.6 und 7.2)*. Auch zum Thema Hausschwamm gibt es eine Bewertungsmatrix nach *Tewis (Kapitel 5.4 und 7.1)*. Der Einfluss eines Eintrags in das Altlastenkataster wurde von *Bachmann und Effenberger (Kapitel 5.8 und 7.4)* untersucht und in einer Bewertungsmatrix dargestellt.

Zum Thema ehemaliger Baumängel und Bauschäden gibt es zahlreiche Bewertungsansätze (*Kapitel 5*). Den meisten fehlt leider der Marktbezug.

Eine Vorgehensweise basierend auf zwei Marktuntersuchungen ist in *Kapitel 12* dargestellt. Diese Näherungsmethode basiert auf zwei Annahmen:

1. Der Wertabschlag für beseitigte Baumängel und Bauschäden kann nicht höher sein als für noch nicht beseitigte.
2. Nach fünf Jahren nach Schadensbeseitigung tritt der Schaden mit sehr hoher Wahrscheinlichkeit nicht ein.

Die Marktnähe wird damit sichergestellt, dass sich die Obergrenze des merkantilen Minderwerts aus der Höhe der Abschläge für vorhandene Schäden aus tatsächlichen Kaufpreisen ergibt. Zusätzlich können die Ergebnisse aus der Marktumfrage zur Einschätzung der Abneigung des Marktes aus *Kapitel 9* zugrunde gelegt werden.

Grundstücke, auf denen besondere Ereignisse stattfanden (Verbrechen, Tod, Spuk etc.), sind sehr schwer zu bewerten. Hier kann nur die Marktumfrage aus *Kapitel 9* einen Anhaltspunkt geben, wie Menschen insgesamt auf solche Ereignisse reagieren. Auch wurden in diesem Buch die Kaufpreise solcher Objekte bzw. was mit den Objekten nach dem Ereignis geschah, dargestellt. Daraus ist ersichtlich, dass bei schlimmen Ereignissen aufgrund von Sensationstourismus oftmals der Rückbau der Immobilie durchgeführt wurde. Bei all diesen Objekten muss zunächst die Abneigung des Marktes und somit die Größe des Interessentenkreises ermittelt werden und dann in Abhängigkeit von der Lage eingeschätzt werden, wie schnell oder ob das Bewertungsobjekt verkauft werden kann.

Expertenbefragungen sind für die Ermittlung des merkantilen Minderwerts aus Sicht der Verfasserin nach den Ausführungen in *Kapitel 11* nicht geeignet. Sinnvoll hingegen ist eine Marktbefragung, bei der die Kaufinteressenten direkt befragt werden.

# TEIL II

# Praxis

# 9 Marktuntersuchung

Für eine marktgerechte Bewertung ist eine Untersuchung des Marktes erforderlich. Schon bei vorhandenen Baumängeln und Bauschäden ist es schwierig, deren Einfluss auf den Verkehrswert zu ermitteln. Dies konnte nur mittels Analyse tatsächlicher Kauffälle mangelbehafteter Objekte erfolgen. Hierzu mussten die Fragebögen der Gutachterausschüsse modifiziert, vereinheitlicht, versendet und separat ausgewertet werden.[88] Selbst hierbei blieben Fragen offen, denn es war nicht klar abgrenzbar, inwieweit der jeweilige Bauschaden ggf. schon im aufgerufenen Kaufpreis enthalten war. Nur über die große Anzahl von Kauffällen konnte eine Auswertung und Tendenzaussage stattfinden.

Beim Thema merkantiler Minderwert gestaltet sich die Untersuchung des Marktes noch schwieriger. Merkantile Minderwerte werden in den Kaufpreissammlungen nicht erfasst. Und selbst wenn dem so wäre, wäre es fraglich, ob die Käufer mit dem Begriff etwas anfangen könnten. Möglicherweise erfolgt der Abschlag vom Kaufpreis auch unbewusst aus einem unguten Gefühl heraus, das man nicht eindeutig zuordnen kann.

Am Ende gelangen nur die Höchstpreise in die Kaufpreissammlung. Es könnte also durchaus sein, dass das Bewertungsobjekt einen besonderen Schaden oder Ähnliches aufwies, der Käufer aber keinen Wertabschlag vorgenommen hatte, weil es ihn im Einzelnen nicht beeinträchtigte. Dann würde er auch keinen merkantilen Minderwert im Fragebogen angeben.

Während man bei beseitigten Baumängeln und Bauschäden zumindest über die Näherungsmethode auf Basis der Thesen, dass erstens beseitigte Baumängel und Bauschäden keinen höheren Abschlag vom Kaufpreis generieren können als noch vorhandene und zweitens die Schäden nach fünf Jahren i.d.R. nicht mehr auftreten *(Kapitel 12)*, die Höhe des merkantilen Minderwerts eingrenzen kann, gelingt dies bei Verbrechen und anderen abstrakten Geschehnissen nicht. Zum einen gibt es keine monetäre Obergrenze wie bei den Schäden und zum anderen kann auch kein „Vergessenszeitraum" definiert werden.

Die folgenden Auswertungen zeigen die Zu- und Abneigungen der Käufer in Bezug auf verschiedene Szenarien. Abgefragt wurden:

- Verbrechen/Unglücke/Mysteriöses,
- beseitigte Baumängel und Bauschäden,
- beseitigte Altlasten,
- Sonstiges (Mobilfunkmasten, Hochspannungsleitungen etc.).

88 *Unglaube, D.*: Baumängel und Bauschäden in der Wertermittlung, 2. Aufl., Reguvis, Köln 2024.

## 9.1 Grundlagen

Die nachfolgende Umfrage soll einen Eindruck vermitteln, wie der Markt auf verschiedene Ereignisse reagiert. Die Umfrage erfolgte in den Jahren 2021 bis 2025. Insgesamt basierte sie auf 453 Rückläufen, wovon 383 die Umfrage vollständig ausfüllten. Bei den Befragten gab es keine Präferenzen bzgl. Wohnort, Qualifikation oder Alter. Die Umfrage erfolgte online über ein Umfragetool.

*Abbildung 9.1* zeigt, dass die meisten Befragten (mit einem Anteil von 40 %) Sachverständige waren. 20 % waren Kaufinteressenten, 15 % Sonstige und 14 % Architekten und Ingenieure. Weniger stark vertreten waren die Makler mit 6 %, Verkäufer mit 4 % und Bauunternehmer mit 1 %.

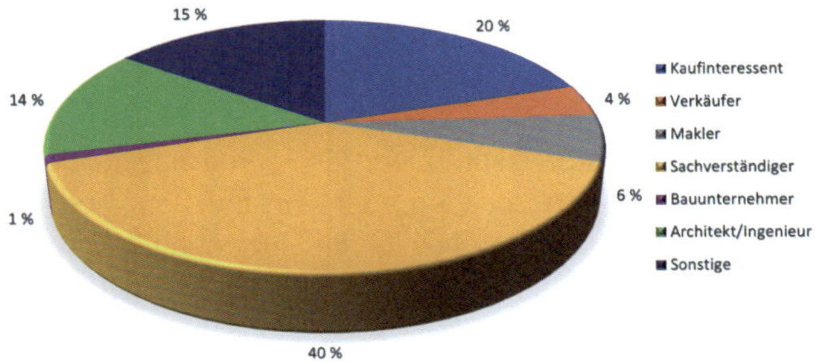


*Abb. 9.1: Verteilung der Befragten nach Qualifikation*

Die Objekte, für die die Befragten die Umfrage beantworteten, waren recht gleichmäßig verteilt in allen Lagen, 48 % der Objekte lagen im Ballungsgebiet (mit hohen Grundstückspreisen), 30 % im Randgebiet (mit mittleren Grundstückspreisen) und 22 % im ländlichen Raum (mit niedrigen Grundstückspreisen) *(Abb. 9.2)*.

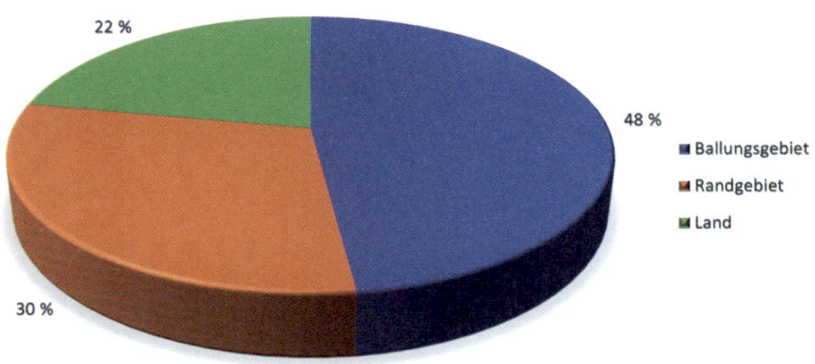


*Abb. 9.2: Verteilung der Lagen*

Die bewerteten Immobilien waren überwiegend ältere Gebäude mit Baujahr 1945 bis 1999 mit 56 %. 30 % machten die neueren Gebäude mit Baujahr ab 2000 aus und 14 % entfielen auf Objekte mit einem Baujahr vor 1945 *(Abb. 9.3)*.

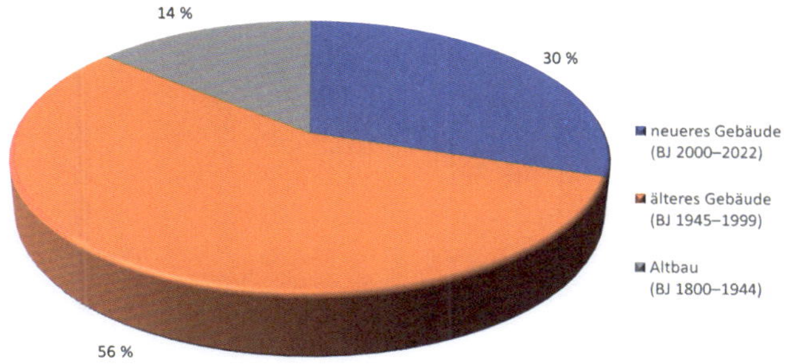


*Abb. 9.3: Verteilung der Gebäudebaujahre*

Was die Teilmärkte angeht, so war die überwiegende Mehrheit Einfamilienhäuser mit 61 %. 17 % machten die Mehrfamilienhäuser aus, 10 % entfielen auf die Zwei- und Dreifamilienhäuser, 11 % betrafen Eigentumswohnungen und nur 1 % Gewerbeobjekte. Somit wird klar, dass eine weitere Untergliederung der Auswertung nach den einzelnen Teilmärkten keine validen Ergebnisse bringen würde, da die Anzahl dann sehr gering wäre. Später erfolgt lediglich eine zusammengefasste Auswertung nach Einfamilienhausteilmarkt und Mehrfamilienwohnhaus- sowie Gewerbemarkt. Bei der allgemeinen Auswertung kann daher von einem überwiegenden Teilmarkt der Einfamilienwohnhäuser ausgegangen werden. Dieser ist auch am interessantesten hinsichtlich des merkantilen Minderwerts, da dieser Markt bekanntermaßen am emotionalsten handelt, da die Objekte überwiegend eigengenutzt werden.

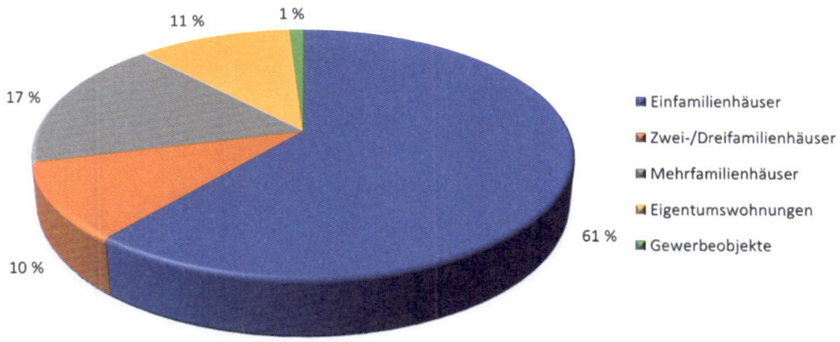


*Abb. 9.4: Verteilung der Teilmärkte*

## 9.2 Verbrechen/Unglücke/Mysteriöses

Im ersten Umfragekapitel ging es um Verbrechen, Unglücke und Mysteriöses. Ziel dieser Untersuchung war es, einen Eindruck zu bekommen, wie die meisten Befragten auf verschiedene Szenarien reagieren. Während die einen schon Interesse an einer Immobilie per Einwurf-Flyer beim Nachbarn bekunden, der im Sterben liegt, wollen die anderen in einer Immobilie, in der jemand gestorben ist, nicht wohnen.

Die Legende zeigt, dass die Anzahl der Befragten, die keine Wertminderung ansetzen würden, also kein Problem mit dem beschriebenen Geschehnis haben, grün gekennzeichnet ist. Rot symbolisiert eine große Abneigung, sodass der Käufer vom Kauf zurücktreten würde. Die Abstufungen in Blau stellen Minderungen dar, die mit abnehmender Helligkeit zunehmen. Somit stellt Hellblau eine Wertminderung von bis zu 2 % und Dunkelblau von größer 25 % dar *(Abb. 9.5)*.

Es stellt sich allerdings die Frage, wie diese Antworten zu interpretieren sind. Wenn jemand wirklich Angst vor etwas hat, dann wird er keine Minderung durchführen, sondern das Objekt nicht kaufen. Somit ist bei den „blauen" Antworten davon auszugehen, dass es eigentlich keine Abneigung oder nur eine kleine Abneigung gibt und hier eher die Preisverhandlung im Vordergrund steht.

Im Folgenden sind die jeweiligen Fragen, die zu der Auswertung in der Grafik führten, beschrieben.

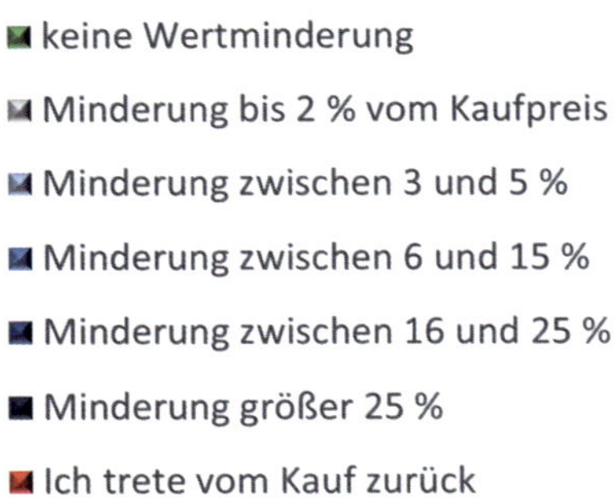


*Abb. 9.5: Legende*

### 9.2.1 Allgemeine Auswertung

#### 9.2.1.1 Natürlicher Tod

*Wenn in einer Immobilie ein Unglück oder ein Verbrechen passiert ist, dann verbleibt bei manchen Käufern ein ungutes Gefühl – ein schlechtes Omen. Je nach Ereignis kann das einen unterschiedlichen Einfluss auf den Kaufpreis haben. Wie würden die untenstehenden Ereignisse Ihr Kaufangebot beeinträchtigen? Beachten Sie bei der Beantwortung unbedingt auch das Immobilienangebot in Ihrem Marktbereich.*

*Natürlicher Tod (z.B.: Sie erfahren, dass der Vorbesitzer auf dem Sofa verstorben ist.)*

Die überwiegende Mehrheit der Befragten, nämlich 91 %, haben kein Problem mit der Tatsache, dass der Vorbesitzer auf dem Sofa in dem Bewertungsobjekt gestorben ist. Abschläge hierfür werden, wenn überhaupt, dann nur im unteren Bereich, überwiegend bei bis zu 2 % vom unbelasteten Verkehrswert, gemacht. Einen Rücktritt vom Kauf wegen eines natürlichen Todes des Vorbesitzers gab es in weniger als 1 % der Fälle *(Abb. 9.6)*.

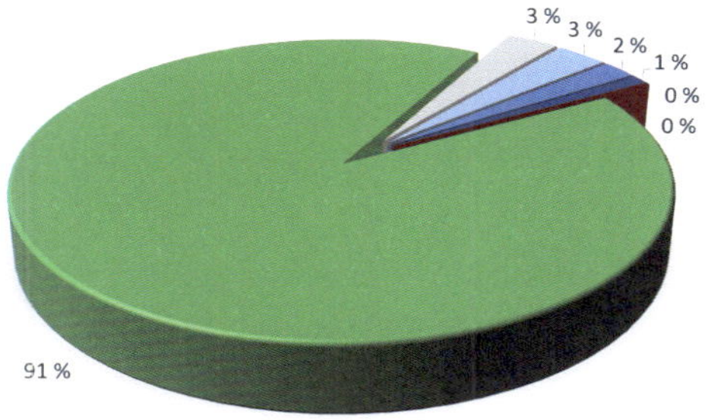


*Abb. 9.6: Verteilung der Abneigung bzgl. des Kaufs bei natürlichem Tod*

### 9.2.1.2 Suizid

*Wenn in einer Immobilie ein Unglück oder ein Verbrechen passiert ist, dann verbleibt bei manchen Käufern ein ungutes Gefühl – ein schlechtes Omen. Je nach Ereignis kann das einen unterschiedlichen Einfluss auf den Kaufpreis haben. Wie würden die untenstehenden Ereignisse Ihr Kaufangebot beeinträchtigen? Beachten Sie bei der Beantwortung unbedingt auch das Immobilienangebot in Ihrem Marktbereich.*

*Suizid (z.B.: Sie erfahren, dass sich der Vorbesitzer in der Immobilie erschossen/erhängt/vergiftet/etc. hat.)*

Die Hälfte der Befragten hätte kein Problem damit, eine Immobilie zu kaufen, in der sich ein Mensch das Leben genommen hatte. 14 % der Befragten würden eine solche Immobilie nicht kaufen *(Abb. 9.7)*.

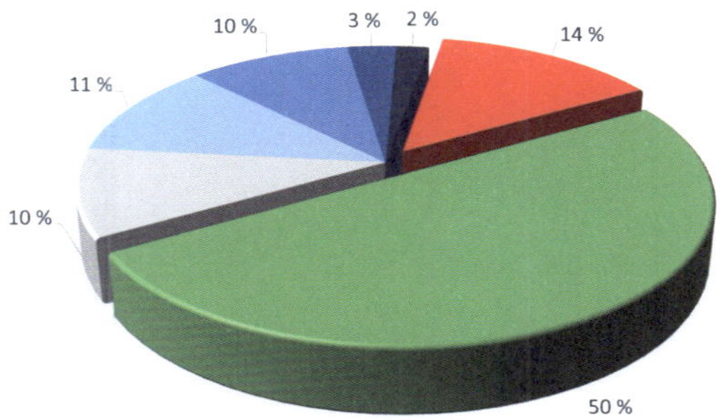


*Abb. 9.7: Verteilung der Abneigung bzgl. des Kaufs bei Suizid*

#### 9.2.1.3 Doppelsuizid

*Wenn in einer Immobilie ein Unglück oder ein Verbrechen passiert ist, dann verbleibt bei manchen Käufern ein ungutes Gefühl – ein schlechtes Omen. Je nach Ereignis kann das einen unterschiedlichen Einfluss auf den Kaufpreis haben. Wie würden die untenstehenden Ereignisse Ihr Kaufangebot beeinträchtigen? Beachten Sie bei der Beantwortung unbedingt auch das Immobilienangebot in Ihrem Marktbereich.*

*Doppelsuizid (z.B.: Sie erfahren, dass sich die Vorbesitzer in der Immobilie gemeinsam erschossen/erhängt/vergiftet/etc. haben.)*

Während bei Suizid noch 50 % der Befragten kein Problem mit dem Kauf hatten, sind es bei Doppelsuizid nur noch 40 %, 19 % der Befragten würden eine solche Immobilie nicht kaufen *(Abb. 9.8)*.

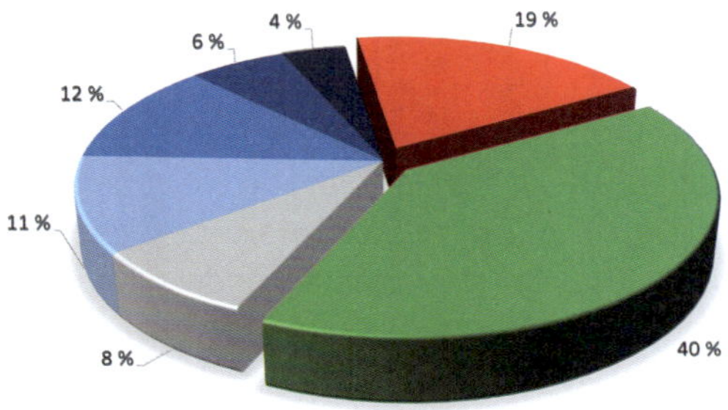


*Abb. 9.8: Verteilung der Abneigung bzgl. des Kaufs bei Doppelsuizid*

#### 9.2.1.4 Mord

*Wenn in einer Immobilie ein Unglück oder ein Verbrechen passiert ist, dann verbleibt bei manchen Käufern ein ungutes Gefühl – ein schlechtes Omen. Je nach Ereignis kann das einen unterschiedlichen Einfluss auf den Kaufpreis haben. Wie würden die untenstehenden Ereignisse Ihr Kaufangebot beeinträchtigen? Beachten Sie bei der Beantwortung unbedingt auch das Immobilienangebot in Ihrem Marktbereich.*

*Mord (z.B.: Sie erfahren, dass in der Immobilie ein Mord stattgefunden hat.)*

Bei den vorbeschriebenen Szenarien war bisher der Anteil der Personen, die keine Wertminderung ansetzen würden, größer als die der Personen, die die Immobilie nicht kaufen würden. Bei Mord ist das Verhältnis nun fast ausgewogen. 26 % der Befragten würden bei Mord keine Wertminderung durchführen, 28 % würden eine Immobilie, in der ein Mord stattgefunden hat, nicht kaufen. Dieses Ereignis polarisiert offensichtlich *(Abb. 9.9)*.

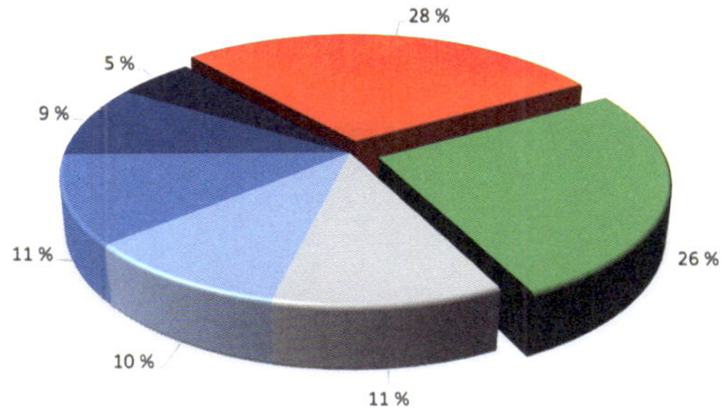


*Abb. 9.9: Verteilung der Abneigung bzgl. des Kaufs bei Mord*

Im Unterschied zu den zuvor beschriebenen Ereignissen handelt es sich bei Mord um ein Verbrechen. Darauf reagiert der Markt anders als auf einen natürlichen Tod oder Suizid.

### 9.2.1.5 Massaker

*Wenn in einer Immobilie ein Unglück oder ein Verbrechen passiert ist, dann verbleibt bei manchen Käufern ein ungutes Gefühl – ein schlechtes Omen. Je nach Ereignis kann das einen unterschiedlichen Einfluss auf den Kaufpreis haben. Wie würden die untenstehenden Ereignisse Ihr Kaufangebot beeinträchtigen? Beachten Sie bei der Beantwortung unbedingt auch das Immobilienangebot in Ihrem Marktbereich.*

*Massaker (z.B.: Sie erfahren, dass in der Immobilie ein Familienmitglied sich und die ganze Familie getötet hat o.ä.)*

Massaker führen zu einer noch größeren Abneigung bei den Käufern. 48 % der Befragten empfinden einen Mehrfachmord oder eine Familientragödie als so schwerwiegend, dass sie vom Kauf Abstand nehmen würden. Hier sind es nur noch 18 %, die den vollen Kaufpreis zahlen würden. Auch wird deutlich, dass im Gegensatz zu den zuvor beschriebenen Ereignissen hier die Wertminderungen eher im höheren Bereich liegen. 8 % der Befragten würden einen Wertabschlag größer 25 % des Kaufpreises machen *(Abb. 9.10)*.

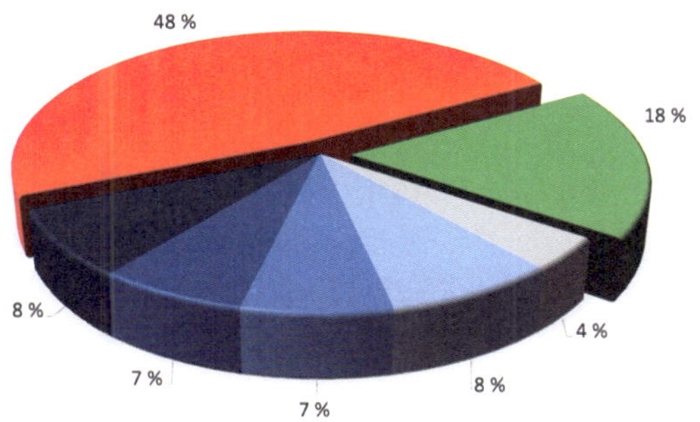


*Abb. 9.10: Verteilung der Abneigung bzgl. des Kaufs bei Massaker*

Die Abneigung insbesondere auf dem Einfamilienhausmarkt ist nachvollziehbar, da diese Käufer die Immobilie üblicherweise zur Eigennutzung kaufen und mit dem Kauf i.d.R. nicht nur ein Immobilienerwerb erfolgt, sondern auch der Beginn einer neuen Lebensphase verbunden ist, die nicht auf einem solchen Ereignis basieren soll.

### 9.2.1.6 Misshandlung

*Wenn in einer Immobilie ein Unglück oder ein Verbrechen passiert ist, dann verbleibt bei manchen Käufern ein ungutes Gefühl – ein schlechtes Omen. Je nach Ereignis kann das einen unterschiedlichen Einfluss auf den Kaufpreis haben. Wie würden die untenstehenden Ereignisse Ihr Kaufangebot beeinträchtigen? Beachten Sie bei der Beantwortung unbedingt auch das Immobilienangebot in Ihrem Marktbereich.*

*Schwere Misshandlung über eine lange Zeit (z.B.: Sie erfahren, dass in der Immobilie über einen längeren Zeitraum Menschen gequält und teilweise getötet wurden.)*

Das vorbeschriebene Szenario über Misshandlungen über einen längeren Zeitraum führt zu einer noch größeren Abneigung gegen den Erwerb, als dies bei Massaker der Fall war. 52 % der Befragten würden ein Haus, in dem so etwas passiert ist, nicht kaufen. 15 % der Befragten hätten kein Problem damit und würden den vollen Preis zahlen. Die Wertminderungen, die gemacht wurden, sind über alle Spannen verteilt *(Abb. 9.11)*.

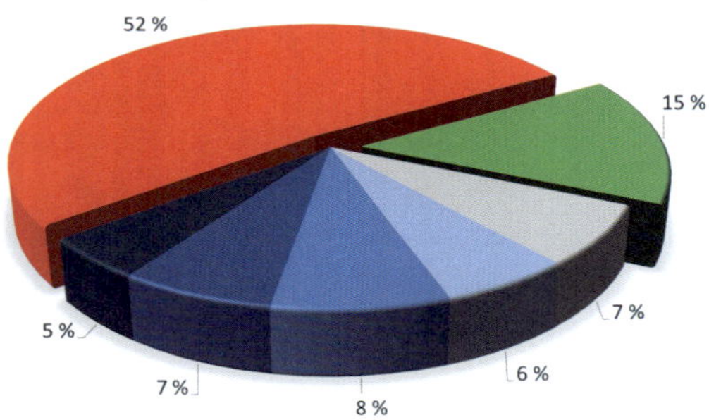


*Abb. 9.11: Verteilung der Abneigung bzgl. des Kaufs bei Misshandlung*

### 9.2.1.7 Tod der Vorbesitzer

*Wenn in einer Immobilie ein Unglück oder ein Verbrechen passiert ist, dann verbleibt bei manchen Käufern ein ungutes Gefühl – ein schlechtes Omen. Je nach Ereignis kann das einen unterschiedlichen Einfluss auf den Kaufpreis haben. Wie würden die untenstehenden Ereignisse Ihr Kaufangebot beeinträchtigen? Beachten Sie bei der Beantwortung unbedingt auch das Immobilienangebot in Ihrem Marktbereich.*

*Sie erfahren, dass die letzten drei Vorbesitzer überraschend verstorben sind.*

Wenn mehrere Vorbesitzer überraschend verstorben sind, wittern die meisten Kaufinteressenten kein schlechtes Omen oder gar etwas Übersinnliches. Etwas mehr als die Hälfte der Befragten, 51 %, würden ein solches Haus ohne Abschläge kaufen. 24 % würden vom Kauf absehen. Auch die angegebenen Minderungen liegen überwiegend im unteren Bereich *(Abb. 9.12)*.

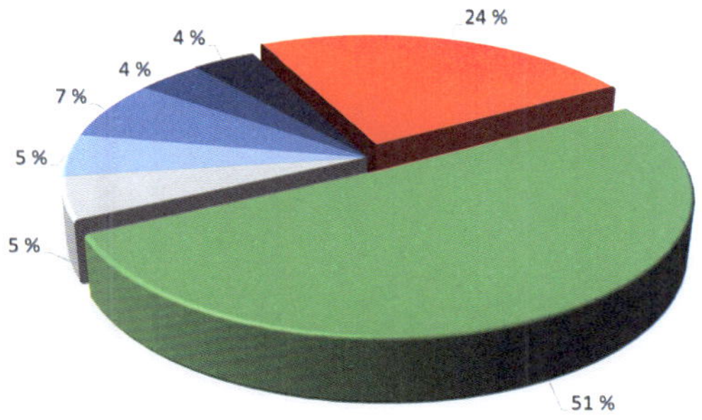


*Abb. 9.12: Verteilung der Abneigung bzgl. des Kaufs bei Tod der Vorbesitzer*

### 9.2.1.8 Ehemaliger Friedhof

*Wenn in einer Immobilie ein Unglück oder ein Verbrechen passiert ist, dann verbleibt bei manchen Käufern ein ungutes Gefühl – ein schlechtes Omen. Je nach Ereignis kann das einen unterschiedlichen Einfluss auf den Kaufpreis haben. Wie würden die untenstehenden Ereignisse Ihr Kaufangebot beeinträchtigen? Beachten Sie bei der Beantwortung unbedingt auch das Immobilienangebot in Ihrem Marktbereich.*

*Sie erfahren, dass auf dem Grundstück früher ein Friedhof war.*

Die Umnutzung eines ehemaligen Friedhofs zu einem Wohnbaugrundstück polarisiert. 30 % der Befragten würden ein Grundstück auf einem ehemaligen Friedhof nicht kaufen, 36 % hingegen hätten kein Problem mit der ehemaligen Nutzung *(Abb. 9.13)*.

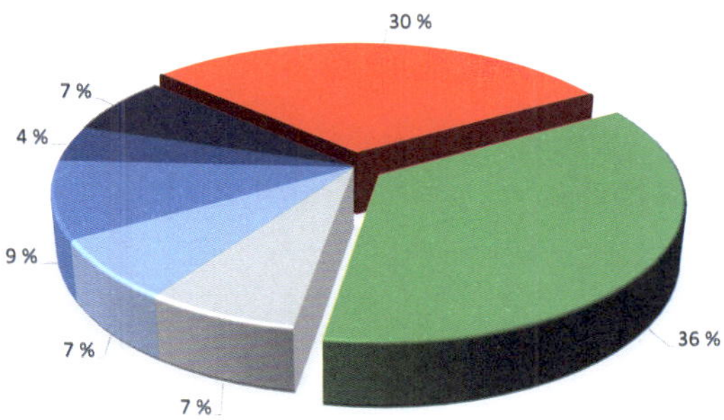


*Abb. 9.13: Verteilung der Abneigung bzgl. des Kaufs bei ehemaliger Nutzung als Friedhof*

### 9.2.1.9 Spukhaus

*Wenn in einer Immobilie ein Unglück oder ein Verbrechen passiert ist, dann verbleibt bei manchen Käufern ein ungutes Gefühl – ein schlechtes Omen. Je nach Ereignis kann das einen unterschiedlichen Einfluss auf den Kaufpreis haben. Wie würden die untenstehenden Ereignisse Ihr Kaufangebot beeinträchtigen? Beachten Sie bei der Beantwortung unbedingt auch das Immobilienangebot in Ihrem Marktbereich.*

*In der Immobilie soll es spuken.*

Spukhäuser scheinen in Deutschland nicht besonders populär oder schreckenseinflößend zu sein. Die überwiegende Mehrheit der Teilnehmer mit 69 % hat keine Angst vor einem vermeintlichen Spukhaus. 15 % würden vom Kauf absehen *(Abb. 9.14)*.

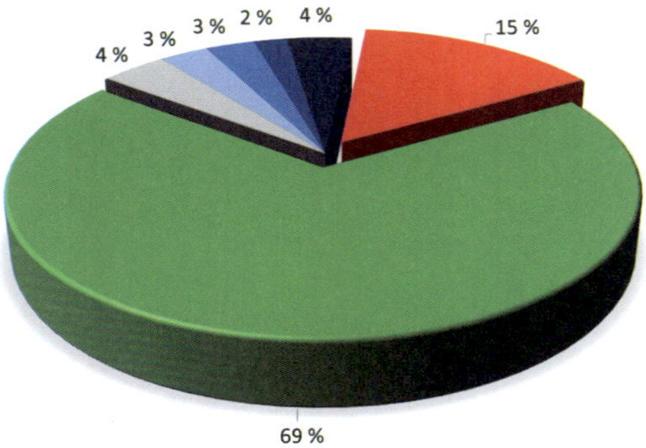


*Abb. 9.14: Verteilung der Abneigung bzgl. des Kaufs bei einem Spukhaus*

### 9.2.1.10 Wasserader unter dem Haus

Bei diesem Thema ist die Zuordnung zu den Oberkapiteln nicht ganz einfach. Da es aber derzeit keine Studien oder Untersuchungen gibt, die eine gesundheitliche Auswirkung auf den Menschen aufgrund von Wasseradern unter dem Gebäude belegen, wurde es der Kategorie „Mysteriöses" zugeordnet.

*Manchmal befinden sich Grundstücke in unmittelbarer Nähe zu Einrichtungen, deren Auswirkungen auf die Gesundheit noch nicht vollumfänglich erforscht sind. Wie würde es Ihr Kaufangebot beeinträchtigen, wenn sich das Grundstück in unmittelbarer Nähe zu folgenden Einrichtungen befinden würde? Beachten Sie bei der Beantwortung unbedingt auch das Immobilienangebot in Ihrem Marktbereich.*

*Es soll eine Wasserader unter dem Haus verlaufen.*

Auch wenn die Mehrheit der Befragten mit 56 % keine Sorge vor einer Wasserader unter dem Haus hat, überrascht es doch, dass 14 % der Befragten ein solches Haus nicht kaufen würden. Während für die Mehrheit die Zuordnung zu „Hokuspokus" passend ist, scheinen immerhin 14 % der Meinung zu sein, dass eine Wasserader unter dem Haus einen negativen Einfluss auf dessen Bewohner hat. Das sind mehr, als bei der Abfrage für beseitigten Baumängel und Bauschäden (außer Haussschwamm) Abstand vom Kauf nehmen würden. Die veranschlagten Abschläge bewegten sich eher im niedrigeren Bereich bis 5 % *(Abb. 9.15)*.

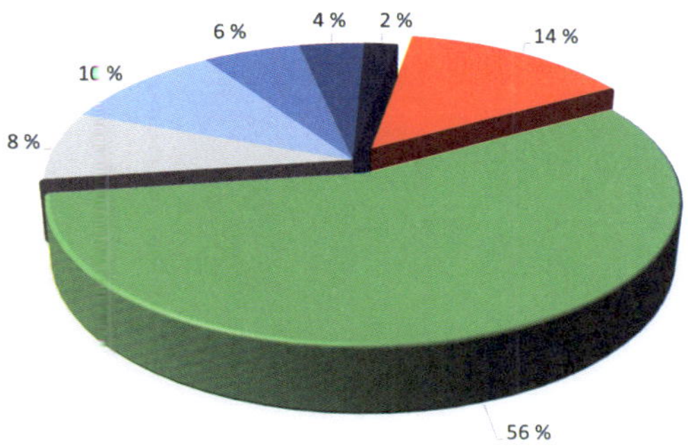


*Abb. 9.15: Verteilung der Abneigung bei einer Wasserader unter dem Haus*

## 9.2.2 Auswertung nach Teilmarkt

Auf den folgenden Seiten ist die Abfrage aus *Kapitel 9.2.1* nochmals differenziert nach Teilmärkten durchgeführt worden. Wie eingangs erklärt, ist eine Auswertung für jeden einzelnen Teilmarkt aufgrund der teilweise zu geringen Anzahl nicht möglich. Daher wurden die Teilmärkte in den folgenden Kapiteln zusammengefasst zu Einfamilienhausmarkt einerseits und Mehrfamilienhaus- und Gewerbemarkt andererseits. Die Vermutung ist, dass der renditeorientierte Markt weniger emotional oder sensibel reagiert.

### 9.2.2.1 Natürlicher Tod

*Wenn in einer Immobilie ein Unglück oder ein Verbrechen passiert ist, dann verbleibt bei manchen Käufern ein ungutes Gefühl – ein schlechtes Omen. Je nach Ereignis kann das einen unterschiedlichen Einfluss auf den Kaufpreis haben. Wie würden die untenstehenden Ereignisse Ihr Kaufangebot beeinträchtigen? Beachten Sie bei der Beantwortung unbedingt auch das Immobilienangebot in Ihrem Marktbereich.*

*Natürlicher Tod (z.B.: Sie erfahren, dass der Vorbesitzer auf dem Sofa verstorben ist.)*

Zum Thema natürlicher Tod wurde keine differenzierte Auswertung durchgeführt, da schon bei der allgemeinen Auswertung *(Kapitel 9.2.1.1)* eine sehr große Anzahl von über 90 % kein Problem mit dem Thema hatte.

### 9.2.2.2 Suizid

*Wenn in einer Immobilie ein Unglück oder ein Verbrechen passiert ist, dann verbleibt bei manchen Käufern ein ungutes Gefühl – ein schlechtes Omen. Je nach Ereignis kann das einen unterschiedlichen Einfluss auf den Kaufpreis haben. Wie würden die untenstehenden Ereignisse Ihr Kaufangebot beeinträchtigen? Beachten Sie bei der Beantwortung unbedingt auch das Immobilienangebot in Ihrem Marktbereich.*

*Suizid (z.B.: Sie erfahren, dass sich der Vorbesitzer in der Immobilie erschossen/erhängt/vergiftet/etc. hat.)*

Der Einfamilienhausmarkt reagiert mit einer Abneigung von 16 % wesentlich negativer als der Mehrfamilienhaus- und Gewerbemarkt mit 7 %. 44 % der Befragten im Einfamilienhausmarkt würden eine Immobilie, in der ein Suizid stattgefunden hat, ohne Wertabschlag kaufen. Im

Mehrfamilienhaus- und Gewerbemarkt sind es dagegen 66 %. Das sind 22 % mehr als im Einfamilienhausmarkt.

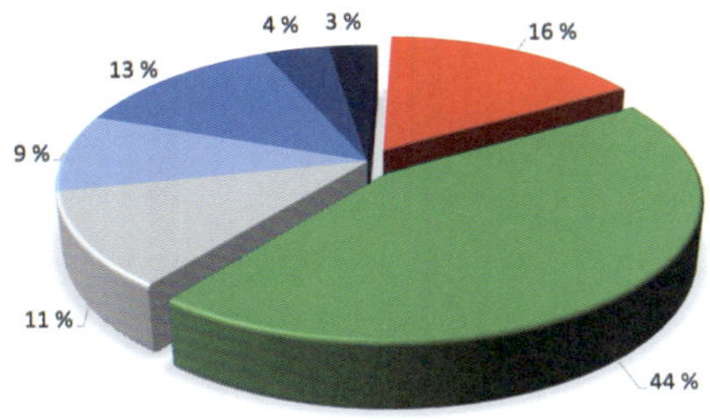


Abb. 9.16: *Verteilung der Abneigung bzgl. des Kaufs bei Suizid EFH-Markt*

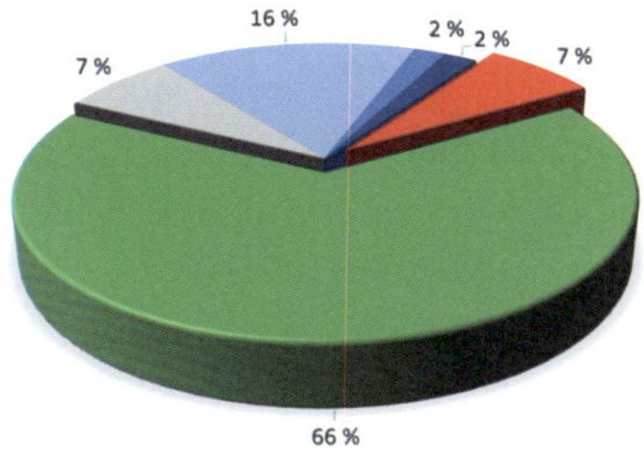


Abb. 9.17: *Verteilung der Abneigung bzgl. des Kaufs bei Suizid MFH/G-Markt*

## 9.2.2.3 Doppelsuizid

*Wenn in einer Immobilie ein Unglück oder ein Verbrechen passiert ist, dann verbleibt bei manchen Käufern ein ungutes Gefühl – ein schlechtes Omen. Je nach Ereignis kann das einen unterschiedlichen Einfluss auf den Kaufpreis haben. Wie würden die untenstehenden Ereignisse Ihr Kaufangebot beeinträchtigen? Beachten Sie bei der Beantwortung unbedingt auch das Immobilienangebot in Ihrem Marktbereich.*

*Doppelsuizid (z.B.: Sie erfahren, dass sich die Vorbesitzer in der Immobilie gemeinsam erschossen/erhängt/vergiftet/etc. haben.)*

Bei Doppelsuizid verändert sich das Verhältnis ähnlich wie bei Suizid. Im Einfamilienhausmarkt sind es 35 %, die solche Immobilien ohne Wertabschlag kaufen würden, im Mehrfamilienhaus- und Gewerbemarkt sind es 52 %. Die Abneigung vom Kauf ist im Einfamilienhausmarkt mit 22 % doppelt so hoch wie im Mehrfamilienhaus- und Gewerbemarkt.

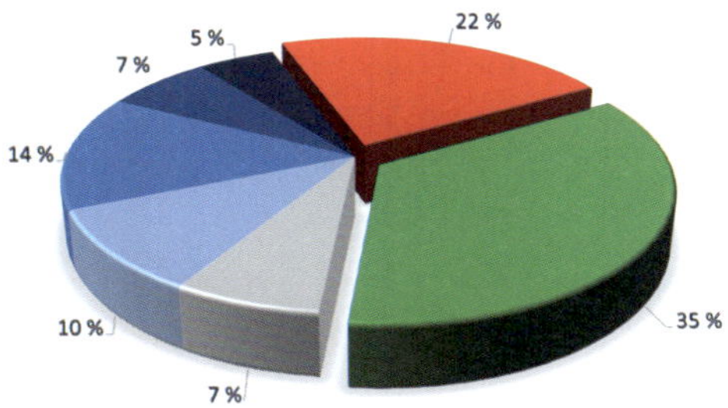


Abb. 9.18: *Verteilung der Abneigung bzgl. des Kaufs bei Doppelsuizid EFH-Markt*

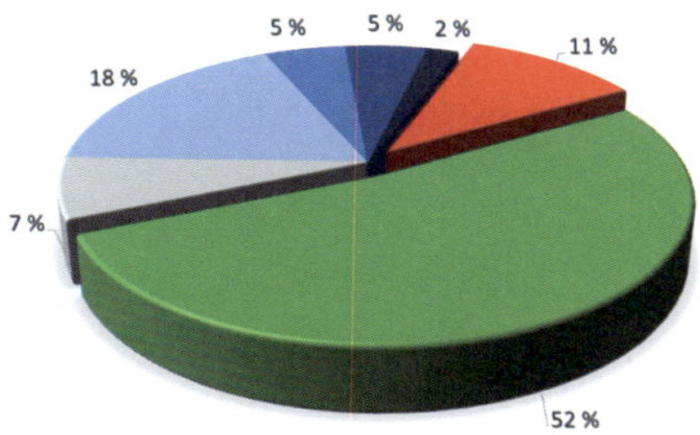


Abb. 9.19: *Verteilung der Abneigung bzgl. des Kaufs bei Doppelsuizid MFH/G-Markt*

#### 9.2.2.4 Mord

*Wenn in einer Immobilie ein Unglück oder ein Verbrechen passiert ist, dann verbleibt bei manchen Käufern ein ungutes Gefühl – ein schlechtes Omen. Je nach Ereignis kann das einen unterschiedlichen Einfluss auf den Kaufpreis haben. Wie würden die untenstehenden Ereignisse Ihr Kaufangebot beeinträchtigen? Beachten Sie bei der Beantwortung unbedingt auch das Immobilienangebot in Ihrem Marktbereich.*

*Mord (z.B.: Sie erfahren, dass in der Immobilie ein Mord stattgefunden hat.)*

Bei Mord ist der Unterschied zwischen den Teilmärkten nicht so deutlich wie bei den vorangegangenen Ereignissen. Beim Einfamilienhausmarkt ist das Verhältnis derer, die eine Abneigung gegen den Kauf haben, zu denen, die ohne Wertminderung kaufen würden, 31 zu 24 %, im Mehrfamilienhaus- und Gewerbemarkt ist es 21 zu 30 %.

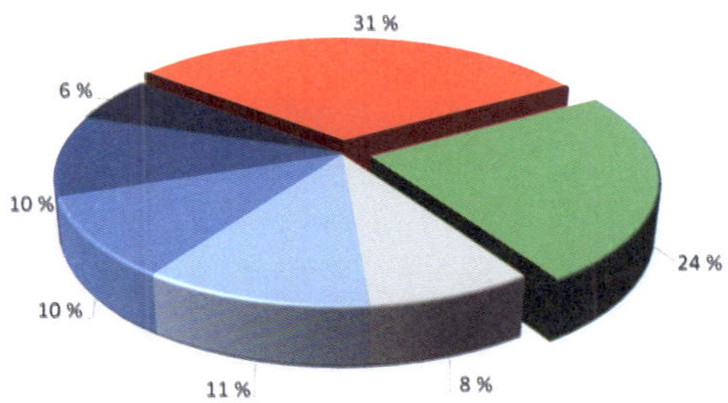


*Abb. 9.20: Verteilung der Abneigung bzgl. des Kaufs bei Mord im EFH-Markt*

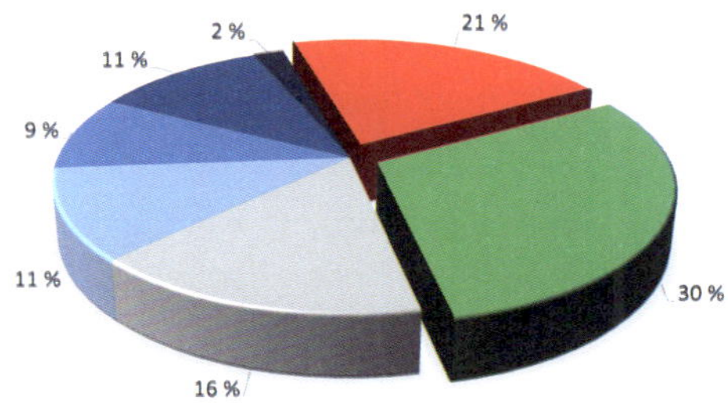


*Abb. 9.21: Verteilung der Abneigung bzgl. des Kaufs bei Mord im MFH/G-Markt*

#### 9.2.2.5 Massaker

*Wenn in einer Immobilie ein Unglück oder ein Verbrechen passiert ist, dann verbleibt bei manchen Käufern ein ungutes Gefühl – ein schlechtes Omen. Je nach Ereignis kann das einen unterschiedlichen Einfluss auf den Kaufpreis haben. Wie würden die untenstehenden Ereignisse Ihr Kaufangebot beeinträchtigen? Beachten Sie bei der Beantwortung unbedingt auch das Immobilienangebot in Ihrem Marktbereich.*

*Massaker (z.B.: Sie erfahren, dass in der Immobilie ein Familienmitglied sich und die ganze Familie getötet hat o.ä.)*

Bei Massaker ist der Unterschied zwischen den Teilmärkten nicht so deutlich wie bei den vorangegangenen Ereignissen. Beim Einfamilienhausmarkt ist das Verhältnis derer, die eine Abneigung gegen den Kauf haben, zu denen, die ohne Wertminderung kaufen würden, 52 zu 16 %, im Mehrfamilienhaus- und Gewerbemarkt ist es 34 zu 23 %.

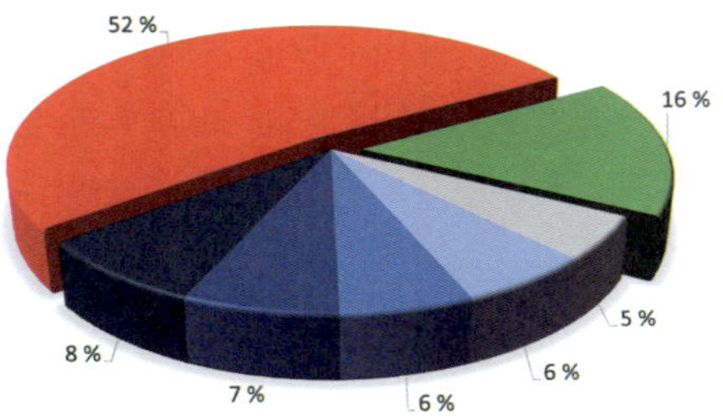


Abb. 9.22: Verteilung der Abneigung bzgl. des Kaufs bei Massaker EFH

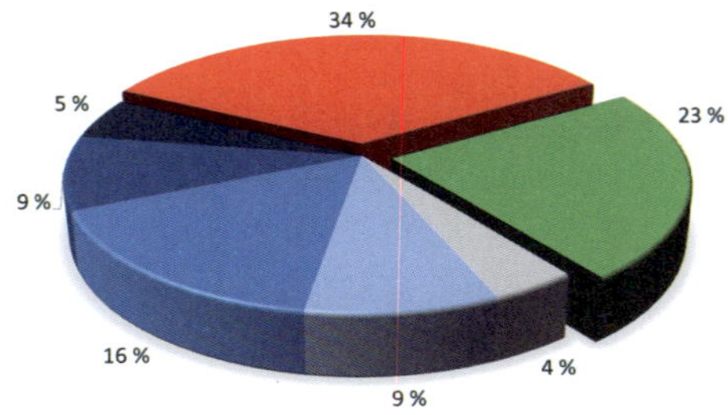


Abb. 9.23: Verteilung der Abneigung bzgl. des Kaufs bei Massaker MFH/G-Markt

### 9.2.2.6 Misshandlung

*Wenn in einer Immobilie ein Unglück oder ein Verbrechen passiert ist, dann verbleibt bei manchen Käufern ein ungutes Gefühl – ein schlechtes Omen. Je nach Ereignis kann das einen unterschiedlichen Einfluss auf den Kaufpreis haben. Wie würden die untenstehenden Ereignisse Ihr Kaufangebot beeinträchtigen? Beachten Sie bei der Beantwortung unbedingt auch das Immobilienangebot in Ihrem Marktbereich.*

*Schwere Misshandlung über eine lange Zeit (z.B.: Sie erfahren, dass in der Immobilie über einen längeren Zeitraum Menschen gequält und teilweise getötet wurden.)*

Beim Einfamilienhausmarkt ist das Verhältnis derer, die eine Abneigung gegen den Kauf haben, zu denen, die ohne Wertminderung kaufen würden, 53 zu 14 %, im Mehrfamilienhaus- und Gewerbemarkt ist es 51 zu 21 %. Hier ist die Diskrepanz, ähnlich wie beim Thema Massaker, zwischen den Märkten nicht so auffällig wie bei den vorangegangenen Beispielen.

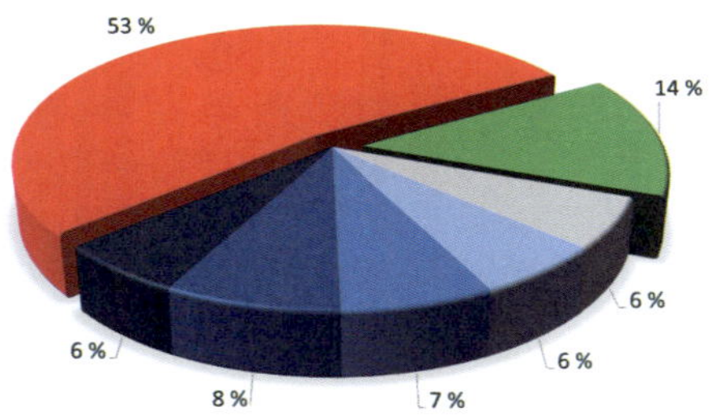


Abb. 9.24: Verteilung der Abneigung bzgl. des Kaufs bei Misshandlung im EFH-Markt

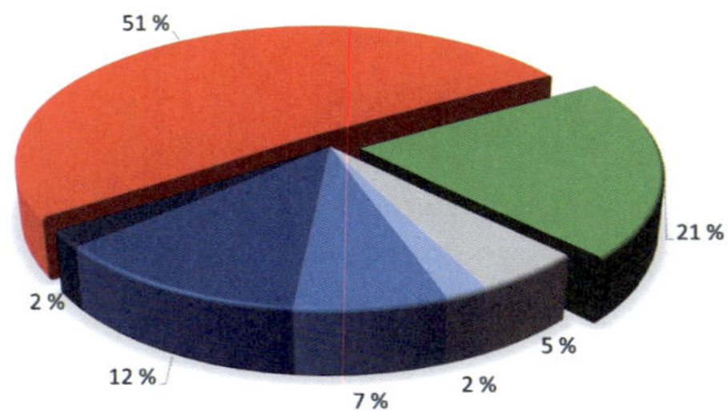


Abb. 9.25: Verteilung der Abneigung bzgl. des Kaufs bei Misshandlung im MFH/G-Markt

### 9.2.2.7 Tod der Vorbesitzer

*Wenn in einer Immobilie ein Unglück oder ein Verbrechen passiert ist, dann verbleibt bei manchen Käufern ein ungutes Gefühl – ein schlechtes Omen. Je nach Ereignis kann das einen unterschiedlichen Einfluss auf den Kaufpreis haben. Wie würden die untenstehenden Ereignisse Ihr Kaufangebot beeinträchtigen? Beachten Sie bei der Beantwortung unbedingt auch das Immobilienangebot in Ihrem Marktbereich.*

*Sie erfahren, dass die letzten drei Vorbesitzer überraschend verstorben sind.*

Beim Tod mehrerer Vorbesitzer ist der Unterschied zwischen den Teilmärkten sehr groß im Vergleich zum Thema Massaker und Misshandlung. Beim Einfamilienhausmarkt ist das Verhältnis derer, die eine Abneigung gegen den Kauf haben, zu denen, die ohne Wertminderung kaufen würden, 27 zu 48 %, im Mehrfamilienhaus- und Gewerbemarkt ist es 12 zu 72 %.

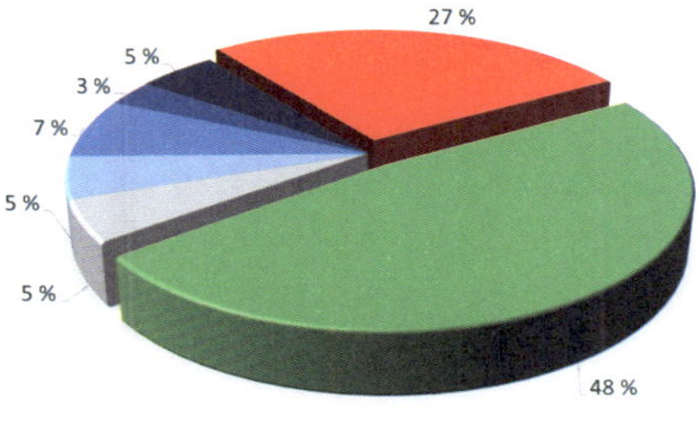


*Abb. 9.26: Verteilung der Abneigung bzgl. des Kaufs bei Tod der Vorbesitzer im EFH-Markt*

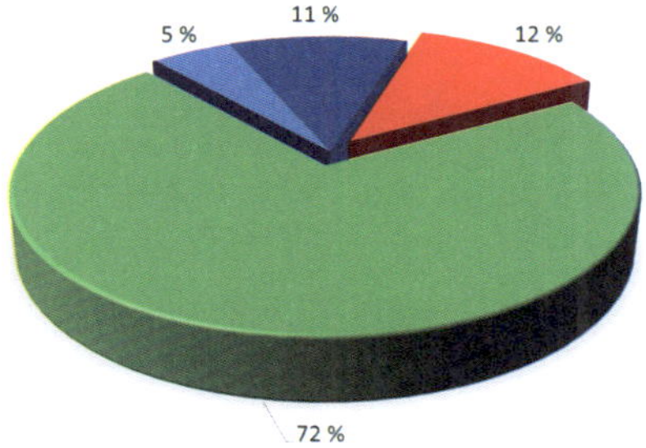


*Abb. 9.27: Verteilung der Abneigung bzgl. des Kaufs bei Tod der Vorbesitzer im MFH/G-Markt*

### 9.2.2.8 Ehemaliger Friedhof

*Wenn in einer Immobilie ein Unglück oder ein Verbrechen passiert ist, dann verbleibt bei manchen Käufern ein ungutes Gefühl – ein schlechtes Omen. Je nach Ereignis kann das einen unterschiedlichen Einfluss auf den Kaufpreis haben. Wie würden die untenstehenden Ereignisse Ihr Kaufangebot beeinträchtigen? Beachten Sie bei der Beantwortung unbedingt auch das Immobilienangebot in Ihrem Marktbereich.*

*Sie erfahren, dass auf dem Grundstück früher ein Friedhof war.*

Im Falle einer ehemaligen Friedhofnutzung ist der Unterschied zwischen den Teilmärkten ebenfalls recht groß. Beim Einfamilienhausmarkt ist das Verhältnis derer, die eine Abneigung gegen den Kauf haben, zu denen, die ohne Wertminderung kaufen würden, 32 zu 31 % und polarisiert damit. Im Mehrfamilienhaus- und Gewerbemarkt ist es 23 zu 50 %.

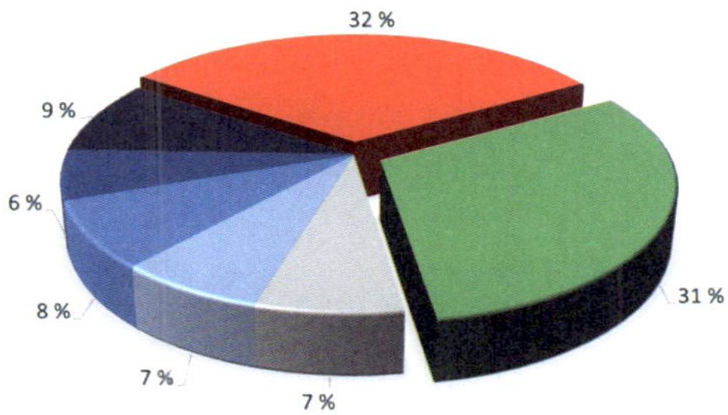


*Abb. 9.28: Verteilung der Abneigung bzgl. des Kaufs bei ehemaliger Nutzung als Friedhof im EFH-Markt*

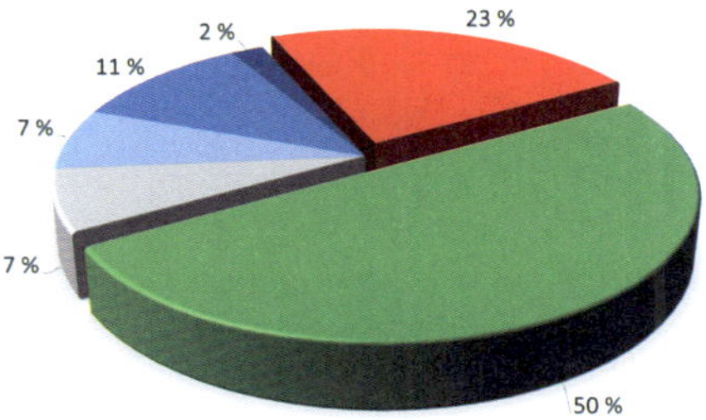


*Abb. 9.29: Verteilung der Abneigung bzgl. des Kaufs bei ehemaliger Nutzung als Friedhof im MFH/G-Markt*

### 9.2.2.9 Spukhaus

*Wenn in einer Immobilie ein Unglück oder ein Verbrechen passiert ist, dann verbleibt bei manchen Käufern ein ungutes Gefühl – ein schlechtes Omen. Je nach Ereignis kann das einen unterschiedlichen Einfluss auf den Kaufpreis haben. Wie würden die untenstehenden Ereignisse Ihr Kaufangebot beeinträchtigen? Beachten Sie bei der Beantwortung unbedingt auch das Immobilienangebot in Ihrem Marktbereich.*

*In der Immobilie soll es spuken.*

Beim Spukhaus war kein besonders großer Unterschied zwischen den Teilmärkten erkennbar. Beim Einfamilienhausmarkt ist das Verhältnis derer, die eine Abneigung gegen den Kauf haben, zu denen, die ohne Wertminderung kaufen würden, 18 zu 67 %. Im Mehrfamilienhaus- und Gewerbemarkt ist es 7 zu 77 %.

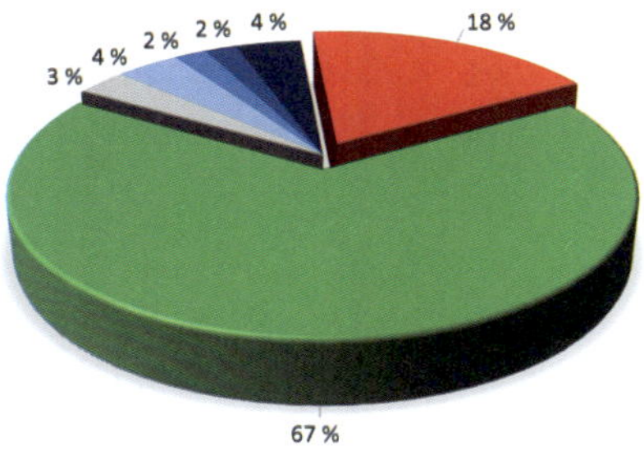


*Abb. 9.30: Verteilung der Abneigung bzgl. des Kaufs bei einem Spukhaus im EFH*

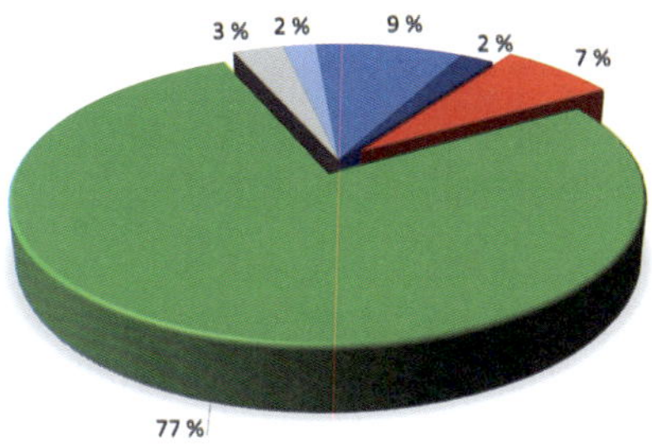


*Abb. 9.31: Verteilung der Abneigung bzgl. des Kaufs bei einem Spukhaus im MFH/G-Markt*

### 9.2.2.10 Wasserader unter dem Haus

Bei diesem Thema war die Zuordnung nicht ganz einfach. Da es aber derzeit keine Studien oder Untersuchungen gibt, die eine gesundheitliche Auswirkung auf den Menschen aufgrund von Wasseradern unter dem Gebäude gibt, wurde es der Kategorie „Mysteriöses“ zugeordnet.

*Manchmal befinden sich Grundstücke in unmittelbarer Nähe zu Einrichtungen, deren Auswirkungen auf die Gesundheit noch nicht vollumfänglich erforscht sind. Wie würde es Ihr Kaufangebot beeinträchtigen, wenn sich das Grundstück in unmittelbarer Nähe zu folgenden Einrichtungen befinden würde? Beachten Sie bei der Beantwortung unbedingt auch das Immobilienangebot in Ihrem Marktbereich.*

*Es soll eine Wasserader unter dem Haus verlaufen.*

Was die Wasserader unter dem Gebäude angeht, sind die Bewertungen im Einfamilienhausmarkt fast identisch mit denen im Mehrfamilienhaus- und Gewerbemarkt. Die Mehrheit mit 58 bzw. 59 % fürchtet keine Beeinträchtigungen aufgrund einer Wasserader unter dem Gebäude.

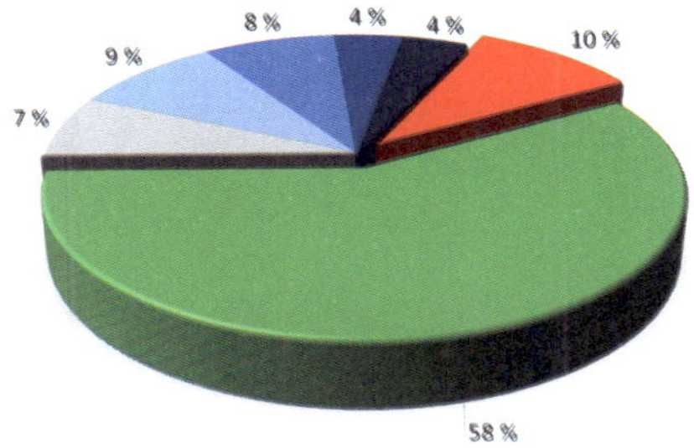


Abb. 9.32: Verteilung der Abneigung bei einer Wasserader unter dem Haus im EFH

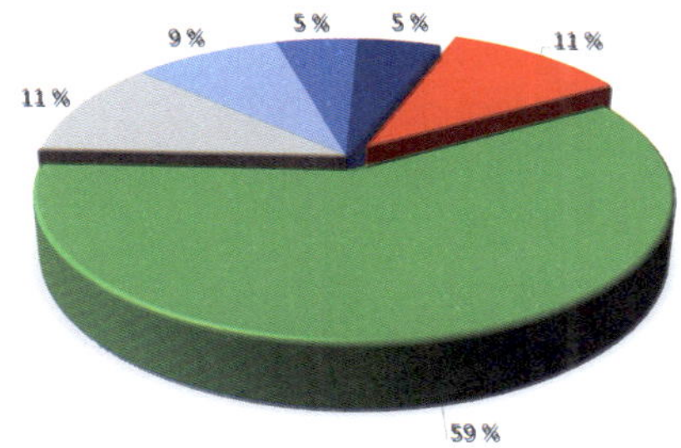


Abb. 9.33: Verteilung der Abneigung bei einer Wasserader unter dem Haus im MFH/G-Markt

### 9.2.3 Zusammenfassung (Mysteriöses/Unfall/Verbrechen)

Die vorbeschriebenen Auswertungen zeigen, dass die Abneigung gegen schreckliche Ereignisse wie Mord, Massaker oder Misshandlungen zu einer hohen Abneigung auf dem Markt führen. Der Anteil der Befragten, die eine Abneigung gegen den Erwerb solcher Immobilien haben, liegt zwischen 28 und 52 %.

Ein natürlicher Tod und auch ein Suizid führen zu keinen großen Abneigungen gegen den Kauf. Auch Spukhäuser oder Wasseradern lassen die Marktteilnehmer überwiegend kalt. Ähnlich ist es beim Tod mehrerer Vorbesitzer. Das ehemalige Friedhofsgelände dagegen polarisierte überraschenderweise. Deutlich zu sehen ist bei den differenzierten Auswertungen in *Kapitel 9.2.2*, dass, wie erwartet, die Abneigung auf dem Einfamilienhausmarkt bei den beschriebenen Szenarien immer größer ist als bei dem Mehrfamilienhaus- und Gewerbemarkt. Interessant dabei ist, dass bei solch schlimmen Ereignissen wie Massaker und Misshandlung, bei denen die Abneigung sehr groß ist, die Unterschiede zwischen den Märkten sehr gering sind. Dies ist auch der Fall bei Szenarien, bei denen die Abneigung sehr gering ist wie Spukhäuser oder Wasserader. Wenn die Umfrage somit Extreme hervorbringt, ist kein besonderer Unterschied zwischen den Teilmärkten erkennbar.

## 9.3 Fachgerecht sanierte ehemalige Bauschäden

Im folgenden Kapitel wird untersucht, wie sich der Markt bzgl. beseitigter Schäden verhält. Dabei wurden die typischen erheblichen Bauschäden wie Hausschwamm, Schädlinge, Schimmel, Feuchte und ehemalige Probleme mit der Standsicherheit betrachtet.

### 9.3.1 Allgemeine Auswertung

Zunächst erfolgte eine Auswertung unabhängig von den Lagen. Entsprechend der zuvor dargestellten Verteilung handelt es sich bei den Fällen überwiegend um Einfamilienhäuser, in 48 % der Fälle in Ballungsgebieten, 30 % in Randgebieten und 22 % in ländlichen Lagen.

Die Auswertung über alle Lagen zeigt, dass bei allen beseitigten Schäden die Mehrheit der Befragten den vollen Kaufpreis zahlen würde. Einzig ein ehemaliger Hausschwammbefall generiert die größte Abneigung vom Kauf und somit die größten Abschläge. Dies verwundert nicht, da der Hausschwamm im Vergleich zu den anderen beseitigten Schäden der gravierendste Schaden ist. Da er weite Strecken ohne Wasser wachsen kann und auch durch Mauerwerk wächst, dichtet man ihm eine gewisse Unberechenbarkeit an. Dies wiederum ist mit einer Sorge verbunden, dass bei Beseitigung eben nicht alle Herde festgestellt und beseitigt wurden. Von allen untersuchten Bauschäden ist es der Hauschwamm, der zu den höchsten Wertminderungen führt.

#### 9.3.1.1 Ehemaliger Hausschwammbefall

Folgende Frage wurde gestellt:

*Auch wenn Bauschäden vollumfänglich und fachgerecht beseitigt wurden, verbleibt bei manchen Käufern trotzdem ein ungutes Gefühl. Entweder ist das Vertrauen in die bauliche Qualität erschüttert oder es verbleibt die Sorge, dass der Schaden wieder kommen könnte. Wie würden die untenstehenden vollständig beseitigten Bauschäden Ihr Kaufangebot beeinträchtigen? Beachten Sie bei der Beantwortung unbedingt auch das Immobilienangebot in Ihrem Marktbereich.*

- *beseitigter Hausschwammbefall (das ist der gefährlichste holzzerstörende Pilz)*

Bei einem beseitigten Hausschwammbefall würden 20 % der Befragten den vollen Preis bezahlen und genauso viele Befragte Abstand vom Kauf nehmen. Die Abschläge liegen überwiegend zwischen 6 und 15 %.

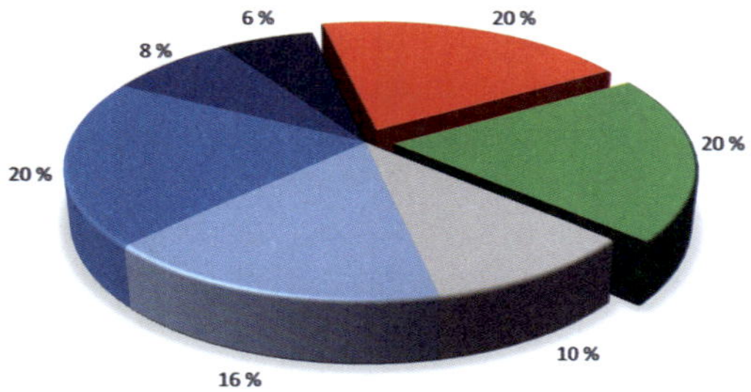


*Abb. 9.34: Verteilung der Abneigung bzgl. des Kaufs bei einem ehemaligen Hausschwammbefall*

#### 9.3.1.2 Ehemaliger Schädlingsbefall

Folgende Frage wurde gestellt:

*Auch wenn Bauschäden vollumfänglich und fachgerecht beseitigt wurden, verbleibt bei manchen Käufern trotzdem ein ungutes Gefühl. Entweder ist das Vertrauen in die bauliche Qualität erschüttert oder es verbleibt die Sorge, dass der Schaden wieder kommen könnte. Wie würden die untenstehenden vollständig beseitigten Bauschäden Ihr Kaufangebot beeinträchtigen? Beachten Sie bei der Beantwortung unbedingt auch das Immobilienangebot in Ihrem Marktbereich.*

- *beseitigter Schädlingsbefall (tierischer oder pflanzlicher Schädlingsbefall)*

Ein Gebäude mit einem ehemaligen Schädlingsbefall würden nur 9 % der Befragten nicht kaufen. Hier liegen die Abschläge überwiegend im Bereich zwischen 3 und 5 %, 35 % würden das Haus ohne Wertabschlag kaufen.

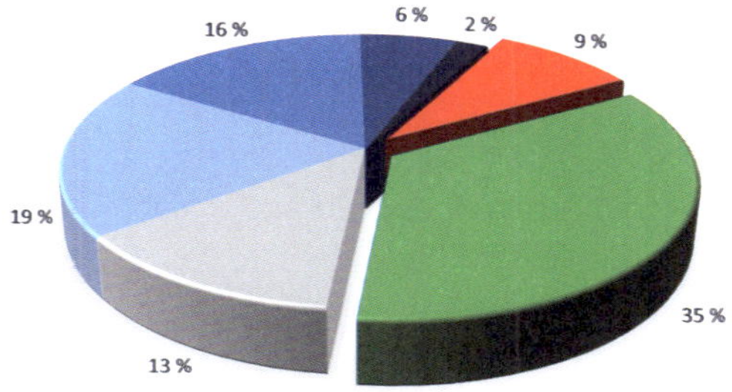


*Abb. 9.35: Verteilung der Abneigung bzgl. des Kaufs bei einem ehemaligen Schädlingsbefall*

#### 9.3.1.3 Ehemaliger Schimmelbefall

Folgende Frage wurde gestellt:

*Auch wenn Bauschäden vollumfänglich und fachgerecht beseitigt wurden, verbleibt bei manchen Käufern trotzdem ein ungutes Gefühl. Entweder ist das Vertrauen in die bauliche Qualität erschüttert oder es verbleibt die Sorge, dass der Schaden wieder kommen könnte. Wie würden die untenstehenden vollständig beseitigten Bauschäden Ihr Kaufangebot beeinträchtigen? Beachten Sie bei der Beantwortung unbedingt auch das Immobilienangebot in Ihrem Marktbereich.*

- *beseitigter Schimmelbefall*

Bei einem ehemaligen Schimmelbefall sind 11 % der Befragten abgeneigt, dagegen würden 43 % ein ehemals schimmelbelastetes Gebäude ohne Wertabschlag kaufen. Die Abschläge liegen überwiegend zwischen 2 und 5 %.

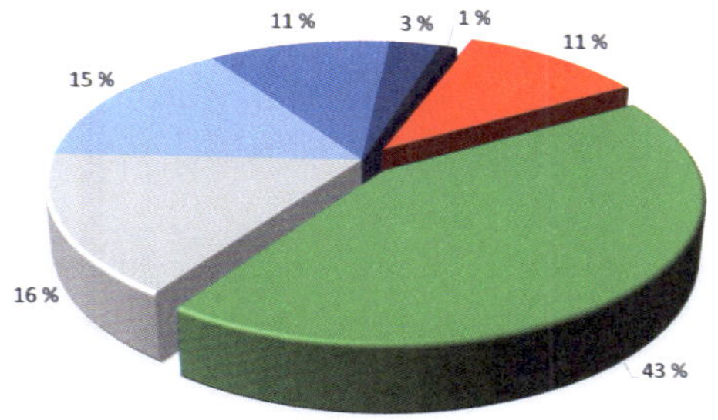


*Abb. 9.36: Verteilung der Abneigung bzgl. des Kaufs bei einem ehemaligen Schimmelbefall*

#### 9.3.1.4 Ehemaliger Feuchteschaden

Folgende Frage wurde gestellt:

*Auch wenn Bauschäden vollumfänglich und fachgerecht beseitigt wurden, verbleibt bei manchen Käufern trotzdem ein ungutes Gefühl. Entweder ist das Vertrauen in die bauliche Qualität erschüttert oder es verbleibt die Sorge, dass der Schaden wieder kommen könnte. Wie würden die untenstehenden vollständig beseitigten Bauschäden Ihr Kaufangebot beeinträchtigen? Beachten Sie bei der Beantwortung unbedingt auch das Immobilienangebot in Ihrem Marktbereich.*

- *beseitigter Feuchteschaden infolge Starkregen im Keller eines Gebäudes (z.B. NEUBAU: wegen Ausführungsfehlern, bei MITTELALTEN Gebäuden und ALTBAUTEN: wegen nicht ausreichender/veralteter/nicht vorhandener Abdichtung)*

Ein Gebäude mit einem ehemaligen Feuchteschaden wollen 10 % der Befragten nicht kaufen, wogegen 36 % ohne Wertminderung kaufen würden. Die Abschläge liegen überwiegend zwischen 3 und 15 %.

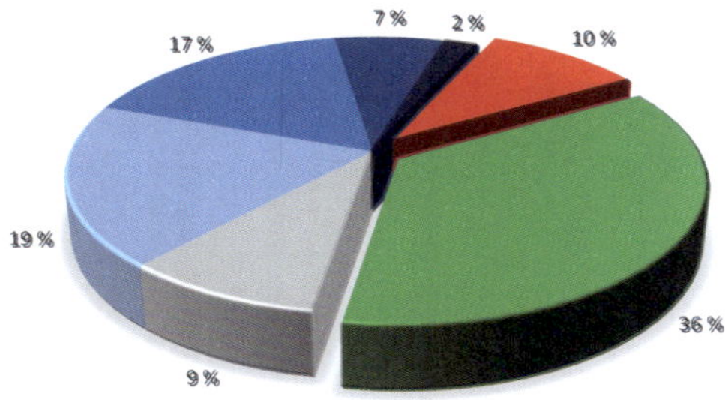


*Abb. 9.37: Verteilung der Abneigung bzgl. des Kaufs bei einem ehemaligen Feuchteschaden*

### 9.3.1.5 Ehemaliges Tragwerksproblem

Folgende Frage wurde gestellt:

*Auch wenn Bauschäden vollumfänglich und fachgerecht beseitigt wurden, verbleibt bei manchen Käufern trotzdem ein ungutes Gefühl. Entweder ist das Vertrauen in die bauliche Qualität erschüttert oder es verbleibt die Sorge, dass der Schaden wieder kommen könnte. Wie würden die untenstehenden vollständig beseitigten Bauschäden Ihr Kaufangebot beeinträchtigen? Beachten Sie bei der Beantwortung unbedingt auch das Immobilienangebot in Ihrem Marktbereich.*

- *beseitigte statische Probleme (z.B. wies eine auskragende Balkonplatte zu starke Schwingungen auf, weil sie falsch ausgeführt war, zur Mangelbeseitigung wurden Stützen darunter gestellt)*

Ein Gebäude mit beseitigten statischen Problemen würden 12 % der Befragten nicht kaufen, während 47 % nicht einmal eine Minderung in Betracht ziehen würden. Die überwiegenden Minderungen liegen zwischen 0 und 2 %.

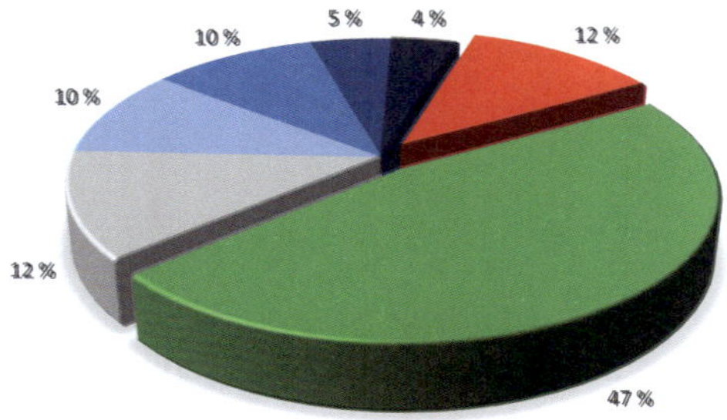


*Abb. 9.38: Verteilung der Abneigung bzgl. des Kaufs bei einem ehemaligen Tragwerksproblem*

## 9.3.2 Auswertung nach Lagen

Im Folgenden werden die zuvor dargestellten Ergebnisse nach Lagen ausgewertet. Es soll festgestellt werden, ob die Nachfragesituation die Empfindungen des Marktes beeinflusst. Sind Käufer in Ballungsgebieten leidensfähiger als Käufer in ländlichen Gebieten und sehen über ehemalige Schäden hinweg?

### 9.3.2.1 Hausschwamm

Die Auswertung nach Lagen zeigt, dass im Falle des ehemaligen Hausschwammbefalls dieser lageübergreifend polarisiert. Im Ballungsgebiet ist das Verhältnis derer, die eine Abneigung gegen den Kauf haben, zu denen, die ohne Wertminderung kaufen würden, 21 zu 25 %, im Randgebiet sind es 23 zu 18 % und im ländlichen Gebiet 14 zu 13 %. Die Abneigung gegen ein Haus mit einem ehemaligen Hausschwammbefall nimmt zwar mit zunehmender Nachfrage ab, sodass im Ballungsgebiet 25 % mit einem behobenen Hausschwammbefall kein Problem haben und im ländlichen Gebiet nur 13 %, aber die Abneigung gegen ein solches Haus ist interessanterweise im Ballungsgebiet und Randgebiet fast gleich bei 21 bis 23 %, während im ländlichen Gebiet nur 14 % eine Abneigung bekundeten. Betrachtet man nur das ländliche Gebiet, wird klar, dass hier eine Polarisierung stattfindet. Während 14 % ein Haus mit einem ehemaligen Hausschwammbefall nicht kaufen würden, hätten fast genauso viele Befragte, nämlich 13 %, kein Problem damit und würden keinen Abschlag machen. Diese Polarisierung ist lageübergreifend erkennbar, sodass es weniger erheblich ist, wie sich die einzelnen Tortenstücke über die Lage verändern, sondern vielmehr, wie sich das Verhältnis von Zu- und Abneigung über die unterschiedlichen Lagen darstellt. Dieses ist auch bei unterschiedlichen Lagen konstant *(Abb. 9.39 bis 9.41)*.

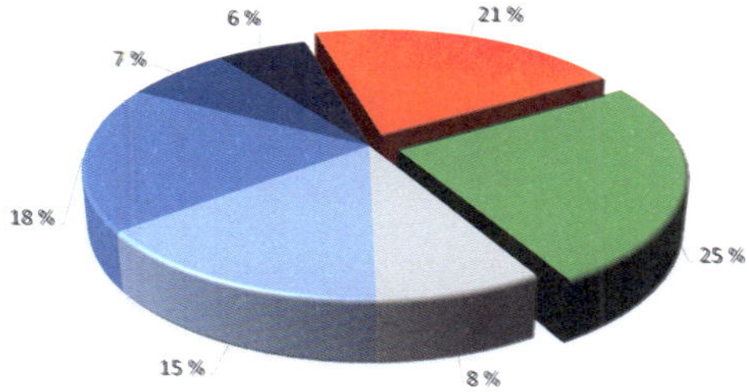


*Abb. 9.39: Verteilung der Abneigung bzgl. des Kaufs bei einem ehemaligen Hausschwammbefall im Ballungsgebiet*

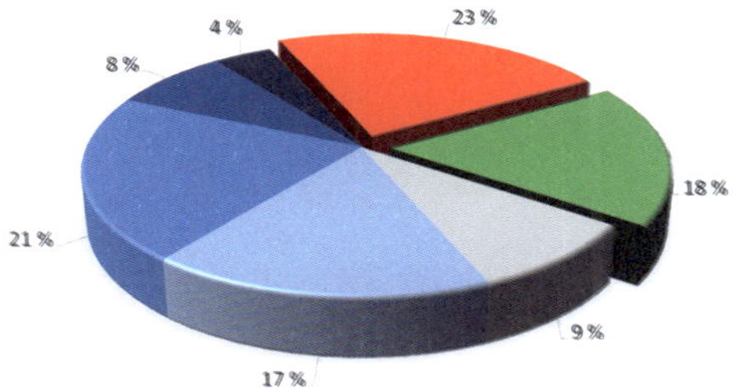


*Abb. 9.40: Verteilung der Abneigung bzgl. des Kaufs bei einem ehemaligen Hausschwammbefall im Randgebiet*

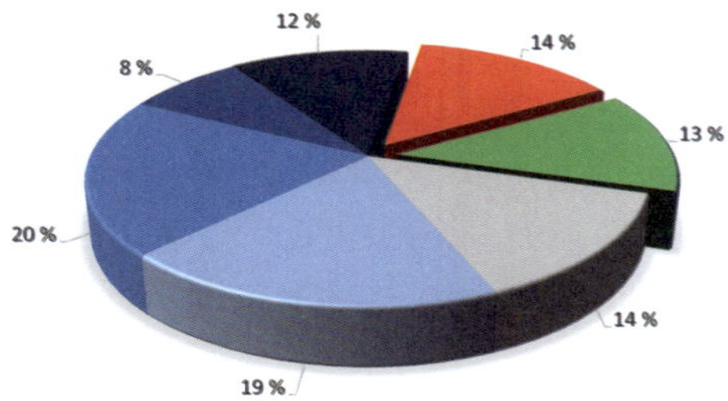


*Abb. 9.41: Verteilung der Abneigung bzgl. des Kaufs bei einem ehemaligen Hausschwammbefall im ländlichen Gebiet*

## 9.3.2.2 Schädlinge

Im Falle eines ehemaligen Schädlingsbefalls ist analog zur Auswertung des ehemaligen Hausschwammbefalls auch keine Unterscheidung zwischen den Käuferreaktionen in unterschiedlichen Lagen zu erkennen.

Der Anteil derer, die kein Problem mit einem ehemaligen Schädlingsbefall haben, liegt im Ballungsgebiet bei 35 %, im Randgebiet bei 33 % und in ländlichen Gebieten bei 38 %. Somit ist die Einschätzung lageübergreifend gleich. Was die Abneigung gegen den Erwerb angeht, liegen diese im Ballungsgebiet bei 9 %, im Randgebiet bei 13 % und auf dem Land bei 2 %. Auch hier kann keine Relation zu der Lage festgestellt werden *(Abb. 9.42 bis 9.44)*.

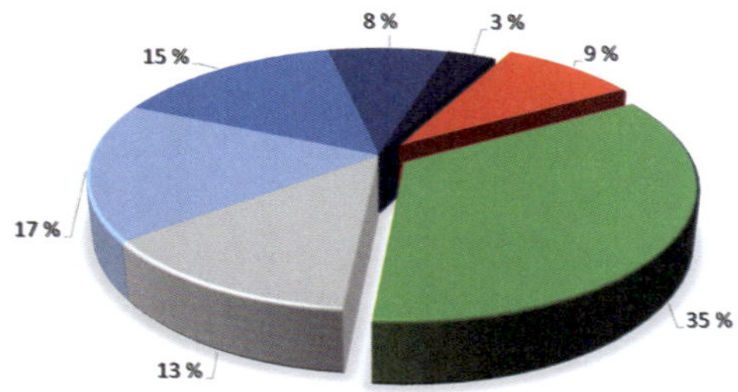


*Abb. 9.42: Verteilung der Abneigung bzgl. des Kaufs bei einem ehemaligen Schädlingsbefall im Ballungsgebiet*

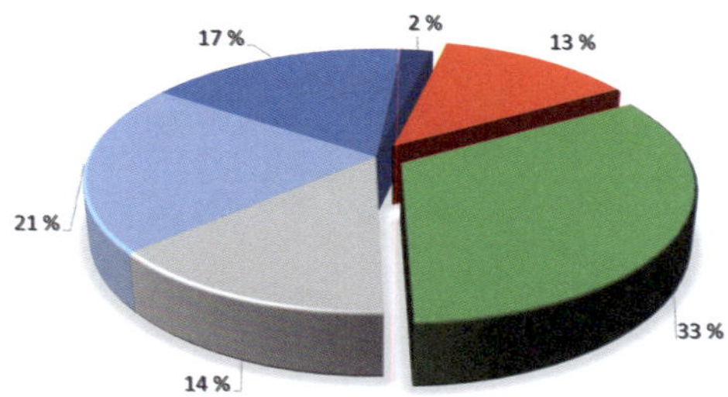


*Abb. 9.43: Verteilung der Abneigung bzgl. des Kaufs bei einem ehemaligen Schädlingsbefall im Randgebiet*

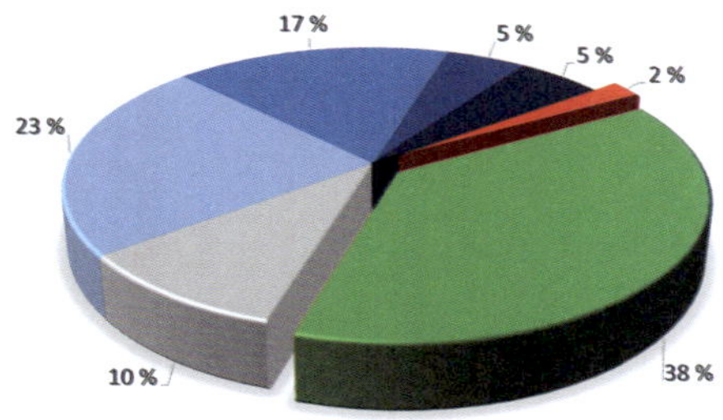


*Abb. 9.44: Verteilung der Abneigung bzgl. des Kaufs bei einem ehemaligen Schädlingsbefall im ländlichen Gebiet*

### 9.3.2.3 Schimmel

Auch bei einem ehemaligen Schimmelbefall ist wie in den Fällen des ehemaligen Hausschwamms und des ehemaligen Schädlingsbefalls keine Unterscheidung bzgl. der unterschiedlichen Lagen erkennbar. Im Ballungsgebiet und im ländlichen Bereich haben 48 % der Befragten kein Problem mit einem ehemaligen Schimmelbefall, im Randgebiet sind es 33 %. Hier ist lageübergreifend zu erkennen, dass die Anzahl derjenigen, die kein Problem mit einem beseitigten Schimmelbefall haben, wesentlich größer ist als die jener, die Abstand vom Kauf nehmen würden *(Abb. 9.45 bis 9.47)*.

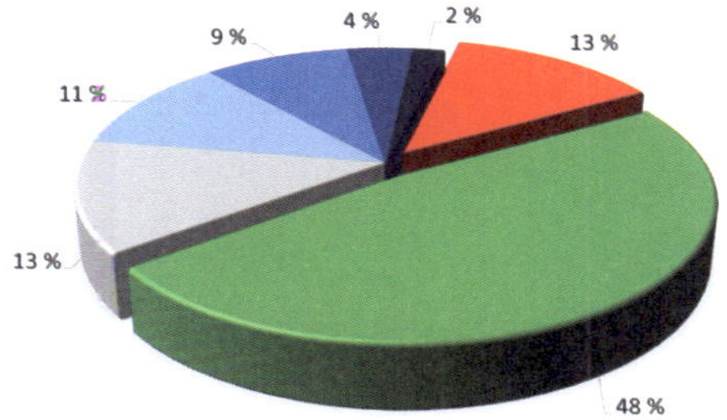


*Abb. 9.45: Verteilung der Abneigung bzgl. des Kaufs bei einem ehemaligen Schimmelbefall im Ballungsgebiet*

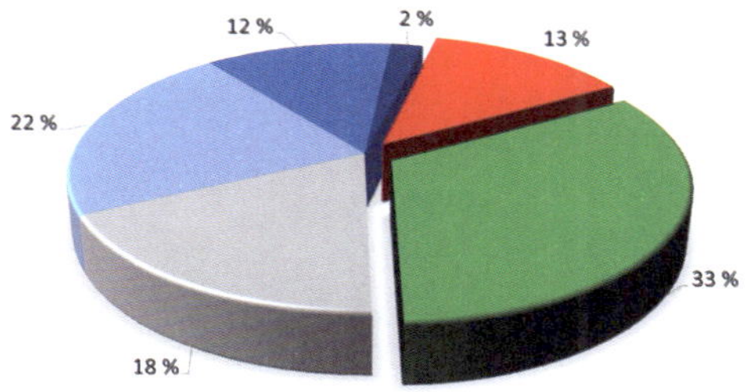


*Abb. 9.46: Verteilung der Abneigung bzgl. des Kaufs bei einem ehemaligen Schimmelbefall im Randgebiet*

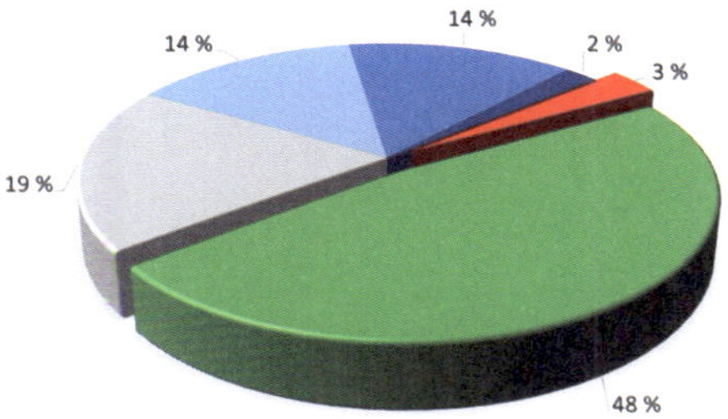


*Abb. 9.47: Verteilung der Abneigung bzgl. des Kaufs bei einem ehemaligen Schimmelbefall im ländlichen Gebiet*

### 9.3.2.4 Feuchte

In Hinblick auf beseitigte Feuchteschäden kann ebenfalls keine Unterscheidung zwischen den einzelnen Lagen abgeleitet werden. Im Ballungsgebiet haben 34 % der Befragten kein Problem mit einem ehemaligen Feuchteschaden, im Randgebiet sind es 35 % und im ländlichen Gebiet 40 %. Lageübergreifend ist auch hier zu erkennen, dass die Anzahl derjenigen, die ein Gebäude mit einem ehemaligen Feuchteschaden ohne Wertminderungen kaufen, wesentlich größer ist als die Anzahl jener, die ein solches Haus nicht kaufen würden. Im Ballungsgebiet und Randgebiet ist der Anteil derjenigen, die keine Abneigung gegen den Erwerb haben, dreimal so groß wie die jener Interessenten, die ein solches Haus nicht kaufen würden. Auf dem Land ist das Verhältnis noch deutlicher, hier würden nur 2 % Abstand vom Kauf nehmen und 40 % würden ohne Wertminderung kaufen *(Abb. 9.48 bis 9.50)*.

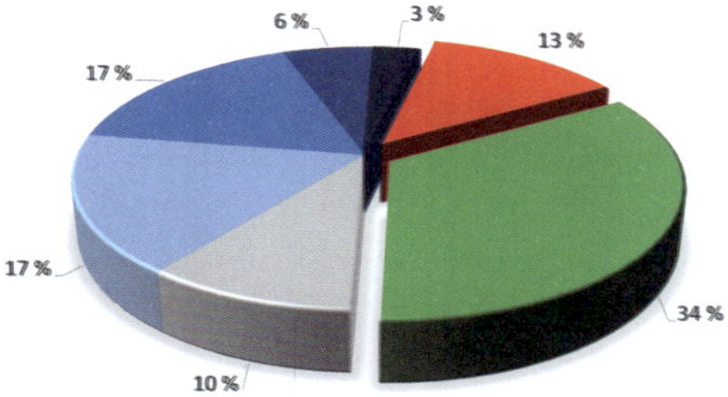


*Abb. 9.48: Verteilung der Abneigung bzgl. des Kaufs bei einem ehemaligen Feuchteschaden im Ballungsgebiet*

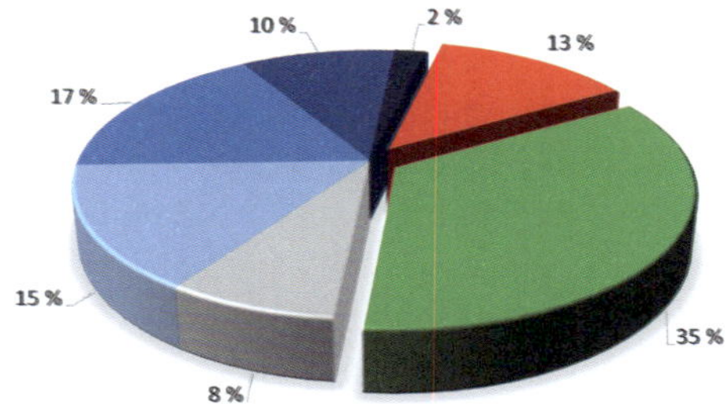


*Abb. 9.49: Verteilung der Abneigung bzgl. des Kaufs bei einem ehemaligen Feuchteschaden im Randgebiet*

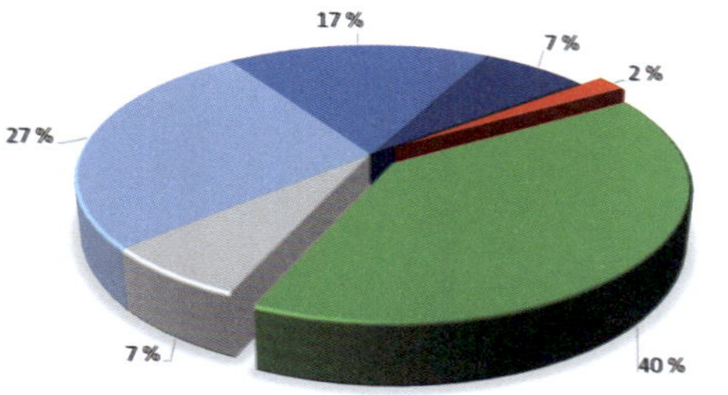


*Abb. 9.50: Verteilung der Abneigung bzgl. des Kaufs bei einem ehemaligen Feuchteschaden im ländlichen Gebiet*

## 9.3.2.5 Tragwerk

Auch ehemalige statische Probleme führen zu keiner unterschiedlichen Bewertung hinsichtlich der Lagen.

Im Ballungsgebiet haben 49 % der Befragten keine Abneigung gegen den Erwerb einer Immobilie mit einem ehemaligen statischen Problem, im Randgebiet sind es 42 % und im ländlichen Gebiet 50 %. Somit ist es auch hier so, dass die Marktteilnehmer mehrheitlich eine solche Immobilie kaufen würden *(Abb. 9.51 bis 9.53)*.

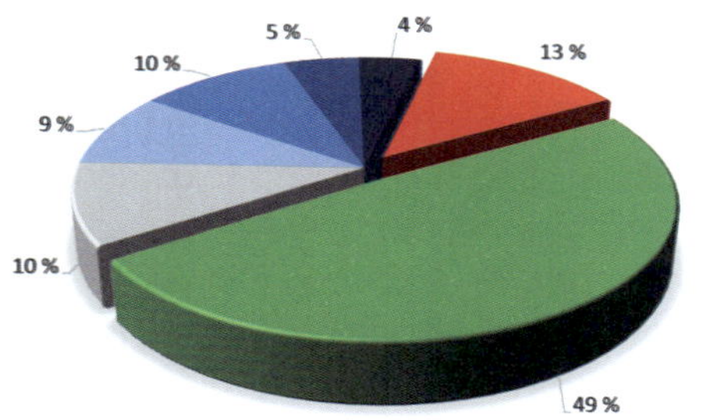


*Abb. 9.51: Verteilung der Abneigung bzgl. des Kaufs bei einem ehemaligen statischen Problem im Ballungsgebiet*

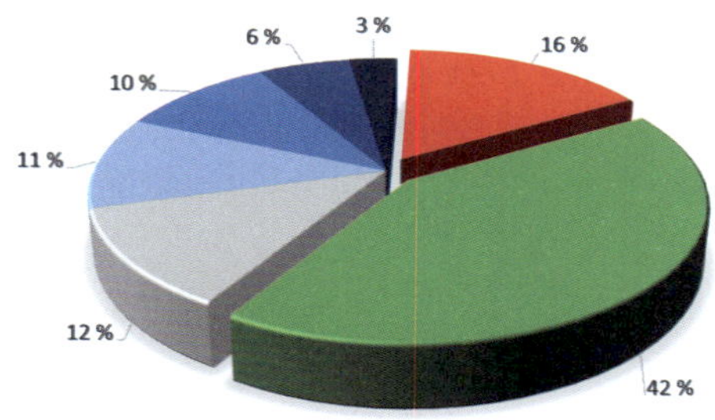


*Abb. 9.52: Verteilung der Abneigung bzgl. des Kaufs bei einem ehemaligen statischen Problem im Randgebiet*

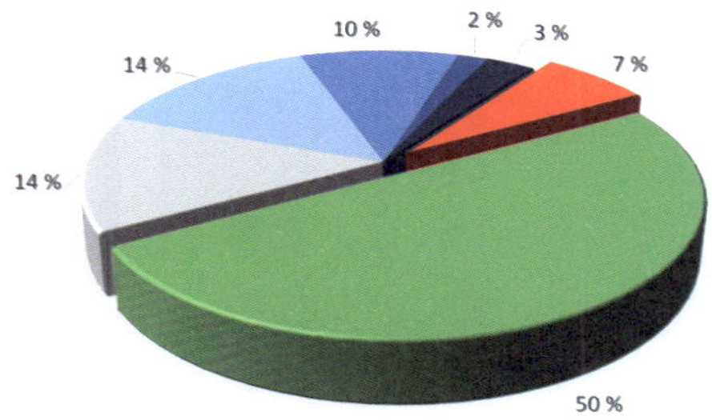


*Abb. 9.53: Verteilung der Abneigung bzgl. des Kaufs bei einem ehemaligen statischen Problem im ländlichen Gebiet*

## 9.3.3 Auswertung nach Baujahren

Auf den folgenden Seiten erfolgt eine Auswertung der ehemaligen Schäden in Abhängigkeit vom Gebäudealter. Dabei wurde zwischen Neubauten mit Baujahr 2000 bis heute, älteren Gebäuden mit Baujahr zwischen 1945 und 2000 sowie Altbauten mit Baujahr vor 1945 unterschieden.

### 9.3.3.1 Hausschwamm

Die Auswertung nach Baujahren zeigt, dass im Falle des ehemaligen Hausschwammbefalls zu erkennen ist, dass die Abneigung gegen einen ehemaligen Hausschwammbefall bei neueren Gebäuden größer ist als bei älteren und bei Altbauten am geringsten.

Bei Neubauten ist das Verhältnis derer, die eine Abneigung gegen den Kauf haben, zu denen, die ohne Wertminderung kaufen würden, 28 zu 9 %. Bei älteren Gebäuden sind es 17 zu 25 % und bei Altbauten 13 zu 24 % *(Abb. 9.54 bis 9.56).*

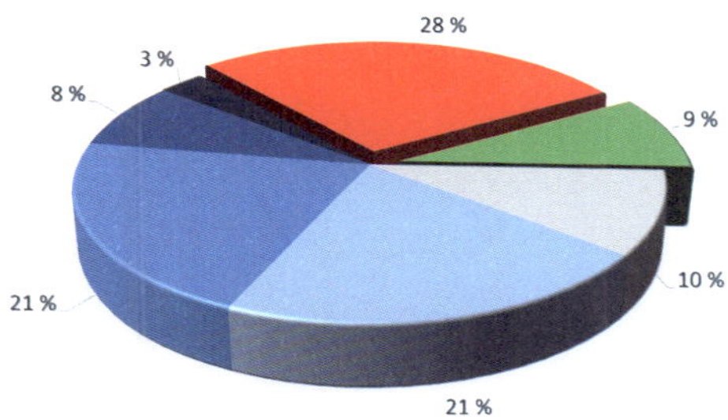


*Abb. 9.54: Verteilung der Abneigung bzgl. des Kaufs bei einem ehemaligen Hausschwamm bei neueren Gebäuden*

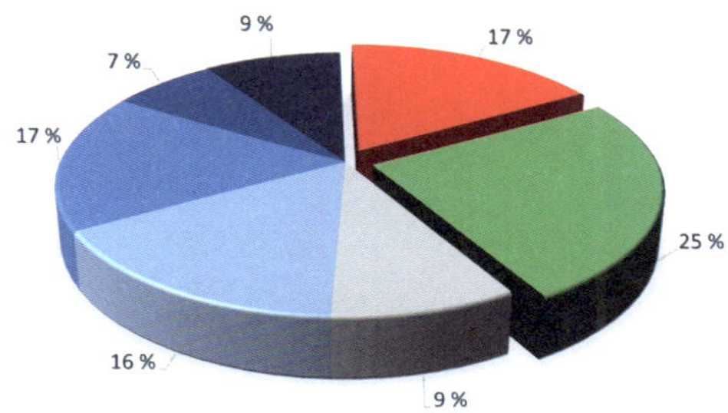


*Abb. 9.55: Verteilung der Abneigung bzgl. des Kaufs bei einem ehemaligen Hausschwamm bei älteren Gebäuden*

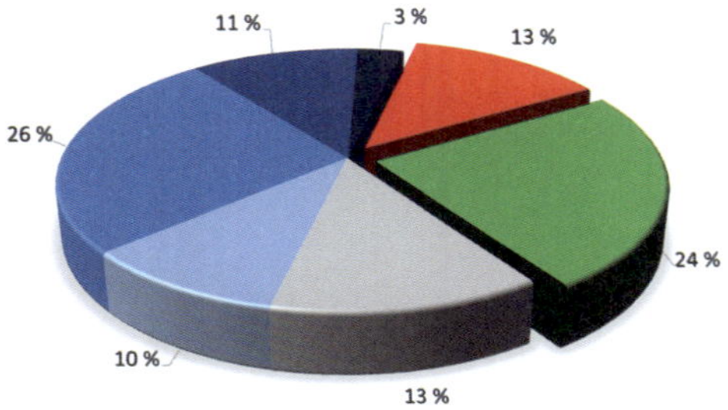


*Abb. 9.56: Verteilung der Abneigung bzgl. des Kaufs bei einem ehemaligen Hausschwamm im bei Altbauten*

## 9.3.3.2 Schädlinge

Auch bei einem ehemaligen Schädlingsbefall ist erkennbar, dass der Werteinfluss bei neueren Gebäuden höher ist als bei älteren Gebäuden. Bei Neubauten ist das Verhältnis derer, die eine Abneigung gegen den Kauf haben, zu denen, die ohne Wertminderung kaufen würden, 16 zu 20 %, bei älteren Gebäuden sind es 7 zu 37 % und bei Altbauten 3 zu 53 % *(Abb. 9.57 bis 9.59)*.

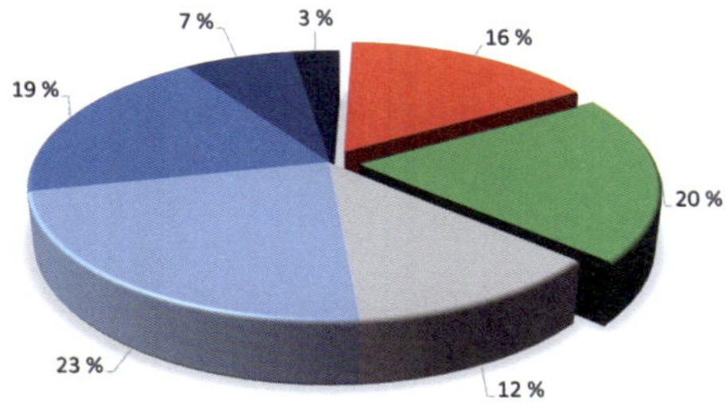


*Abb. 9.57: Verteilung der Abneigung bzgl. des Kaufs bei einem ehemaligen Schädlingsbefall bei neueren Gebäuden*

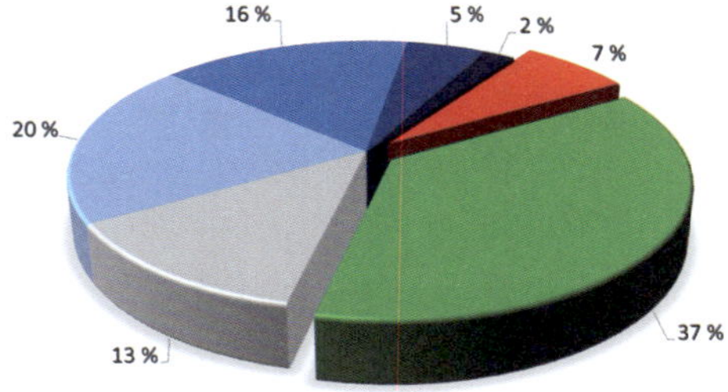


*Abb. 9.58: Verteilung der Abneigung bzgl. des Kaufs bei einem ehemaligen Schädlingsbefall bei älteren Gebäuden*

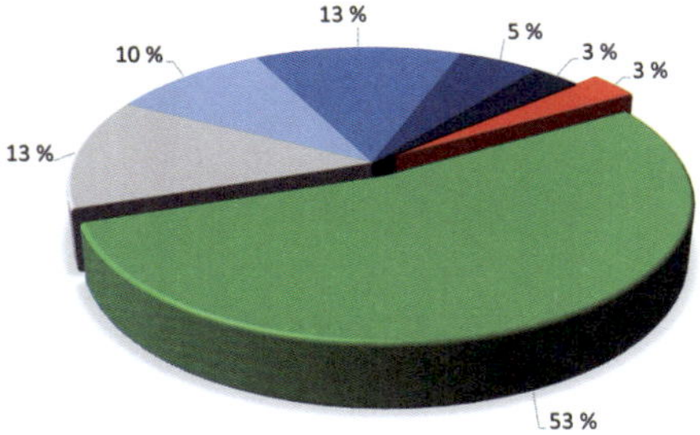


*Abb. 9.59: Verteilung der Abneigung bzgl. des Kaufs bei einem ehemaligen Schädlingsbefall bei Altbauten*

#### 9.3.3.3 Schimmel

Der Einfluss eines ehemaligen Schimmelbefalls auf den Kaufpreis ist im Gegensatz zu den zuvor beschriebenen Schäden durch Hausschwamm- und Schädlingsbefall unabhängig vom Gebäudealter. Über alle Baujahre hinweg ist der Anteil der Personen, die kein Problem mit einem ehemaligen Schimmelbefall haben, überwiegend, und zwar zwischen 42 und 47 %, wogegen der Anteil derjenigen, die ein Haus mit einem ehemaligen Schimmelbefall nicht kaufen würden, zwischen 6 und 20 % liegt *(Abb. 9.60 bis 9.62)*.

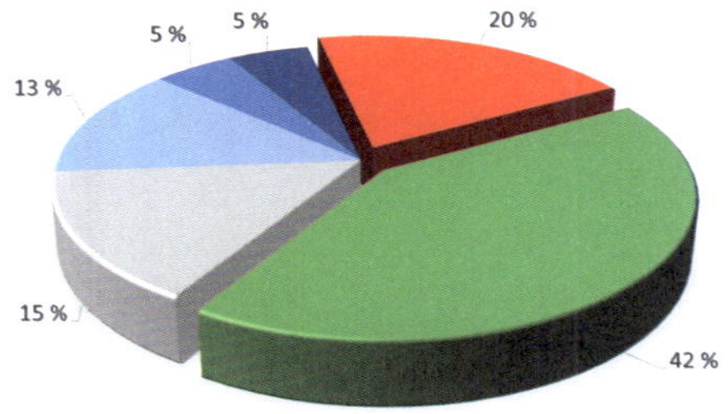


*Abb. 9.60: Verteilung der Abneigung bzgl. des Kaufs bei einem ehemaligen Schimmelbefall bei neueren Gebäuden*

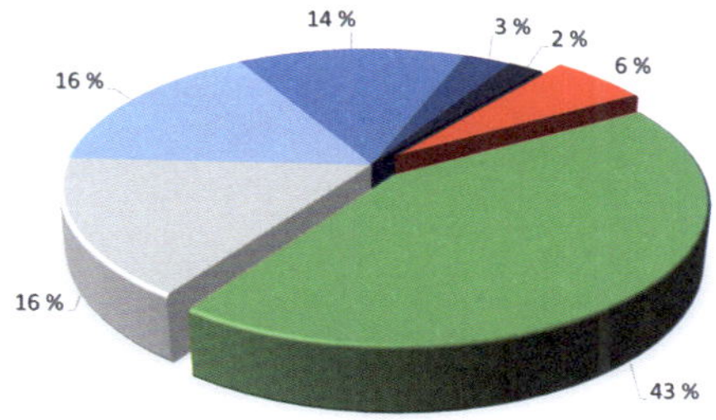


*Abb. 9.61: Verteilung der Abneigung bzgl. des Kaufs bei einem ehemaligen Schimmelbefall bei älteren Gebäuden*

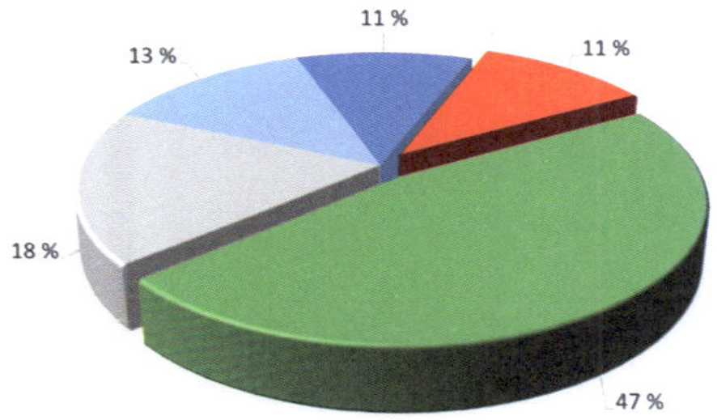


*Abb. 9.62: Verteilung der Abneigung bzgl. des Kaufs bei einem ehemaligen Schimmelbefall bei Altbauten*

#### 9.3.3.4 Feuchte

Bei einem ehemaligen Feuchteschaden ist erkennbar, dass der Werteinfluss bei neueren Gebäuden höher ist als bei älteren Gebäuden. Bei Neubauten ist das Verhältnis derjenigen, die eine Abneigung gegen den Kauf haben, zu denen, die ohne Wertminderung kaufen würden, 21 zu 26 %, bei älteren Gebäuden sind es 7 zu 39 % und bei Altbauten 3 zu 42 %.

Dadurch wird deutlich, dass die Mehrheit der Befragten keine Wertabschläge für beseitigte Feuchteschäden ansetzen würde. Die Abneigung gegen ehemalige feuchtebelastete Gebäude sinkt mit zunehmendem Gebäudealter *(Abb. 9.63 bis 9.65)*.

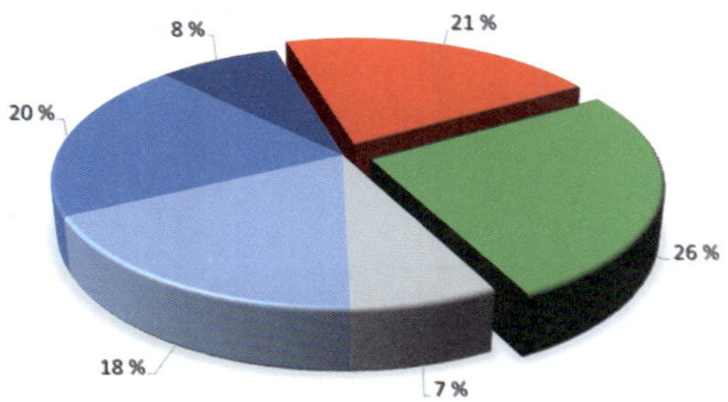


*Abb. 9.63: Verteilung der Abneigung bzgl. des Kaufs bei einem ehemaligen Feuchteschaden bei neueren Gebäuden*

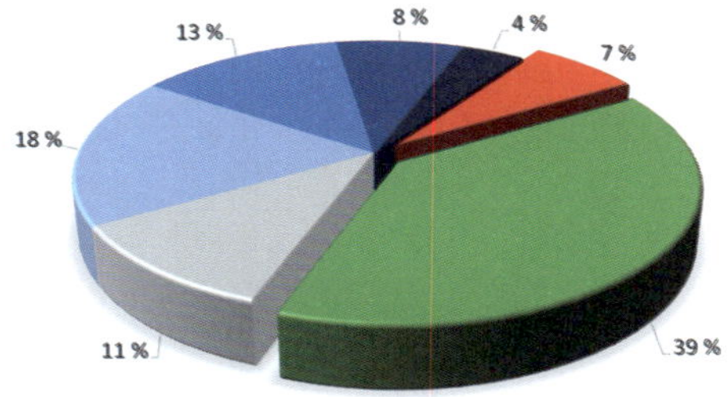


*Abb. 9.64: Verteilung der Abneigung bzgl. des Kaufs bei einem ehemaligen Feuchteschaden bei älteren Gebäuden*

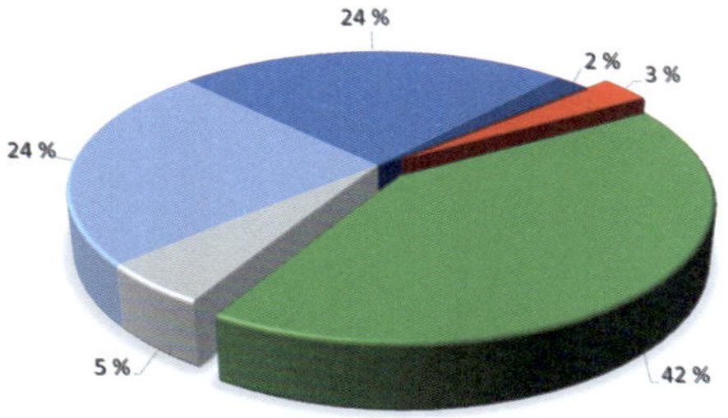


*Abb. 9.65: Verteilung der Abneigung bzgl. des Kaufs bei einem ehemaligen Feuchteschaden bei Altbauten*

### 9.3.3.5 Tragwerk

Der Einfluss von beseitigten statischen Problemen ist unabhängig vom Gebäudealter insgesamt gering. Über alle Baujahre hinweg war der Anteil der Personen, die kein Problem mit einem ehemaligen statischen Problem haben gegenüber denen, die Abstand vom Kauf nehmen würden, verhältnismäßig groß. Der Anteil lag zwischen 42 und 50 %, wogegen der Anteil derjenigen, die ein Haus mit einem ehemaligen statischen Problem nicht kaufen würden, zwischen 8 und 21 % lag *(Abb. 9.66 bis 9.68)*.

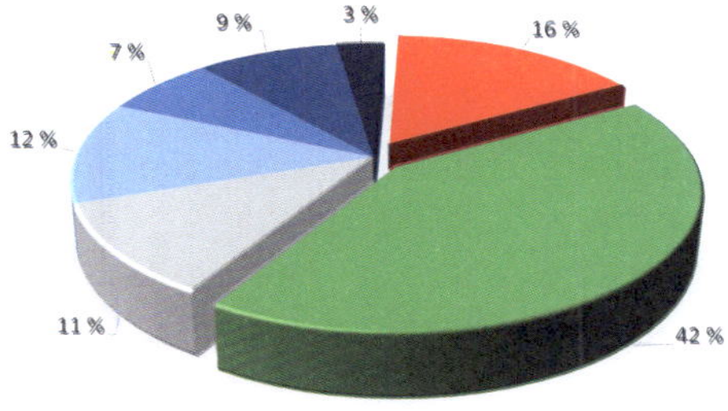


*Abb. 9.66: Verteilung der Abneigung bzgl. des Kaufs bei einem ehemaligen statischen Problem bei neueren Gebäuden*

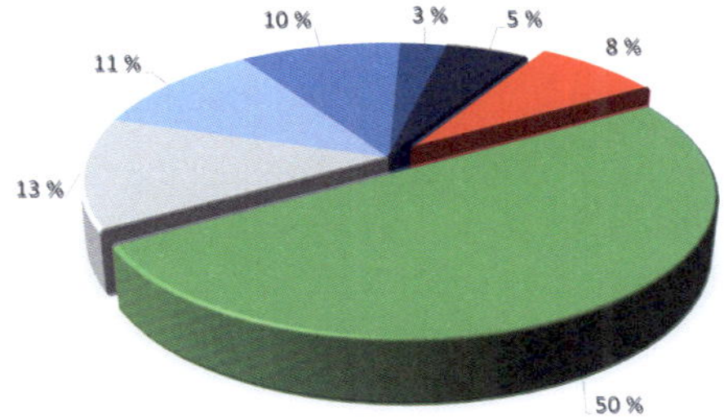


*Abb. 9.67: Verteilung der Abneigung bzgl. des Kaufs bei einem ehemaligen statischen Problem bei älteren Gebäuden*

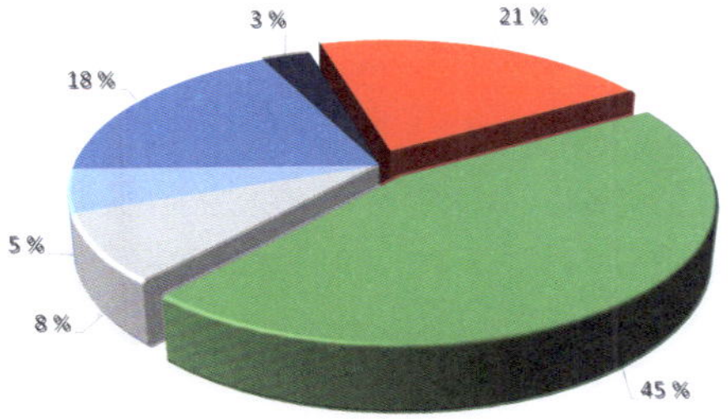


*Abb. 9.68: Verteilung der Abneigung bzgl. des Kaufs bei einem ehemaligen statischen Problem bei Altbauten*

## 9.3.4 Zusammenfassung (ehemalige Baumängel und Bauschäden)

Die Auswertung der Käuferreaktionen auf beseitigte Baumängel und Bauschäden erfolgt zunächst allgemein und zusätzlich nach Lage und Baujahr.

Im Zuge der allgemeinen Auswertung ist zu erkennen, dass die Sorge aufgrund fachgerecht beseitigter Baumängel und Bauschäden eher gering ist. Die Anzahl der Teilnehmer, die ein mit einem ehemaligen Bauschaden (außer Hausschwammbefall) belastetes Grundstück nicht kaufen würden, liegt bei 9 bis 12 %. Auffallend ist, dass bei einem ehemaligen Hausschwammbefall der Prozentsatz der besorgten Käufer bei 20 % liegt und damit im Vergleich zu den anderen untersuchten Schadensarten mit Abstand am größten ist.

Das lässt sich sicherlich damit begründen, dass ein Hausschwammbefall für viele Käufer ein „Schreckgespenst" darstellt und somit auch nach Beseitigung eine Restsorge verbleibt.

Die nach Lagen differenzierte Auswertung zeigt, dass es keine signifikanten Unterschiede der Zu- und Abneigungen des Marktes in Abhängigkeit von der Nachfragesituation gibt. Lageübergreifend sah die Mehrzahl der Befragten kein Problem bzgl. beseitigter Baumängel und Bauschäden.

Was die Differenzierung nach Baujahren angeht, ist zu erkennen, dass die ehemaligen Bauschäden Hausschwamm, Schädlinge oder Feuchte mit zunehmendem Gebäudealter einen geringeren Werteinfluss haben. Das bestätigt die Annahme, dass Käufer älterer Immobilien eher mit Schäden am Objekt rechnen. Käufer von neuen Immobilien dagegen haben gewöhnlich die Erwartung, dass das Gebäude mangel- und schadenfrei ist.

Interessant ist, dass bei einem beseitigten Schimmelbefall und ehemaligen statischen Problemen keine Abhängigkeit vom Gebäudealter bzgl. des Einflusses auf den Kaufpreis zu erkennen ist. Tatsächlich gibt es bei diesen Ereignissen keine Korrelation zum Alter der Bausubstanz. Unabhängig vom Alter sollten Gebäude schimmelfrei und tragfähig sein.

## 9.4 Fachgerecht sanierte Grundstücke mit ehemaligen Altlasten

### 9.4.1 Allgemeine Auswertung

Auch wenn Verunreinigungen auf dem Grundstück vollumfänglich und fachgerecht beseitigt wurden, verbleibt bei manchen Käufern trotzdem ein ungutes Gefühl. Es verbleibt die Sorge, es könnte ggf. nicht alles beseitigt worden sein, es könnte zu gesundheitlichen Beeinträchtigungen oder rechtlichen Folgen kommen.

*Wie würden die untenstehenden vollständig beseitigten Verunreinigungen Ihr Kaufangebot beeinträchtigen? Beachten Sie bei der Beantwortung unbedingt auch das Immobilienangebot in Ihrem Marktbereich.*

- *Ehemalige Altlasten auf dem Grundstück (z.B. werden bei Bodenproben Ölverunreinigungen gefunden, die durch Bodenaustausch beseitigt werden).*
- *Ehemalige radioaktive Strahlung (z.B. stellt sich heraus, dass in der Immobilie radioaktive Substanzen gelagert wurden, es erfolgt eine Sanierung und eine Messung zeigt, dass keine Radioaktivität mehr vorliegt).*

#### 9.4.1.1 Ehemalige Altlasten auf dem Grundstück

Die Umfrage zeigt deutlich, dass im Falle eines ehemaligen mit Öl kontaminierten Grundstücks 40 % der Befragten kein Problem hätten und den vollen Kaufpreis zahlen würden. Nur 13 % würden ein solches Grundstück nicht kaufen. Hier muss angemerkt werden, dass bei der Auswertung nicht nach Teilmärkten differenziert wurde. Dies wurde unter *9.4.2* vorgenommen.

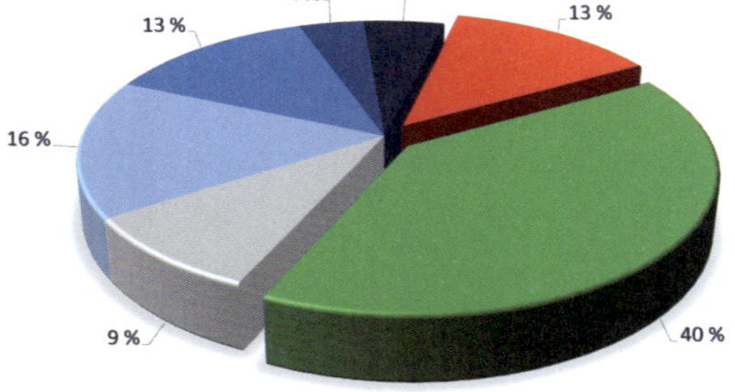


*Abb. 9.69: Verteilung der Abneigung bzgl. des Kaufs bei einem ehemals mit Öl kontaminierten Grundstück*

### 9.4.1.2 Ehemalige radioaktive Strahlung auf dem Grundstück

Bei einer ehemaligen radioaktiven Belastung sehen die Umfragewerte gegenteilig aus. Nur 19 % der Teilnehmer würden für ein Grundstück mit einer ehemaligen radioaktiven Belastung den vollen Kaufpreis zahlen. Mehr als doppelt so viele Befragte würden vom Kauf absehen.

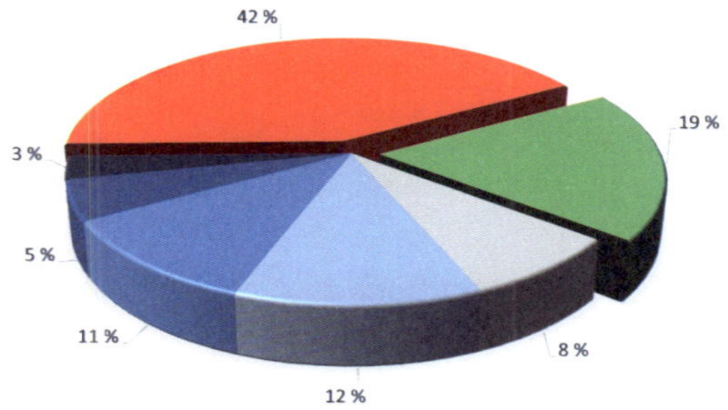


*Abb. 9.70: Verteilung der Abneigung bzgl. des Kaufs bei einem ehemals mit Radioaktivität kontaminierten Grundstück*

## 9.4.2 Auswertung nach Teilmarkt

*Abbildung 9.4* zeigt, dass die überwiegende Mehrheit mit 61 % der Objekte Einfamilienhäuser darstellen, 39 % betreffen andere Teilmärkte. Es ist davon auszugehen, dass die unterschiedlichen Teilmärkte auch unterschiedlich auf solche ehemaligen Belastungen reagieren. Es ist denkbar, dass gewerbliche Käufer oder Käufer von Mehrfamilienwohnhäusern mit einer ehemaligen Ölkontamination weniger Probleme haben als der Einfamilienhausmarkt, bei dem die Käufer möglicherweise einen Nutzgarten anlegen wollen oder Kinder im Garten spielen. Aus diesem Grund erfolgte noch eine zusätzliche Auswertung nach Teilmärkten.

### 9.4.2.1 Ehemalige Altlasten auf dem Grundstück

Aus den *Abbildungen 9.71 und 9.72* ist ersichtlich, dass die Abneigung gegen ein ehemals kontaminiertes Grundstück im Einfamilienhausmarkt wie erwartet größer ist als im Mehrfamilienhaus- und Gewerbemarkt. Während im Einfamilienhausmarkt nur 38 % der Befragten keinen Wertabschlag wegen eines ehemals mit Öl verunreinigten Grundstücks machen würden, waren es im Mehrfamilienhaus- und Gewerbemarkt 50 %. Das Ergebnis bestätigt die vorige Einschätzung.

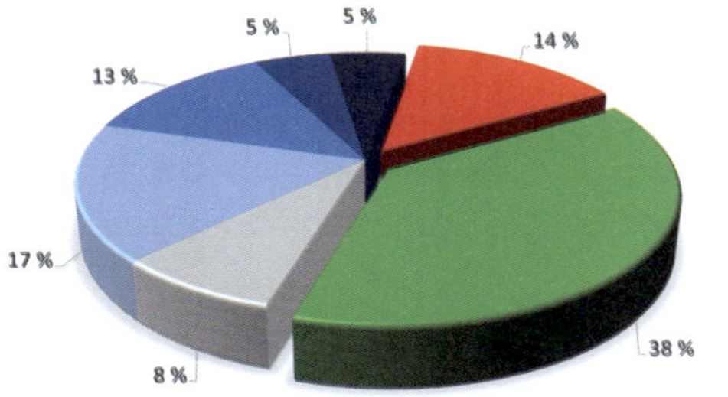


Abb. 9.71: Verteilung der Abneigung bzgl. des Kaufs bei einem ehemals mit Öl kontaminierten Grundstück im EFH-Markt

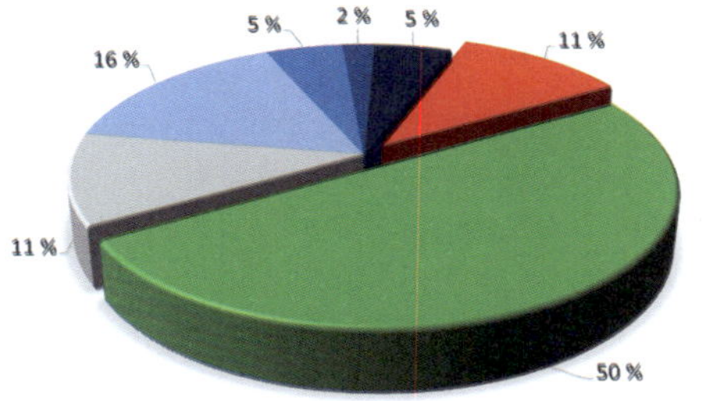


Abb. 9.72: Verteilung der Abneigung bzgl. des Kaufs bei einem ehemals mit Öl kontaminierten Grundstück im MFH/G-Markt

### 9.4.2.2 Ehemalige radioaktive Strahlung auf dem Grundstück

Beim Thema der ehemaligen radioaktiven Belastung eines Grundstücks wird richtig deutlich, wie unterschiedlich die Märkte die Gefahr einschätzen. Beim Einfamilienhausmarkt liegt der Anteil der Befragten, die ein solches Grundstück nicht kaufen würden, bei 43 %, während die Abneigung im Mehrfamilienhaus- und Gewerbemarkt bei etwas weniger als der Hälfte, nämlich bei 26 % liegt *(Abb. 9.73 und 9.74)*.

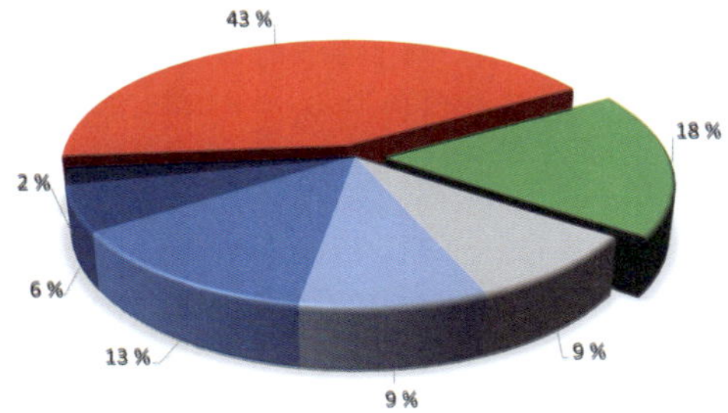


Abb. 9.73: Verteilung der Abneigung bzgl. des Kaufs bei einem ehemals mit Radioaktivität kontaminierten Grundstück im EFH-Markt

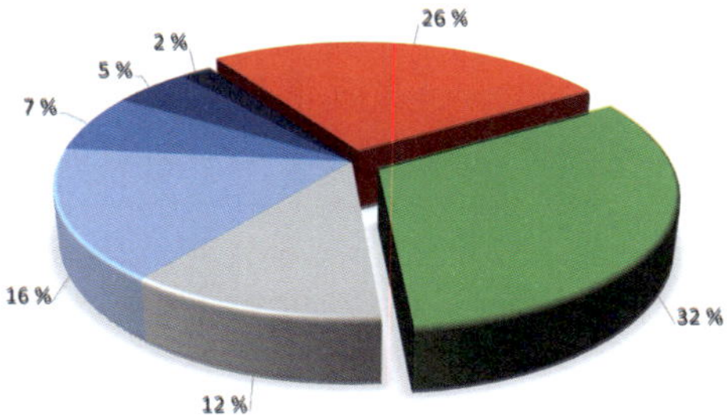


Abb. 9.74: Verteilung der Abneigung bzgl. des Kaufs bei einem ehemals mit Radioaktivität kontaminierten Grundstück im MFH/G-Markt

## 9.4.3 Zusammenfassung (Ehemalige Altlasten)

Die Untersuchung ehemals mit Altlasten kontaminierter Grundstücke hat ergeben, dass der Markt bei einer ehemaligen Verunreinigung durch Öl auf dem Grundstück kaum Bedenken hat, wogegen eine ehemalige Kontamination durch radioaktive Substanzen eine große Abneigung hervorruft. Auch hier wurde wieder deutlich, dass der Einfamilienhausmarkt die Situation sensibler einschätzt als der Mehrfamilienhaus- und Gewerbemarkt.

## 9.5 Sonstiges wie nahegelegene Umspannwerke, Mobilfunkmasten u.a.

Manchmal befinden sich Grundstücke in unmittelbarer Nähe zu Einrichtungen, deren Auswirkungen auf die Gesundheit noch nicht vollumfänglich erforscht sind.

*Wie würde es Ihr Kaufangebot beeinträchtigen, wenn sich das Grundstück in unmittelbarer Nähe zu folgenden Einrichtungen befinden würde? Beachten Sie bei der Beantwortung unbedingt auch das Immobilienangebot in Ihrem Marktbereich.*

- *Mobilfunkmasten*
- *Umspannwerk*
- *Hochspannungsleitung (in unmittelbarer Nähe)*

Mobilfunkmasten in der Nähe des Grundstücks stören 35 % der Befragten nicht. Sie würden den vollen Kaufpreis bezahlen. 19 % dagegen würden ein Haus in der Nähe eines Mobilfunkmasts nicht kaufen und 20 % würden einen Abschlag vom Kaufpreis zwischen 3 und 5 % machen. Somit ist hier die Toleranz größer als die Abneigung.

Bei Umspannwerken dagegen ist die Abneigung größer als die Akzeptanz. Nur 23 % der Befragten würden ein Grundstück in der Nähe eines Umspannwerks ohne Preisabschläge kaufen. 26 % sind dagegen.

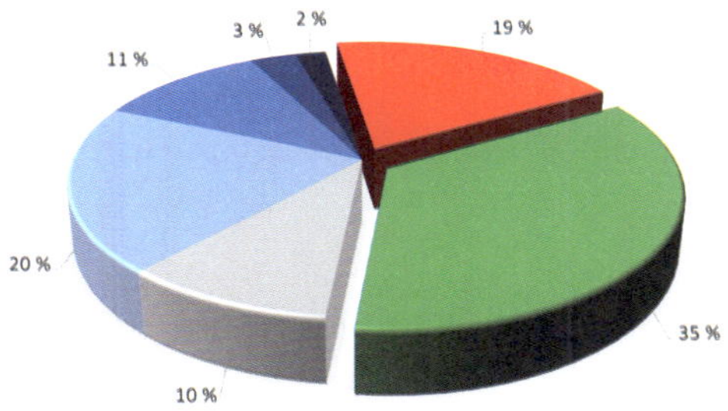


*Abb. 9.75: Verteilung der Abneigung bzgl. des Kaufs bei einem Mobilfunkmast in der Nähe des Grundstücks*

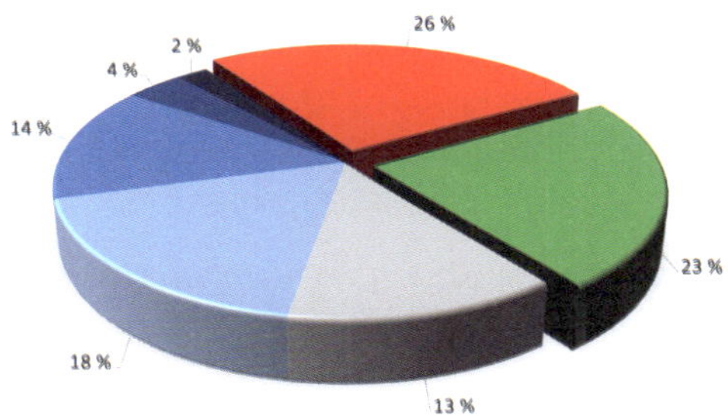


*Abb. 9.76: Verteilung der Abneigung bzgl. des Kaufs bei einem Umspannwerk in der Nähe des Grundstücks*

Die Abfrage zum Thema Freileitungen und Hochspannungsmasten zeigt deutlich, dass die Abneigung gegen den Kauf eines Grundstücks mit zunehmender Entfernung zum Hochspannungsmast sinkt. So wollen 24 % der Befragten kein Grundstück in der Nähe einer Hochspannungsleitung kaufen und 44 % wollen kein Grundstück kaufen, auf dem sich eine Hochspannungsleitung und ein Mast befinden.

In Hinblick auf die Maßnahmen zur Einhaltung der Grenzwerte ist es nur nachvollziehbar, dass sich die Teilnehmer der Befragung sicherer fühlen, je größer der Abstand zur Hochspannungsleitung ist.

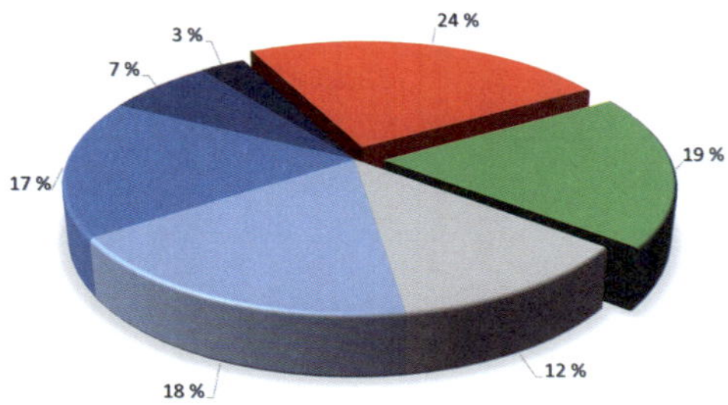


*Abb. 9.77: Verteilung der Abneigung bzgl. des Kaufs bei einer Hochspannungsleitung in der Nähe Grundstücks*

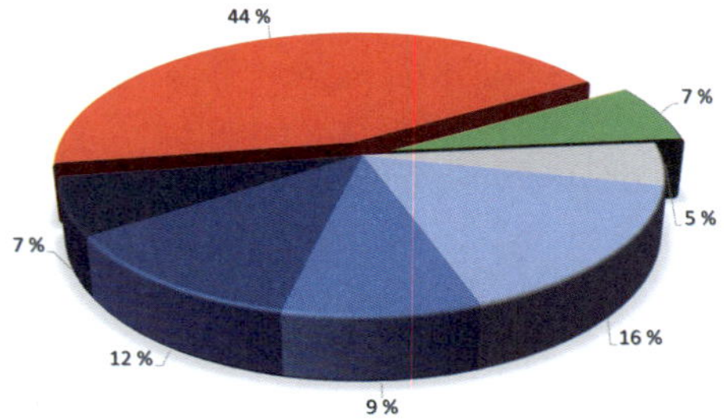


*Abb. 9.78: Verteilung der Abneigung bzgl. des Kaufs bei einer Hochspannungsleitung auf dem Grundstück*

## 9.6 Zusammenfassung

Die Zielsetzung der Umfrage war, eine Tendenz herauszuarbeiten, wie der Markt auf verschiedene Szenarien reagiert, um daraus abzuleiten, ob es einen merkantilen Minderwert geben kann.

Die Untersuchung aus *Kapitel 9.2* Verbrechen/Unglücke/Mysteriöses haben gezeigt, dass der Markt vor übersinnlichen Themen eher keine Angst hat. Einzig das ehemalige Friedhofsgrundstück führte zur Polarisierung.

Die höchste Abneigung verzeichnen schlimme Verbrechen. Hier lagen die Prozentsätze bzgl. der Anzahl derer, die ein Haus, in dem ein Verbrechen passiert ist, nicht kaufen würden, bei 28 bis 52 %. Beseitigte Baumängel und Bauschäden hingegen verzeichnen eine sehr geringe Abneigung von 9 bis 12 %. Eine Ausnahme war der Hausschwamm, bei dem 20 % auch nach Beseitigung eine Abneigung gegen den Erwerb haben.

| Szenario | Zustimmung [%] | Ablehnung [%] |
|---|---|---|
| Mysteriöses (Spukhaus, Friedhof etc.) | 36 bis 69 | 14 bis 34 |
| Tod | 91 | 0 |
| Suizid, Doppelsuizid | 40 bis 50 | 14 bis 19 |
| Verbrechen (Mord, Massaker, Misshandlung) | 15 bis 26 | 28 bis 52 |
| Beseitigte Baumängel und Bauschäden (Hausschwamm) | 20 | 20 |
| Beseitigte Baumängel und Bauschäden (Schädlinge, Schimmel, Feuchte, Tragwerk) | 35 bis 43 | 9 bis 12 |

| Szenario | Zustimmung [%] | Ablehnung [%] |
|---|---|---|
| Ehemalige Altlasten (Öl) | 40 | 13 |
| Ehemalige Altlasten (Radioaktivität) | 19 | 42 |
| Mobilfunkmasten | 35 | 19 |
| Umspannwerk | 23 | 26 |
| Hochspannungsleitung nah | 19 | 24 |
| Hochspannungsleitung auf dem Grundstück | 7 | 44 |

*Tab. 9.1: Darstellung der Zu- und Abneigungen bei verschiedenen Szenarien*

Auch bei ehemaligen Altlasten gibt es keine besonders hohe Abneigung, es sei denn, es handelt sich um radioaktive Substanzen. Hier ist die Gesundheitsgefährdung sehr hoch und die Tatsache, dass man diese Substanzen nicht sehen, schmecken oder riechen kann, führt zu einer Unsicherheit bzgl. der Vollständigkeit der Beseitigung. Auch hat eine Marktuntersuchung gezeigt, dass die größte Sorge bei diesem Thema die Grenzwerte sind. Die Marktteilnehmer haben Angst, dass Grenzwerte, die heute eingehalten sind, in Zukunft aufgrund neuer Erkenntnisse überschritten sind. Das gilt auch für die Gesundheitsgefährdung durch magnetische Felder. Daher kommt es zu einer enorm hohen Ablehnung bei Grundstücken, auf denen eine Hochspannungsleitung verläuft. Die unmittelbare Nähe zu dieser verursacht ein ungutes Gefühl, da hier die Strahlung am größten ist.

Insgesamt ist festzustellen, dass schwere Verbrechen, ehemalige Radioaktivität sowie nahgelegene Hochspannungsleitungen die höchste Abneigung gegen den Erwerb generieren. Baumängel und Bauschäden, die beseitigt wurden, rufen kaum Besorgnis hervor, abgesehen vom ehemaligen Hausschwammbefall. Sie stehen damit an vorletzter Stelle, was die Besorgnis beim Hauskauf angeht, nur bei einem natürlichen Todesfall im Objekt ist der Markt noch unbesorgter.

Für die Ermittlung des merkantilen Minderwerts ist diese Auswertung insoweit hilfreich, als die „Gefühlslage“ des Einfamilienhausmarktes abgebildet wird. Die Darstellungen der Zu- und Abneigungen bei einzelnen Ereignissen in Form von Tortendiagrammen helfen, um einschätzen zu können, inwieweit der Käuferkreis eingeschränkt ist.

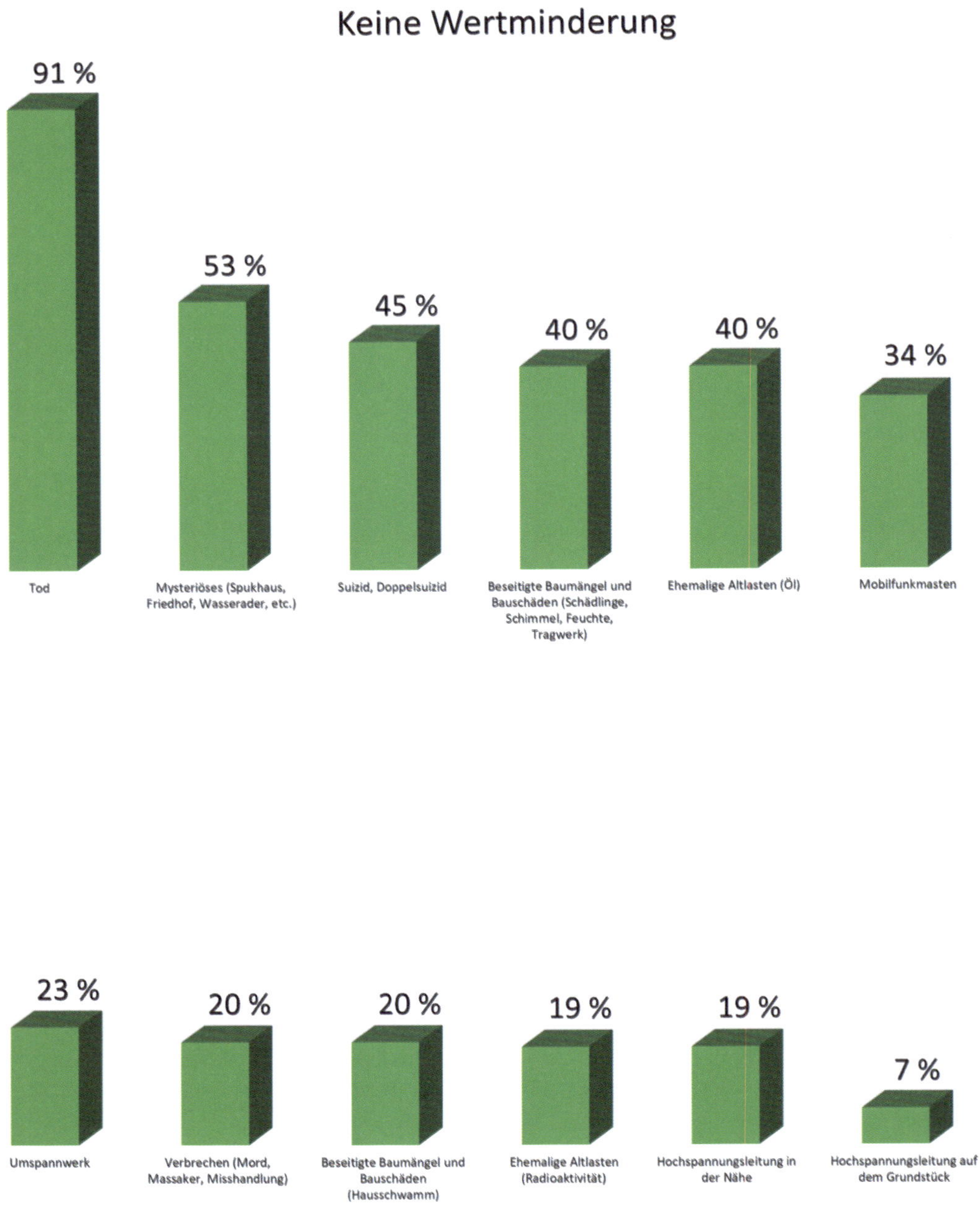


*Abb. 9.79: Darstellung der Fälle ohne Wertminderung nach Szenarien*

Deutlich ist auch, dass der Einfamilienhausmarkt sensibler reagiert als der Mehrfamilienhaus- und Gewerbemarkt. Die Abneigungen sind immer größer, meistens sind sogar sehr große Unterschiede zu erkennen. Bei besonders gravierenden Ereignissen unterschieden sich die Märkte weniger stark.

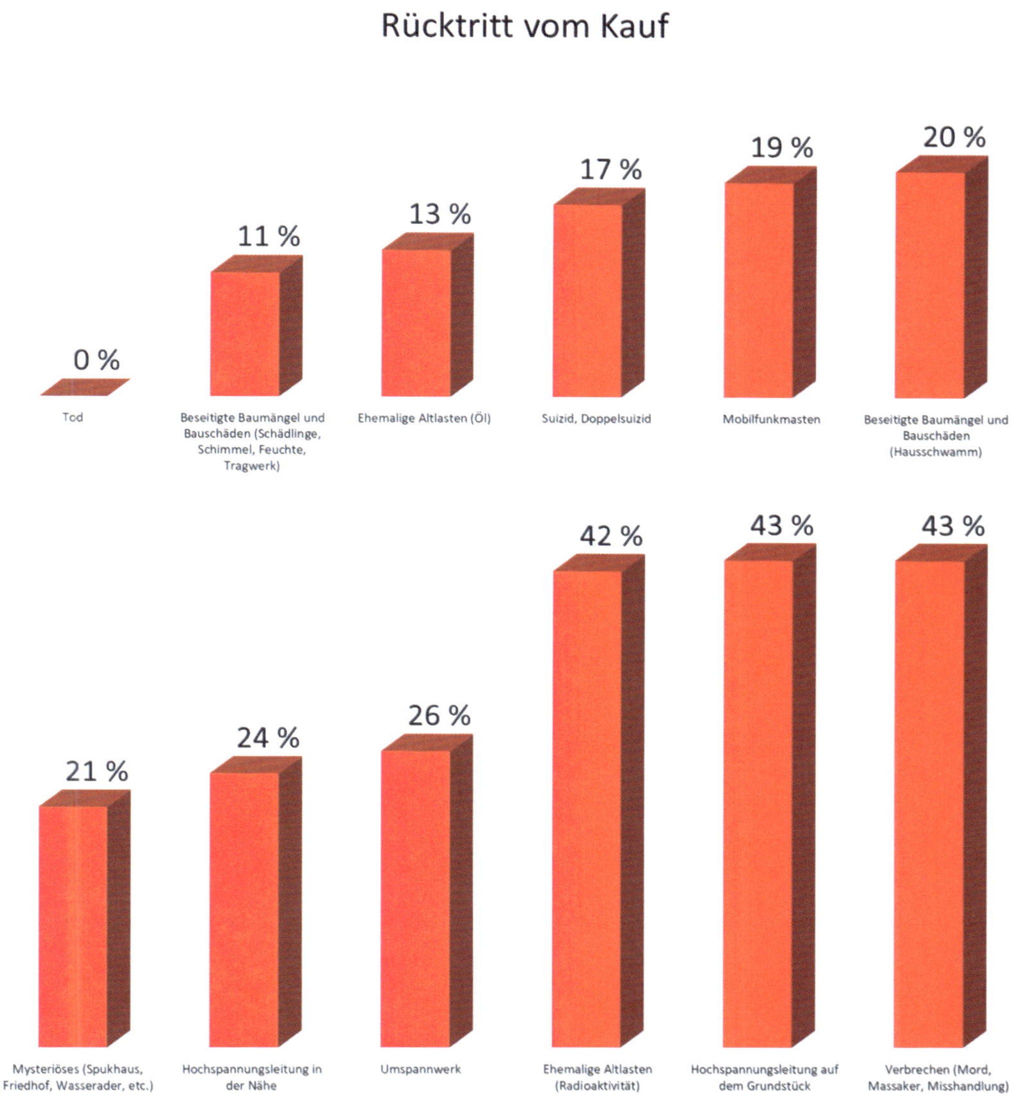


*Abb. 9.80: Darstellung der Fälle mit Abneigung vom Kauf nach Szenarien*

Der Sachverständige muss in der Folge überlegen, was diese Einschränkung in der Lage seines Bewertungsobjekts bedeutet. Wenn z.B. in einem Ballungsgebiet 60 % der Befragten eine Abneigung gegen den Kauf eines Grundstücks haben, dann kann davon ausgegangen werden, dass das zu keiner Kaufpreisreduktion führen wird, da ein Interessent der 40 %, die das Objekt ohne Kaufpreisreduktion kaufen würden, verhältnismäßig schnell gefunden ist. In nachfrageschwachen Gegenden kann das anders aussehen. Hier wird es länger dauern, diese Minderheit zu finden, und in der Folge würde es dann zu einer Preisreduktion kommen.

# 10 Fälle aus der Praxis

## 10.1 Einleitung und Warnhinweis

Die folgenden Beispiele enthalten unter anderem detaillierte Schilderungen von Gewalttaten. Diese sind notwendig, um zu verstehen, wie die Häuser zu ihrem Ruf gekommen sind, und um einschätzen zu können, wie der Markt auf die Geschehnisse reagiert.

Für die Leser, die sich mit den teilweise verstörenden Details nicht beschäftigen möchten, sind die Ergebnisse in der untenstehenden Tabelle dargestellt.

| Kapitel | Beispiel | Thema | Wert-minderung/ -erhöhung | Kaufpreis | Bemerkung |
|---|---|---|---|---|---|
| 10.2 | Mord im Zweifamilienhaus | Einbruch mit Beilmord | 0 % | 155.000,00 € | Marktüblicher Preis |
| 10.3 | Zwei Tote im Einfamilienhaus | Leichenfund nach Tod zweier Eigentümer | 0 % | 333.700,00 € | Marktüblicher Preis |
| 10.4 | Familientragödie im Einfamilienhaus | Tötung von Kindern | 100 % (?) | Kein Verkauf | Vermeintlicher Leerstand seit der Tat |
| 10.5 | Das Horrorhaus von H. | Misshandlung und Tötung mehrerer Opfer | 100 % | 5.000,00 bzw. 1,00 € | Abriss wegen Sensationstourismus, vorher von Gemeinde zurückgekauft |
| 10.6 | Exorzismus in der Doppelhaushälfte | Teufelsaustreibung | 0 % | 570.000,00 € | Marktüblicher Preis, zwei Jahre nach der Tat |
| 10.7 | Kannibalismus im Hofgut | Kannibalismus mit Todesfolge | 100 % | 0,00 € | Abriss wegen Sensationstourismus, Brandstiftung, Grundstück weiter im Besitz des Kannibalen |

| Kapitel | Beispiel | Thema | Wertminderung/ -erhöhung | Kaufpreis | Bemerkung |
|---|---|---|---|---|---|
| 10.8 | Gefangenschaft im Keller | Ein Vater hält seine Tochter über 24 Jahre im Keller gefangen und zeugt mit ihr sieben Kinder | Unbekannt, Ann. gering (Keller entfällt) | 160.000,00 € | Acht Jahre nach der Tat kauft ein Gastwirt und Barbesitzer aus dem Ort das Haus, saniert es und vermietet es an Angestellte, Keller wurde zubetoniert |
| 10.9 | Kontamination durch Plutonium | Ein Mieter bewahrt Plutonium in seiner Wohnung auf | 20 % (geschätzt durch Expertenbefragung) | k. A. | Rückbau bis auf Rohbau |
| 10.10 | Das Auto des Papstes | Merkantiler Mehrwert | 1.889 % | 189.000,00 € | Ursprungspreis 9.500,00 € |
| 10.11 | Haus von Fußballstar | Kein Merkantiler Mehrwert | 0 % | Kein Verkauf | Vermietet |
| 10.12 | Goebbels Villa | Historische Bedeutung | 100 % | Kein Verkauf | Leerstand, Überlegung Abriss/ Verschenken |
| 10.13 | Rote Reihe | Serienmörder | k. A. | Kein Verkauf | Im Krieg zerstört, aber nicht wieder errichtet |
| 10.14 | Geburtshaus Hitler | Historische Bedeutung | k. A. | Kein Verkauf, Umnutzung zur Polizeistation | Leerstand, Überlegung Abriss/ Verschenken |

*Tab. 10.1: Zusammenstellung von Werteinflüssen bei Objekten nach besonderen Geschehnissen*

## 10.2 Mord im Zweifamilienhaus

### 10.2.1 Tathergang

Bei diesem Beispiel geht es um ein Zweifamilienhaus in einem Randgebiet in Südhessen. Das Gebäude wurde in den 1970er Jahren erbaut. Es verfügt über zwei Vollgeschosse und ist vollunterkellert. Das Dachgeschoss ist nicht ausgebaut. Die Wohnfläche beträgt rd. 180 m². Das Grundstück ist rd. 650 m² groß. Es sind kleinere Bauschäden vorhanden. Im Jahr 2000 wurde in diesem Haus der Eigentümer überfallen. Es handelte sich um einen Raubmord. Das Opfer wurde mit einem Beil getötet. Im Jahr 2002, also wenige Jahre nach dem Mord, wurde das Grundstück verkauft. Am Tag der Ortsbesichtigung und zum Kaufzeitpunkt waren noch eine Kreidezeichnung und entsprechende Spuren der Tat im Erdgeschoss vorhanden und sichtbar.

### 10.2.2 Einfluss der Tat auf den Kaufpreis des Grundstücks

Das Grundstück wurde zu einem Kaufpreis von 155.000,00 € erworben. Das Haus wurde renoviert und zwei separate Wohnungen hergestellt. Die Wohnung im Obergeschoss wurde vermietet. Der Mietzins war marktüblich. Über die Nutzung der Erdgeschosswohnung ist nichts bekannt.

Ein Auszug aus der Kaufpreissammlung mit Eingrenzung der Ortschaften, Kauffälle von Ein- und Zweifamilienwohnhäusern mit vergleichbaren Baujahren und Grundstücksgrößen in den Jahren 2000 bis 2005 mit Bodenrichtwerten zwischen 120,00 bis 220,00 €/m² ergab eine Kaufpreisspanne von 132.000,00 bis 245.000,00 € mit einem Mittelwert von 188.000,00 €. Der Kaufpreis von 155.000,00 € für das Bewertungsobjekt liegt somit im unteren Bereich der Kaufpreisspanne. Ein klarer Abschlag aufgrund des Vorfalls kann hier nicht herausgearbeitet werden.

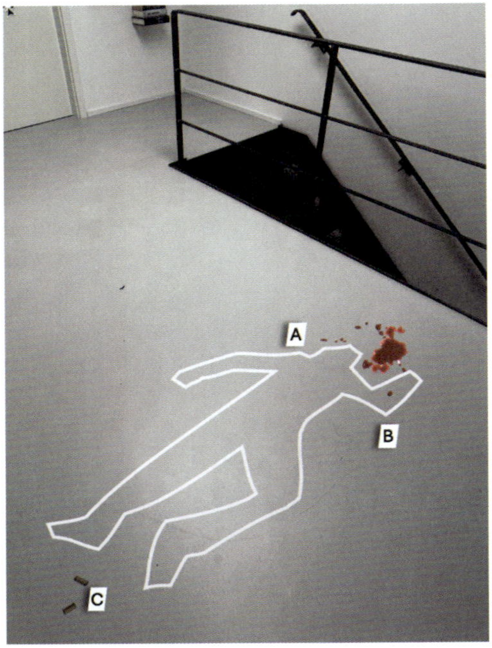


*Abb. 10.1: Kreidezeichnung nach Leichenfund*

Wenn ein Abschlag erfolgte, dann erfolgte der nur im geringen Ausmaß. Ursache hierfür könnte sein, dass das Haus offensichtlich vermietet wurde. Es ist davon auszugehen, dass die Mehrheit der Marktteilnehmer, die das Objekt als Einfamilienhaus für die eigene Familie nutzen wollten, vom Kauf Abstand genommen haben.

Die Auswertung in *Kapitel 9.2.2.4* zeigte, dass im Einfamilienhausmarkt 24 % der Befragten keinen Wertabschlag machen würden, wenn in dem Haus ein Mord geschehen ist. 31 % der Befragten würden ein solche Haus nicht kaufen. In Abhängigkeit von der Marktlage ist es durchaus denkbar, dass ein solches Haus zum vollen Kaufpreis verkauft wird.

## 10.3 Zwei Tote im Einfamilienhaus

### 10.3.1 Tathergang

In einem Reihenmittelhaus im Randgebiet verstarben beide Bewohner in zwei verschiedenen Schlafzimmern. Die Todesursache wurde nicht festgestellt. Es ist aber nicht von einem Verbrechen auszugehen. Somit handelt es sich entweder um einen natürlichen Tod oder einen Doppelsuizid. Die Leichen blieben ca. zwei Monate unentdeckt, bis im angrenzenden Nachbarhaus Leichenflüssigkeit durch die Wand trat.

Zum Wertermittlungsstichtag im Jahr 2014 waren die Räume entkernt und saniert worden. Bei der Besichtigung waren keine Gerüche mehr wahrnehmbar.

Das Gebäude befindet sich in einer guten Wohnlage bei eher geringem Angebot am örtlichen Markt. Der Bodenrichtwert betrug am Wertermittlungsstichtag 340,00 €/m². Das Gebäude wurde im Jahr 2002 errichtet mit einer Wohnfläche von 150 m² und einer ebenso großen Grundstücksfläche.

*Abb. 10.2: Kontamination durch Leichenflüssigkeit (Beispielfoto)*

## 10.3.2 Einfluss der Tat auf den Kaufpreis des Grundstücks

Um den merkantilen Minderwert zu ermitteln, wurde eine Expertenbefragung[89] durchgeführt. Die Umfrage brachte 54 Rückläufe. Die Auswertung zeigte, dass mit 23 Befragten die meisten Befragten sich einig waren, dass es keine Wertminderung aufgrund des Vorgangs gibt. Die Mehrheit der Befragten, nämlich 31 Teilnehmer, sahen Abschläge, die unterschiedlich eingeschätzt wurden. 8 % schätzten den Wertabschlag auf 5 % und weitere 8 % sahen einen Abschlag von 10 %.

Die Befragten, die keinen Wertabschlag sahen, begründeten ihre Aussage überwiegend damit, dass in vielen Häuser gestorben würde, ohne diese sei der Markt leer. Oftmals wurde die Marktsituation genannt, die es ermöglicht, schnell einen Käufer zu finden, der mit der Situation kein Problem hätte.

Es gab aber auch Sorge, dass die Flüssigkeit zwischen den Häusern nicht vollständig zu beseitigen sei und dass keine Raumluftmessung stattgefunden habe. Makler waren sich einig, dass der Markt auf einen solchen Fall mit einem Abschlag reagieren würde.

89 *Degenhardt-Undt, S.*: Umfrage im Rahmen einer Gutachtenerstellung, 15.12.2014.

Im Gutachten wurde unter Berücksichtigung der Lage ein Wertabschlag von 3 % für angemessen erachtet.

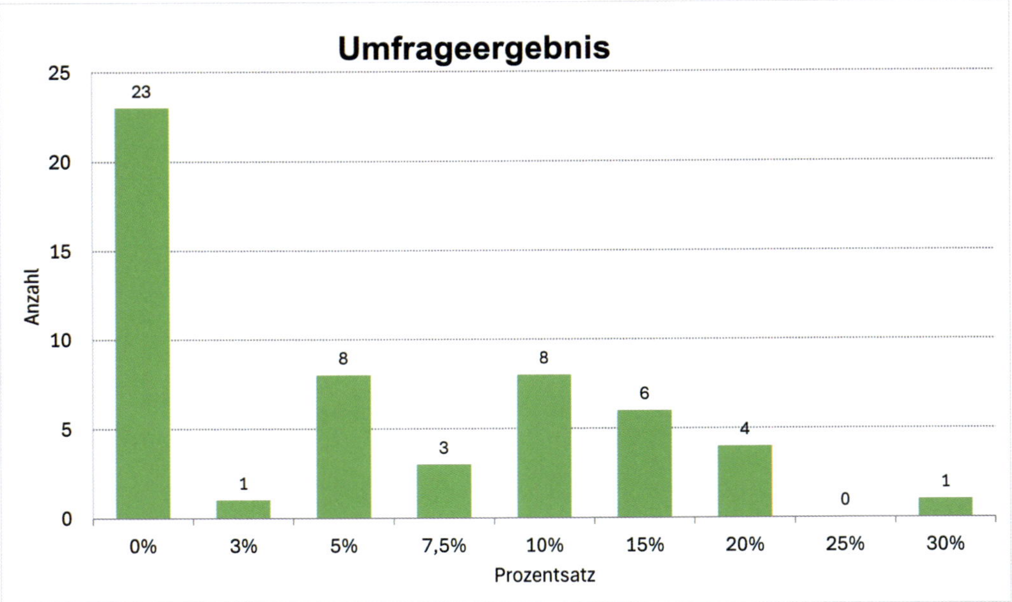


*Abb. 10.3: Grafik aus Expertenbefragung von Degenhardt-Undt (2014), Abschlag vom unbelasteten Verkehrswert in %*

| Vergleichs-objekte | Vertrags-abschluss | Baujahr | Grundstücks-größe | Gebäudeart | Kaufpreis |
|---|---|---|---|---|---|
| 1 | 2012 | 2005 | 165 m² | REH | 276.000,00 € |
| 2 | 2013 | 1996 | 249 m² | RMH | 306.000,00 € |
| 3 | 2017 | 2001 | 164 m² | RMH | 360.000,00 € |
| 4 | 2017 | 2002 | 210 m² | RMH | 382.000,00 € |
| *Bewertungs-objekt* | *2014* | *2002* | *150 m²* | *RMH* | *333.700,00 €* |

*Tab. 10.2: Vergleichskaufpreise zur Bewertung des tatsächlichen Kaufpreises*

Nach Überprüfung von Vergleichskaufpreisen aus der Kaufpreissammlung ergaben sich die in *Tabelle 10.2* dargestellten vier Werte. In Hinblick auf den tatsächlichen Kaufpreis sind keine besonderen Abweichungen festzustellen.

Gemäß Marktbericht 2015 für diesen Bereich liegen die Vergleichskaufpreise für Abschlüsse aus den Jahren 2013 und 2014 bei 1.958,00 €/m² Wohnfläche für Doppelhaushälften und Reihenhäuser.

Das Bewertungsobjekt wurde zu einem Preis von rd. 2.225,00 €/m² Wohnfläche verkauft.

Aufgrund der vorbeschriebenen Untersuchungen kann davon ausgegangen werden, dass das Ereignis keinen Einfluss auf den Kaufpreis hatte. Sicherlich ist dies mit der nachgefragten Lage zu begründen.

## 10.4 Familientragödie im Einfamilienhaus

### 10.4.1 Tathergang

Ein Ärzteehepaar hatte über seine Verhältnisse gelebt. Sie konnten ihren großspurigen Lebensstil ab einem gewissen Punkt nicht mehr finanzieren. Das großzügige Grundstück mit dem freistehenden Einfamilienhaus in Feldrandlage wurde im Jahr 2018 zwangsversteigert. Eine Familie ersteigerte das Grundstück zum Preis von rd. 575.000,00 €.

Am Abend vor der Übergabe fand eine Familientragödie statt. Aufgrund der vermeintlich aussichtslosen finanziellen Situation beschlossen die Eltern, dass die Familie so nicht weiterleben könnte.

Sie töteten daraufhin zuerst ihren 13 Jahre alten Sohn und dann die zehn Jahre alte Tochter in ihren Betten. Die Kinder wurden mit mehreren Hammerschlägen auf den Kopf sowie Messerstichen in den Hals getötet. Anschließend übergossen die Eltern die Kinder mit Benzin und zündeten sie an.

*Abb. 10.4: Bewertungsobjekt Einfamilienhaus*

Danach wollten die Eltern in der Garage mit Kohlenmonoxid Suizid begehen. Wegen des zuvor gelegten Feuers wurden die Nachbarn aufmerksam und alarmierten die Polizei. Diese fand die Kinderleichen und die Eltern lebend in der Garage vor. Die Eltern wurden im Jahr 2019 verurteilt. Der 59-jährige Vater wurde wegen Mordes zu einer lebenslangen Haft und die damals 46 Jahre alte Mutter wegen Beihilfe zum Mord zu zwölf Jahren Haft verurteilt.

### 10.4.2 Einfluss der Tat auf den Kaufpreis des Grundstücks

In diesem Fall wurde das Haus interessanterweise vor der Tat verkauft, sodass der Kaufpreis keinen Aufschluss über den Werteinfluss der Tat auf den Kaufpreis gibt.

Von außen sieht es so aus, als ob der neue Eigentümer das Haus nach der Tat nicht bezogen hat. Die Rollläden sind oftmals unten und es gibt keinen Briefkasten. Demnach stünde es seit sechs Jahren leer. Es liegen keine Angaben vor, ob und wie engagiert der Besitzer versucht hat, das Grundstück zu verkaufen. Es kann nur gemutmaßt werden, dass ein vernünftig denkender Marktteilnehmer ein zu 575.000,00 € erworbenes Grundstück nicht freiwillig über eine so lange Zeitspanne weder bezieht noch verkauft oder vermietet. Von einem Sensationstourismus ist nichts bekannt.

Die Tat hat aufgrund der Brutalität und des niederen Beweggrunds sehr großes Entsetzen hervorgerufen. Das Haus befindet sich in einer sehr kleinen Ortschaft. Auch über die Ortschaft hinaus ist die Tat bekannt. Nicht nur in der Presse wurde mehrfach darüber berichtet, auch gibt es immer noch True-Crime-Podcasts dazu. Damit wird das Geschehene weiterhin in den Köpfen der Menschen bleiben.

Im Nachgang zu den Recherchen erhielt die Verfasserin einen Rücklauf eines Fragebogens an den Eigentümer wonach dieser angibt, das Haus zu bewohnen und zu keinem Zeitpunkt versucht habe, dieses zu verkaufen. Auch denke er nicht, dass sein Grundstück einen Minderwert aufgrund der Geschehnisse habe.

Inwieweit dies zutrifft kann nicht geklärt werden.

## 10.5 Horrorhaus von H.

### 10.5.1 Tathergang

Ein Paar aus H. lockte Frauen per Kontaktanzeigen zu sich auf ein Bauerngehöft. Die Frauen wohnten dort längere Zeit und wurden in dieser Zeit schwer misshandelt. Zwei der Opfer kamen zu Tode. Die Misshandlungen wurden bekannt, als das Auto der Verbrecher mit einer der misshandelten Frauen auf der Straße liegen blieb. Die Täter alarmierten die Polizei und einen Krankenwagen. Die Frau starb im Krankenhaus an ihren massiven Verletzungen. Eine Hausdurchsuchung ergab Hinweise zu weiteren Opfern. In der Presse wurde der Fall bekannt als das „Horrorhaus von H." oder der „Foltermord von B". Die Täter wurden im Jahr 2018 zu 13 und 11 Jahren Haft verurteilt. Der männliche Täter wurde in die Psychiatrie eingewiesen.

*Abb. 10.5: Ort der Gefangenschaft (Beispielfoto)*

### 10.5.2 Einfluss der Tat auf den Kaufpreis des Grundstücks

Nach Abschluss der Ermittlungen verkauften die Täter das 666 m² große Grundstück. Der neue Eigentümer erwarb das Grundstück zu einem Preis von 5.000,00 €.[90] Wegen illegalen Anbaus von Cannabis wurde er ebenfalls verhaftet und zu siebeneinhalb Jahren Freiheitsstrafe verurteilt. Danach sollte das Grundstück versteigert werden. Ende des Jahres 2019 bestanden Pläne der Anwohner, das Grundstück zu kaufen und das Gebäude abzureißen, um den Sensationstourismus zu beenden. Seit Bekanntwerden der Foltermorde waren zahlreiche Schaulustige zu dem Grundstück gereist und hatten sich vor diesem fotografiert. Auch kam es zu Einbrüchen und Brandstiftungen. Insbesondere nachts waren die Anwohner stark beeinträchtigt.

Schließlich verkaufte das Land das Grundstück an die Stadt H. zu einem symbolischen Preis von 1,00 €. Im Jahr 2022 wurde das Haus abgerissen. Heute ist auf dem Grundstück eine öffentlich zugängliche Grünfläche.

90 RP-online, 8.2.2017.

# 10.6 Exorzismus

## 10.6.1 Tathergang

Als Sachverständige haben wir, zumindest in unseren Breitengraden, nicht täglich mit Fällen von Exorzismus zu tun. Bei Exorzismus handelt es sich um eine religiöse Praxis, vermeintlich besessene Menschen, Tiere, verfluchte Orte und Gegenstände von bösen Geistern zu befreien. Exorzismus wird auch Teufels- oder Geisteraustreibung genannt. Dabei tritt der Exorzist in Kontakt mit dem Dämon und bewegt ihn zum Verlassen des Körpers der besessenen Person.

Im vorliegenden Fall handelt es sich um eine koreanische Frau, die infolge einer spirituellen Teufelsaustreibung durch ihre Angehörige erstickt ist.

Die Familie kam im Jahr 2015 nach Deutschland, Frau P., ihre zwei Cousinen und die beiden Kinder. Sie kamen ins Rhein-Main-Gebiet, da es dort die größte koreanische Gemeinde Europas mit einer eigenen Kirchengemeinde gibt.

Sie mieteten eine Doppelhaushälfte in einer Gemeinde im Ballungsgebiet. Schon bald hatten die Bewohner des Hauses das Gefühl, dass es in diesem spukt. Sie hörten ein Klopfen und Blubbern aus dem Keller. Die Kinder konnten nachts nicht mehr schlafen. Die streng religiöse Familie glaubte, ein Dämon sei im Haus.

Die Nachbarn hörten nachts koreanische Gesänge und Schreie und wendeten sich an den Vermieter. Als dieser das Haus betritt, um nach dem Rechten zu sehen, stellte er fest, dass das ganze Haus mit Granulat ausgelegt war, welches, so die Mieter, die Dämonen vertreiben sollte. Auch befanden sich brennende Windlichter am Treppenabgang zum Keller. Der Vermieter reparierte und entlüftete die Heizung, da er mutmaßte, diese sei verantwortlich für die Geräusche aus dem Keller.

Doch stellten sich daraufhin die Geräusche und Geistersichtungen nicht ein. Mit der Zeit schirmte sich die Familie immer mehr von der Außenwelt ab. Die Rollläden waren immer unten und sie verbrannten ihre Mobiltelefone als Opfergabe. Sie versuchten, sich gegenseitig wach zu halten, damit der Teufel kein „leichtes Spiel mit ihnen" hatte. Schließlich will die Familie einen schwarzen Schatten an der Garagenwand gesehen haben. Dies war der Auslöser für die Flucht in ein Hotelzimmer in der Stadt. Sie hofften, dass die Ereignisse aufhören.

Frau P. klagte weiter über körperliche Beschwerden und war sehr verwirrt. In der Nacht vom 4. auf den 5.12.2015 war die Familie endgültig davon überzeugt, dass der Teufel in Frau P. gefahren sei. Als sie mit fremder Stimme sprach und sich die Zunge abbeißen wollte, versuchte die Cousine Frau K., den Teufel auszutreiben. Unter ihrer Anleitung führten sie einen Exorzismus an ihr durch. Mit einem Handtuch und einem mit Schaumstoff umwickelten Kleiderbügel versuchten sie, ihre Schreie zu stoppen. Die Austreibung dauerte ca. zwei Stunden, danach war Frau P. tot.

Die Familie rief noch den Pfarrer ihrer Gemeinde zur Hilfe, welcher den Notarzt alarmierte. Dieser konnte nur noch den Tod der Frau feststellen. Die herbeigerufene Polizei fand die andere Cousine Frau C. eingewickelt in Folien und Tüten in der Garage der angemieteten Doppelhaushälfte dehydriert und unterzuckert. Sie habe sich verlaufen und den Weg ins Hotel nicht gefunden, sagte sie später aus.

Die Teufelsaustreibung ist seit vier Jahrhunderten fest in den Ritualen der katholischen Kirche verankert. Hierfür gibt es zahlreiche andere Beispiele. Ein Fall ist noch gar nicht allzu lange her. Im Jahr 1976 starb die Studentin Anneliese Michel im fränkischen Klingenberg, nachdem zwei Priester 67 Exorzismen praktiziert hatten. Erst 1999 änderte der Vatikan das Rituale Romanum, seitdem müssen zumindest Psychologen und Mediziner bei einer Teufelsaustreibung anwesend sein.

### 10.6.2 Einfluss der Tat auf den Kaufpreis des Grundstücks

Zurück zum sachlichen Hintergrund wäre nun zu klären, inwieweit ein solcher Vorfall einen Einfluss auf den Kaufpreis des Hauses oder der Nachbarhäuser hat.

Handelt es sich hier um ein Spukhaus? Haust ein Dämon in dem Gebäude, vor dem die Käufer Angst haben? Oder werden die meisten Käufer denken, dass die Familie das Problem war und das Haus ohne Wertabschlag kaufen? Das Haus selbst ist bei den Ereignissen nicht zu Schaden gekommen. Das verstreute Granulat und die im Wok verbrannten Mobiltelefone dürften keine baulichen Schäden zur Folge haben.

Die Recherche der Verfasserin hat ergeben, dass das Haus vier Jahre nach der Tat zu einem marktüblichen Preis verkauft wurde. Auch die Gebäude in der Nachbarschaft haben keine Wertminderung bei Verkäufen in den Folgejahren erfahren.

*Abb. 10.6: Bewertungsobjekt Doppelhaushälfte*

Was kann daraus geschlossen werden?

Vielleicht hat die Tatsache, dass der Exorzismus und der qualvolle Tod der Frau nicht in dem Einfamilienhaus stattfanden, dazu beigetragen, dass es keinen Wertabschlag gab. Es ist sicher auch davon auszugehen, dass in Gegenden wie dem Rhein-Main-Gebiet Wertabschläge wegen Spukhäusern eher unüblich sind. Die hohe Nachfrage in der Gegend und die doch eher rational denkenden Käufer, was das Thema Spukhäuser angeht, dürften den hohen Kaufpreis begründen (*Kapitel 9.2.2.9*). Hätte der Exorzismus in dem Haus stattgefunden, sähe es sicherlich anders aus. Es wäre zu überlegen, welchen Nachteil auch die Nachbarn dadurch gehabt hätten, dass aufgrund der medialen Aufmerksamkeit ständig Schaulustige zu dem Haus pilgerten.

### 10.6.3 Einfluss auf das Hotel

Die Presse hatte mehrfach über den Fall berichtet. Noch heute kann man sich diverse „True-Crime-Podcasts" über den Fall anhören. Dabei wurde nicht nur das Hotel benannt, sondern auch die Zimmernummer des Zimmers, in dem der Exorzismus stattfand.

Derzeit wird das Hotel saniert und erweitert. Aus einem Zeitungsartikel[91] geht hervor, dass die komplette Inneneinrichtung des Hotels auf einer Online-Auktionsplattform versteigert wurde. Inwieweit der Vorfall in den Jahren direkt danach einen Einfluss auf die Zimmerwahl hatte, ist nicht bekannt.

## 10.7 Kannibalismus

### 10.7.1 Tathergang

Der „Kannibale" suchte über das Internet per Kontaktanzeige Menschen, die bereit waren, sich als Kannibalismusopfer zur Verfügung zu stellen.[92] Im Februar 2001 hatte er sein Opfer gefunden. Nach Aussage des Kannibalen äußerte das Opfer den Wunsch, seinen Penis abzutrennen und diesen zusammen mit dem Kannibalen zu verspeisen.

Am 9.3.2001 trafen sich der Kannibale und das Opfer am Bahnhof und fuhren zusammen zum Haus des Kannibalen. Dieser gab nachher an, dass das Opfer in die Tat einwilligte und auch mit der anschließenden Tötung einverstanden war.

In einem Interview stellt der Kannibale den Ablauf wie folgt dar:

Nach der Abtrennung des Körperteils ließ er das Opfer auf dessen Willen hin ausbluten und tötete es anschließend mit einem Stich in den Hals. Danach zerlegte er die Leiche und fror Fleischstücke für den späteren Verzehr ein. Die Vorgänge wurden vom Kannibalen gefilmt und dokumentiert.

Psychiater, die den Kannibalen nach der Tat untersuchten, vermuteten, er habe die Identität seines Opfers annehmen und mit diesem „verschmelzen" wollen.

91 Frankfurter Rundschau, 22.10.2021.
92 Wikipedia: Artikel o. J., de.wikipedia.org.

*Abb. 10.7: Brennendes Bewertungsobjekt, Gutshaus des Kannibalen*
*Quelle: TVnews-Hessen, Archiv*

Aufgrund eines Hinweises eines Studenten, der auf die Kontaktanzeige des Kannibalen im Internet aufmerksam geworden war, kam es am 10.12.2002 zu einer Hausdurchsuchung, bei der sich der Kannibale stellte und ein vollständiges Geständnis ablegte.

Im Dezember 2003 wurde der Täter wegen Mordes angeklagt. Die Verteidigung erklärte, der Angeklagte habe nicht aus sexuellen Motiven getötet. Er sei von seinem zwanghaften Verlangen nach Menschenfleisch getrieben worden. Das Opfer selbst habe unter einer „extremen Form von Masochismus und nicht mehr kontrollierbaren Selbstvernichtungsfantasien" gelitten.

Am 30.1.2004 wurde der Kannibale wegen Totschlags zu achteinhalb Jahren Freiheitsstrafe verurteilt.

Der Bundesgerichtshof hob am 22.4.2005 das Urteil auf. In der Folge wurde er im Jahr 2006 zu einer lebenslangen Freiheitsstrafe wegen Mordes und Störung der Totenruhe verurteilt, die das Verzehren einer Leiche nach Auffassung des Gerichtes darstellte.

### 10.7.2 Einfluss der Tat auf den Kaufpreis des Grundstücks

Der Kannibale lebte bis zum Tod seiner Mutter zusammen mit dieser in dem Gebäude, in dem die Tat stattfand. Es handelte sich um dasHerrenhaus eines ehemaligen Gutshofes im ländlichen Gebiet.

Zum Tatzeitpunkt war die Mutter bereits verstorben. Seit der Verhaftung des Kannibalen im Jahr 2002 stand das Haus bis zu seinem Untergang im Jahr 2023 leer.

Seit 2002 kam es immer wieder zu Bränden und Vandalismus durch Schaulustige und Einbrecher. Aufgrund des medialen Ausmaßes kamen Besuchergruppen aus dem In- und Ausland zu dem Tatort. Sie fotografierten sich vor dem Gebäude oder dem Auto des Kannibalen. Als „Lost Place" und vor dem Hintergrund dieser unfassbaren und gruseligen Tat strahlte das Grundstück eine morbide Faszination und damit einhergehende Anziehungskraft auf die Menschen aus.

Insbesondere die Anwohner litten unter diesen Vorkommnissen. Immer wieder riefen sie die Feuerwehr und Polizei wegen Einbrüchen und Bränden. Im Jahr 2007 entdeckten Nachbarn ein Feuer auf dem Grundstück. Damals brannte eine Gartenhütte ab. Das 20 m entfernt liegende Wohnhaus blieb bei diesem Brand unversehrt.[93]

*Abb. 10.8: Abgebranntes Bewertungsobjekt, Gutshaus des Kannibalen*
*Quelle: TVnews-Hessen, Archiv*

Im gleichen Jahr erschien das Haus in der Ausgabe des Staatsanzeigers für das Land Hessen vom 23.7. unter „Amtliche Bekanntmachungen". Der Verkehrswert war dort mit 74.500,00 € angegeben. Die Information über die besondere Geschichte des Hauses wurde nicht kommuniziert. Das Verfahren zur Zwangsversteigerung wurde kurz darauf wieder eingestellt.[94] Die Gründe sind nicht bekannt.

Mit der Zeit geriet das Haus in einen desolaten Zustand und galt als einsturzgefährdet. In der Nacht vom 16. auf den 17.4.2023 kam es in dem leerstehenden Haus wieder zu einem Feuer. Bei Eintreffen der Feuerwehr hatte sich das Feuer schon so weit ausgebreitet, dass diese es nur noch kontrolliert abbrennen lassen konnte. Der Sachschaden wurde auf einen unteren sechsstelligen Bereich geschätzt. Die Brandursache ist unklar, die Polizei schloss Brandstiftung nicht aus.

Das Grundstück ist weiterhin in Besitz des Kannibalen.

Wie genau diese Geschehnisse den Verkehrswert beeinflussen, ist nicht differenziert darstellbar. Klar ist, dass ein solches besonderes und medial aufgearbeitetes Verbrechen große Aufmerksamkeit bekommt und es oftmals zu Sensationstourismus und damit einhergehendem Vandalismus kommt. Nicht selten werden diese Objekte komplett zerstört oder bewusst zurückgebaut. Somit ist der Gebäudewert i.d.R. nicht mehr vorhanden. Inwieweit das Grundstück noch einen Wert erfährt, ist schwer zu beurteilen. In vielen Fällen ist es nicht denkbar, dass hier ein neues Gebäude errichtet wird.

---

93 Rheinische Post online: Polizei ermittelt – Brand auf „Kannibalen"-Grundstück, 11.5.2007, https://rp-online.de/panorama/deutschland/brand-auf-kannibalen-grundstueck_aid-10990499, abgerufen am 17.4.2025.

94 faz, 7.8.2017, abgerufen am 17.4.2025.

# 10.8 Gefangenschaft im Keller

## 10.8.1 Tathergang

Im „Horrorhaus von A." hielt ein Mann seine zu Beginn der Tat 18-jährige Tochter 24 Jahre in einem Kellerverlies als Sklavin gefangen. Er missbrauchte und vergewaltigte sie und zeugte mit ihr sieben Kinder. 1988 wurde das erste „Inzest-Baby", wie es in der Presse hieß, im Verlies geboren. Ein Baby starb nach der Geburt, drei Kinder adoptierte der Mann. Den Behörden sagte er, die offiziell vermisste Tochter habe sie ihm nachts vor die Tür gelegt. Die drei anderen Kinder mussten im Keller-Verlies aufwachsen. Als eines der Kinder krank wurde und ins Krankenhaus kam, fiel das Verbrechen auf. Der Mann wurde im Jahr 2008 verhaftet und zu einer lebenslangen Haft verurteilt.

*Abb. 10.9: Kellerabgang, Ort der Gefangenschaft (Beispielfoto)*

*Abb. 10.10: Ort der Gefangenschaft (Beispielfoto)*

## 10.8.2 Einfluss der Tat auf den Kaufpreis des Hauses

Lange Zeit nach der Verhaftung des Täters war die Zukunft des Hauses ungewiss. Man befürchtete, das Grundstück könnte Schaulustige anziehen und zu Sensationstourismus führen. Im Jahr 2013, also fünf Jahre nach der Festnahme des Täters, wurde der Keller zubetoniert.

Ein Geschäftsmann kaufte im Jahr 2016 das Grundstück für 160.000,00 € und baute das Haus um. Es entstanden mehrere kleinere Appartements, die der Mann möbliert an Angestellte aus seinen Gaststätten und seiner Bar vermietete.

Inwieweit der Kaufpreis reduziert wurde, ist unbekannt. Interessant ist, dass das Unbehagen offensichtlich so groß war, dass der Keller zubetoniert und damit unzugänglich gemacht wurde. Als ob man symbolisch die „Monster der Vergangenheit" oder das Böse im Keller einsperren wollte, damit es nicht ans Tageslicht kommt.

Auch hier wurde die Immobilie zur Vermietung erworben. Damit ist das emotionale Problem mit den Geschehnissen nicht so hoch zu bewerten, wie es bei der Nutzung als Einfamilienhaus der Fall wäre. Möglicherweise wäre die Immobilie als Einfamilienhaus in dieser Gegend nicht verkäuflich gewesen.

## 10.9 Plutonium in der Wohnung

### 10.9.1 Tathergang

Im Jahre 2000 hatte ein Mitarbeiter eines Unternehmens widerrechtlich Plutonium aus einer Wiederaufbereitungsanlage, in der er tätig war, entwendet. Der Täter verbrachte aus der Anlage ein Röhrchen und ein Wischtuch mit radioaktiven Rückständen in seine Wohnung, die er gemietet hatte. Dadurch wurde die Wohnung in starkem Umfang kontaminiert, die Lebensgefährtin des Täters und deren Tochter erlitten erhebliche Gesundheitsschäden. Als die zuständigen Behörden hiervon Anfang Juli 2001 erfuhren, wurde die Wohnung versiegelt. Mit Bescheid aus September 2001 erließ die Struktur- und Genehmigungsdirektion gegenüber dem Kläger eine Verfügung zur Duldung der Dekontamination der Wohnung und aller damit verbundenen Maßnahmen. Nach Durchführung der Dekontamination und Freigabe der Wohnung im September 2002 befand sich die Wohnung im Rohbauzustand. Der Vermieter ließ daraufhin eine vollständige Renovierung durchführen, nachdem er zuvor einen Kostenvoranschlag einer Firma eingeholt hatte. Zum Wertermittlungsstichtag ist die Wohnung vollständig renoviert.

Der Täter wurde vom Landgericht K. wegen gefährlicher Körperverletzung und des unerlaubten Umgangs mit radioaktiven Stoffen rechtskräftig zu einer Freiheitsstrafe von viereinhalb Jahren verurteilt. Bei der Strafzumessung berücksichtigte das Landgericht zugunsten des Täters, dass er keine ernsthaften Kontrollen überwinden musste.

Die Strafkammer stellte fest, dass der Täter zu einem nicht mehr feststellbaren Zeitpunkt Ende 1999 beschloss, radioaktives Material aus dem Rohrkanal herauszuschmuggeln. Zu diesem Zweck entnahm er aus dem „Rohrkanal" zunächst eine Wischprobe, die er auf die ihm durch Beobachtung der Strahlenschutzarbeiter angelernte Weise mit den entsprechenden Gerätschaften (Geigerzähler) auswertete. Auf diese Weise verschaffte er sich einen groben Überblick darüber, wie stark die im Rohrkanal befindlichen Stäube kontaminiert waren. Ein Strahlenschutzarbeiter beobachtete den Täter dabei, rügte ihn, dass er zur Ausmessung von Wischtests nicht befugt sei, ließ den Vorfall dann aber auf sich beruhen.

Zu einem nicht mehr feststellbaren Zeitpunkt im Oktober 2000 wischte der Täter mit zwei aus der Anlage stammenden, im Kontrollbereich überall ausliegenden Wischtüchern den im „Rohrkanal" eingesetzten Staubsauger aus, wobei er nach seinen Erfahrungen mit dem zuvor ausgemessenen Wischtest mit einer stärkeren radioaktiven Belastung dieser aufgewischten Staubteile rechnete.

Diese Wischtücher wickelte der Täter in einem unbeobachteten Moment in mehrere andere Wischtücher ein, um die Radioaktivität weitestgehend abzuschirmen. Sodann legte er das Paket neben die Ausgangstür des Rohrkanals und ließ sich vom diensthabenden Strahlenschutzarbeiter den Fremdluftanzug ausziehen und die Atemgeräte abnehmen. Als der Strahlenschutzarbeiter die Gerätschaften ablegte und sich einem anderen Arbeiter zuwandte, nahm der Täter das Papierpäckchen wieder auf, steckte es in die Hosentasche seines Overalls und begab sich durch die beiden Luftschleusen zum dortigen Ganzkörpermonitor.

Er schaffte es, das kontaminierte Material ohne große Hindernisse nach seiner Schicht mit nach Hause zu nehmen, wo er es in seiner Wohnung in einen Zierkaminofen legte.

Etwa zwei bis drei Wochen später, jedenfalls noch im Oktober 2000, nahm der Täter im Rohrkanal ein verschlossenes Reagenzröhrchen an sich, in dem sich einige Tropfen Flüssigkeit befanden. Der Täter rechnete damit, dass diese Flüssigkeit ebenfalls radioaktiv war und in gleichem Umfang Radioaktivität abstrahlte wie die ein bis zwei Wochen vorher aus der Anlage geschafften Wischtücher. Tatsächlich war die Radioaktivität dieser Flüssigkeit jedoch schwächer.

Dieses Röhrchen steckte der Täter in zwei umgestülpte Schutzhandschuhe und schaffte es auf die bereits beschriebene Weise aus der Anlage in seine Wohnung, wo er es ebenfalls in dem Zierkaminofen deponierte.

### 10.9.2 Einfluss auf den Kaufpreis

Im Rahmen des Prozesses gegen den Täter ging es u.a. um die Ermittlung des merkantilen Minderwerts für die Wohnung, in der der Täter die radioaktive Substanz gelagert hatte.

In der Folge wurde die Wohnung versiegelt und dekontaminiert. Die Wohnung befand sich am Tag der Freimessung im September 2022 im Rohbauzustand, da alle kontaminierten Materialien des Innenausbaus zurückgebaut werden mussten. Nun klagte der Hauseigentümer gegen das Forschungszentrum sowie gegen die Wiederaufbereitungsanlage auf Schadensersatz. Der ehemalige Mieter war mittlerweile zu einer Gefängnisstrafe verurteilt worden. Der Beweisbeschluss war dahingehend gefasst worden, dass nun nachzuweisen war, ob ein merkantiler Minderwert in Höhe von 20 % vom unbelasteten Verkehrswert nach Sanierung der Wohnung für das Mehrfamilienwohnhaus bestünde. Das entsprechende Gutachten bestätigte den Minderwert in Höhe von 20 % *(Kapitel 5.7)*.

## 10.10 Das Auto des Papstes

### 10.10.1 Beschreibung der Historie

Ein 21-jähriger Zivildienstleistender hatte einen metallic-grauen Golf mit Erstzulassung 1999 und 75.000 km Fahrleistung für 9.500,00 € gekauft.[95] Der Gebrauchtwagen verfügte den Angaben zufolge über ein handgeschaltetes Getriebe, elektrische Fensterheber, Katalysator,

95 Spiegel Netzwelt: Ratzingers Golf brachte knapp 190.000 Euro, 6.5.2005, https://www.spiegel.de/netzwelt/web/online-auktion-ratzingers-golf-brachte-knapp-190-000-euro-a-354745.html.

Klima-Anlage und Leichtmetallfelgen. Das Auto gehörte zuvor einem gewissen Kardinal Ratzinger.

Nach der Papstwahl im Jahr 2005 entschloss sich der junge Mann, das Auto des nun berühmten Vorbesitzers zu verkaufen. Als Beweis für den berühmten Vorbesitzer hatte er bei der Internet-Versteigerungsplattform den Fahrzeugbrief eingescannt. Als erster und letzter bekannter Fahrzeughalter stand dort „Josef Kardinal Ratzinger" eingetragen. Zudem scannte er einen Werkstattzettel ein, auf dem das Kennzeichen „CD 140 XG" und die Adresse „Citta del Vaticano" angegeben waren.

Das Auto wurde für rd. 189.000,00 € verkauft.

Im Jahr 2013, also acht Jahre nach der Papstwahl, sollte der Golf abermals verkauft werden. Nun war der Boom offensichtlich abgeklungen. So schreibt die *Welt*[96]: „Der ehemalige VW-Golf Joseph Ratzingers hat auf der Internetplattform keinen kaufkräftigen Käufer mehr gefunden. Trotz der 81 Gebote wurde die Mindestsumme zum Angebotsende am Wochenende nicht erreicht. Das höchste Gebot lag bei 14.300 Pfund, also rund 16.500 Euro."

### 10.10.2 Konklusion für die Wertermittlung

Ein Auto mit einem Wert von 9.500,00 € erfährt eine Wertsteigerung von 1.889 %. Der Wert erhöht sich um das 20-Fache nur aufgrund der Information, dass sein Vorbesitzer der Papst war. Hier handelt es sich eindeutig um einen merkantilen Mehrwert. Das Auto ist das gleiche geblieben mit seinem Alter, Baujahr, Kilometerstand und Ausstattung, aber die Berühmtheit des Vorbesitzers hat den Wert so enorm und vollkommen irrational erhöht.

Zur viel diskutierten Frage der Übertragbarkeit des merkantilen Minder-/Mehrwerts von Kraftfahrzeugen auf Immobilien kann dieses Beispiel als Beweis genommen werden, dass eine Übertragbarkeit auf Immobilien gegeben ist, denn das gleiche Szenario ist auch für eine Immobilientransaktion denkbar.

## 10.11 Villa eines Fußballstars

### 10.11.1 Historie

Ein Fußballstar, und Nationalspieler wollte nach seinem Ausstieg aus einem bayrischen Verein seine Villa im Jahr 2021 verkaufen.

Medienberichten[97] zufolge war ein Kaufpreis von 11,5 Mio. € aufgerufen. Die Villa liegt in einer exklusiven Gemeinde im Landkreis München. Der Profifußballer lebte dort seit 2016. Damals hatte er angeblich 7 Mio. € für das Anwesen bezahlt.

Die Bauhausvilla verfügt über rd. 500 m² Wohnfläche mit 1.800 m² Grundstück. In dem Haus soll es unter anderem ein Kino, einen Whirlpool, einen Wellness- und Fitnessbereich, eine Sauna sowie einen Pool geben. Erbaut wurde sie im Jahr 2008.

96 Welt: Verkäufer bleibt auf Papst-Golf sitzen, 4.3.2013, https://www.welt.de/motor/article160307834/Verkaeufer-bleibt-auf-Papst-Golf-sitzen.html.

97 Süddeutsche Zeitung, 15.4.2022.

*Abb. 10.11: Luxusvilla von Profifußballer*

### 10.11.2 Einfluss der Historie auf die Zukunft des Grundstücks

Nach seinem Vertragsende bei dem bayrischen Verein im Sommer 2021 war der Fußballer eine Zeit lang auf der Suche nach einem neuen Käufer. Obwohl der Immobilienmarkt in 2021 noch sehr gut aussah, konnte das Grundstück zu dem aufgerufenen Preis nicht verkauft werden. Knapp zwei Jahre hatte er versucht, das Grundstück zu verkaufen, am Ende stand es laut Medienberichten über vier Monate[98] leer.

Verkauft wurde es nicht, aber seit September 2023 ist das Anwesen an einen anderen Profifußballer vermietet.

Das Beispiel zeigt, dass es nicht immer so ist, dass es zu einem merkantilen Minderwert kommt, nur weil ein Prominenter in einer Immobilie wohnte. Üblicherweise wohnen Prominente auch in angesehenen Vierteln, wie das im vorliegenden Beispiel auch der Fall war. Somit ist diese Exklusivität üblicherweise bereits im Bodenrichtwert abgebildet. Hier konnte die Villa sogar in einer für Immobilienverkäufe einfachen Marktlage nicht verkauft werden. Die Gründe hierfür sind schwer zu recherchieren. Vielleicht war die Großbaustelle in der Nachbarschaft abschreckend, vielleicht war der Preis zu hoch angesetzt oder die Vermarktung schlecht.

Deutlich wird nur, dass die Villa eben nicht nur allein aufgrund des prominenten Besitzers einen höheren Verkaufswert erzielt hat.

## 10.12 Goebbels Villa

### 10.12.1 Historie

Der Waldhof am Bogensee ist der ehemalige Landsitz von NS-Propagandaminister Joseph Goebbels etwa 200 m nordwestlich des Bogensees in Wandlitz, Landkreis Barnim. 1939 ließ er das dreiflügelige Gebäude, den Waldhof, errichten. Das Grundstück wurde ihm zuvor von

98 t-online, München, aktualisiert am 26.3.2025.

der Stadt Berlin geschenkt. Goebbels verkaufte das Gebäude 1942 an die *Cautio Treuhand GmbH*, nutzte es aber weiterhin.

Das Hauptgebäude mit Walmdach und Natursteinsockel hatte eine Grundfläche von 1.600 m² und 30 Privaträume, 40 Dienstzimmer, einen 100 m² großen Filmsaal und 60 Telefone. Dazu kamen ein Wirtschaftsgebäude und ein Gästehaus mit Besprechungszimmer, in dem auch SS-Wachmannschaften untergebracht waren. Im Jahr 1944 erhielt die Anlage wegen der zunehmenden Luftangriffe auf Berlin und die Umgebung einen Hausbunker. Das Landhaus war mit einem eigenen Wasserwerk, einem Klärwerk, einer Klimaanlage, einem Kino, nach unten versenkbaren Fenstern und einem Zimmer mit zwei Kaminen ausgestattet. Goebbels empfing dort Prominente aus Künstlerkreisen und aus der Politik.

Nach dem Ende der NS-Diktatur nutzten die Alliierten das Gelände kurzzeitig als Lazarett. 1946 übergaben die Sowjets dann das Gelände der Freien Deutschen Jugend (FDJ), die dort eine Jugendhochschule gründete.[99]

Der Waldhof gehört der Stadt Berlin. Als Teil der Gesamtanlage *Jugendhochschule „Wilhelm Pieck" & Goebbels-Landsitz „Waldhof"* stehen heute das Wohnhaus, ein Gästehaus, Wach- und Wirtschaftsgebäude sowie drei Bunker unter Denkmalschutz. Sie zählen zum Wohnplatz Bogensee.

Seit 2000 wird das Grundstück größtenteils nicht mehr genutzt. In einem der Nebengebäude befand sich 2024 noch die Waldschule Bogensee.

Im Mai 2024 bot der Berliner Finanzsenator an, das Gelände zu verschenken, da der Aufwand für Sicherung und Unterhalt in die Millionen gehen würde. Er kündigte an, die Gebäude notfalls abreißen zu lassen.[100]

## 10.12.2 Einfluss der Historie auf die Zukunft des Grundstücks

Derzeit ist das Grundstück überwiegend ungenutzt und zerfällt zusehends. Die Unterhaltungskosten sind erheblich. Daher denkt die Stadt Berlin über einen Abriss und eine Renaturierung des Geländes nach. Das stößt auf Widerspruch seitens der Denkmalpflege in Brandenburg. Auch wird diskutiert, ob man solche geschichtlichen Zeugnisse einfach vernichten darf.

Daher wird seit geraumer Zeit wieder verstärkt über Nutzungsideen für das 17 Hektar große Areal diskutiert. Über Verschenken oder Verkauf an private Investoren wird nachgedacht. Dies wiederum birgt die Gefahr, dass rechte Ideologen das Gelände in ihren Besitz bringen könnten. In der Vergangenheit gab es bereits Kaufversuche aus der Richtung des „Reichsbürger-Milieus".

99 Süddeutsche Zeitung: Goebbels-Villa: Bogensee-Areal: Denkmalpflege gegen mögliche Renaturierung, 3.5.2024, https://www.sueddeutsche.de/kultur/goebbels-villa-bogensee-areal-denkmalpflege-gegen-moegliche-renaturierung-dpa.urn-newsml-dpa-com-20090101-240503-99-902916.

100 Wikipedia: Waldhof am Bogensee, 2015, https://de.wikipedia.org/wiki/Waldhof_am_Bogensee.

*Abb. 10.12: Villa von Goebbels*
*Quelle: Olaf Tausch, eigenes Werk, lizensiert unter CC BY 3.0*

Laut einem Bericht von *ntv*[101]

> „[...] will die Gemeinde Wandlitz, auf deren Gebiet das Gelände am Bogensee liegt, jetzt nach eigenen Angaben einen Antrag auf Fördergeld aus dem Programm ‚Nationale Projekte des Städtebaus' stellen. Dabei geht es in diesem Jahr um Vorhaben, die vor allem die Demokratiebildung fördern sollen. Dafür sei das Gelände genau der richtige Ort, sagte der Bürgermeister. Er nannte nach einer bislang vorsichtigen Schätzung eine Summe von 500.000 bis 600.000 Euro an benötigten Fördermitteln. [...]"

Die Gemeinde will nun ein Konzept für eine Weiternutzung entwickeln. Diskutiert werden in diesem Zusammenhang eine Nutzung als ein „Zentrum für Resilienzforschung für die Demokratie", Hochschul-Campus, Reha-Klinik, Hotelnutzung oder für eine Bundesbehörde.

## 10.13 Die Rote Reihe

### 10.13.1 Historie

In dem Gebäude in der „Roten Reihe 4" in Hannover wohnte der Massenmörder Fritz Haarmann in einer kleinen Dachgeschosswohnung.

Friedrich „Fritz" Heinrich Karl Haarmann wurde am 25.10.1879 in Hannover geboren und wurde am 15.4.1925 dort hingerichtet. Er war ein Serienmörder, der 24 junge Männer im Alter von zehn bis 22 Jahren tötete. Er wurde auch *„Der Vampir"*, *„Der Schlächter"*, *„Der Kannibale"* und *„Der Werwolf von Hannover"* genannt.

In dieser Dachgeschosswohnung tötete Haarmann mindestens 24 junge Männer und Jugendliche. Im sexuellen Rausch biss er ihnen die Kehle durch. Danach zerstückelte er sie und verbrannte die Leichenteile in seiner Wohnung, teilweise warf er sie in den Fluss, wo sie dann auch gefunden wurden.

101 NTV: Senator will Goebbels-Villa verschenken – Bürgermeister empört, 4.5.2024, https://www.n-tv.de/politik/Senator-will-Goebbels-Villa-verschenken-Buergermeister-empoert-article24920275.html.

Die Taten geschahen in den Jahren 1918 bis 1924, die Opfer waren herumziehende, durch den Ersten Weltkrieg und die Nachkriegsunruhen entwurzelte junge Männer. Die Polizei versagte lange bei den Ermittlungen, nach der Festnahme erpresste sie ein Geständnis mit Foltermethoden. Haarmann wurde zum Tode verurteilt und 1925 im damaligen Gerichtsgefängnis, etwa im Bereich des heutigen Raschplatz-Pavillons, mit dem Fallbeil hingerichtet.

### 10.13.2 Einfluss des Verbrechens auf das Haus

Das Haus, in dem einer der berüchtigtsten Verbrecher des 20. Jahrhunderts lebte, existiert heute nicht mehr. Es wurde im Krieg vollständig zerstört. Interessanterweise wurde das Grundstück nicht mehr bebaut, obwohl es sich in einer sehr gefragten Lage in der Innenstadt von Hannover befindet. Inwieweit dies mit den Ereignissen aus der Vergangenheit zu tun hat, ist nicht klar.

## 10.14 Geburtshaus von Hitler

### 10.14.1 Historie

Das Geburtshaus von Hitler befindet sich in der Salzburger Vorstadt Braunau am Inn in Österreich. Hitler lebte hier etwa drei Jahre. Manche Historiker glauben, dass er im Hinterhaus geboren wurde, welches bereits abgerissen wurde.

Das Gebäude aus dem 19. Jahrhundert steht noch heute. Lange Zeit unterhielt die Lebenshilfe eine Werkstatt für Menschen mit Beeinträchtigung. Seit 1972 war das Gebäude vom Innenministerium gemietet worden. Seit 2011 steht es nun leer.

### 10.14.2 Einfluss der Historie auf die Zukunft des Grundstücks

Wie auch bei der Goebbels-Villa gibt es bei dem Geburtshaus von Hitler das Problem, dass der Ort zum Anziehungspunkt für Rechtsextreme aus ganz Europa wird. Ähnlich wie bei Häusern, in denen Gewaltverbrechen stattgefunden haben, kommt es auch hier zu einem Sensationstourismus.

Der zukünftige Umgang mit Hitlers Geburtshaus wurde auch unter Experten diskutiert. Es herrschte auch hier Uneinigkeit, ob das Haus abgerissen werden oder ob darin ein Bildungszentrum entstehen sollte, wie etwa die Initiative „Haus der Verantwortung/House of Responsibility" forderte.

Nach einem Artikel der *Zeit*[102] haben sich Politiker und eine Expertenkommission über die künftige Nutzung des Geburtshauses von Adolf Hitler verständigt. Demnach wird das Gebäude ab Herbst 2023 zur Polizeistation umgebaut werden. Zusätzlich sollen auf Empfehlung der zuständigen Expertenkommission in dem Haus künftig Menschenrechtsschulungen für Polizeibeamte stattfinden. 2025 soll der Umbau des Gebäudes abgeschlossen sein, 2026 die Polizeistation und das Bezirkspolizeikommando einziehen.

102 *Schlitt, A.-L.*: Adolf Hitlers Geburtshaus wird Polizeistation und Schulungszentrum, Zeit online, 25.5.2023, https://www.zeit.de/gesellschaft/2023-05/adolf-hitler-geburtshaus-braunau-umnutzung-polizeistation-schulungszentrum-menschenrechte.

Mit der Nutzung des Hauses als Polizeidienststelle sei eine adäquate Nutzung gefunden, „um der moralischen, politischen und rechtlichen Verantwortung gerecht zu werden", sagten Historiker. Ein Abriss oder die Schaffung einer Gedenkstätte kamen für die Mitglieder der Expertenkommission nicht infrage.

*Abb. 10.13: Geburtshaus von Hitler*
*Quelle: Thomas Leld, eigenes Werk, lizensiert unter CY-BY-SA 3.0*

## 10.15 Zusammenfassung

Dieses Kapitel zeigt, dass es neben fachgerecht beseitigten Baumängeln und Bauschäden auch andere Geschehnisse gibt, die sogar viele Jahre nach dem Ereignis bzw. der Schadensbeseitigung zu Werteinflüssen führen können. Entgegen vereinzelten vorherrschenden Meinungen, die besagen, dass der Käufermarkt überwiegend rational handelt, beweist dieses Kapitel, dass dies zumindest im Einfamilienhausmarkt nicht der Fall ist.

Gebäude, in denen gravierende Verbrechen stattfanden, waren in den meisten Fällen noch Jahre nach der Tat nicht verkäuflich, standen lange Zeit leer und wurden in vielen Fällen sogar am Ende zerstört oder abgerissen. Nicht selten kam es zu Sensationstourismus, der auch die benachbarten Grundstücke beeinträchtigte. Über viele Taten wurden Filme gedreht, Bücher geschrieben oder True-Crime-Podcasts erstellt. Diese mediale Verwertung des Tatbestands führt dazu, dass die Ereignisse noch länger in Erinnerung bleiben und das Gebäude zu einer Sehenswürdigkeit machen. Somit sind diese Objekte zwar einerseits stigmatisiert, sodass es eine große Kaufabneigung gibt, andererseits werden sie aufgrund der Faszination und Sensationsgier der Menschen zu Touristenattraktionen.

Interessant war auch die Untersuchung der von historischen Ereignissen geprägten Immobilien wie die Goebbels-Villa oder das Geburtshaus von Hitler. Hier tut man sich i.d.R. schwer mit der Festlegung der Nutzung. Während die einen der Meinung sind, dass solche Häuser abgerissen werden müssen, vertreten andere den Standpunkt, dass man gerade aus historischen Gründen hier ein Mahnmal oder eine besondere Nutzung manifestieren sollte. Einen gewissen Markt gibt es für diese Häuser auch, der insbesondere in der rechten Szene zu finden ist. Das wiederum macht diese Objekte schwer verkäuflich.

Wenn also eine intakte Bausubstanz zurückgebaut wird oder ganze Keller zubetoniert werden, nur aufgrund der Tatsache, dass in der Vergangenheit in diesen Räumen Verbrechen stattgefunden haben, dann hat das wenig mit rationalen Überlegungen, sondern mehr mit Emotionen der Marktteilnehmer zu tun.

Auffallend ist, dass der Verkauf solcher Objekte i.d.R. dann stattfindet, wenn eine künftige Vermietung geplant ist. Das weist darauf hin, dass der Renditemarkt weniger emotional ist. Wenn man selbst nicht darin wohnt, kann man das Ereignis gelassener betrachten. Hinzu kommt, dass anders als beim Kauf bei einer Vermietung keine Offenbarungspflicht besteht.

# 11 Expertenbefragung

## 11.1 Inhalt

*Kropp*[103] bezeichnet die Expertenbefragung in seiner Dissertation als „intersubjektiven Preisvergleich", der eine freie Schätzung von ansonsten nicht fassbaren Wertunterschieden zwischen Wertermittlungsobjekt und Vergleichsobjekt durch Sachverständige mit speziellen Marktkenntnissen und Erfahrungen darstellt.

Eine Expertenbefragung wird immer dann angewendet, wenn nicht ausreichend Marktdaten zur Beantwortung einer bewertungstechnischen Fragestellung zur Verfügung stehen. Neben der Näherungsmethode ist sie ein beliebtes Werkzeug, um sich Informationsgrundlagen zur Entscheidungsfindung in einer Bewertungsaufgabe zu beschaffen.

Dabei formuliert der Sachverständige seine Bewertungsaufgabe oder den Beweisbeschluss und versendet diesen an Kollegen. Diese beschäftigen sich mit dem Thema und senden ihre Einschätzung an den Initiator der Umfrage zurück, der diese dann auswertet und in seinem Gutachten darstellt.

## 11.2 Vorgehensweise

Bei der Wahl der richtigen Vorgehensweise stellen sich schon die ersten Fragen:

- Wer soll befragt werden?
- Wie viele Personen müssen befragt werden bzw. wie viele Rückläufe sind erforderlich?
- Aus welcher Gegend sollen die Befragten kommen?
- Wie detailliert muss das Problem beschrieben werden?
- Sollten Wertspannen vorgegeben werden?

## 11.3 Beispiele für Expertenbefragungen

### 11.3.1 Adam

Wie unter *Kapitel 5.7* beschrieben, hatten *Adam, Schubert und Sputek*[104] im Jahr 2012 in ihrem Fachartikel „Bewertung eines merkantilen Minderwerts aufgrund ehemaliger radioaktiver Verstrahlung" über die von ihnen durchgeführte Expertenbefragung berichtet.

Dabei ging es um die Bewertung eines Mehrfamilienwohnhauses, welches aufgrund von Lagerung von radioaktiven Substanzen kontaminiert war. Nach Sanierung des Gebäudes sollte der merkantile Minderwert ermittelt werden. Konkret war die Frage zu klären, ob ein merkantiler Minderwert in Höhe von 20 % vom unbelasteten Verkehrswert nach Sanierung der Wohnung für das Mehrfamilienwohnhaus bestünde.

---

103 *Kropp, S. A.*: Hochwasserrisiko und Immobilienwerte, Diss., München 2016.

104 *Adam, B./ Schubert, E./ Sputek, A.*: Bewertung eines merkantilen Minderwerts aufgrund ehemaliger radioaktiver Verstrahlung, GuG – Grundstücksmarkt und Grundstückswert, 2012, Heft 1, S. 4 bis 12.

Im Oktober 2008 befragten die Sachverständigen 170 Marktteilnehmer. Die Befragten setzten sich aus Sachverständigen, Maklern, Gutachterausschüssen, Projektentwicklern, privaten und institutionellen Investoren zusammen. Die Abfrage erfolgte unter Zuhilfenahme eines standardisierten Fragebogens. Es erfolgten 100 Rückläufe, welche ausgewertet wurden.

Demnach würden 59 % der Teilnehmer keine Kaufempfehlung für das Objekt aussprechen. 41 % der Teilnehmer würden trotz ehemaliger radioaktiver Belastung eine Kaufempfehlung aussprechen, 93 % von diesen würden aber einen Wertabschlag durchsetzen.

Im Freitextteil des Fragebogens war erkennbar, dass es eine große Unsicherheit bzgl. der Freimessung unter den Teilnehmern gab. Es wurde die Sorge beschrieben, dass es künftig möglicherweise bessere Messverfahren geben könnte und diese dann doch noch eine Restkontamination messen könnten. Auch gab es die Sorge, dass radioaktive Strahlung nie vollkommen zu entfernen wäre. Trotz der nicht mehr messbaren Radioaktivität hielten es 23 % der Befragten weiterhin für möglich, dass Radioaktivität im Gebäude zurückgeblieben sei und ein Gesundheitsrisiko darstelle.

Aus der Auswertung ging hervor, dass die überwiegende Zahl der Befragten einen merkantilen Minderwert sieht, sodass also für den Verkauf des Objekts nur ein eingeschränkter Käuferkreis vorhanden ist. Somit ist der Werteinfluss stark von der Lage des Objekts abhängig, denn in Abhängigkeit von dieser gestaltet sich die Dauer des Objekts am Markt. In nachfrageschwachen Gegenden dürfte es lange dauern, den kleinen Kreis an Kaufinteressenten zu finden, die keine Sorge vor Restkontamination haben. Dauert die Suche zu lange, wird der Preis reduziert.

Die Höhe der Reduktion aufgrund des merkantilen Minderwerts wurde von den Befragten auf 3 bis 50 % geschätzt, das arithmetische Mittel lag bei 20 %, der Median bei 18 %.

Eine zusätzlich durchgeführte Näherungsmethode auf Basis der von den Beteiligten benannten Sorgen bestätigte einen merkantilen Minderwert in Höhe von 20 % des unbelasteten Verkehrswerts.

Wie bereits unter *Kapitel 5.7* beschrieben, ist die Vorgehensweise insgesamt plausibel. Auch wenn Expertenbefragungen inhaltlich fragwürdig sind, hat diese zumindest die Erkenntnis gebracht, welche Sorgen und Gedanken die Befragten umtreiben, wenn sie über den Kauf einer solchen ehemals kontaminierten Wohnung nachdenken.

## 11.3.2 Dippold

*Dippold*[105] beschäftigt sich in seinem Beitrag in der GuG aus dem Jahr 2021 mit der methodischen Vorgehensweise bei der Ermittlung des merkantilen Minderwerts.

Er ermittelt exemplarisch einen merkantilen Minderwert mit Hilfe einer Näherungsmethode in Form einer Bewertungsmatrix und plausibilisiert das Ergebnis mit einer Expertenbefragung.

Im Beispiel geht es um einen Neubau eines Mehrfamilienwohnhauses, bei dem die Fugen zwischen den Sichtbetonfertigteilen unterschiedliche Tiefen aufwiesen. Es bestand die Gefahr, dass Regenwasser in die Fugen eintritt und dauerhaft zu Feuchteschäden führt. Zur

105 *Dippold, R.*: Methodische Vorgehensweise bei der Ermittlung des merkantilen Minderwertes, GuG – Grundstücksmarkt und Grundstückswert, 2021, Heft 4, S. 232 bis 240.

Nachbesserung wurden die Fugen mit einem Dichtstoff verschlossen. Die Kosten beliefen sich auf rd. 150.000,00 €. Der Verkehrswert des mangelfreien Objekts betrug 5 Mio. €.

Die Bewertungsmatrix führt zu einem merkantilen Minderwert 6,24 %. Dabei darf angemerkt werden, dass die Darstellung des merkantilen Minderwerts auf zwei Stellen nach dem Komma eine Genauigkeit suggeriert, die tatsächlich auf Basis der groben Schätzungen nicht vorhanden ist.

Um dieses Ergebnis zu stützen, führte er eine Expertenbefragung durch. Die Befragten wurden in einem zwanzigminütigen Vorgespräch über den Fall in Kenntnis gesetzt. *Dippold* erhielt 15 Rückläufe. Die Ergebnisse reichten von 2,5 bis 25 %. Die Antwort mit den 25 % wurde als Ausreißer deklariert und nicht gewertet. Der Mittelwert ergibt sich zu 6,8 % und bestätigt damit die zuvor ermittelten 6,24 %.

Wie bereits in *Kapitel 5.14* beschrieben, ist die Expertenbefragung kritisch zu betrachten. Hier erfolgte im Vorfeld ein Gespräch mit den Beteiligten. Durch das Gespräch wurden sie umfänglich informiert. Es ist aber nicht ganz auszuschließen, dass sie während des Gesprächs durch die persönlichen Schilderungen in ihrer Meinung bereits beeinflusst wurden. Das kann unbewusst durch bestimmte Formulierungen oder vorgegebene Wertspannen geschehen. Auch ist nicht transparent, ob alle Adressaten genau die gleichen Informationen erhalten hatten.

Hier stellt sich insbesondere die Frage, inwieweit die Expertenbefragung eine Plausibilisierung darstellen kann, da sie sehr vage und steuerbar ist. Auch spielen die Adressaten eine große Rolle. Hier wurden überwiegend Sachverständige zu Rate gezogen. Ist es nicht gerade das Problem, dass die Sachverständigen keine Idee haben, wie man den merkantilen Minderwert ermitteln kann? Wie kann dann eine Umfrage unter Sachverständigen ein marktkonformes Ergebnis liefern? Sollte man dann nicht besser den Markt und nicht Kollegen befragen, was sie glauben, wie der Markt reagiert?

## 11.4 Rechtsprechung

Expertenbefragungen sind in der Rechtsprechung akzeptiert. Der Bundesgerichtshof hat die Expertenbefragung als zuverlässiges Verfahren zur Abschätzung des merkantilen Minderwerts anerkannt. Um ein valides Ergebnis zu erhalten, sollten folgende Punkte beachtet werden:

- hohe Anzahl von Rückläufen der Fragbögen,
- unabhängige Befragungen,
- Mittelung oder statistische Auswertung der Ergebnisse,
- nachvollziehbare Darstellung der Vorgehensweise,
- Begründung des Ergebnisses.

Wichtig dabei ist, dass die Vorgehensweise nachvollziehbar und das Ergebnis begründet ist. Im Fall des Kammergerichts Berlin[106] hatte ein Bauherr von seinen Architekten und Statikern

106 KG Berlin, Urt. v. 4.4.2014 – 21 U 18/13.

Schadensersatz wegen vielfältiger Risse im Innen- und Außenbereich an zwei baugleichen Mehrfamilienhäusern verlangt. Neben Mietausfall und restlichen Nachbesserungskosten macht er einen merkantilen Minderwert von 150.000,00 € geltend. Das Kammergericht (KG) hatte die Klage wegen des merkantilen Minderwerts zunächst abgewiesen, da sich die Höhe des Minderwerts nicht ermitteln lasse. Das Kammergericht weist die Klage zunächst ab.

Der Bundesgerichtshof[107] bemängelt, dass der Sachverständige seine Schätzwerte nicht erläutert habe. Die Durchführung einer Expertenbefragung sei grundsätzlich ein Weg zur Ermittlung des merkantilen Minderwerts, aber die Befragung der Gesprächsteilnehmer in 10- bis 15-minütigen Telefongesprächen seien nicht nachvollziehbar. Die Streubreite der Rückläufe von 5 bis 30 % würde zeigen, dass hier nur ein „Bauchgefühl" angefragt wurde. Es fehle an der Berücksichtigung des grundsätzlichen Grundstückmarktes am Wertermittlungsstichtag.

Der BGH hält die Begründung des Kammergerichts, dass sich ein solcher Minderwert nicht ermitteln lasse, für falsch und macht konkrete Vorgaben dazu, wie ein Minderwert zu ermitteln ist. In dem an das Kammergericht zurückgewiesenen Verfahren stellt der Sachverständige dann nach Befragung von 15 ihm bekannten Maklern, Sachverständigen für Grundstücksbewertung, Bauträgern und Projektentwicklern einen Minderwert von 10 % des Ertragswerts des Objekts in Höhe von 1,8 Mio. € fest. Da der dortige Betrag über dem verlangten Betrag liegt, wurde die Wertminderung in Höhe des verlangten Betrags von 150.000,00 € zugesprochen.

Interessant in diesem Zusammenhang ist auch die Darstellung des Kammergerichts Berlin in einem anderen Fall[108], in dem es um sanierte Risse aufgrund von Bauarbeiten auf dem Nachbargrundstück geht. Hier sieht das Gericht von einem Hinzuziehen eines Sachverständigen ab und schätzt den merkantilen Minderwert nach § 287 ZPO mit unter anderem folgender Begründung *(Kapitel 6.3.8)*:

> „[...] Abgesehen davon, dass dieses wenig praktikabel und schwer realisierbar erscheint, geht der Senat nicht davon aus, dass er damit einer ‚objektiven' Wahrheit näher kommen würde. Denn die Antworten der befragten Personen würden letztlich auch nur ‚aus dem Bauch heraus' gegeben, da es keine Grundlagen gibt, die eine ‚objektive' Berechnung des merkantilen Minderwerts ermöglichen. Denn da der Mangel repariert ist, handelt es sich auch nur um den ‚gefühlten' Minderwert des Objekts, wegen einer ‚gefühlten' Unsicherheit in Bezug auf dessen Mangelfreiheit auch in Zukunft. Lediglich diese auf der Grundlage von Gefühlen geäußerten Meinungsäußerungen würden dann in ein Gutachten einfließen und die Grundlage die Ermittlung des merkantilen Minderwertes sein. [...]"

Das Kammergericht stellt somit fest, dass eine Expertenbefragung schlussendlich nur ein Zusammentragen von „Bauchgefühlen" der Sachverständigen ist und nicht das tatsächliche Marktverhalten darstellt.

107 BGH, Urt. v. 6.12.2012 – VII ZR 84/10.
108 KG Berlin, Urt. v. 21.11.2016 – 20 U 109/14.

## 11.5 Kritik

Die Ergebnisse von Expertenbefragungen sind sehr kritisch zu bewerten. In Hinblick auf die formale Vorgehensweise wird klar, dass diese einige Stellschrauben bzgl. des Ergebnisses beinhaltet:

- Adressaten der Befragung

Zuerst stellt sich die Frage, an wen die Umfrage gesendet werden soll. Vorzugsweise sollte ein breites Publikum angesprochen werden. Richtet sich die Umfrage ausschließlich an Sachverständige, entsteht ein sehr einseitiges Bild, das das Ergebnis dahingehend verfälschen könnte, dass es nur einen Teil des Marktes widerspiegelt.

- Qualifikation bzw. Kenntnisstand der Befragten bzgl. des Themas der Umfrage

Allerdings ist das Ergebnis der Umfrage erheblich von der Qualifikation der Befragten abhängig. Sachverständige sehen den Sachverhalt aus einem anderen Blickwinkel als potenzielle Käufer, Makler oder Bauträger. Bauträger kennen sich i.d.R. nur in dem von ihnen angebotenen Immobilienmarkt aus. Sie sind auf eine Immobilienart spezialisiert und ausschließlich im Erstverkaufsmarkt tätig. Makler kennen üblicherweise einen begrenzten Kaufinteressentenkreis in ihrer Umgebung. Sie sind zwar nah am Markt, da sie die Reaktionen ihrer Kunden hautnah miterleben, verfügen aber i.d.R. nicht über die gleichen Fachkenntnisse wie Sachverständige. Daher besteht die Gefahr, dass diffizile Beweisbeschlüsse, bei denen es um differenzierte Definitionen von Fachtermini geht, nicht ausreichend erkannt werden.

Die Sachverständigen hingegen sind fachtechnisch versiert. Sie kennen i.d.R den Markt, in dem sie tätig sind. Umfragen haben allerdings ergeben, dass Sachverständige den Markt bzw. die Auswirkungen von Baumängeln und Bauschäden auf den Verkehrswert weniger gravierend einschätzen, als es potenzielle Käufer tun. Was für einen Sachverständigen eine Bagatelle ist, kann einen Laien abschrecken.

- Einzugsgebiet der Befragten

Neben der Qualifikation kann auch das Einzugsgebiet einen Einfluss auf das Ergebnis der Umfrage haben. In Abhängigkeit von der Beweisfrage ist zu entscheiden, aus welchem Einzugsgebiet die Sachverständigen befragt werden sollten. Geht es um lokale Marktkenntnisse, wird es sinnvoll sein, auch nur Kollegen aus dem Umfeld zu befragen. Geht es um spezifische Fachfragen, z.B. den merkantilen Minderwert, könnte es hilfreich sein, Kollegen zu befragen, die sich mit dem Thema beschäftigt haben.

- Anzahl der Befragten

Es bietet sich daher an, die Expertenbefragung an ein breites Publikum zu richten, auch wenn dabei die Gefahr besteht, ein heterogenes Ergebnis zu erhalten. Wichtig ist, dass viele Personen befragt werden, um ein breites Bild zu erhalten. Nur so kann eine valide statistische Auswertung erfolgen. In der Rechtsprechung allerdings gibt es keine Vorgaben, wie viele Personen zu befragen sind.

- Formulierung der Aufgabenstellung

Die Umfrage sollte in jedem Fall schriftlich erfolgen. Bei einer mündlichen Befragung könnten die Befragten beeinflusst werden und es fehlt im Nachgang an einer Dokumentation zur Vorlage bei Gericht.[109]

Auch die Art der Fragestellung kann die Antworten beeinflussen. Einerseits müssen die Fragen für alle Befragten verständlich und nicht zu umfangreich sein, damit die Motivation an der Teilnahme nicht schwindet. Zum anderen müssen sie den Beweisschluss abbilden. Keinesfalls dürfen Suggestivfragen gestellt werden. Darüber hinaus muss die Vertraulichkeit gewahrt bleiben. Somit wird schnell klar, dass allein die Formulierung des Problems nicht ganz einfach ist. Es bietet sich an, den Wortlaut des Beweisbeschlusses ganzheitlich zu übernehmen, um späteren Einwänden bzgl. der Fragestellung entgegenzuwirken.

- Umfang des Fragebogens

Die Erfahrung hat gezeigt, dass Fragebögen, die sehr umfangreich sind, oftmals nicht bis zum Ende bearbeitet werden. Sie sollten somit so kurz und präzise wie möglich gehalten werden. Das macht es wiederum schwierig, den Sachverhalt so detailliert wie nötig zu beschreiben. Weiter ist zu bedenken, dass die Befragten sich im Rahmen einer Expertenbefragung erfahrungsgemäß bei Weitem nicht so intensiv mit dem Sachverhalt auseinandersetzen wie der beauftragte Sachverständige. Es besteht die Gefahr, dass die Aufgabenstellung nicht richtig erkannt wird. Häufig wird dabei die Fragestellung nur oberflächlich betrachtet und oftmals entsprechen die Antworten einer allgemein üblichen Ansicht.

- Suggestivfragen

Insbesondere bei der Verwendung des Konjunktivs wird der Befragte beeinflusst. Wenn man etwas fragt wie „könnte es sein ...", wird die Antwort i.d.R. „ja" sein. Möglich ist vieles. Aber ist das wirklich die Frage, die es zu klären gilt? Auch die Angabe von Wertspannen kann ein Ergebnis suggerieren. Ein Experiment hat gezeigt, dass Befragte beim gleichem Sachverhalt, aber unterschiedlicher Angabe von Spannen andere Antworten lieferten. So könnte die Frage lauten: „Wie hoch schätzen Sie den merkantilen Minderwert in einer Spanne zwischen 0 und 5 %?" Die wenigsten Befragten werden dann 7 % angeben. Unterstellen Sie eine Spanne von 0 bis 20 %, wird das Ergebnis anders aussehen. Da wir Sachverständigen i.d.R keine psychologische Ausbildung haben, sollten wir vorsichtig sein bei solchen Umfragen. Möglicherweise wird etwas suggeriert oder vorgegeben, was nicht beabsichtigt war und dann einen Einfluss auf das Umfrageergebnis hat.

Zusammenfassend ist festzustellen, dass es nicht einleuchtend ist, warum davon auszugehen ist, dass Kollegen den Markt besser einschätzen können sollen als der Sachverständige selbst. Auch sie haben mit großer Wahrscheinlichkeit keinerlei Auswertungen oder tiefer gehende Kenntnisse zum Marktverhalten. Was macht sie somit zu „Experten"? Wenn wir Experten auf dem Gebiet wären und den Markt kennen würden, dann müssten wir keine Umfrage durchführen. Diese entsteht ja gerade, weil keine Marktdaten vorliegen und die Sachverständigen nicht wissen, wie sich der Markt bzgl. des merkantilen Minderwerts verhält.

109 BGH, Urt. v. 6.12.2012 – VII ZR 84/10.

Schwierig ist auch der Umgang mit dem Ergebnis der Umfrage. Eine breite Umfrage mit verschiedenen Adressaten birgt die Gefahr, dass Einzelnen ggf. die Expertise bzgl. der Fragestellung fehlt. Weiter wurde ausgeführt, wie schwierig es ist, die Fragen richtig und ohne Beeinflussung zu formulieren.

Nach Empfang der Rückläufe der Befragung ist festzulegen, wie mit den Ergebnissen umgegangen werden soll.

Sind sich die Befragten nicht einig, wird es für den Sachverständigen schwierig, seinen Standpunkt im Gutachten zu erläutern. Er muss es auch darstellen, wenn z.B. 50 % der Befragten eine andere Meinung haben als er. Dann wird es schwierig zu argumentieren, warum ausgerechnet seine Meinung die richtige sein sollte.

Hat die Mehrheit der Befragten eine andere Meinung als der Verfasser des Gutachtens, muss der Gutachter neben den Argumenten, die seinen Ansatz begründen, auch noch darstellen, warum seine Einschätzung entgegen der Mehrheit als richtig zu bewerten ist.

Im besten Fall sind alle Befragten der gleichen Meinung wie der Initiator. Dann kann mit gutem Gewissen im Gutachten formuliert werden „100 % der Befragten Experten sind der Meinung, dass ..." Das klingt zunächst überzeugend. Die Beweisfrage war aber sicher nicht, wie die Sachverständigen glauben, wie der Markt reagiert, sondern wie der Markt tatsächlich reagiert. Eine hundertprozentige Übereinstimmung der Befragten zeigt zunächst nur, dass sich diese in der Sichtweise des Problems einig sind. Dies wiederum könnte bedeuten, dass die Frage so formuliert war, dass sie dieses Ergebnis forcierte.

Damit wird deutlich, dass eine Expertenbefragung immer angreifbar und schwierig zu verteidigen ist. Ob es sich bei dem Ergebnis der Expertenbefragung um eine realistische Einschätzung des Marktverhaltens handelt, bleibt zu bezweifeln.

Um das Verhalten des Marktes darzustellen, muss unweigerlich der Markt untersucht werden. Dies sollte primär auf Basis von tatsächlichen Kaufpreisen erfolgen. Wenn das nicht möglich ist, können auch hier Umfragen erfolgen. Diese sollten aber an den Markt direkt, also an die Käufer und Verkäufer, gerichtet sein und nicht an Sachverständige.

# 12 Näherungsmethode nach Unglaube

## 12.1 Einleitung

In dem vorangegangenen *Kapitel 5* wurden die Ideen zur Ermittlung des merkantilen Minderwerts aus der Vergangenheit beschrieben und kritisch beleuchtet. Bei vielen Bewertungsansätzen fehlte der Marktbezug, bei einigen kam es zu Überschneidungen der Einflusskriterien. Viele hatten gute Ansätze. Aber es ist festzustellen, dass es bisher keine validen Untersuchungen gibt, um ein irrationales rein von Gefühlen bestimmtes Handeln der Marktteilnehmer zu verifizieren. Aus diesem Grund bestehen die meisten der vorgestellten Vorgehensweisen zur Ermittlung des merkantilen Minderwerts aus Varianten von Näherungsmethoden. Als Ausgangsbasis wurden zum einen Einflusskriterien und zum andern eine Wertspanne für den merkantilen Minderwert festgelegt.

Bei der Wahl der Einflusskriterien ist darauf zu achten, dass sich diese nicht überschneiden. Es dürfen keine Doppelberücksichtigungen entstehen. Bei der Gewichtung der Einflusskriterien ist eine tiefergehende Marktkenntnis notwendig. Es muss abgewogen werden, welches Kriterium in dem jeweiligen Bewertungsfall für den Käufer den größten Ausschlag gibt.

Die Wertspanne, in der sich der merkantile Minderwert bewegt, wurde in der Vergangenheit in der Literatur oftmals zwischen 0 und 15 %, manchmal auch zwischen 0 und 5 % und selten zwischen 0 und 20 % angegeben. Einen wirklichen Marktbezug oder eine differenzierte Erläuterung gab es dazu nicht.

Um den Anforderungen der marktgerechten Bewertung, wie es die ImmoWertV fordert, gerecht zu werden, hat die Autorin die bisherigen Näherungsmethoden modifiziert und erweitert.

## 12.2 Bewertungsmatrix

Die im Folgenden beschriebene Näherungsmethode ist an sich keine Innovation. Sie basiert auf der Zielbaummethode von *Aurenhammer und Kamphausen (Kapitel 3)* und wurde bereits von *Vogel* und später von *Thees* und einigen anderen Kollegen *(Kapitel 5)* für die Ermittlung des merkantilen Minderwerts eingesetzt. Wie in den vorherigen Kapiteln beschrieben, gab es einige Schwachstellen in der Verwendung. Bei beiden Vorgehensweisen wurde der fehlende Marktbezug sowie die Überschneidungen der Einzelkriterien kritisiert. Die von *Thees* gewählte Spanne für den merkantilen Minderwert wurde nicht erläutert.

Zur Vermeidung von Überschneidungen, wobei man zugegebenermaßen diese nie vollständig ausschließen kann, wurden bei der folgenden Vorgehensweise die Anzahl der Einzelkriterien so niedrig wie möglich gehalten. *Thees* hatte zehn Kriterien vorgeschlagen. Im folgenden Verfahren wurden die Kriterien auf sechs reduziert.

Zur Gewährleistung des wichtigsten Kriteriums, des Marktbezugs, wird die Spanne für den merkantilen Minderwert entsprechend den Untersuchungen von *Unglaube*[110] zum Einfluss von tatsächlich vorhandenen Baumängeln und Bauschäden auf den Verkehrswert zugrunde

110 *Unglaube, D.*: Baumängel und Bauschäden in der Wertermittlung, 2. Aufl., Reguvis, Köln 2024.

gelegt. Dem folgt die These, dass der Markt für beseitigte Mängel und Schäden keinen größeren Abschlag machen kann als für am Wertermittlungsstichtag vorhandene.

Die zweite Prämisse, die dem Verfahren zugrunde liegt, ist die Annahme, dass fachgerecht beseitigte Baumängel und Bauschäden nach Ablauf von fünf Jahren keinen merkantilen Minderwert mehr generieren können. Diese basiert auf der Untersuchung des Instituts für Bauforschung[111], wonach die Wahrscheinlichkeit des Wiedereintritts von Baumängeln und Bauschäden nach fünf Jahren nach Schadensbeseitigung extrem gering ist.

Zusammenfassend basiert die Methode nach *Unglaube* auf folgenden Annahmen:

- Der merkantile Minderwert infolge beseitigter Baumängel und Bauschäden kann maximal so hoch sein wie der Abschlag für vorhandene Baumängel und Bauschäden
- Ab einer Zeitdauer von fünf Jahren nach Schadensbeseitigung ist mit einem Wiedereintritt der Bauschäden nicht zu rechnen

Die Bewertungsmatrix besteht aus vier Hauptspalten und zehn Zeilen. Die obersten sechs Zeilen stellen die Einzelkriterien dar. Die unteren vier Zeilen beinhalten die Voraussetzungen aus den Gerichtsurteilen gemäß der Definition des merkantilen Minderwerts.

Die Einzelkriterien stellen K.-o.-Kriterien, also Ausschlusskriterien, dar. Aus diesem Grund müssen diese alle zutreffend sein, damit ein merkantiler Minderwert gegeben sein kann. Wenn eines der Kriterien nicht erfüllt ist, dann gibt es keinen merkantilen Minderwert.

Bei den juristischen Definitionen reicht es, wenn eine Definition zutrifft, damit ein merkantiler Minderwert vorhanden sein kann. Trifft keine Definition zu, kann es sich nicht um einen merkantilen Minderwert handeln.

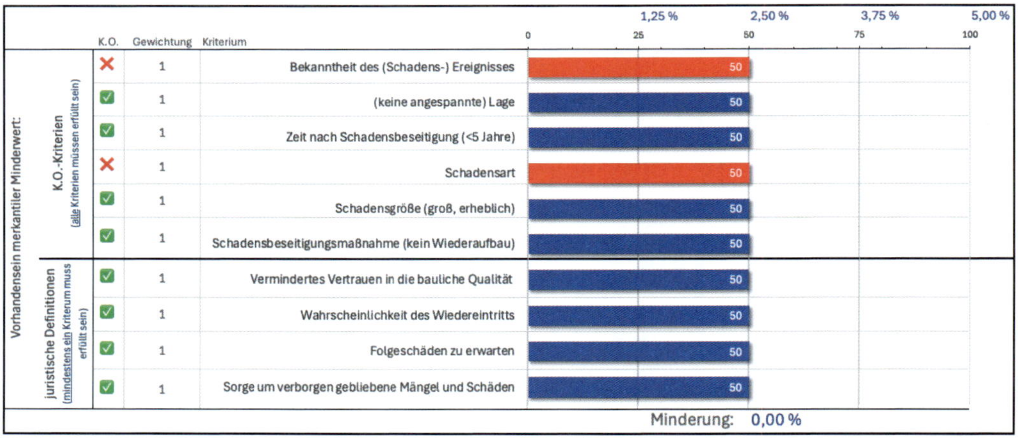


*Abb. 12.1: Bewertungsmatrix zur Einschätzung des merkantilen Minderwerts*

---

111 *Oswald, R.*: Daten über Schäden an Gebäuden, Untersuchung zur zeitlichen Verteilung des Auftretens von Bauschäden – Schlussfolgerung für technisch begründete Gewährleistungsfristen, AiBau Forschungsbericht 1986/1989;
*Böhmer, H./ Simon, J./ Helmbrecht, H.*: Untersuchung der Erforderlichkeit einer Verlängerung der Verjährungsfrist für Mängelansprüche bei Bauwerken, Forschungsbericht Institut für Bauforschung e.V., 2016.

In der ersten Spalte erfolgt somit die Prüfung, ob es sich um ein K.-o.-Kriterium handelt (Kreuz) oder ob das Kriterium zutreffend ist (Haken). Die Gewichtung der Kriterien erfolgt in der zweiten Spalte. Hier kann das Ausmaß des Kriteriums frei geschätzt werden. Am Ende muss dementsprechend durch die Summe der verteilten Punkte in Spalte 2 dividiert werden. Üblicherweise werden die Punkte zwischen 0 und 3 liegen. In Spalte drei sind die vorbeschriebenen Einzelkriterien und juristischen Kriterien aufgelistet. In der letzten Spalte ist die Spanne des merkantilen Minderwerts in Abhängigkeit vom Einfluss der tatsächlichen Schäden dargestellt. Sie beginnt bei 0 % und geht bis 100 %, wobei 100 % dem mittleren Einfluss von tatsächlich vorhandenen Schäden entspricht. Es erfolgt eine Abstufung in 25, 50 und 75 %. Anhand eines „Schiebereglers" kann in dieser Spalte das jeweilige Kriterium bewertet werden. Sollten alle Einflusskriterien mit 100 % bewertet werden, entspräche der merkantile Minderwert dem mittleren Einfluss vorhandener Schäden. Es würde demnach keinen Unterschied machen, ob der Schaden beseitigt oder noch vorhanden wäre.

Zur richtigen Bewertung der Einzelkriterien ist es wichtig, deren genauen Umfang zu verstehen.

### Bekanntheit des (Schadens-)Ereignisses

Dieses Kriterium ist in zweierlei Hinsicht zu interpretieren. Zum einen geht es um den Ruf des Gebäudes. Der Bekanntheitsgrad ist als hoch einzustufen, wenn das Gebäude z.B. mediale Bekanntheit erlangt hatte oder gar einen Ruf oder ein Stigma erhalten hat, wie z.B. „das Horrorhaus von ", „das Spukhaus von". Gleiches gilt auch bei massiven Schäden, über die in der Presse berichtet wurde.

Zum anderen kann der Bekanntheitsgrad auch als hoch eingestuft werden, wenn davon auszugehen ist, dass jeder Käufer über das Ereignis oder die ehemaligen Schäden informiert wird. Dies ist der Fall, wenn die Schäden wesentlich waren oder davon auszugehen ist, dass die Information darüber den Käufer in seiner Entscheidung beeinflussen würde *(Kapitel 4.3)*.

Ein K.-o.-Kriterium liegt vor, wenn das Ereignis oder der Schaden unbekannt sind. Wenn der Käufer keine Kenntnis von dem ehemaligen Schaden hat, kann er darauf auch nicht reagieren und somit keine Wertminderung einpreisen. Die Bewertung würde demnach bei 0 % liegen, bei einer hohen Bekanntheit entsprechend bei 100 %.

### Lage

Mit der Lage ist die Lage im Ballungsgebiet, im Randgebiet oder im ländlichen Gebiet gemeint. Das Kriterium zielt somit insbesondere auf die Nachfragesituation ab. Auch kann hier die Lage innerhalb der Bodenrichtwertzone mit hineinspielen. Bei großen Bodenrichtwertzonen kann die Lage auch innerhalb der Zone unterschiedlich bewertet werden. Eine Feldrandlage könnte z.B. einen höheren Wert haben als eine Lage an einer stark befahrenen Straße. Es ist insgesamt zu bewerten, ob das Grundstück in einer nachfragestarken, mittleren oder nachfrageschwachen Gegend liegt. Ein extrem angespannter Markt stellt i.d.R. ein K.-o.-Kriterium dar. Der Markt macht bei vorhandenen Mängeln und Schäden quasi keinen Abschlag, dann wird es erst recht keinen Abschlag für beseitigte Schäden geben. Inwieweit das auch für schreckliche Ereignisse gilt, ist im Einzelfall zu prüfen. Grundsätzlich gilt bei nachfragestarken Gegenden, dass die Zeitdauer, bis die Minderheit, die mit dem ehemaligen Schaden oder Ereignis kein Problem hat, auf dem Markt gefunden ist, so gering ist, dass ein Einfluss auf den Kaufpreis nicht darstellbar ist. Demnach würde für Ballungsgebiete eher ein geringer Prozentsatz oder gar 0 % angesetzt werden, für das Randgebiet gegebenenfalls 50 % und für das ländliche Gebiet 100 %.

#### Zeitdauer nach Schadensbeseitigung

Hier wird unterstellt, dass Schäden, die nach fünf Jahren nach Schadensbeseitigung nicht wieder aufgetreten sind, höchstwahrscheinlich auch danach nicht wieder auftreten. Somit wäre eine Zeitdauer nach Schadensbeseitigung, die länger als fünf Jahre beträgt, ein K.-o.-Kriterium. Dies gilt nicht für schreckliche Ereignisse wie Mord oder Massaker o.Ä. Hier muss die Zeitdauer im Einzelfall geschätzt und begründet werden *(Kapitel 9)*.

Sind die Mängel und Schäden am Wertermittlungsstichtag noch nicht beseitigt, muss eine fiktive Beseitigung unterstellt werden. Die Zeitdauer wäre damit maximal gering und der Einfluss damit am größten. Er würde dann mit 100 % angesetzt werden. Modellhaft wird hier ein linearer Verlauf der Wertminderung über die Zeit angenommen *(Kapitel 12.4)*.

#### Schadensart

Die Schadensart hat einen erheblichen Einfluss auf die Käuferreaktion. Es ist einfach vorstellbar, dass ein Käufer auf die Information eines ehemaligen Hausschwammbefalls intensiver reagiert als auf einen ehemaligen Riss. Die Untersuchung nach einzelnen Schadensarten durch *Unglaube* hat gezeigt, dass tierische und pflanzliche Schädlinge sowie Schimmelbefall die größten Einflüsse auf den Kaufpreis haben. Im Vordergrund stehen dabei die Sorge um die Gesundheit, Ekel und die Sorge über verborgen gebliebene Kontaminationen. Auch war zu beobachten, dass Schäden und Schadstoffe, die nicht sichtbar sind und ein hohes Risiko der gesundheitlichen Beeinträchtigung in sich bergen, die größten Wertabschläge verursachen (z.B. radioaktive Substanzen). Einbußen des Tragwerks und Brandschutzmängel werden vom Markt ebenfalls sehr sensibel bewertet.

Um einen merkantilen Minderwert zu generieren, müssen die Schäden erheblich gewesen sein, und zwar nicht nur in Bezug auf die Schadensbeseitigungskosten, sondern eben auch in Bezug auf die Käuferreaktion. Somit kann davon ausgegangen werden, dass Schädlinge jeglicher Art, Schimmelschäden und Schadstoffe zu merkantilen Minderungen führen können. Bei einem großen Einfluss auf den Verkehrswert wird dementsprechend ein hoher Prozentansatz gewählt. Der Ansatz kann hier nicht unter 75 % liegen, sonst wäre die Schadensart nicht besonders wertbeeinflussend.

#### Schadensgröße

Die Schadensgröße hat ebenfalls einen Einfluss auf die Marktreaktion. Um einen merkantilen Minderwert zu verursachen, müssen die Schäden so groß oder erheblich gewesen sein, dass sie auch nach Beseitigung noch „nachhallen" und deshalb die Sorge des Wiedereintritts besteht. Bei einem großen Einfluss auf den Verkehrswert wird dementsprechend ein hoher Prozentansatz gewählt. Der Ansatz kann hier nicht unter 75 % liegen, sonst wäre die Schadensgröße nicht groß oder erheblich.

**Schadensbeseitigungsmaßnahme**

Von besonderer Bedeutung ist auch die Art, wie der Schaden beseitigt wurde. Wenn ganze Bauteile wie Dächer und Wände oder Dachstühle neu errichtet wurden, dann ist es sehr wahrscheinlich, dass es keinen merkantilen Minderwert gibt. Das OLG Naumburg[112] entschied in einem Fall, dass bei der Herstellung einer komplett neuen Decke über einer Tiefgarage kein merkantiler Minderwert verbleibt. Bei der Einordnung der Auswirkungen der Schadensbeseitigungsmaßnahme muss auch berücksichtigt werden, ob die Maßnahme üblich ist und ob sie am Wertermittlungsstichtag noch sichtbar ist. Oftmals gibt es verschiedene Möglichkeiten der Schadensbeseitigung. Hier ist zu bewerten, wie schadensanfällig die gewählte Variante ist bzw. wie der Markt diese bewertet. Wenn ein Estrich durchfeuchtet wurde, dann kann er bspw. zurückgebaut oder durch Einblas- und Absaugverfahren getrocknet werden. Es ist klar, dass der Markt grundsätzlich den Austausch befürworten würde. Bei der Trocknung könnte der Verdacht verbleiben, dass nicht alle Bereiche von der Trocknung erfasst wurden.

Ist die Maßnahme sehr schadensanfällig, ist ein hoher Prozentsatz anzuwenden. Ist die Schadensbeseitigungsmaßnahme bewährt und als sicher einzustufen und wurde die Maßnahme durch Sachverständige begleitet und gut dokumentiert, wird hier eher ein geringer Prozentansatz anzusetzen sein.

Neben den vorgenannten Einflusskriterien gibt es in der Matrix noch die aus Gerichtsurteilen stammenden Voraussetzungen für das Vorhandensein eines merkantilen Minderwerts *(Kapitel 3.1)*:

- vermindertes Vertrauen in die bauliche Qualität,
- Wahrscheinlichkeit des Wiedereintritts,
- Befürchtung von Folgeschäden,
- Sorge um verborgen gebliebene Mängel und Schäden.

Bei allen diesen Kriterien ist der Prozentsatz in Abhängigkeit davon zu vergeben, wie stark dieses Argument zutrifft. Trifft es kaum zu, gilt ein geringer Prozentsatz, trifft er voll zu, dann sind 100 % anzusetzen.

***Hinweis:***

*Die in dem Schema blau markierten Werte über den Prozentangaben ergeben sich aus dem Maximalwert für den Wertabschlag. Hintergrund ist, wie bereits erläutert, die Annahme, dass der Wertabschlag für beseitigte Schäden maximal so hoch sein kann wie für vorhandene Schäden.*

*Als Maximalwert können somit die vollen Schadensbeseitigungskosten ins Verhältnis zum unbelasteten Verkehrswert gesetzt werden. Bei 50.000,00 € Schadensbeseitigungskosten und 650.000,00 € Verkehrswert beträgt der maximale Abschlag demnach 7,7 %. Mit diesem Wert als Eingangswert kann das Verfahren wie beschrieben angewendet werden.*

112 OLG Naumburg, Urt. v. 30.7.2021 – 2 U 41/19.

*Wenn als Eingangswert Erfahrungswerte zugrunde gelegt werden, muss unbedingt darauf geachtet werden, ob diese bereits unter Berücksichtigung einzelner der vorgenannten Kriterien ermittelt wurden. Wenn z.B. ein Erfahrungswert in Höhe von 5,5 % für große Schäden in Randgebieten eingesetzt wird, dann muss der „Schieberegler" für die Lage und für die Schadensgröße zwangsweise auf 100 % gesetzt werden, um eine Doppelberücksichtigung zu vermeiden.*

*Grundsätzlich ist zu prüfen, mit welchen Eingangswerten ins Verfahren gegangen wird. Üblicherweise wird eine Spanne zwischen null und dem mittleren Wertabschlag in der jeweiligen Lage und bei der jeweiligen Schadensgröße angesetzt. Bei sehr hohen Schadensbeseitigungskosten ist es möglicherweise passender, den maximalen Wertabschlag statt des mittleren Wertabschlags als Obergrenze der Spanne zu definieren.*

| | Schadensgröße | | | | | | | | | | | | | | |
|---|---|---|---|---|---|---|---|---|---|---|---|---|---|---|---|
| | klein | | | mittel | | | groß | | | erheblich | | | zusammen | | |
| **Jahre 2020-2023** | Anz. | Ø | Max. | Anz. | Ø | Max. | Anz. | Ø | Max. | Anz. | Ø | Max | Anz. | Ø | Max. |
| Allgemein (alle Lagen) | 563 | 0,6 % | 20,0 % | 227 | 1,5 % | 25,0 % | 101 | 5,4 % | 66,7 % | 47 | 6,3 % | 75,0 % | 940 | 1,3 % | 42,9 % |
| Ländliches Gebiet | 81 | 1,2 % | 26,0 % | 29 | 3,9 % | 21,7 % | 16 | 8,2 % | 45,0 % | 5 | 9,7 % | 48,4 % | 131 | 2,4 % | 32,6 % |
| Randgebiet | 285 | 0,6 % | 20,0 % | 119 | 1,5 % | 25,0 % | 64 | 5,5 % | 66,7 % | 22 | 9,3 % | 75,0 % | 492 | 1,5 % | 42,9 % |
| Ballungsgebiet | 196 | 0,3 % | 13,5 % | 79 | 0,7 % | 12,1 % | 21 | 3,1 % | 24,0 % | 20 | 2,2 % | 34,7 % | 317 | 0,6 % | 25,8 % |

*Abb. 12.2: Wertabschläge vom unbelasteten Verkehrswert nach Lage und Schadensgröße*[113]

**Vermindertes Vertrauen in die bauliche Qualität**

Bei zahlreichen bei der Abnahme auftretenden Mängeln wird zusätzlich zum technischen Minderwert eine merkantile Wertminderung geltend gemacht. Die Begründung lautet dann oftmals, der Käufer habe aufgrund des Mangels das Vertrauen in die bauliche Qualität des Gebäudes verloren. Tatsächlich soll hiermit der vermeintlich zu niedrig ermittelte technische Minderwert kompensiert werden.

Hier muss *Zöller* Recht gegeben werden, dass jede Immobilie nach Errichtung bereits einige Mangelbeseitigungen hinter sich hat, auch wenn diese möglicherweise vor der Abnahme stattfanden. Gebäude sind nun einmal im Gegensatz zu Autos individuell und überwiegend handgefertigte Objekte, sodass Mängel nicht auszuschließen sind. Also nur wegen des Auftretens eines Mangels das gesamte Vertrauen in die bauliche Qualität des Gebäudes zu verlieren, an dem bekanntermaßen mehrere Gewerke beteiligt sind, scheint doch sehr weit hergeholt. Diese Voraussetzung wird in den meisten Fällen nicht gegeben sein. Treten aber innerhalb kurzer Zeit mehrere schwerwiegende Mängel auf, dann kann es durchaus sein, dass der Markt verunsichert ist und sich fragt, was eigentlich „überhaupt sorgfältig ausgeführt" wurde oder ob am ganzen Gebäude „gepfuscht" wurde. In diesem Fall ist es nachvollziehbar und begründbar, dass das Vertrauen in die bauliche Qualität der Immobilie erschüttert ist.

**Wahrscheinlichkeit des Wiedereintritts**

Auch dieses Kriterium tritt nur bei speziellen Vorschäden auf. Wenn eine weiße Wanne mit Injektionen nachträglich abgedichtet wurde, dürfte wohl kaum die Sorge des Wiedereintritts des Schadens bestehen. Dieser entstand womöglich wegen einer unsachgerecht ausgeführ-

113 *Unglaube, D.*: Baumängel und Bauschäden in der Wertermittlung, 2. Aufl., Reguvis, Köln 2024.

ten Fuge. Warum sollte der Käufer nun Sorge haben, dass die Firma, die wahrscheinlich eine andere ist, als jene, die die Fugen herstellte, nun auch einen Ausführungsfehler begeht. Immer wenn die Schadensursache klar und eindeutig ist, besteht wenig Sorge vor einem Wiedereintritt. Anders sieht es aus, wenn alte Rohrleitungen wiederkehrende Leckagen aufwiesen und mehrfach „geflickt" wurden. Dann ist der Schaden nicht eindeutig greifbar und es besteht die Sorge, dass wieder eine Leckage auftritt. Grundsätzlich ist bei Reparaturen und Anarbeiten die Wahrscheinlichkeit eines Wiedereintritts des Schadens höher als in den Fällen, in denen Bauteile überwiegend ausgetauscht wurden, oder in Fällen, in denen es sich um eine konkrete und klar zu beseitigende Ursache handelte.

Wichtig ist, dass nicht jedem aufgetretenen Schaden nach Schadensbeseitigung grundsätzlich die Wahrscheinlichkeit des Wiedereintritts attestiert wird.

**Befürchtung von Folgeschäden**

Nicht jeder Schaden generiert eine Befürchtung von Folgeschäden. Hier muss im Einzelnen genau geschaut werden, ob der Markt (!) und nicht der Sachverständige sich wirklich Sorgen über Folgeschäden macht. Nachvollziehbar wäre dies z.B. bei einem durchnässten Estrich, der getrocknet wurde. Wenn die Trocknung nicht ausreichend war, dann könnte das zur Folge haben, dass die Restfeuchte später kapillar in den Wänden hochzieht. Bei nachträglichen Injektionen zur Herstellung einer Horizontalabdichtung ist die Sorge vor Folgeschäden eher unbegründet. Bei der Beseitigung von Hausschwammbefall wäre eher die Sorge von verborgen gebliebenem Befall das Hauptthema, nicht aber die Sorge vor Folgeschäden. Es muss also wie bei allen Kriterien der Einzelfall ganz genau betrachtet werden.

**Sorge um verborgen gebliebene Mängel und Schäden**

Wie zuvor erwähnt, wäre ein tierischer oder pflanzlicher Befall, insbesondere ein Hausschwammbefall, prädestiniert für die Sorge verborgen gebliebener Schäden. Auch ein Schimmelbefall würde dazu zählen. Hier geht es um die (irrationale) Sorge, dass etwas übersehen wurde und der Befall von Neuem startet oder noch an einer unentdeckten Stelle vorhanden ist. Auch dieses Kriterium darf nicht auf alle Fälle angewendet werden.

Allein die Tatsache, dass ein Mangel erkannt wurde, kann nicht automatisch zu der Sorge führen, dass andere Mängel verborgen blieben. Das suggeriert, dass ein Haus eine tickende Zeitbombe ist und grundsätzlich mehrere Mängel darin schlummern. Es würde bedeuten, dass, wenn ein Mangel zutage tritt, man davon ausgehen müsste, dass früher oder später auch noch andere zum Vorschein kommen. Das erscheint doch etwas paranoid und weniger marktgerecht.

In der folgenden Tabelle sind die Anforderungen an das Zutreffen der juristischen Definitionen zusammengefasst.

| | Schadensszenario | Anzahl der Schäden | Schadensart |
|---|---|---|---|
| Vermindertes Vertrauen in die bauliche Qualität | Mehre schwerwiegende Ereignisse in kurzer Zeit (z.B. Balkoneinsturz, Brandschutzmängel, Feuchteeindrang, etc.), auch unterschiedliche Ursachen (Planungsfehler, Ausführungsfehler etc.) | Mehrere schwerwiegende Schäden erforderlich | Alle |
| Wahrscheinlichkeit des Wiedereintritts | Kein Austausch von Bauteilen, sondern partielle Schadensbeseitigung | Ein Schaden ausreichend | Eher tierischer und pflanzlicher Befall, Schimmel |
| Befürchtung von Folgeschäden | z.B. Estrichtrocknung, partieller Austausch von Leitungen, Heißgasverfahren, Feuchteeindrang etc. | Ein Schaden ausreichend | Alle (bevorzugt Feuchteschäden und tierischer und pflanzlicher Befall) |
| Sorge um verborgen gebliebene Mängel und Schäden | Eher tierischer und pflanzlicher Befall, Schimmel, Feuchteeindrang | Ein Schaden ausreichend | Alle |

*Tab. 12.1: Bedingungen für das Zutreffen der juristischen Definitionen des merkantilen Minderwerts*

## 12.3 K.-o.-Kriterien

In *Kapitel 12.2* wurde bereits auf die Ausschlusskriterien als Voraussetzung für das Vorhandensein eines merkantilen Minderwerts eingegangen. In der folgenden Tabelle sind die K.-o.-Kriterien noch einmal kurz beschrieben und zur Übersicht zusammengefasst.

| Einflusskriterium | Ausschluss |
|---|---|
| Bekanntheit des Schadens | Wenn der Schaden unbekannt ist, kann der Markt nicht darauf reagieren und somit keinen Abschlag machen. |
| Lage | In nachfragestarken Gegenden gibt es i.d.R. keinen merkantilen Minderwert, da der Markt in diesen Gegenden schon kaum einen Abschlag für noch vorhandene Schäden macht. Auch wenn viele Käufer eine Abneigung haben, findet sich in Ballungsgebieten sehr schnell dieser reduzierte Käuferkreis, der mit dem (ehemaligen) Scha- |

| Einflusskriterium | Ausschluss |
|---|---|
| | den kein Problem hat, sodass es zu keiner Reduzierung des Kaufpreises kommt. |
| Zeitdauer nach Schadensbeseitigung | Die Höhe des merkantilen Minderwerts nimmt mit zunehmender Zeitdauer nach der Schadensbeseitigung ab. In diesem Modell werden fünf Jahre zugrunde gelegt. Somit kann argumentiert werden, dass bei einer Zeitdauer größer fünf Jahre nach Durchführung der Schadensbeseitigungsmaßnahmen kein merkantiler Minderwert mehr darstellbar ist, da die Wahrscheinlichkeit des Wiedereintritts des Schadens extrem gering ist. |
| Schadensart | Bei dem ehemaligen Schaden muss es sich um eine Schadensart handeln, auf die der Markt so stark reagiert, dass eine Sorge auch nach Beseitigung fortbesteht. Dies ist i.d.R. bei Feuchte, Schädlingen und Schimmel der Fall, aber auch Eingriffe in die Tragkonstruktion, Schadstoffe und Mängel beim Brandschutz können dazu zählen. Auch hier ist der Einzelfall zu bewerten. |
| Schadensgröße | Der Schaden muss groß oder erheblich gewesen sein. Kleine und mittlere Schäden bewirken keine solche Käuferreaktion, die auch nach Schadensbeseitigung verbleibt. |
| Schadensbeseitigungsmaßnahme | Wenn ein Gebäude oder Teile komplett zurückgebaut und neu wiederaufgebaut wurden, kann es keinen merkantilen Minderwert geben. So urteilte auch das OLG Naumburg. Allerdings ist das in Einzelfall genau zu betrachten und meistens nicht ganz so einfach abgrenzbar. Wenn bei einem Feuchteschaden im Keller z.B. der Estrich komplett zurückgebaut und wieder eingebaut wurde, kann es zunächst keine Sorge wegen der Restfeuchte im Estrich geben. Hieraus zu schließen, dass es per se keinen merkantilen Minderwert geben kann, wäre falsch. Wichtig ist insbesondere die Schadensursache und wie diese behoben wurde. Geschah dies mittels Injektionen, könnte eben doch noch eine Restsorge bestehen. Denn hier wurde die Wand nachgebessert und nicht komplett zurückgebaut und wiederaufgebaut. |

| Einflusskriterium | Ausschluss |
|---|---|
| Juristische Definitionen wie:<br>• vermindertes Vertrauen in die bauliche Qualität,<br>• Wahrscheinlichkeit des Wiedereintritts,<br>• Befürchtung von Folgeschäden,<br>• Sorge um verborgen gebliebene Mängel und Schäden. | In der Näherungsmethode wurde festgelegt, dass mindestens eines der Kriterien zutreffen muss. Hintergrund ist, dass dies Definitionen aus der Rechtsprechung zum merkantilen Minderwert darstellen. Wenn keine der Definitionen zutrifft, kann es sich auch nicht um einen merkantilen Minderwert handeln. |
| Noch nicht beseitigte Schäden | Die Frage, ob am Stichtag noch nicht beseitigte Schäden zu einem merkantilen Minderwert führen, muss nach den Ausführungen in *Kapitel 12.4* mit ja beantwortet werden. Demnach ist das Vorhandensein von Schäden am Wertermittlungsstichtag zunächst einmal kein K.-o.-Kriterium. |

*Tab. 12.2: Zusammenfassung der K.-o.-Kriterien*

## 12.4 Stichtagsproblematik

In *Kapitel 4.4* wurde bereits auf das Thema der Stichtagsproblematik eingegangen. Es geht dabei um die Frage, wie Schäden, die am Wertermittlungsstichtag noch nicht beseitigt wurden, bei der Fragestellung zum Vorhandensein des merkantilen Minderwerts berücksichtigt werden. Wie bereits erläutert, geht die Rechtsprechung in der Definition des merkantilen Minderwerts davon aus, dass der Schaden fachgerecht beseitigt wurde und dennoch ein ungutes Gefühl verbleibt.

Wie in *Kapitel 4.4* beschrieben, kann der merkantile Minderwert als Mangelfolgeschaden betrachtet werden und somit gleich ab dem Eintritt des Bauschadens oder Baumangels beansprucht werden.

Für die Immobilienbewertung bedeutet dies, dass zum Wertermittlungsstichtag ein fiktiv instandgesetzter Schaden oder Mangel zugrunde gelegt wird. Dies bringt zwei bewertungstechnisch Probleme mit sich:

1. Der merkantile Minderwert nimmt mit zunehmender Dauer nach Schadensbeseitigung ab, sodass am Wertermittlungsstichtag der Maximalwert ermittelt wird. Das stellt sozusagen ein „Worstcase"-Szenario dar.
2. Die Höhe und auch das Vorhandensein des merkantilen Minderwerts hängt auch von der Art der Schadensbeseitigungsmaßnahme ab. Somit müsste am Wertermittlungsstichtag bereits ein Bauschadengutachten vorliegen, in welchem die erforderlichen Maßnahmen dargestellt sind. Andernfalls können nur Annahmen bzgl. der Schadensbeseitigungsmaßnahmen getroffen werden.

*Abbildung 12.3* zeigt eine Möglichkeit zur Ermittlung des merkantilen Minderwerts bei einem noch nicht behobenen Schaden am Wertermittlungsstichtag.

In einem ersten Schritt würde bei Nichtvorliegen eines Bauschadengutachtens eine Annahme bzgl. der wahrscheinlichen Schadensbeseitigungsmaßnahmen getroffen werden. Dies geschieht nicht ohne einen Haftungsausschluss, der ganz klar formuliert, dass es sich nur um eine grobe Annahme im Rahmen der Immobilienbewertung handelt und mit Verweis auf Anraten, einen Bausachverständigen hinzuzuziehen. In Abhängigkeit von der angesetzten Schadensbeseitigungsmaßnahme wird dann die Näherungsmethode gemäß *Kapitel 12.2 und 12.3* durchgeführt.

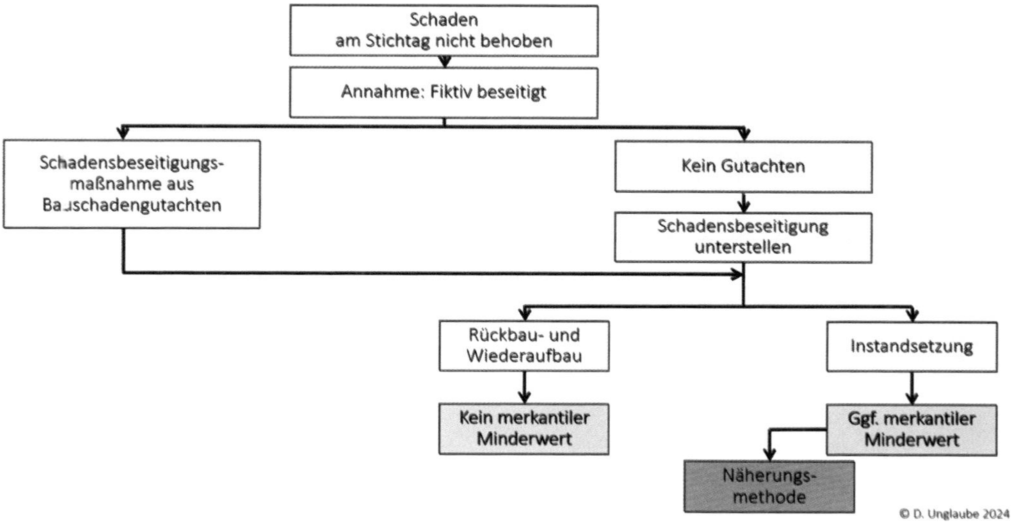


*Abb. 12.3: Vorgehensweise zur Bewertung des merkantilen Minderwerts bei noch nicht beseitigten Mängeln oder Schäden am Wertermittlungsstichtag, Teil 1*

Der ermittelte merkantile Minderwert stellt somit den „Worstcase" dar. Er ist direkt nach Abschluss der Schadensbeseitigungen am größten und verringert sich gemäß dem unterstellten Modell innerhalb von fünf Jahren auf null.

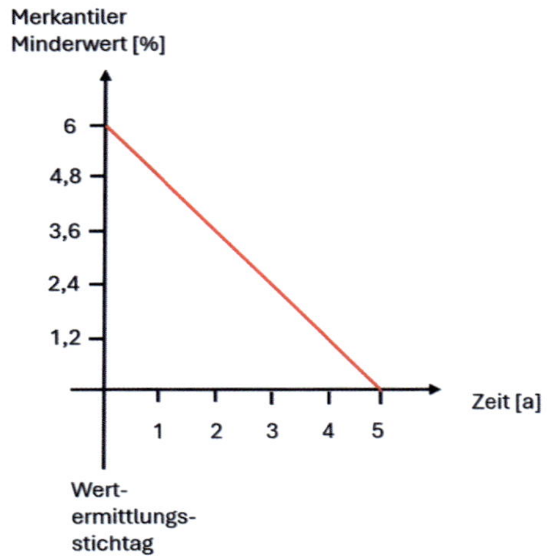


*Abb. 12.4: Abnahme des merkantilen Minderwerts nach Schadensbeseitigung*

Zu dem Thema der am Wertermittlungsstichtag noch nicht beseitigten Schäden könnte man folgende Überlegungen anstellen:

1. Man könnte argumentieren, dass am Stichtag noch nicht beseitigte Schäden keinen merkantilen Minderwert generieren können, weil dies der Definition des merkantilen Minderwerts, der auf einem fachgerecht beseitigten Schaden basiert, widerspricht. Damit geht man zahlreichen Wertermittlungsproblemen im Zusammenhang mit dem Stichtagsprinzip aus dem Weg. Tatsächlich gibt es aber mittlerweile Urteile, die besagen, dass der merkantile Minderwert schon bei Eintreten des Schadens abbildbar ist. Auch ist es in der Praxis nicht umsetzbar, den merkantilen Minderwert bei noch nicht beseitigten Schäden zu verneinen. Oftmals ist die Bezifferung des merkantilen Minderwerts im Rahmen der Auseinandersetzung der Parteien über die Höhe des Schadensersatzes zu einem Zeitpunkt erforderlich, zu dem die Schäden erkannt und eben noch nicht beseitigt sind.

2. Die zweite Überlegung bezieht sich auf die Höhe des merkantilen Minderwerts. Der merkantile Minderwert ist nur in dem Moment direkt nach Schadensbeseitigung am höchsten. Mit jedem Jahr, das nach Schadensbeseitigung vergeht, mindert sich der Wert um 20 % *(Abb. 12.4)*. Ist es dann nicht eine Übervorteilung des zu Entschädigenden, wenn der volle Wert angesetzt wird? Schließlich wird fiktiv unterstellt, dass die Schäden beseitigt wurden. Dann ist der Zeitpunkt der Schadensbeseitigung auch willkürlich anzusetzen. Wäre es dann nicht fair zu unterstellen, die Schäden wurden vor zweieinhalb Jahren beseitigt, und den merkantilen Minderwert zu halbieren? Dann wäre in den ersten zweieinhalb Jahren der zu Entschädigende benachteiligt, weil er zu wenig Geld erhalten hätte, und in den letzten zweieinhalb Jahren hätte der Unternehmer zu viel gezahlt. Die Antwort muss ganz klar nein sein. Gemäß dem Stichtagsprinzip wird der merkantile Minderwert am Wertermittlungsstichtag ermittelt und an diesem Tag wird eine Schadensbeseitigung unterstellt. Der Sachverständige darf keine juristischen Annahmen treffen. Inwieweit die Sanierungsmaßnahme in der Vergangenheit liegt, wäre völlig willkürlich und hätte immense Auswirkungen auf die Höhe des Wertes. Aus diesem Grund kann der Sachverständige nur die Beseiti-

gung am Tag des Wertermittlungsstichtags zugrunde legen und damit den Höchstwert ausweisen. Es ist aber sinnvoll, auf diesen Sachverhalt im Gutachten hinzuweisen.

In *Kapitel 13* werden einige Beispiele zur Näherungsmethode und andere Bewertungsansätze in unterschiedlichen Fallbeispielen dargestellt.

# 13 Beispiele

Unter der Anwendung der Näherungsmethode aus *Kapitel 12* werden im Folgenden verschiedene Beispiele mit unterschiedlichen Fallkonstellationen behandelt. Grundlage ist dabei immer der Ansatz, dass nach fünf Jahren nach Schadensbeseitigung kein Aufleben der Schäden erwartet wird. Weiter liegt der Näherungsmethode die Annahme zu Grunde, dass der Wertabschlag für beseitigte Schäden nicht höher sein kein als der Wertabschlag für bereits beseitigte Schäden.

## 13.1 Mangelhafte Weiße Wanne

Ein Einfamilienwohnhaus in einem Randgebiet wurde im Jahr 2006 in Massivbauweise errichtet. Der Keller wurde in WU-Beton als „weiße Wanne" ausgebildet. Nach einem Wassereindrang in den Keller wird festgestellt, dass die mangelhafte Fugenausbildung zu einer Undichtheit geführt hatte. Der Wassereindrang erstreckte sich auf das gesamte Kellergeschoss, in dem sich überwiegend Wohnräume befanden.

Im Rahmen der Schadensbeseitigungsmaßnahme musste der Innenausbau komplett zurückgebaut und die verbleibende Bausubstanz getrocknet werden. Die Dichtheit der Fugen wurde mittels Epoxidharzinjektionen wiederhergestellt. Nach Abschluss der Trocknungsmaßnahmen wurde der Innenausbau wiederaufgebaut.

*Abb. 13.1: Rückbau Innenausbau*

*Abb. 13.2: Epoxidharzinjektion*

Die Schadensbeseitigungskosten betrugen rd. 50.000,00 €. Der Verkehrswert des Hauses ohne Schaden beträgt am Wertermittlungsstichtag 650.000,00 €.

Nun soll das Haus vier Jahre nach Abschluss der Schadensbeseitigungsmaßnahmen verkauft werden. Es ist die Frage zu klären, ob ein merkantiler Minderwert vorliegt und, wenn ja, in welcher Höhe.

Die Sanierungskosten in Höhe von 50.000,00 € entsprechen 7,8 % des unbelasteten Verkehrswerts. Für die tatsächlich vorhandenen Kosten würde der Markt nach *Unglaube* nach Bewertung der Lage, des Baujahres, des Schadens und des Schadensausmaßes nicht die vollen

Kosten in Abzug bringen, sondern einen Abschlag von rd. 5,5 % des unbelasteten Verkehrswerts veranschlagen *(Abb. 13.3).*

Unter der Annahme, dass der Abschlag für beseitigte Schäden nicht größer sein kann als der für noch vorhandene Schäden, ergibt sich eine Wertspanne für den merkantilen Minderwert von 0 bis 5,5 % des mangelfreien Verkehrswerts.

| | Schadensgröße | | | | | | | | | | | | | | |
|---|---|---|---|---|---|---|---|---|---|---|---|---|---|---|---|
| | klein | | | mittel | | | groß | | | erheblich | | | zusammen | | |
| **Jahre 2020-2023** | Anz. | Ø | Max. | Anz. | Ø | Max. | Anz. | Ø | Max. | Anz. | Ø | Max | Anz. | Ø | Max. |
| Allgemein (alle Lagen) | 563 | 0,6 % | 20,0 % | 227 | 1,5 % | 25,0 % | 101 | 5,4 % | 66,7 % | 47 | 6,3 % | 75,0 % | 940 | 1,3 % | 42,9 % |
| Ländliches Gebiet | 81 | 1,2 % | 26,0 % | 29 | 3,9 % | 21,7 % | 16 | 8,2 % | 45,0 % | 5 | 9,7 % | 48,4 % | 131 | 2,4 % | 32,6 % |
| Randgebiet | 285 | 0,6 % | 20,0 % | 119 | 1,5 % | 25,0 % | 64 | 5,5 % | 66,7 % | 22 | 9,3 % | 75,0 % | 492 | 1,5 % | 42,9 % |
| Ballungsgebiet | 196 | 0,3 % | 13,5 % | 79 | 0,7 % | 12,1 % | 21 | 3,1 % | 24,0 % | 20 | 2,2 % | 34,7 % | 317 | 0,6 % | 25,8 % |

*Abb. 13.3: Wertabschläge vom unbelasteten Verkehrswert nach Lage und Schadensgröße*[114]

Zunächst muss geprüft werden, ob es K.-o.-Kriterien gibt, die gegen einen merkantilen Minderwert sprechen.

Es liegen keine K.-o.-Kriterien vor. Somit sind im oberen Teil der *Abbildung 13.4* keine Ausschlusskriterien erkennbar. Im unteren Teil, in dem die Kriterien aus den juristischen Definitionen abgefragt werden, ist eine zutreffend. Damit sind die Voraussetzungen für das Vorhandensein eines merkantilen Minderwerts erfüllt *(siehe Kapitel 12).*

Die Gewichtung der Einflusskriterien erfolgt derart, dass im vorliegenden Bewertungsfall die Zeitdauer nach der Instandsetzung am höchsten zu priorisieren ist. Hier wird eine dreifache Gewichtung für angemessen erachtet, da davon ausgegangen wird, dass für die Käufer die Tatsache, dass vier Jahre seit Instandsetzung der Schaden nicht wieder eingetreten ist, ein gewisses Vertrauen in die Maßnahme bewirkt. Auch war das Schadensereignis sehr klar definiert. Es handelte sich um einen Ausführungsfehler an einem Bauteil, nämlich dem Fugenband.

Der merkantile Minderwert wird im Folgenden nach zwei Varianten ermittelt. In Variante 1 werden die Erfahrungswerte zum Wertabschlag vorhandener Baumängel und Bauschäden zugrunde gelegt. In Variante 2 wird die Wertminderung auf Basis des Anteils der vollen Schadensbeseitigungskosten zum unbelasteten Verkehrswert ermittelt.

### Variante 1: Erfahrungswerte als Basis

Die Bewertung der einzelnen Kriterien soll nun helfen, den merkantilen Minderwert in der Spanne von 0 bis 5,5 % *(Abb. 13.3)* einzuordnen.

In Bezug auf die Ausführungen in *Kapitel 4.3* zur Offenbarungspflicht von ehemaligen Schäden beim Verkauf wird hier unterstellt, dass der Schaden offengelegt und jeder Kaufinteressent somit Kenntnis davon hat.

Die Lage und ebenso die Schadensgröße müssen zwangsweise auf 100 % gesetzt werden, da in der Bewertung auf Erfahrungswerte zurückgegriffen wird, die diese beiden Kriterien bereits berücksichtigen. Sie stammen aus der Auswertung für das Randgebiet und gelten

114 *Unglaube, D.*: Baumängel und Bauschäden in der Wertermittlung, 2. Aufl., Reguvis, Köln 2024.

für große Schäden (per Definition Schäden mit Schadensbeseitigungskosten zwischen 25.000,00 und 70.000,00 €).

Was die Zeitdauer angeht, ist noch ein Jahr abzuwarten, bis man sagen kann, dass der Wiedereintritt des Schadens ausgeschlossen wird, daher wird hier noch ein geringer Einfluss dargestellt, der mit 25 % berücksichtigt wird.

Feuchteschäden zählen zu den Schadensarten, auf die der Markt sensibel reagiert. Daher werden hier 75 % angesetzt.

Bei der Schadensbeseitigungsmaßnahme handelt es sich um eine Epoxidharzinjektion. Der Innenausbau und auch der Estrich wurden komplett zurückgebaut und wiederhergestellt. Bei einem kompletten Rückbau und Wiederaufbau (hier des Kellers) würde es keinen merkantilen Minderwert geben. Im vorliegenden Fall wurde der Innenausbau zurückgebaut, sodass keine Sorge mehr besteht, dass Folgeschäden infolge unzureichender Trocknung des Estrichs entstehen könnten. Die Kellerwände wurden durch Injektion instandgesetzt. Diese Maßnahme wird als mit mittlerem Risiko behaftet eingestuft. Insgesamt wird die Schadensbeseitigungsmaßnahme daher mit 25% bewertet.

In Hinblick auf die juristischen Definitionen ist denkbar, dass es eine „Wahrscheinlichkeit des Wiedereintritts" abgeleitet werden könnte, wenn die Injektion nicht erfolgreich war.

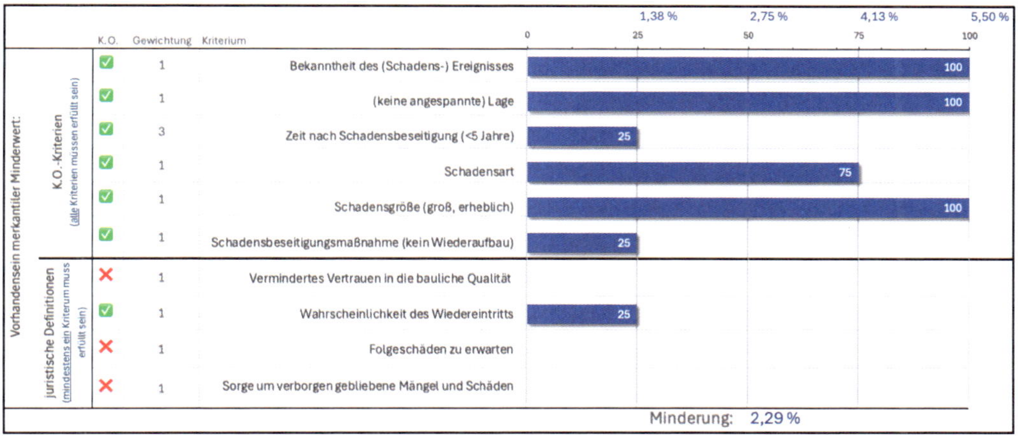


*Abb. 13.4: Näherungsmethode unter Zugrundelegung von Erfahrungswerten*

Mit Eingangsparameter Erfahrungswert auf Basis von Vorkriterien (hier Lage und Schadensart, große Schäden im Ballungsgebiet = 5,5 %) und Gewichtung der Einzelkriterien ergibt sich der merkantile Minderwert zu rd. 2,3 % vom unbelasteten Verkehrswert:

$$(1 \times 5{,}5 + 1 \times 5{,}5 + 3 \times 1{,}38 + 1 \times 4{,}13 + 1 \times 5{,}5 + 1 \times 1{,}38 + 1 \times 1{,}38) / 12 = 2{,}29\,\%$$

**Variante 2: Volle Schadensbeseitigungskosten**

Analog zu Variante 1 wird das Näherungsverfahren bei Variante 2 durchgeführt. Hier wird als Eingangsparameter von den vollen Schadensbeseitigungskosten ausgegangen. Der Anteil der Kosten am unbelasteten Verkehrswert ergibt sich zu 50.000/650.000 = 7,8 %.

Bei der Näherungsmethode müssen nun die Lage und die Schadensgröße berücksichtigt werden. Für die Randlage wird ein Ansatz von 50 % angesetzt, da davon ausgegangen wird, dass Verhältnis zwischen Angebot und Nachfrage nahezu ausgeglichen ist. Für die große Schadensgröße wird ein Ansatz von 75 % gewählt. Die restlichen Kriterein werden analog Variante 1 berücksichtigt.

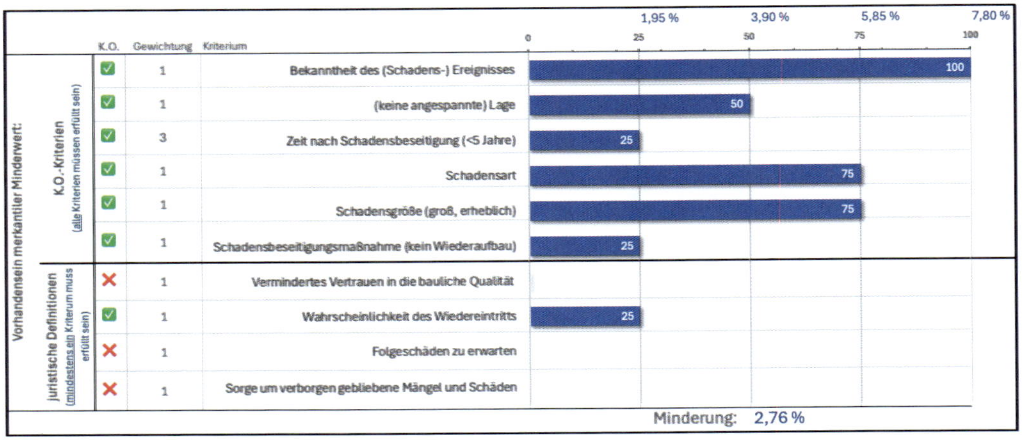


*Abb. 13.5: Näherungsmethode unter Zugrundelegung der vollen Schadensbeseitigungskosten*

Nach Gewichtung der Einzelkriterien ergibt sich der merkantile Minderwert zu rd. 2,8 % vom unbelasteten Verkehrswert:

(1×7,8+1×3,9+3×1,95+1×5,85+1×5,85+1×1,95+1×1,95)/12 = 2,76 %

Grundsätzlich ist Variante 1 bevorzugt durchzuführen, da sie den Markt besser abbildet. Hier werden Erfahrungswerte zugrunde gelegt. Im Ansatz von Variante 2 werden zwei zusätzliche Parameter eingeschätzt, für die es in Variante 1 Erfahrungswerte gibt. Daher ist Variante 2 ungenauer.

Der merkantile Minderwert ergibt sich (gem. Variante 1) zu 2,3 %.

| | |
|---|---|
| Baujahr | 2006 |
| RND | 58 Jahre |
| Bodenwert | 600,00 €/m² |
| Verkehrswert unbelastet | 650.000,00 € |
| Sanierungskosten | 50.000,00 € |
| Sanierungskosten/Verkehrswert unbelastet (50.000/650.000) | 7,8 % |
| Abschlag wegen tatsächlich vorhandener Schäden | 5,5 % |
| Merkantiler Minderwert | 2,3 % |
| | rd. 15.000,00 € |

*Tab. 13.1: Zusammenstellung der Ergebnisse*

## 13.2 Unterspülte Doppelhaushälfte

In dem Keller einer Doppelhaushälfte *(Abb. 13.6, gelb verputzt)* aus dem Baujahr 1960 kam es bei Starkregenereignissen im Untergeschoss des Hauses zu Überschwemmungen in den straßenseitigen Räumen. Das Haus wurde nachträglich gedämmt. Im Zuge der Dämmarbeiten musste das Fallrohr erneuert werden. Eine Kamerabefahrung des Fallrohres zeigte, dass dieses nicht richtig an die Grundleitung angeschlossen worden war, sodass ein Versatz von ca. 5 cm entstand. Das Fallrohr entwässerte sowohl die Dachfläche der gelben als auch die Dachfläche der blauen Doppelhaushälfte.

*Abb. 13.6: Bewertungsobjekt gelbe Doppelhaushälfte*

Bei Starkregen wurden somit enorme Wassermengen gebündelt und aufgrund des unsachgemäßen Anschlusses des Fallrohres an die Grundleitung in das unter der Hausecke befindliche Erdreich geleitet.

In der Folge lockerte sich das Erdreich und der Boden sackte in diesem Bereich ab. Daraufhin löste sich die Bodenplatte von den Wänden und senkte sich ebenfalls. Es entstanden zwei große vier Meter lange Risse, die jeweils an der Hausecke am größten waren und sich zur Gebäudemitte hin verjüngten.

Dies wiederum führte zu Wassereindrang in mehrere Kellerräume. Der Keller wurde im straßenseitigen Bereich durchnässt.

*Abb. 13.7: Riss in Kelleraußenwand*

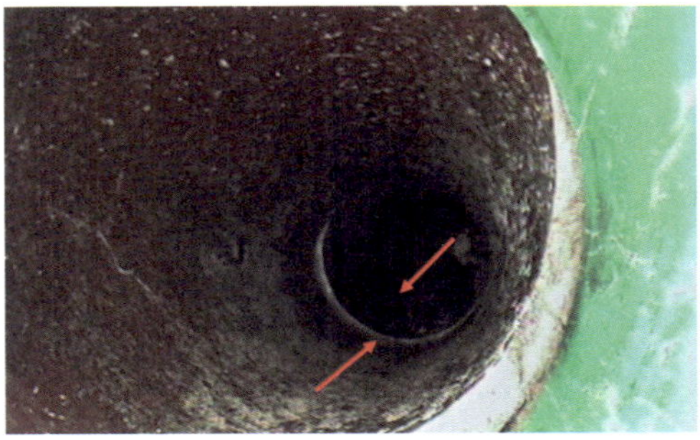

*Abb. 13.8: Versatz zwischen Fallrohr und Grundleitung*

Zur Schadensbeseitigung mussten der straßenseitige und stellplatzseitige Bereich, in dem sich der Riss gebildet hatte, aufgegraben, der Riss verschlossen, die Wände abgedichtet und das Erdreich wiederverfüllt und verdichtet werden. Die Schadensbeseitigungskosten beliefen sich auf rd. 25.000,00 €.

Die Erfahrungswerte zum mittleren Wertabschlag mangelbehafteter Objekte im Ballungsgebiet mit mittlerem Schaden liegen bei 0,7 %, wie *Abbildung 13.9* zu entnehmen ist.

| | Schadensgröße | | | | | | | | | | | | | | |
|---|---|---|---|---|---|---|---|---|---|---|---|---|---|---|---|
| | klein | | | mittel | | | groß | | | erheblich | | | zusammen | | |
| Jahre 2020-2023 | Anz. | Ø | Max. | Anz. | Ø | Max. | Anz. | Ø | Max. | Anz. | Ø | Max | Anz. | Ø | Max. |
| Allgemein (alle Lagen) | 563 | 0,6 % | 20,0 % | 227 | 1,5 % | 25,0 % | 101 | 5,4 % | 66,7 % | 47 | 6,3 % | 75,0 % | 940 | 1,3 % | 42,9 % |
| Ländliches Gebiet | 81 | 1,2 % | 26,0 % | 29 | 3,9 % | 21,7 % | 16 | 8,2 % | 45,0 % | 5 | 9,7 % | 48,4 % | 131 | 2,4 % | 32,6 % |
| Randgebiet | 285 | 0,6 % | 20,0 % | 119 | 1,5 % | 25,0 % | 64 | 5,5 % | 66,7 % | 22 | 9,3 % | 75,0 % | 492 | 1,5 % | 42,9 % |
| Ballungsgebiet | 196 | 0,3 % | 13,5 % | 79 | 0,7 % | 12,1 % | 21 | 3,1 % | 24,0 % | 20 | 2,2 % | 34,7 % | 317 | 0,6 % | 25,8 % |

*Abb. 13.9: Wertabschläge vom unbelasteten Verkehrswert nach Lage und Schadensgröße*[115]

Wenn der Markt im Ballungsgebiet für vorhandene Schäden quasi keinen Wertabschlag macht, dann kann es auch keinen Wertabschlag für bereits seit vier Jahren beseitigte Schäden geben. Die Lage stellt in diesem Fall ein K.-o.-Kriterium dar. Der Vollständigkeit halber ist das Ergebnis der Näherungsmethode in *Abbildung 13.10* dennoch dargestellt.

Die Bekanntheit des Schadens bei jedem Kaufinteressenten wurde aufgrund der Offenbarungspflicht unterstellt. Die Lage wurde zu einem Ausschlusskriterium deklariert. Für die verbleibende Zeit bis zum Ablauf der fünf Jahre, nach denen der Wiedereintritt eines Schadens nicht erwartet wird, wurde ein geringer Ansatz von 25 % angesetzt. Der Schadensart Feuchteschaden wird ein hoher Einfluss auf die Käuferreaktion mit 75 % attestiert. Die Schadensgröße muss mit 100 % eingehen, da die Spanne auf Vergleichskaufpreisen in Ballungsgebieten mit mittlerem Schaden basiert. Die Schadensgröße ist somit schon berücksichtigt. Da es sich im vorliegenden Fall um eine Reparatur handelt, die geringfügig ist, wird ein minimaler Ansatz von 25 % gewählt.

Der Schaden ist im Rahmen der Erneuerung des Fallrohres aufgetreten. Ein vermindertes Vertrauen in die bauliche Qualität des Bestandsgebäudes kann hierdurch nicht abgeleitet werden. Ebenso wenig ist die Sorge um Folgeschäden oder verborgen gebliebene Mängel oder Schäden realistisch. Was theoretisch denkbar wäre, wäre eine geringe Sorge vor Folgeschäden aufgrund der Durchnässung des Estrichs in mehreren Räumen. Aus diesem Grund wurden hier 25 % angesetzt.

---

115 *Unglaube, D.*: Baumängel und Bauschäden in der Wertermittlung, 2. Aufl., Reguvis, Köln 2024.

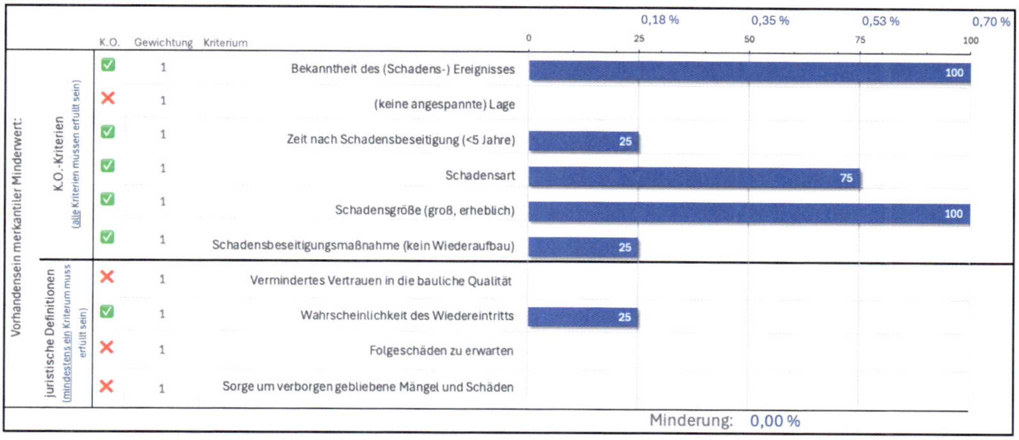


*Abb. 13.10: Näherungsmethode unter Zugrundelegung von Erfahrungswerten*

| | |
|---|---|
| Baujahr | 2006 |
| RND | 58 Jahre |
| Bodenwert | 950,00 €/m² |
| Verkehrswert unbelastet | 800.000,00 € |
| Sanierungskosten | 25.000,00 € |
| Sanierungskosten/Verkehrswert unbelastet (25.000/800.000) | 3,1 % |
| Abschlag wegen tatsächlich vorhandener Schäden | 0,7 % |
| Merkantiler Minderwert | 0 % |

*Tab. 13.2: Zusammenstellung der Ergebnisse*

## 13.3 Mehrere Schäden am Altersheim

Im vorliegenden Beispiel geht es um die Bewertung des merkantilen Minderwerts bei einem Altersheim im Randgebiet mit einem unbelasteten Verkehrswert von rd. 10 Mio. €. Kurz nach der Eröffnung kam es zu einem Balkoneinsturz. Die Ursache lag sowohl in Planungsfehlern als auch in Ausführungsfehlern. Zunächst war die Statik mangelhaft, da das falsche Berechnungsprogramm für die Dimensionierung der Isokörbe verwendet wurde. Weiter wurden auf der Baustelle die Isokörbe in der falschen Reihenfolge und in der falschen Richtung eingebaut.

Darüber hinaus wurden zahlreiche Brandschutzmängel festgestellt, die am Tag der Ortsbesichtigung behoben waren. Ebenso war der Balkon wieder errichtet worden. Ein Wasserschaden aufgrund des falschen Materials der Rohre der Fußbodenheizung war am Tag der Begehung noch erkennbar. Die Bauteilöffnung zeigte die korrodierten Leitungen. Auch die Feuchteflecken in dem Geschoss unterhalb der Fußbodenheizung waren noch sichtbar. Hier wurde gerade die Gipskartondecke zurückgebaut. Darüber hinaus gab es einen weiteren beseitigten Schaden an einem Flachdach eines anderen Bauteilabschnitts aufgrund eines Ausführungsfehlers bei den Abdichtungsarbeiten. Zusammengefasst traten folgende Schäden auf, die in zahlreichen Ordnern dokumentiert waren:

- Balkoneinsturz (Planungs- und Ausführungsfehler), am Stichtag behoben,
- Brandschutzmängel (Planungsfehler),
- Wasserschaden wegen Einbau falschen Materials (Planungsfehler),
- Undichtheit auf Flachdach (Ausführungsfehler).

Es handelt sich somit sowohl um Planungs- als auch um Ausführungsfehler, die gewerkeübergreifend aufgetreten sind.

*Abb. 13.11: Feuchteschäden an der Decke*

*Abb. 13.12: Bauteilöffnung defekte Fußbodenheizung*

Die Schadensbeseitigungskosten wurden in den Bauschadengutachten auf insgesamt rd. 1,12 Mio. € geschätzt. Dies entspricht 11,2 % des unbelasteten Verkehrswerts. Bei Renditeobjekten dieser Art ist davon auszugehen, dass ein Investor die vollen Schadensbeseitigungskosten in Abzug bringen würde. Aus diesem Grund wird für die Eingrenzung des merkantilen Minderwerts davon ausgegangen, dass der Käufer maximal 11,2 % Abschlag für den merkantilen Minderwert ansetzen würde, da der Abschlag für beseitigte Schäden nicht höher sein kann als für vorhandene.

Bei Anwendung der Näherungsmethode fällt auf, dass es keine Ausschlusskriterien gibt. Vielmehr ist es in diesem Beispiel sogar so, dass auch alle juristischen Definitionen zutreffend sind.

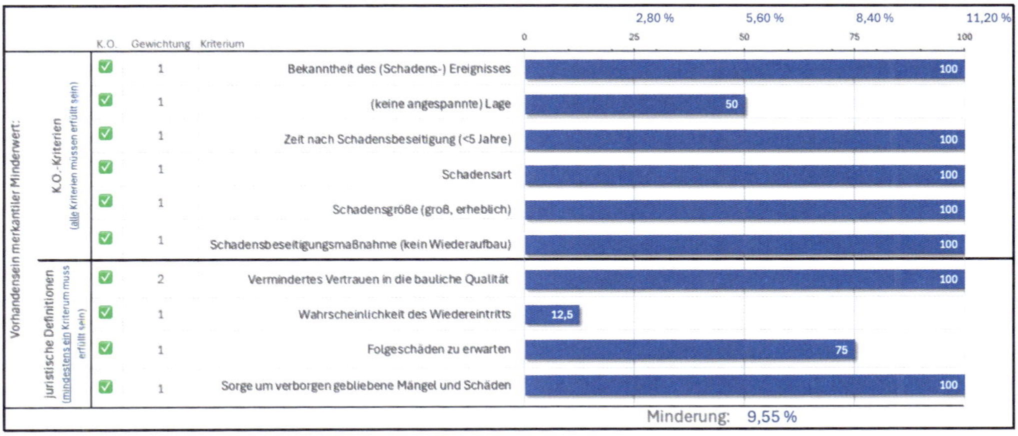


*Abb. 13.13: Näherungsmethode unter Zugrundelegung der vollen Schadensbeseitigungskosten*

Bei der Gewichtung wurde das Kriterium „Vermindertes Vertrauen in die bauliche Qualität" doppelt berücksichtigt. Wenn ein Investor die zahlreichen Bauschadensgutachten studiert, aus denen hervorgeht, dass es hier nicht nur mit einem Planer oder einem Gewerk Probleme gab, sondern dass die Fülle an Schäden auf verschiedene Ursachen zurückzuführen ist, kann man nachempfinden, dass das Vertrauen in die bauliche Qualität erschüttert ist. Er wird sich die Fragen stellen: „Was ist denn eigentlich in Ordnung?", „Was kommt als Nächstes?"

Auch die Einordnung der anderen Einflusskriterien zeigt, dass fast alle mit 100 % bewertet werden. Die Bekanntheit ist groß, zum einen, weil diese Schäden, die so umfangreich untersucht und dokumentiert wurden, beim Kauf zu offenbaren sind, zum anderen, weil diese sogar in der Presse veröffentlicht wurden. Somit hat das Haus schon einen schlechten Ruf erlangt. Die Randlage führt zu einer mittleren Einstufung. Die Zeitdauer wird auch als maximal eingestuft, da die Beseitigung der Schäden kurz vor dem Wertermittlungsstichtag erfolgte. Ein Schaden war noch nicht behoben, nämlich die defekte Fußbodenheizung. Für diesen wird eine fiktive Behebung vor Kurzem unterstellt (hierauf wird später eingegangen). Die Schadensarten wie Feuchteeindrang und Einsturz ebenso die Brandschutzmängel führen zu einer großen Abneigung auf Käuferseite und werden damit auch mit 100 % bewertet. Die Schäden waren erheblich, da ganze Bauteile eingestürzt sind und auch Brandschutzmängel eine Gefahr für Leib und Leben darstellen. Der Feuchteindrang war ebenfalls massiv und führte zu hohen Schadensbeseitigungskosten. Auch wenn der Balkon wieder aufgebaut wurde, werden die Schadensbeseitigungsmaßnahmen mit 100 % bewertet, da die anderen Schäden nur repariert wurden. Auch beim wieder errichteten Balkon gilt die Sorge der Tragfähigkeit. Das auskragende Bauteil wurde an den Bestand angeschlossen, sodass auch hier Bedenken bzgl. eines fehlerhaften Balkonanschlusses verbleiben könnten.

Nach Mittelung der Kriterien ergibt sich der merkantile Minderwert zu rd. 9,6 %. Diesem Wert liegt die Annahme zugrunde, dass die Schäden an und wegen der Fußbodenheizung beseitigt wurden. Tatsächlich waren sie am Wertermittlungsstichtag noch vorhanden. Für die Einschätzung des merkantilen Minderwerts wurde eine Beseitigung entsprechend den anderen Schäden zum Zeitpunkt unmittelbar vor dem Wertermittlungsstichtag angenommen. Zu diesem Zeitpunkt ist der Markt am unsichersten und der merkantile Minderwert am höchsten *(Kapitel 12.4)*.

Die Gesamtwertminderung könnte wie folgt aussehen:

| | | |
|---|---|---|
| **Unbelasteter Verkehrswert:** | **10 Mio. €** | **10.000.000,00 €** |
| **boG:** | | **1.230.000,00 €** |
| Schadensbeseitigungskosten: | 100.000,00 € (hier Ansatz der vollen Schadensbeseitigungskosten) | – 100.000,00 € |
| Risikobewertung: | 0,9 × 100.000,00 € (mit der Überlegung, dass das gleiche Material im ganzen Haus verlegt wurde und eine 90%ige (also eine hohe) Wahrscheinlichkeit besteht, dass dieses Schadensereignis an anderer Stelle auftritt) | – 90.000,00 € |
| Merkantiler Minderwert: | 9,6 % von 10 Mio. € | – 960.000,00 € |
| Mietausfälle: | Annahme in diesem Beispiel 80.000,00 € | – 80.000,00 € |
| **Belasteter Verkehrswert:** | | **8.770.000,00 €** |
| | | **rd. 8.800.000,00 €** |

*Tab. 13.3: Zusammenstellung der Ergebnisse*

Neben dem merkantilen Minderwert würde es eine Minderung wegen der noch vorhandenen Schäden geben. Am Stichtag waren die Schäden an der Fußbodenheizung sowie die daraus resultierenden Folgeschäden noch nicht beseitigt. Weiter muss der Käufer damit rechnen, dass diese Schäden auch in anderen Bereichen auftreten. Er wird also eine Risikobetrachtung machen. Wenn er das Risiko des Schadenseintritts als sehr hoch bewertet, könnte ein Ansatz von 90 % der vollen Kosten angemessen sein. Zuletzt sind noch die Mietausfälle aufgrund der Sanierungsmaßnahmen anzusetzen, die hier auf 80.000,00 € geschätzt wurden. In Summe ergeben sich 1.230.000,00 € für die Wertminderung, die unter den besonderen objektspezifischen Grundstücksmerkmalen abgezogen wird.

## 13.4 Mehrere massive Schäden am Fertighaus

Beim folgenden Beispiel geht es um ein Fertighaus mit Baujahr 2012 und einer Restnutzungsdauer am Wertermittlungsstichtag von 55 Jahren. Das Gebäude befindet sich im Randgebiet mit einem Bodenrichtwertniveau von 320,00 €/m². Zehn Jahre nach Errichtung kam es zu einem Wassereindrang aufgrund eines Ausführungsfehlers an den Fenstern. In der Folge durchfeuchteten die Außenwände in Holzständerbauweise derart, dass die Tragfähigkeit beeinträchtigt war. Außerdem kam es in diesen Bereichen zu einem Ameisenbefall. Im Dachstuhl kam es ebenfalls zu einem Feuchteeindrang mit Hausschwammbefall. Das vorgelegte Bauschadengutachten sah vor, einen Teil der Dachkonstruktion sowie Teile der Außenwände zu erneuern. Der unbelastete Verkehrswert des Grundstücks wurde auf rd. 600.000,00 € und die Schadensbeseitigungskosten auf 150.000,00 € geschätzt.

Der Eigentümer wollte sich mit dem Bauträger außergerichtlich einigen. Zu dieser Zeit waren die Schäden noch nicht beseitigt, ein Gutachten eines Sachverständigen für Schäden an Gebäuden lag vor.

Man war sich einig, dass neben den ermittelten 150.000,00 € Kosten für die Schadensbeseitigung zusätzlich ein merkantiler Minderwert für die langfristig Beeinträchtigung des Gebäudes verbleibt. Dieser sollte nun geschätzt werden.

*Abb. 13.14: Bewertungsobjekt (Beispielfoto)*

*Abb. 13.15: Hausschwamm (Beispielfoto)*

*Abb. 13.16: Ameisenbefall (Beispielfoto)*

Zunächst ergibt die Prüfung der Ausschlusskriterien, dass es in diesem Fall keine gibt. Außer der Randlage, die als mittel eingestuft wird, werden allen anderen Einflusskriterien maximal hoch eingestuft. Die Bekanntheit ist gegeben, da dieser Schaden beim Verkauf kommuniziert werden muss, sodass jeder Kaufinteressent davon Kenntnis hat. Da die Schäden noch nicht beseitigt sind, wird hier zunächst unterstellt, dass diese vor Kurzem beseitigt wurden. Die Schadensarten haben mit tierischem und pflanzlichem Befall sowie Einbußen des Tragwerks einen erheblichen Einfluss auf die Käuferentscheidung und das Schadensausmaß war ebenfalls enorm. Teile des Dachs und der Außenwände werden zurückgebaut und neu aufgebaut. Aus diesem Grund wird bei diesem der Einfluss hoch, aber nicht maximal hoch angesetzt. Hoch deshalb, weil davon auszugehen ist, dass der Schädlingsbefall nicht ausschließlich in den neu aufgebauten Bereichen liegt und so eine Sorge bzgl. der langfristigen Bekämpfung bestehen könnte.

Was die juristischen Definitionen angeht, so kann auf jeden Fall ein vermindertes Vertrauen in die bauliche Qualität vermutet werden, da es hier an mehreren Stellen zu Fehlern und gleichzeitig zu sehr großen Schäden kam. Auch ist eine Sorge bzgl. des Wiedereintritts der Schäden ebenso wie die Sorge vor Folgeschäden und vor verborgen gebliebenen Mängeln und Schäden vorstellbar.

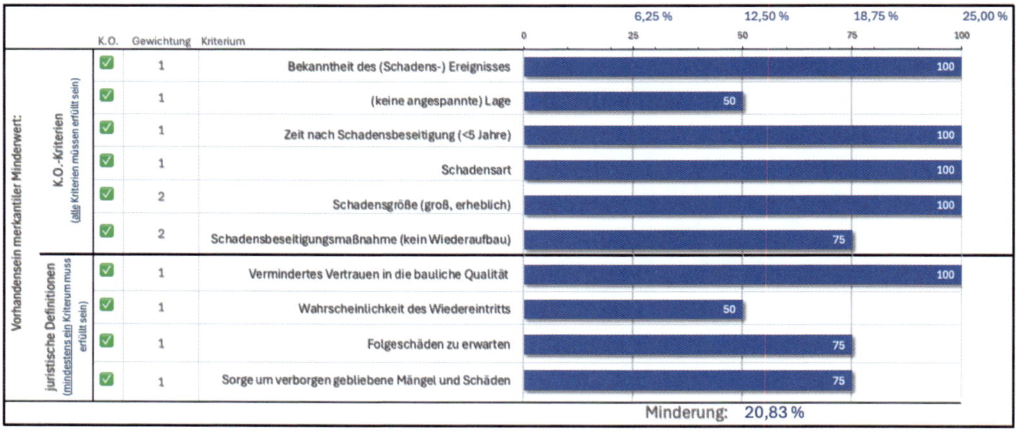


*Abb. 13.17: Näherungsmethode unter Zugrundelegung der vollen Schadensbeseitigungskosten*

Die Schadensart und das Schadensausmaß wurden doppelt gewichtet. Es wird davon ausgegangen, dass der Markt gerade aufgrund der erheblichen Schäden und der Kombination der vom Markt am meisten gefürchteten Schadensarten wie Schädlinge und Tragstruktur den größten Abschlag macht. Nach Durchführung der Näherungsmethode wird der vorläufige merkantile Minderwert auf rd. 21 % geschätzt.

| | |
|---|---|
| Baujahr | 2012 |
| RND | 55 Jahre |
| Bodenwert | 320,00 €/m² |
| Verkehrswert unbelastet | 600.000,00 € |

| | |
|---|---|
| Sanierungskosten | 150.000,00 € |
| Sanierungskosten/Verkehrswert unbelastet (150.000/600.000) | 25 % |
| Merkantiler Minderwert | 21 % |

Die Forderung an den Bauträger beträgt somit

| | |
|---|---|
| Sanierungskosten (25 % von 600.000,00 €) | 150.000,00 € |
| Merkantiler Minderwert (21 % von 600.000,00 €) | 126.000,00 € |
| **Gesamtforderung** | **276.000,00 €** |

*Tab. 13.4: Zusammenstellung der Ergebnisse*

## 13.5 Diverse Planungs- und Ausführungsmängel bei einem Neubau

Im Zuge der Bebauung eines neuen Areals in einem Ballungsgebiet kam es zu mehreren Schäden an den Gebäuden, die teilweise schon bezogen waren. Die Ursachen waren vielfältig. Es handelte sich sowohl um Planungs- als auch um Ausführungsfehler und es waren verschiedenen Gewerke sowie verschiedene Gebäude betroffen. Überwiegend handelte es sich um Reihenhausbebauung.

**Schaden 1 Haus A:**

Zuerst kam es zu Wassereindrang in einem Keller eines Reihenhauses. Ursache war ein Defekt der Fußbodenheizung. Diese war offensichtlich beim Einbau beschädigt worden. Über die gemeinsame Bodenplatte verteilte sich das Wasser auch in die angrenzenden Häuser. Die Dämmschicht unterhalb des Estrichs war durchfeuchtet. Es wurden umgehend Maßnahmen zur Eindämmung durchgeführt. Es erfolgte eine Estrichtrocknung mittels Ansaugverfahren. Parallel wurden Trocknungsgeräte aufgestellt und es erfolgte ein Rück- und Wiederaufbau der Gipskartonwände im unteren Wandbereich in den Kellern.

*Abb. 13.18: Bewertungsobjekt (Beispielfoto)*

### Schaden 2 in Haus C

Zu einem späteren Zeitpunkt kam es zu einem erneuten Wasserschaden. Diesmal war die Ursache ein zu gering dimensioniertes Druckausgleichsventil. Somit handelte es sich um einen Planungsfehler. Der Wassereindrang führte zu einem Schimmelbefall in mehreren Häusern. Das Ventil wurde ausgetauscht. Nun wurde der komplette Bodenaufbau in den betroffenen Häusern zurückgebaut, Trocknungsmaßnahmen erfolgten, der Estrich wurde wieder eingebaut, ebenso wurden die Gipskartonwände im unteren Wandbereich erneuert. Nach Abschluss der Maßnahmen erfolgte eine Schimmelfreimessung.

### Schaden 3 in Haus A

Kurze Zeit nach Sanierung des Schadens 2 trat Schaden 3 ein. Diesmal kam es zu einer Überflutung des Untergeschosses infolge eines Starkregenereignisses. Offensichtlich gab es Undichtheiten in der WU-Konstruktion am Anschluss des Lichtschachtes an die Kelleraußenwand. Hierbei handelte es sich um einen Ausführungsfehler. Der Wassereindrang führte zu Schimmelbefall in mehreren Häusern. Zur Abdichtung des Anschlusses wurden Epoxidharzinjektionen durchgeführt. Der Bodenaufbau wurde komplett zurückgebaut und wieder aufgebaut. Nach Beendigung der Maßnahmen erfolgte eine Schimmelfreimessung.

### Schaden 4 in Haus F

Infolge des Starkregenereignisses war nicht nur Haus A betroffen. Es kam auch zu einem Schaden in Haus F. Hier war die Ursache eine Undichtheit wegen nicht fachgerecht verschlossener Schalungsankerlöcher der Kelleraußenwand in WU-Beton. Im Rahmen der Schadensbeseitigungsmaßnahmen wurden die Ankerlochstopfen gegen druckwasserdichte Stopfen ausgetauscht. Auch hier erfolgte ein Rückbau und Wiederaufbau des Bodenaufbaus sowie eine Schimmelfreimessung.

*Abb. 13.19: Schleuse zur Schimmelsanierung*

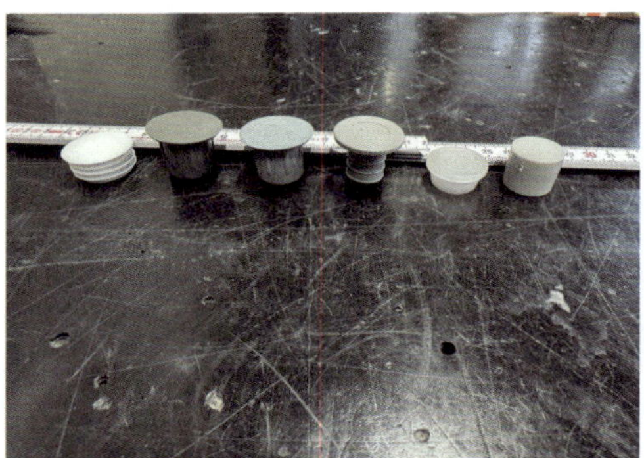

*Abb. 13.20: Ankerlochstopfen (Beispielfoto)*

## Schaden 5 in Haus A

Ebenfalls infolge des Starkregenereignisses trat ein weiterer Schaden in Haus A auf. Diesmal lag die Ursache in einem nicht fachgerecht ausgeführten Anschluss zwischen einem Fugenband und einem Fugenblech. Dieser Ausführungsfehler führte zu einem Wassereindrang in mehreren Häusern mit anschließendem Schimmelbefall. Auch hier wurde eine Epoxidharzinjektion zur nachträglichen Abdichtung sowie eine Trocknung, ein Wiederaufbau des Bodenaufbaus und eine Schimmelfreimessung veranlasst.

*Abb. 13.21: Anschluss Fugenblech an Fugenband*

Die Schadensbeseitigungskosten pro Haus betrugen rd. 120.000,00 €. Das entspricht rd. 10 % des Kaufpreises von 1.120.000,00 €.

Grundsätzlich kann die Wertminderung für einen beseitigten Schaden nicht höher sein als die für einen noch vorhandenen Schaden. Diese wiederum richtet sich unter anderem nach den Schadensbeseitigungskosten, die im schlimmsten Fall zu hundert Prozent als Wertminderung angesetzt werden.

Somit bewegt sich der zu ermittelnde merkantile Minderwert zwischen 0 und 10 % vom Kaufpreis.

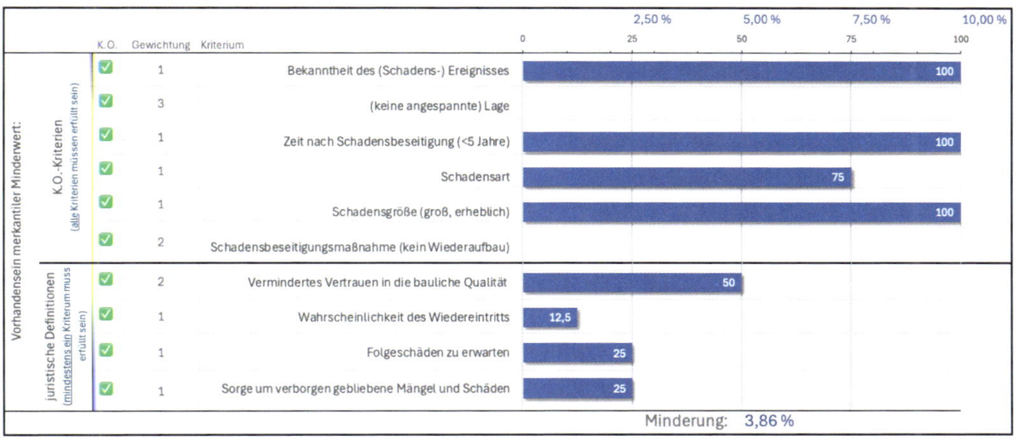


*Abb. 13.22: Näherungsmethode unter Zugrundelegung der vollen Schadensbeseitigungskosten*

K-o.-Kriterien liegen keine vor, sodass grundsätzlich ein merkantiler Minderwert denkbar ist. Die Bekanntheit kann wieder maximal angesetzt werden, da davon ausgegangen werden kann, dass bei einem Wiederverkauf die Unterlagen über die Schäden und ihre Schadensbeseitigungsmaßnahmen offengelegt werden. Die Lage wird in diesem Fall dreifach gewichtet. Das Bauvorhaben liegt im Ballungsgebiet. Eigentlich war hier immer die Argumentation, dass es in Ballungsgebiet i.d.R. keine merkantilen Minderwerte vorliegen, da der Markt schon bei vorhandenen Schäden keinen Abschlag macht. Diese Bewertung fand im Jahr 2024 statt und es war feststellbar, dass nach 2021 der Einfluss von Baumängeln und Bauschäden wieder einen leichten Anstieg auch in Ballungsgebieten zu verzeichnen hatte. Die Nachfrage ist nach wie vor groß, aber der Markt ist insgesamt etwas zurückhaltender. Außerdem handelt es sich im vorliegenden Fall um eine Vielzahl von Schäden. Aus diesem Grund wird die Lage hier nicht als Ausschlusskriterium angesehen. Es verbleibt ein minimaler Einfluss. Der Wertermittlungsstichtag lag kurz nach der Beseitigung der Schäden und somit ist der Einfluss sehr groß. Die Schadensart wird auch hoch angesetzt, da Käufer auf Feuchteschäden und Schimmel insbesondere im Einfamilienhausmarkt sehr sensibel reagieren. Allerdings rufen Schädlinge eine noch größere Reaktion hervor, weshalb hier nicht die vollen 100 % gewählt wurden. Die Schadensgröße ist sehr groß, sodass hier 100 % angesetzt werden. Da in allen Häusern am Ende der gesamte Bodenaufbau und auch die Wände im betroffenen Bereich zurückgebaut und wiederaufgebaut wurden, wird der Einfluss der Schadensbeseitigungsmaßnahme als sehr gering angesetzt. Hinzu kommt, dass die Maßnahmen von mehreren Sachverständigen begleitet und dokumentiert wurden. Außerdem wurde ein Belastungstest durchgeführt, bei dem das Erdreich geflutet wurde, um zu testen, dass die WU-Konstruktion nun dicht ist. Der Test verlief erfolgreich.

Aufgrund der zahlreichen und unterschiedlichen Schäden und Schadensursachen ist es nachvollziehbar, wenn das Vertrauen in die bauliche Qualität des Gebäudes bei den Käufern vermindert ist. Die Wahrscheinlichkeit des Wiedereintritts wird insbesondere vor dem Hintergrund des Belastungstests als gering angesehen. Möglicherweise macht sich der Markt Sorgen um Folgeschäden und verborgen gebliebene Mängel und Schäden. Dies wird als gering eingestuft.

Die Auswertung führt zu einem merkantilen Minderwert in Höhe von 3,86 %, also rd. 4 %.

| | |
|---|---|
| Baujahr | 2024 |
| RND | 70 Jahre |
| Bodenwert | 1.500,00 €/m² |
| Verkehrswert unbelastet pro Haus | 1.200.000,00 € |
| Sanierungskosten pro Haus | 120.000,00 € |
| Sanierungskosten/Verkehrswert unbelastet (120.000/1.200.000) | 10 % |
| Merkantiler Minderwert | 4 % |
| | rd. 48.000,00 € |

*Tab. 13.5: Zusammenstellung der Ergebnisse*

## 13.6 Messi-Wohnung/Ehemalige Kontamination Urin im Estrich

In einer Wohnung in einem Mehrfamilienwohnhaus aus dem Jahr 1965 im Randgebiet kam es mieterbedingt zu starken Verunreinigungen. Die Mieterin litt seit Jahren an dem sogenannten Messie-Syndrom. Darüber hinaus beherbergte sie 18 Katzen in der Wohnung. Aufgrund der mangelhaften Hygiene kam es zu Kontaminationen des Estrichs durch Urin. Nach Räumung der Wohnung verblieb eine unangenehme Geruchsbelästigung. Der Eigentümer reinigt den Boden mit einem Essigreiniger und verkauft die Wohnung. Kann bei diesem Sachverhalt ein merkantiler Minderwert vorliegen?

Die Antwort ist nein. Denn hier liegt keine fachgerechte Beseitigung des Schadens vor. Wenn der Markt Sorge vor dem Wiederauftreten von Gerüchen hat, dann ist diese begründet. Und wenn der Eigentümer den Estrich komplett entsorgt und einen neuen Estrich eingebaut hätte, dann gäbe es auch keinen merkantilen Minderwert, da bei einem Wiederaufbau keine Sorge vor Wiedereintritt der Schäden (hier Gerüche) besteht.

*Abb. 13.23: Bewertungsobjekt*

## 13.7 Umrüstung Hochspannungsleitung

In einem Dorf plant die Gemeinde die Nachrüstung einer bestehenden 110-kV-Leitung von 1954 im zeitweisen Betrieb zu einer 380-kV-Leitung im Dauerbetrieb umzuwandeln. Allein die Überlegung zur Nachrüstung führt in der Gemeinde zu Aufregung und Sorge um Wertverlust der Häuser, die sich in unmittelbarer Nähe zu der Leitung befinden. Es soll nun der merkantile Minderwert der Häuser ermittelt werden, wenn die Gemeinde ihren Überlegungen Taten folgen lässt. Marktuntersuchungen haben gezeigt, dass die Lage in der Nähe von Freileitungen einen Werteinfluss auf Immobilien hat.

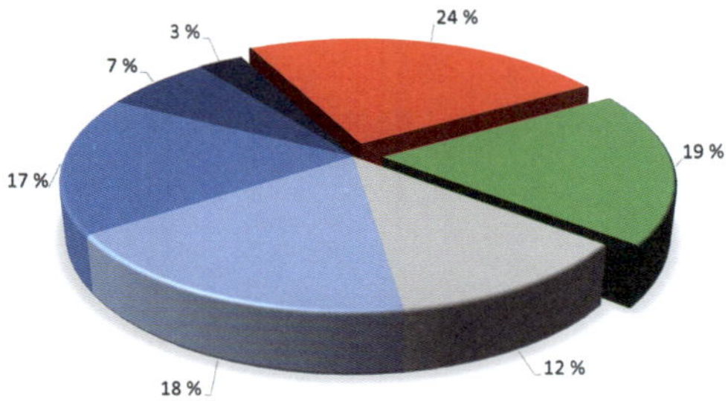


*Abb. 13.24: Verteilung der Abneigung bzgl. des Kaufs bei einer Hochspannungsleitung in der Nähe Grundstücks*

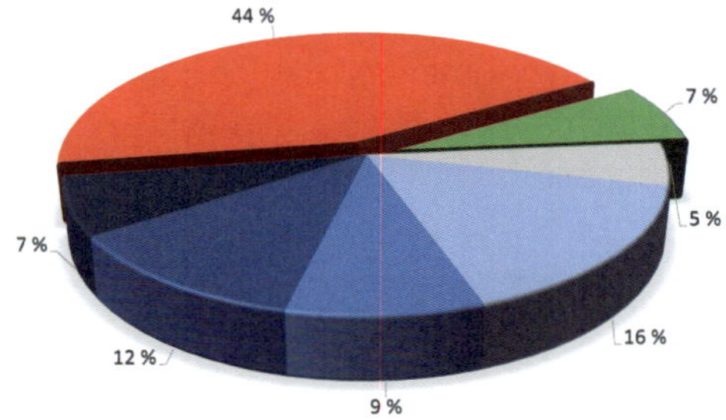


*Abb. 13.25: Verteilung der Abneigung bzgl. des Kaufs bei einer Hochspannungsleitung auf dem Grundstück*

Der Einfluss der Freileitung auf den Verkehrswert hängt stark von dem Abstand der Gebäude zu dieser ab. Die Auswertung von *Unglaube* in *Kapitel 7.5.3* von tatsächlichen Kauffällen zeigt, dass in Ballungsgebieten bei einem Abstand von 15 m zu den Gebäuden und teilweise Führung der Freileitungen über die Grundstücksgrenzen ein Abschlag von 7 bis 8 % angesetzt wurde. Dabei handelte es sich um vier Doppelhaushälften.

Die Auswertung der Umfrage von *Unglaube* zeigt, dass 24 % der Befragten ein Grundstück in der Nähe einer Hochspannungsleitung nicht kaufen würden, ein Grundstück mit einem Hochspannungsmast darauf würden 44 % der Befragten nicht kaufen.

Die Auswertung nach *Prange* bestätigt den Abschlag von 7 bis 8 % aus den Kaufpreisen. Er hatte im Rahmen einer Umfrage mit 154 Rückläufen die Wertminderung auf 10 % geschätzt.

Seine im Jahr 2024 durchgeführte Umfrage zeigte sogar eine noch stärkere Abneigung als die Umfrage von Unglaube in den Jahren 2021 bis 2025.

Nach *Prange* würden 85 % der Befragten ein Haus unter einer Höchstspannungsleitung nicht kaufen, nach *Unglaube* waren es 44 %. Weiter würden nach *Prange* 58 % der Befragten ein Haus im Abstand von 150 m zur Trasse nicht kaufen und bei einem Abstand von 300 m waren es 40 %, die eine Abneigung hatten. Bei *Unglaube* waren es nur 24 %.

*Abb. 13.26: Hochspannungsmast mit Freileitungen*

In *Kapitel 7.5.3* wird die Abgrenzung zwischen dem Lagemerkmal und dem merkantilen Minderwert herausgearbeitet. Schattenwurf, Optik und Emissionen sind wertmindernde Eigenschaften, die ganz klar zum Lagemerkmal zählen und an anderer Stelle berücksichtigt werden.

Im vorliegenden Beispiel geht es um die Wertminderung der Erhöhung der Leistung einer vorhandenen und teilweise sehr nahe an den Gebäuden liegenden Trasse.

Hierzu müsste herausgearbeitet werden, welche Nachteile eine solche Erhöhung der Leistung mit sich bringt. Zunächst wird in Deutschland zwischen Mittelspannung und Hochspannung unterschieden:[116]

- Mittelspannung
  - 10 kV/20 kV/30 kV/35 kV
  - 15 kV (Gebiet der ehemaligen DDR, meist im Rückbau)
  - 15 kV Bahnoberleitung (mit der Frequenz 16,7 Hz)
- Hochspannung
  - 60 kV (nur noch selten in Deutschland, aber noch in manchen Kabelnetzen)
  - 65 kV (STEAG, Saarland)
  - 110 kV (Überlandleitungen, Bahnstrom)
  - 220 kV
  - 380 kV

Die höheren Spannungsebenen 220 und 380 kV gehören zu den Höchstspannungsleitungen. Außerhalb der elektrischen Netze werden Spannungen ab 300 kV (300.000 Volt) als Höchstspannung bezeichnet, wobei dafür kein einheitlicher Grenzwert festgelegt ist.

Somit waren die Leitungen vorher Hochspannungsleitungen und sind auch nach Umrüstung immer noch Hochspannungsleitungen. Was sich ändert, ist die Größe des magnetischen Fel-

116 https://de.wikipedia.org/wiki/Hochspannungsleitung.

des. Das wiederum führt dazu, dass Häuser, die bei der kleiner dimensionierten Leitung nicht in unmittelbarer Nähe zum Feld standen, nun betroffen sind. Da man sich vor magnetischen Feldern nur durch Abstand schützen kann, wäre hier eine potenzielle Mehrbelastung zu berücksichtigen *(Kapitel 7.5.2)*.

Seit 1954 hat sich das Gesundheitsbewusstsein der Menschen verändert. Was früher hingenommen wurde, wird heute kritisch geprüft. Die Gesundheit hat einen hohen Stellenwert in der Gesellschaft. Ein Käufer wird also abwägen, inwieweit die Erhöhung der Leistung einen Einfluss auf seine Gesundheit haben wird. Ursprünglich waren kleine einfache Häuser unter der Trasse. Diese haben sich im Lauf der Zeit zu einem gefragten Wohngebiet entwickelt.

Probleme für die Anwohner bestanden mit dem zeitweisen Betrieb der 110-kV-Leitung nicht. Der Markt hatte die hohen Preise in dem gehobenen Wohngebiet mit dieser Beeinträchtigung akzeptiert. Gleichwohl wird es schon damals Käufer gegeben haben, die ein Grundstück in unmittelbarer Nähe zu einer Freileitung nicht gekauft hätten. Die Abneigung war damals schon vorhanden.

Wie würde der Markt auf eine Umstellung auf Dauerbetrieb bei erhöhter Leistung reagieren? Die Reaktion wird im Einzelnen vom Abstand der jeweiligen Häuser von der Trasse abhängen. Sicher wäre es nicht richtig, die Umfrageergebnisse voll anzusetzen.

Die Befragten haben bei ihrer Beantwortung der Fragen nämlich nicht zwischen Lagemerkmal und merkantilem Minderwert unterschieden. Auch waren schon immer Hochspannungsmasten in dieser Gegend, sodass dies keinen Einfluss auf die Wertminderung hat. Allein die Aufrüstung ist zu betrachten.

Wenn also davon ausgegangen wird, dass Käufer, die ein Grundstück in der Nähe einer Freileitung kaufen, einen Wertabschlag von ca. 10 % vornehmen, dann muss der Abschlag für das Nachrüsten der Leitungen in der Spanne 0 bis 10 % liegen, da hier nur der Wertunterschied eines Grundstücks mit einer Freileitung im zeitweisen Betrieb mit 110 kV und einer Freileitung im Dauerbetrieb mit 380 kV berücksichtigt werden darf bzw. der Wertunterschied eines Grundstücks in der Nähe einer Freileitung und nun in unmittelbarer Nähe oder auf dem Grundstück. Ein Ansatz von 5 % könnte als Mittelwert marktgerecht sein, die Werte müssten aber für jedes Grundstück in Abhängigkeit der Verschlechterung der Lage ermittelt werden.

## 13.8 Schimmelschaden Altersheim

Im Rahmen der Verkehrswertermittlung für eine Seniorenresidenz in einem Randgebiet ist der merkantile Minderwert zu ermitteln. Der unbelastete Verkehrswert beträgt rd. 6 Mio. €. Aufgrund des Einbaus eines falschen Materials in der Fußbodenheizung kam es zu einer Undichtheit und somit zu einem massiven Feuchteeintritt im Boden, in dessen Folge ein massiver Schimmelschaden entstand. Am Wertermittlungsstichtag, dem Tag der Ortsbesichtigung, war der Schaden noch vorhanden. Der Befall war erheblich und erstreckte sich in mehreren Zimmern fast über die ganze Wand. Zum Zeitpunkt der Begehung waren die Bewohner des Trakts bereits evakuiert und die Sanierungsmaßnahmen im Gange. Zur Ermittlung des merkantilen Minderwerts muss nun eine fiktive Schadensbeseitigung unterstellt werden. Die Maßnahmen waren bekannt. Der Schimmel sollte fachgerecht beseitigt werden, der Boden- und Wandbelag entfernt und wiederhergestellt und die Räume getrocknet werden. Zuvor wurde die Fußbodenheizung im Bereich der Beschädigung erneuert. Die Schadensbeseitigungskosten sind in einem Gutachten auf rd. 150.000,00 € beziffert worden.

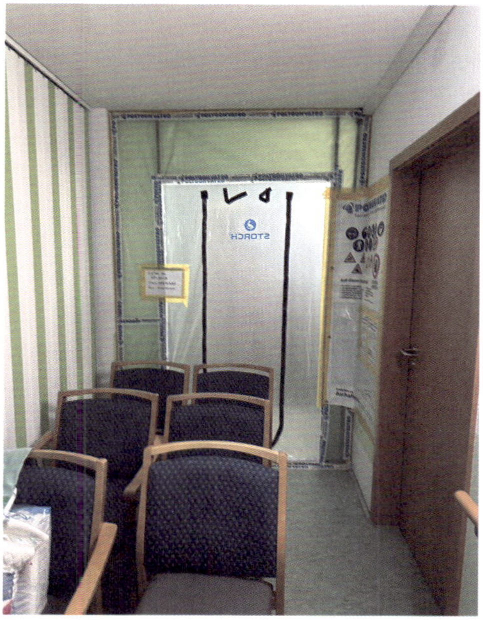

*Abb. 13.27: Schleuse im Bewertungsobjekt im Rahmen der Schimmelpilzsanierung*

*Abb. 13.28: Schimmelschaden an der Wand*

*Abb. 13.29: Abgeklebte Bereiche im Rahmen der Schimmelpilzsanierung*

Vor Durchführung der Näherungsmethode wird anhand der K.-o.-Kriterien geprüft, ob ein merkantiler Minderwert grundsätzlich auszuschließen ist. Dies ist nicht der Fall. Bei der Gewichtung der Einflusskriterien wird die Schadensart als besonders wichtig empfunden und deshalb doppelt bewertet. Die tatsächlichen Schadensbeseitigungskosten in Höhe von 150.000,00 € machen 2,5 % des unbelasteten Verkehrswerts von 6 Mio. € aus. Somit stellen diese 2,5 % die Obergrenze für den merkantilen Minderwert dar.

Beim vorliegenden Fall handelt es sich um einen noch nicht beseitigten Schaden. Entsprechend den Ausführungen in den *Kapiteln 4.4 und 12.4* zur Stichtagsproblematik wird im Folgenden eine fiktive Schadensbeseitigung unmittelbar vor der Bewertung unterstellt.

Nun erfolgt die Bewertung der einzelnen Kriterien im Rahmen von 0 bis 2,5 %. Da davon ausgegangen werden kann, dass dieses Schadensereignis jedem Kaufinteressenten offengelegt wird, ist die Bekanntheit des Ereignisses als sehr hoch einzuordnen. Die Randlage führt zu einer mittleren Einstufung. Die Zeit nach Schadensbeseitigung wird maximal hoch eingestuft. Der merkantile Minderwert ist direkt nach der Schadensbeseitigung am größten, weil der Markt noch keine Gelegenheit hatte, Vertrauen bzgl. der Sicherheit der Schadensbeseitigungsmaßnahme aufzubauen. Auch die Schadensart wird mit den maximalen Prozenten versehen, da der Markt auf Schimmelschäden sehr sensibel reagiert. Obwohl es sich hier um ein Renditeobjekt handelt, ist klar, dass Schimmelschäden im Seniorenheim mit Bewohnern, die eher ein labiles Immunsystem haben, ein Problem darstellen. Die Schadensgröße wird mit 75 % ebenfalls sehr hoch eingeordnet. Für die Schadensbeseitigungsmaßnahme werden 50 % angesetzt, da es sich hier teilweise um einen Rückbau handelt, andererseits aber Beläge sowie der Estrich verbleiben und Trocknungsmaßnahmen durchgeführt werden.

Was die juristischen Definitionen angeht, handelt es sich hier um das Versagen eines Bauteils, weshalb nicht grundsätzlich das Vertrauen in die bauliche Qualität des Gebäudes in Frage gestellt werden muss. Auch besteht deswegen sicher keine Sorge um verborgen gebliebene Schäden. Eine gewisse Sorge für den Wiedereintritt des Schadens ist durchaus denkbar und wird daher als mittel eingestuft.

Unter Berücksichtigung der Gewichtungen und der angesetzten Prozentsätze zur Bewertung der Einzelkriterien ergibt sich eine mittlere Beeinflussung von 1,42 %. Der merkantile Minderwert kann somit auf rd. 1,4 % des unbelasteten Verkehrswerts beziffert werden.

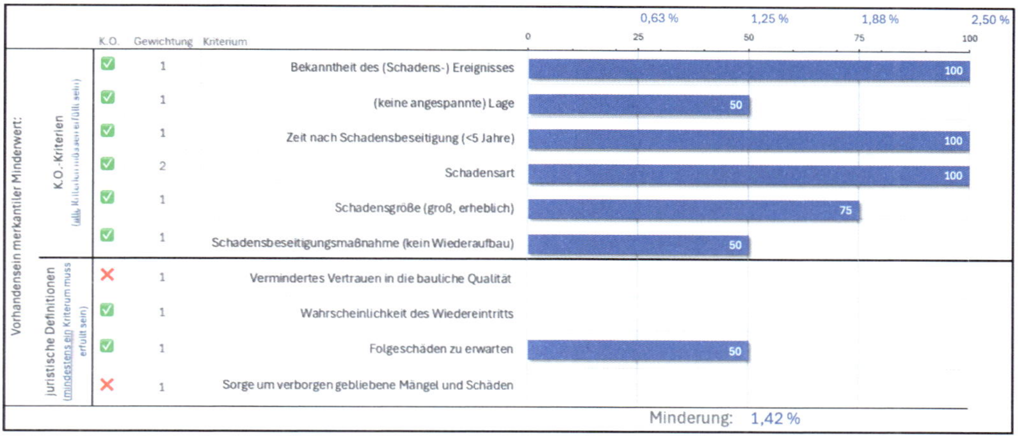


*Abb. 13.30: Näherungsmethode unter Zugrundelegung der vollen Schadensbeseitigungskosten*

Bei der Bewertung der Minderwerte infolge des Schimmelschadens würden über den merkantilen Minderwert hinaus noch folgende Punkte eingepreist werden:

- Risikobetrachtung für das Auftreten weiterer Schäden an der Fußbodenheizung,
- Mietausfälle aufgrund der Evakuierung,
- Schadensbeseitigungskosten für die vorhandenen Schäden.

Die Minderwertermittlung könnte wie folgt aussehen:

| | | |
|---|---|---|
| **Unbelasteter Verkehrswert:** | **6 Mio. €** | **6.000.000,00 €** |
| **boG:** | | **469.000,00 €** |
| Schadensbeseitigungskosten: | 150.000,00 € (hier Ansatz der vollen Schadensbeseitigungskosten) | – 150.000,00 € |
| Risikobewertung: | 0,9 × 150.000,00 € (mit der Überlegung, dass das gleiche Material im ganzen Haus verlegt wurde und eine 90%ige (also eine hohe) Wahrscheinlichkeit besteht, dass dieses Schadensereignis an anderer Stelle auftritt) | – 135.000,00 € |
| Merkantiler Minderwert: | 1,4 % von 6 Mio. € | – 84.000,00 € |
| Mietausfälle: | Annahme in diesem Beispiel 100.000,00 € | – 100.000,00 € |
| **Belasteter Verkehrswert:** | | **5.531.000,00 €** |
| | | **rd. 5.500.000,00 €** |

*Tab. 13.6: Zusammenstellung der Wertabschläge*

Der unbelastete Verkehrswert ergibt sich somit zu rd. 5,5 Mio. €.

## 13.9 Frei auskragende Balkone

Im Rahmen des Neubaus eines Mehrfamilienwohnhauses im Ballungsgebiet waren drei frei auskragende Balkone im ersten Obergeschoss geplant. Am Tag der Abnahme wurde festgestellt, dass die Balkone nicht ausreichend bewehrt waren, sodass die Tragfähigkeit nicht nachgewiesen werden konnte. Der Rohbauunternehmer hatte die falschen Isokörbe eingebaut.

Die Mangelbeseitigungsmaßnahme in Form von Stützenstellungen wurden mit den Eigentümern der Erdgeschosswohnungen besprochen. Diese waren zuerst nicht einverstanden mit der Maßnahme. Schließlich einigten sich der Bauträger und die Bauherren auf die Maßnahme und einen Minderwert in Höhe von 10.000,00 € pro Wohneinheit im Erdgeschoss.

Zur Mangelbeseitigung wurden jeweils zwei Stahlstützen mit quadratischem Querschnitt mit einer Seitenlänge von 10 cm unter den Balkonen vorgesehen. Die Sanierungskosten betrugen 2.500,00 € pro Balkon. Der Verkehrswert lag bei 400.000,00 € pro Erdgeschosswohnung.

Der Bauträger forderte im Nachgang die an die Eigentümer gezahlten 30.000,00 € von dem Rohbauer, der die falschen Isokörbe eingebaut hatte. Dieser war bereit, die Schadensbeseitigungskosten und auch den technischen Minderwert zu übernehmen. Der technische Minderwert war in einem Gutachten auf 2.500,00 € pro Wohnung geschätzt worden. Im gleichen Gutachten war ein merkantiler Minderwert auf 7.500,00 € pro Wohnung beziffert worden. Diesen erkannte der Unternehmer nicht an.

Nun ist zu klären, ob es einen merkantilen Minderwert direkt nach der Stützenstellung gibt und, wenn ja, wie hoch dieser ist bzw. ob die ermittelten 7.500,00 € gerechtfertigt sind.

Abb. 13.31: Bewertungsobjekt (Beispielfoto)

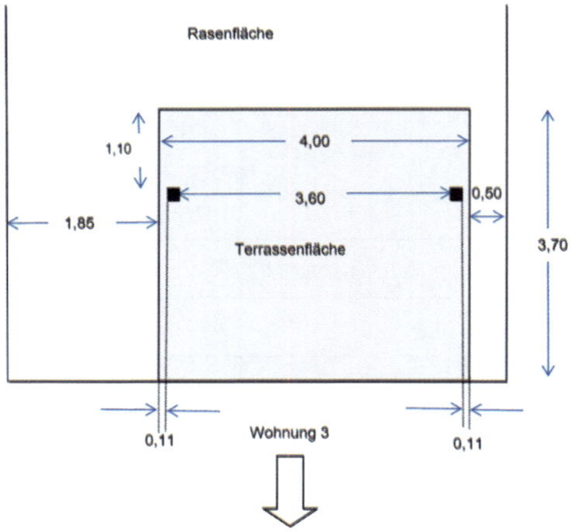


Abb. 13.32: Grundriss Terrasse

Bei Anwendung der Näherungsmethode fällt gleich auf, dass es einige Ausschlusskriterien gibt. Zunächst einmal ist es fraglich, ob der Mangel überhaupt offenzulegen wäre, da die Mangelbeseitigungskosten nur 1 % des Verkehrswerts betragen. Aufgrund des langwierigen Gerichtsverfahrens existieren mittlerweile sehr viele Akten zu dem Thema, sodass es nun an Bedeutung gewonnen hat. Weiter handelt es sich um eine sehr nachgefragte Gegend. In dieser Gegend macht der Markt bei vorhandenen kleinen Schäden (bis 10.000,00 €) einen mittleren Wertabschlag von 0,3 %. Es kann also davon ausgegangen werden, dass für einen beseitigten Schaden kein Wertabschlag gemacht wird. Tatsächlich ist auch kein Schaden eingetreten, sondern nur ein Mangel, der am Tag der Abnahme festgestellt wurde. Zum Zeitpunkt, zu dem der Wert ermittelt werden sollte, lag die Mangelbeseitigung bereits anderthalb Jahre zurück.

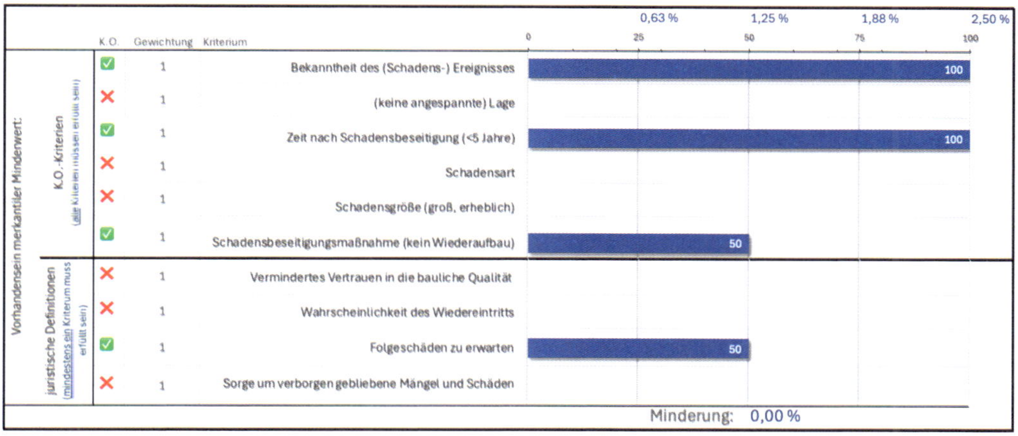


*Abb. 13.33: Näherungsmethode unter Zugrundelegung der vollen Schadensbeseitigungskosten*

| | Schadensgröße | | | | | | | | | | | | | | |
|---|---|---|---|---|---|---|---|---|---|---|---|---|---|---|---|
| | klein | | | mittel | | | groß | | | erheblich | | | zusammen | | |
| **Jahre 2020-2023** | Anz. | Ø | Max. | Anz. | Ø | Max. | Anz. | Ø | Max. | Anz. | Ø | Max | Anz. | Ø | Max. |
| Allgemein (alle Lagen) | 563 | 0,6 % | 20,0 % | 227 | 1,5 % | 25,0 % | 101 | 5,4 % | 66,7 % | 47 | 6,3 % | 75,0 % | 940 | 1,3 % | 42,9 % |
| Ländliches Gebiet | 81 | 1,2 % | 26,0 % | 29 | 3,9 % | 21,7 % | 16 | 8,2 % | 45,0 % | 5 | 9,7 % | 48,4 % | 131 | 2,4 % | 32,6 % |
| Randgebiet | 285 | 0,6 % | 20,0 % | 119 | 1,5 % | 25,0 % | 64 | 5,5 % | 66,7 % | 22 | 9,3 % | 75,0 % | 492 | 1,5 % | 42,9 % |
| Ballungsgebiet | 196 | 0,3 % | 13,5 % | 79 | 0,7 % | 12,1 % | 21 | 3,1 % | 24,0 % | 20 | 2,2 % | 34,7 % | 317 | 0,6 % | 25,8 % |

*Abb. 13.34: Wertabschläge vom unbelasteten Verkehrswert nach Lage und Schadensgröße*[117]

Die Näherungsmethode bzw. die Prüfung der Ausschlusskriterien zeigt, dass hier kein merkantiler Minderwert abbildbar ist. Da der Fall sehr interessant ist, wird im Folgenden die Situation aus den verschiedenen Perspektiven der Protagonisten betrachtet.

### Der Unternehmer

Der Rohbauunternehmer hat eine mangelhafte Leistung erbracht. Der Mangel wurde behoben. Die Schadensbeseitigungskosten wegen der zu gering dimensionierten Isokörbe betrug ca. 7.500,00 €. Die Zusatzkosten für die Mangelbeseitigung trägt er. Durch die Änderung der

117 *Unglaube, D.*: Baumängel und Bauschäden in der Wertermittlung, 2. Aufl., Reguvis, Köln 2024.

Ausführung ist das Werk nun mangelfrei. Die Abweichung vom Vertragssoll wird als technischer Minderwert mit ebenfalls 2.500,00 €/Wohneinheit vergütet.

#### Der Bauträger

Der Bauträger musste den Eigentümern der Erdgeschosswohnung einen Geldbetrag zahlen, damit diese nicht weiterhin die Mangelbeseitigung blockierten. Da diese sich nicht mit dem Minderungsbetrag in Höhe von 2.500,00 €/Wohneinheit zufriedenstellen ließen, der sich aus dem technischen Minderwert ergab, musste er noch einen erheblichen Betrag darüber hinaus zahlen.

Die Ursache war die falsche Ausführung des Rohbauunternehmers, daher fordert er die volle Summe von diesem zurück.

#### Der Jurist

Juristisch betrachtet wurde der ursprüngliche Mangel beseitigt. Allerdings besteht nach Mangelbeseitigung eine Abweichung vom Vertragssoll. Laut Vertrag schuldet der Bauträger bzw. der Rohbauunternehmer die im Vertrag vereinbarte Leistung. Dies ist ein frei auskragender Balkon. Die Stützenstellung stellt eine Vertragsabweichung dar. Somit ist die Grundlage für einen technischen Minderwert vorhanden.

*Ein technischer Minderwert liegt vor, wenn trotz einer Instandsetzung der vertraglich geschuldete Zustand nicht erreicht werden kann. Für Baumängel bedeutet dies, dass ein technischer Minderwert anzunehmen ist, wenn trotz erfolgter Mangelbeseitigung der Gebrauchs- und Nutzwert oder ggf. auch das optische Erscheinungsbild des Bauwerks beeinträchtigt bleibt.*

Maßstab für die Berechnung des technischen Minderwerts ist die Beeinträchtigung der technischen und optischen Funktionstauglichkeit, der Haltbarkeit, der Höhe der Betriebs- und Instandsetzungskosten, der Nutzbarkeit sowie des Ertrags und Veräußerungswert des Gebäudes. Diese führte im vorliegenden Fall zu einem technischen Minderwert von 2.500,00 €/Wohneinheit.

#### Käufer am Erstverkaufsmarkt

Die Käufer der Erdgeschosswohnungen haben in der gefragten Lage einen hohen Preis für die Wohnungen bezahlt. Vertraglich war eine Stützenfreiheit der Balkone zugesagt. Ausgeführt wurden nun zwei Stützen auf der jeweiligen Terrasse.

Die funktionale Einschränkung, die in diesem Fall minimal war, wird über den technischen Minderwert abgegolten. Dieser belief sich auf 2.500,00 €.

Aus der Sicht des Eigentümers, der einen hohen Kaufpreis gezahlt hat und nun etwas bekommen hat, was er gar nicht wollte, ist das zu wenig. Auch wenn davon auszugehen ist, dass er den gleichen Preis gezahlt hätte, wären die Stützen von vornherein geplant gewesen, und wenn ihn die Stützen in der Terrassennutzung nicht wirklich einschränken, verbleibt bei ihm eine Art subjektives Verlustgefühl. Die Tatsache, dass ihm die Stützen nachträglich, nach Kaufpreiszahlung, quasi „vor die Nase gesetzt wurden", stört ihn und dafür möchte er entschädigt werden.

Der Minderwert, der sich allein aus der technischen Betrachtung ergibt, ist mit 2.500,00 € aus Sicht des Erstkäufers definitiv zu wenig.

**Käufer am Zweitverkaufsmarkt**

Der Käufer am Zweitverkaufsmarkt ist glücklich, endlich eine passende Wohnung im Ballungsgebiet gefunden zu haben.

Zum Zeitpunkt des Kaufs sind die Stützen auf der Terrasse bereits vorhanden. Da es sich um eine übliche Konstruktion handelt, stellt er diese nicht in Frage. Bei dem angespannten Markt und der hohen Nachfrage ist er froh, dass er diese Wohnung kaufen konnte. Er freut sich über die Wohnung und den zugehörigen Stellplatz in der Tiefgarage und zahlt den vollen Kaufpreis.

Es wird deutlich, dass jede Sicht für sich nachvollziehbar ist und dass die Aussage, dass kein merkantiler Minderwert vorliegt, einige der Beteiligten nicht zufriedenstellen wird.

Was auch immer für eine Art von Verlust die Eigentümer der Wohnungen aufgrund der nachträglichen Stützenstellung empfinden, klar ist, dass sich dieser nicht durch den merkantilen Minderwert abbilden lässt.

Dieser Bewertungsfall ist einmal mehr ein Beispiel dafür, dass der technische Minderwert i.d.R. zu gering bemessen wird.

| | |
|---|---|
| Baujahr | 2020 |
| RND | 68 Jahre |
| Bodenwert | 1.000,00 €/m² |
| Verkehrswert unbelastet | 400.000,00 € |
| Sanierungskosten | 2.500,00 € |
| Sanierungskosten/Verkehrswert unbelastet (150.000/600.000) | 0,6 % |
| Durchschnittlicher Wertabschlag bei vorhandenen kleinen Schäden im Ballungsgebiet | 0,3 % |
| Merkantiler Minderwert | 0 % |

*Tab. 13.7: Zusammenstellung der Ergebnisse*

## 13.10 Wasserschaden im Badezimmer eines Neubaus

Aufgrund eines Ausführungsfehlers kommt es im Badezimmer im ersten Obergeschoss eines Neubaus im Jahr 2021 zu einem Wasserschaden. Es handelt sich um ein Reihenendhaus im Ballungsgebiet mit einem Verkehrswert von 1,3 Mio. €. Ursache des Schadens war der Einbau eines falschen Ventils. Erhebliche Mengen Wasser gelangten vom Obergeschoss in das Erdgeschoss sowie in den Keller und durchfeuchten Wände, Böden und Decken. Stellenweise kam es zu Schimmelbefall. Zur Beseitigung des Schadens ist es erforderlich, die Wand-, Decken- und Bodenbeläge bis auf den Rohbau zurückzubauen. Der Estrich wird mittels Ansaugverfahren getrocknet. Nach einer Freimessung der Raumluft wird der Innenausbau wieder erstellt. Die Schadensbeseitigungskosten belaufen sich insgesamt auf 180.000,00 €.

*Abb. 13.35: Bewertungsobjekt (Beispielfoto)*

*Abb. 13.36: Schadensbeseitigung (Beispielfoto)*
*Quelle: Dipl.-Ing. N. Pruzina, SV für Schadstoffe in Innenräumen*

Im Zusammenhang mit der Ermittlung des Schadensersatzes ist festzustellen, ob ein merkantiler Minderwert vorliegt. Am Wertermittlungsstichtag sind die Schäden noch nicht beseitigt.

Dieses Beispiel wird im Folgenden für alle Lagen dargestellt. Für Ballungsgebiete wird ein Bodenrichtwertniveau von größer 499,00 €/m² zugrunde gelegt, für Randgebiete 150,00 bis 499,00 €/m² und für ländliche Gegenden kleiner 150,00 €/m².

Die Lage und die Schadensgröße wurden in diesem Beispiel doppelt gewichtet, da davon ausgegangen werden kann, dass dies den Markt am meisten beeinflusst.

**K.-o.-Kriterien**

In einem ersten Schritt werden die K.-o.-Kriterien überprüft.

Bekanntheit

Was die Bekanntheit angeht, muss davon ausgegangen werden, dass der Vorfall beim Verkauf offenbart werden muss *(Kapitel 4.3)*.

Somit weiß jeder potenzielle Kaufinteressent über das Ereignis Bescheid. Die Bekanntheit ist somit sehr groß.

Lage

Die Lage wird in den jeweiligen Kapiteln bewertet.

Zeit nach Schadensbeseitigung

Hier sind die Schäden noch am Wertermittlungsstichtag vorhanden, daher wird von einer fiktiven Beseitigung kurz vor dem Wertermittlungsstichtag ausgegangen. Der Einfluss ist somit am höchsten *(Kapitel 12.4)* und wird mit 100 % angesetzt.

Schadensart

Bei den Schäden handelt es sich um Feuchte und Schimmel, die vom Markt als wertbeeinflussend wahrgenommen werden. Der Einfluss wird als groß bewertet. Sehr groß wäre der Einfluss von Schädlingen. Es werden daher 75 % angesetzt.

Schadensgröße

Was die Schadensgröße angeht, ist der Schaden mit 180.000,00 € Schadensbeseitigungskosten erheblich. Daher werden 100 % angesetzt.

Schadensbeseitigungsmaßnahme

Es erfolgte ein Rückbau bis auf den Rohbau. Einzig der Estrich verblieb und wurde getrocknet. Es erfolgte eine Schimmelfreimessung durch einen Sachverständigen. Die Maßnahmen wurden dokumentiert. Trotz der umfangreichen Rückbaumaßnahmen und der Dokumentation ist ein kleiner Teilbereich, nämlich der Estrich, verblieben. Im Zusammenhang mit den Trocknungsmaßnahmen könnte die Sorge bestehen, dass diese nicht vollumfänglich erfolgt sind. Eine Restfeuchte im Estrich könnte zu Folgeschäden führen, was bei einem Komplettrückbau des Estrichs nicht der Fall gewesen wäre. Aus diesem Grund wird an dieser Stelle nur ein kleiner Ansatz von 25 % für den verbliebenen Estrich angesetzt.

Vermindertes Vertrauen in die bauliche Qualität

Bei dem Ausführungsfehler handelt es sich um einen Fehler an einer Stelle im Bauwerk, verursacht von einem Gewerk. Aufgrund des Einbaus eines falschen Ventils ist sicher nicht die bauliche Qualität des gesamten Gebäudes zu hinterfragen.

Wahrscheinlichkeit des Wiedereintritts

Es ist unwahrscheinlich, dass nach Austausch des Ventils wieder ein unpassendes Ventil eingebaut wird, zumal nun der Fokus auf diesem Bauteil liegt.

Folgeschäden zu erwarten

Die Tatsache, dass der Estrich nicht zurückgebaut, sondern getrocknet wurde, könnte bei einigen die Sorge wecken, dass Restfeuchte verblieben ist und diese zu einem späteren Zeitpunkt Folgeschäden generieren könnte.

Sorge um verborgen gebliebene Mängel und Schäden

Eine Sorge um verborgen gebliebene Mängel und Schäden besteht nicht. Warum sollte wegen eines falschen Bauteils die Qualität des ganzen Gebäudes in Frage gestellt werden?

Da eine der juristischen Definitionen zutrifft und auch zunächst kein K.-o.-Kriterium festgestellt wurde, kann grundsätzlich ein merkantiler Minderwert verbleiben. In einem weiteren Schritt wird die Höhe des merkantilen Minderwerts bestimmt. Die Grundlage dieser Ermittlung ist die Annahme, dass für beseitigte Baumängel und Bauschäden kein höherer Abschlag gemacht wird als für vorhandene Baumängel und Bauschäden. Dazu wird auf Erfahrungswerte gemäß *Abbildung 13.37* zurückgegriffen.

## 13.10.1 Ballungsgebiet

**K.-o.-Kriterien**

Eingangs wurden die Einflusskriterien hinsichtlich Ausschlusskriterien geprüft. Die Lage wurde ausgelassen, da sie sich in den *Kapiteln 13.10.1 bis 13.10.3* unterscheidet. Eine Bewertung erfolgt an dieser Stelle:

Lage

Die Lage im Ballungsgebiet bedeutet, dass es wesentlich mehr Kaufinteressenten als Angebote gibt. Das hat zum einen die Folge, dass die Käufer „leidensfähiger" sind, vorhandene oder beseitigte Schäden werden eher akzeptiert, zum anderen kommt es zu keiner Kaufpreisreduzierung, auch wenn der Käuferkreis stark eingegrenzt ist.

Der Wertermittlungsstichtag liegt im Jahr 2021. In diesem Jahr war die Nachfrage auf dem Immobilienmarkt in Ballungsgebieten extrem hoch. Die Auswertung in *Abbildung 13.37* zeigt die Wertabschläge aus dem Jahr 2020 bis 2023. Danach machte der Markt im Ballungsgebiet für erhebliche Schäden (ab 70.000,00 €) im Mittel einen Abschlag von 2,2 %. Der merkantile Minderwert kann somit theoretisch zwischen 0 und 2,2 % liegen.

| | Schadensgröße | | | | | | | | | | | | | | |
|---|---|---|---|---|---|---|---|---|---|---|---|---|---|---|---|
| | klein | | | mittel | | | groß | | | erheblich | | | zusammen | | |
| **Jahre 2020-2023** | Anz. | Ø | Max. | Anz. | Ø | Max. | Anz. | Ø | Max. | Anz. | Ø | Max | Anz. | Ø | Max. |
| Allgemein (alle Lagen) | 563 | 0,6 % | 20,0 % | 227 | 1,5 % | 25,0 % | 101 | 5,4 % | 66,7 % | 47 | 6,3 % | 75,0 % | 940 | 1,3 % | 42,9 % |
| Ländliches Gebiet | 81 | 1,2 % | 26,0 % | 29 | 3,9 % | 21,7 % | 16 | 8,2 % | 45,0 % | 5 | 9,7 % | 48,4 % | 131 | 2,4 % | 32,6 % |
| Randgebiet | 285 | 0,6 % | 20,0 % | 119 | 1,5 % | 25,0 % | 64 | 5,5 % | 66,7 % | 22 | 9,3 % | 75,0 % | 492 | 1,5 % | 42,9 % |
| Ballungsgebiet | 196 | 0,3 % | 13,5 % | 79 | 0,7 % | 12,1 % | 21 | 3,1 % | 24,0 % | 20 | 2,2 % | 34,7 % | 317 | 0,6 % | 25,8 % |

*Abb. 13.37 Wertabschläge vom unbelasteten Verkehrswert nach Lage und Schadensgröße*[118]

Die angespannte Marktlage stellt ein K.-o.-Kriterium dar. Daher wird der merkantile Minderwert mit 0 % angesetzt.

118 *Unglaube, D.*: Baumängel und Bauschäden in der Wertermittlung, 2. Aufl., Reguvis, Köln 2024.

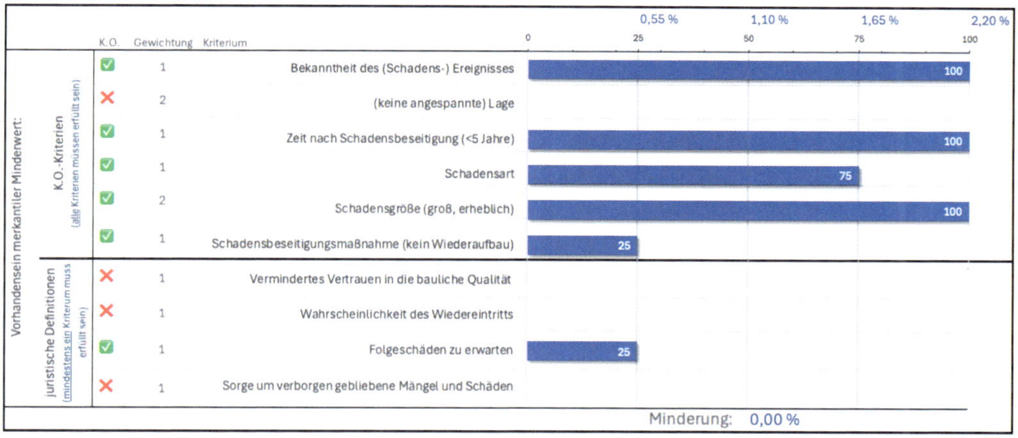


*Abb. 13.38: Näherungsmethode auf Basis von Erfahrungswerten bei erheblichen Schäden im Ballungsgebiet*

Betrachtet man die Auswertungen zu den Umfragen über den Einfluss beseitigter Baumängel und Bauschäden *(Kapitel 9)*, zeigt *Abbildung 13.39*, dass im Ballungsgebiet 48 % der Befragten ein Haus mit einem ehemaligen Schimmelbefall ohne Wertminderung kaufen würden. Bei einem ehemaligen Feuchteschaden waren es 34 % *(Abb. 13.40)*. Der Käuferkreis im Ballungsgebiet ist somit eingegrenzt. Da die Nachfrage im Ballungsgebiet entsprechend hoch ist und im vorliegenden Fall im Jahr 2021 sogar extrem hoch war, kann davon ausgegangen werden, dass dieser verkleinerte Käuferkreis von 35 % recht schnell gefunden ist, sodass es zu keiner Kaufpreisreduzierung kommt.

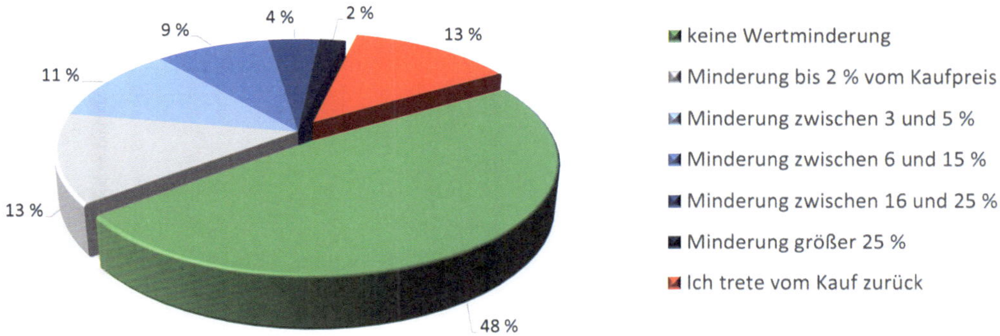


*Abb. 13.39: Verteilung der Abneigung bzgl. des Kaufs bei einem ehemaligen Schimmelbefall im Ballungsgebiet*

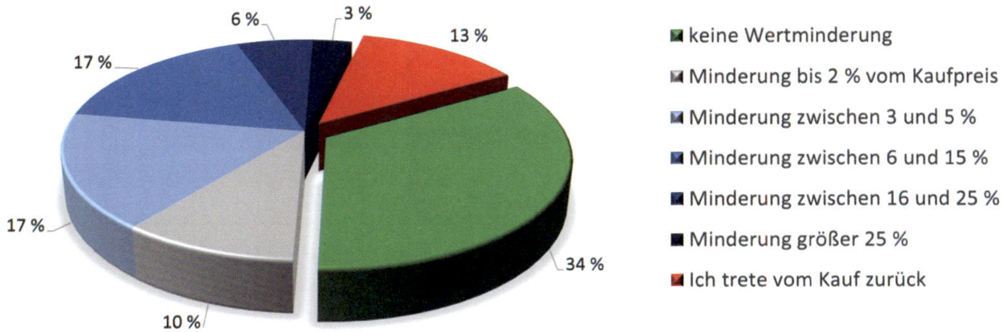


*Abb. 13.40: Verteilung der Abneigung bzgl. des Kaufs bei einem ehemaligen Feuchteschaden im Ballungsgebiet*

| | |
|---|---|
| Baujahr | 2021 |
| RND | 70 Jahre |
| Bodenwert | 1.500,00 €/m² |
| Verkehrswert unbelastet | 1.300.000,00 € |
| Sanierungskosten | 180.000,00 € |
| Sanierungskosten/Verkehrswert unbelastet (180.000/1.300.000) | 14 % |
| Abschlag wegen tatsächlich vorhandener Schäden | 2,2 % |
| Merkantiler Minderwert | 0 % |

*Tab. 13.8: Zusammenstellung der Ergebnisse im Ballungsgebiet*

## 13.10.2 Randgebiet

**K.-o.-Kriterien**

Im Randgebiet liegen keine K.-o.-Kriterien vor. Eingangs wurden die Einflusskriterien hinsichtlich Ausschlusskriterien geprüft. Die Lage wurde ausgelassen, da sie sich in den *Kapiteln 13.10.1 bis 13.10.3* unterscheidet. Eine Bewertung erfolgt an dieser Stelle:

Lage

Hinsichtlich der Lage kann von einem eher ausgewogenen Verhältnis zwischen Angebot und Nachfrage ausgegangen werden.

Nach der Auswertungstabelle in *Abbildung 13.41* liegt der mittlere Abschlag für erhebliche Schäden im Randgebiet bei 9,3 %. Der merkantile Minderwert kann somit zwischen 0 und 9,3 % liegen.

| | Schadensgröße | | | | | | | | | | | | | | |
|---|---|---|---|---|---|---|---|---|---|---|---|---|---|---|---|
| | klein | | | mittel | | | groß | | | erheblich | | | zusammen | | |
| Jahre 2020-2023 | Anz. | Ø | Max. | Anz. | Ø | Max. | Anz. | Ø | Max. | Anz. | Ø | Max | Anz. | Ø | Max. |
| Allgemein (alle Lagen) | 563 | 0,6 % | 20,0 % | 227 | 1,5 % | 25,0 % | 101 | 5,4 % | 66,7 % | 47 | 6,3 % | 75,0 % | 940 | 1,3 % | 42,9 % |
| Ländliches Gebiet | 81 | 1,2 % | 26,0 % | 29 | 3,9 % | 21,7 % | 16 | 8,2 % | 45,0 % | 5 | 9,7 % | 48,4 % | 131 | 2,4 % | 32,6 % |
| Randgebiet | 285 | 0,6 % | 20,0 % | 119 | 1,5 % | 25,0 % | 64 | 5,5 % | 66,7 % | 22 | 9,3 % | 75,0 % | 492 | 1,5 % | 42,9 % |
| Ballungsgebiet | 196 | 0,3 % | 13,5 % | 79 | 0,7 % | 12,1 % | 21 | 3,1 % | 24,0 % | 20 | 2,2 % | 34,7 % | 317 | 0,6 % | 25,8 % |

*Abb. 13.41: Wertabschläge vom unbelasteten Verkehrswert nach Lage und Schadensgröße*[119]

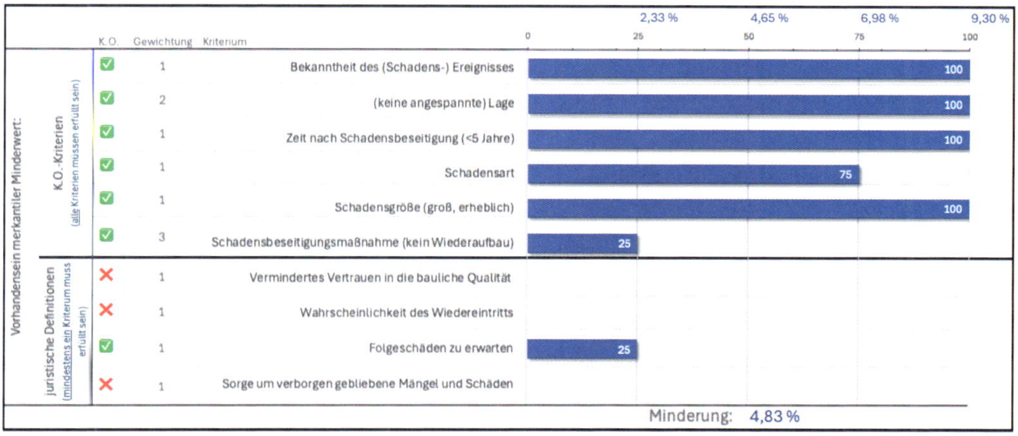


*Abb. 13.42: Näherungsmethode auf Basis von Erfahrungswerten bei erheblichen Schäden im Randgebiet*

Unter Berücksichtigung der vorgenannten Spanne sowie der Bewertung der Einflusskriterien ergibt sich der merkantile Minderwert zu rd. 4,80 %. Dies ist der Maximalwert direkt nach der Schadensbeseitigung *(Kapitel 12.4)*.

Betrachtet man die Auswertungen zu den Umfragen über den Einfluss beseitigter Baumängel und Bauschäden *(Kapitel 9)*, zeigt *Abbildung 13.43*, dass im Randgebiet 33 % der Befragten ein Haus mit einem ehemaligen Schimmelbefall ohne Wertminderung kaufen würden. Bei einem ehemaligen Feuchteschaden waren es 35 % (*Abb. 13.44*). Der Käuferkreis im Randgebiet ist somit eingegrenzt.

Im Gegensatz zum Ballungsgebiet sind im Randgebiet Angebot und Nachfrage eher ausgeglichen, die Nachfrage überwiegt hier etwas. Es kann nicht davon ausgegangen werden, dass zeitnah ein Käufer aus dem eingegrenzten Käuferkreis gefunden wird, sodass mit Abschlägen vom Kaufpreis zu rechnen ist.

Der zuvor ermittelte merkantile Minderwert in Höhe von rd. 4,8 % ist somit plausibel.

119 *Unglaube, D.*: Baumängel und Bauschäden in der Wertermittlung, 2. Aufl., Reguvis, Köln 2024.

| | |
|---|---|
| Baujahr | 2021 |
| RND | 70 Jahre |
| Bodenwert | 450,00 €/m² |
| Verkehrswert unbelastet | 600.000,00 € |
| Sanierungskosten | 180.000,00 € |
| Sanierungskosten/Verkehrswert unbelastet (180.000/1.300.000) | 30 % |
| Abschlag wegen tatsächlich vorhandener Schäden | 9,3 % |
| Merkantiler Minderwert | 4,8 % |
| | rd. 29.000,00 € |

*Tab. 13.9: Zusammenstellung der Ergebnisse im Randgebiet*

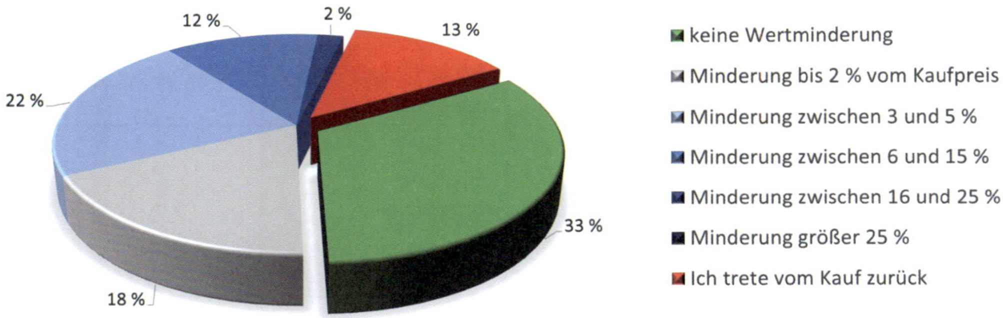


*Abb. 13.43: Verteilung der Abneigung bzgl. des Kaufs bei einem ehemaligen Schimmelbefall im Randgebiet*

>

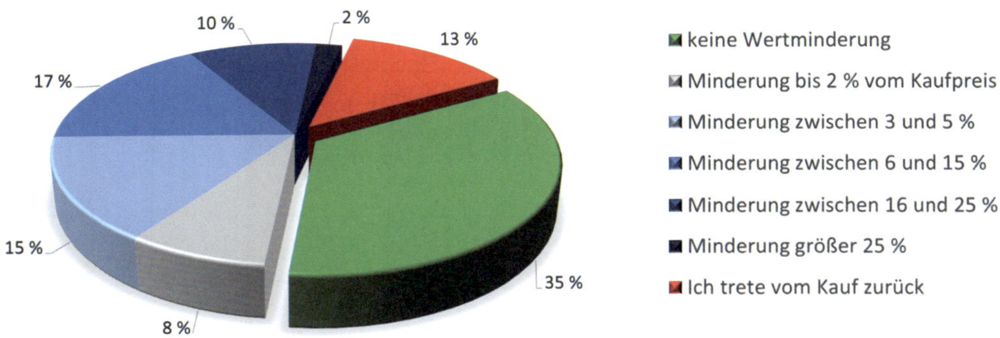


*Abb. 13.44: Verteilung der Abneigung bzgl. des Kaufs bei einem ehemaligen Feuchteschadens im Randgebiet*

### 13.10.3 Ländliche Gegend

**K.-o.-Kriterien**

Eingangs wurden die Einflusskriterien hinsichtlich Ausschlusskriterien geprüft. Die Lage wurde ausgelassen, da sie sich in den *Kapiteln 13.10.1 bis 13.10.3* unterscheidet. Eine Bewertung erfolgt an dieser Stelle:

Lage

Im Gegensatz zum Ballungsgebiet ist im ländlichen Bereich das Angebot größer als die Nachfrage. Es kann nicht davon ausgegangen werden, dass zeitnah ein Käufer aus dem eingegrenzten Käuferkreis gefunden wird, sodass mit Abschlägen vom Kaufpreis zu rechnen ist.

Die Auswertung in *Abbildung 13.45* zeigt die Wertabschläge aus dem Jahr 2020 bis 2023. Danach machte der Markt im ländlichen Gebiet für erhebliche Schäden (ab 70.000,00 €) im Mittel einen Abschlag von 9,7 %. Der merkantile Minderwert kann somit zwischen 0 und 9,7 % liegen.

| | Schadensgröße | | | | | | | | | | | | | | |
|---|---|---|---|---|---|---|---|---|---|---|---|---|---|---|---|
| | klein | | | mittel | | | groß | | | erheblich | | | zusammen | | |
| Jahre 2020-2023 | Anz. | Ø | Max. | Anz. | Ø | Max. | Anz. | Ø | Max. | Anz. | Ø | Max | Anz. | Ø | Max. |
| Allgemein (alle Lagen) | 563 | 0,6 % | 20,0 % | 227 | 1,5 % | 25,0 % | 101 | 5,4 % | 66,7 % | 47 | 6,3 % | 75,0 % | 940 | 1,3 % | 42,9 % |
| Ländliches Gebiet | 81 | 1,2 % | 26,0 % | 29 | 3,9 % | 21,7 % | 16 | 8,2 % | 45,0 % | 5 | 9,7 % | 48,4 % | 131 | 2,4 % | 32,6 % |
| Randgebiet | 285 | 0,6 % | 20,0 % | 119 | 1,5 % | 25,0 % | 64 | 5,5 % | 66,7 % | 22 | 9,3 % | 75,0 % | 492 | 1,5 % | 42,9 % |
| Ballungsgebiet | 196 | 0,3 % | 13,5 % | 79 | 0,7 % | 12,1 % | 21 | 3,1 % | 24,0 % | 20 | 2,2 % | 34,7 % | 317 | 0,6 % | 25,8 % |

*Abb. 13.45: Wertabschläge vom unbelasteten Verkehrswert nach Lage und Schadensgröße*[120]

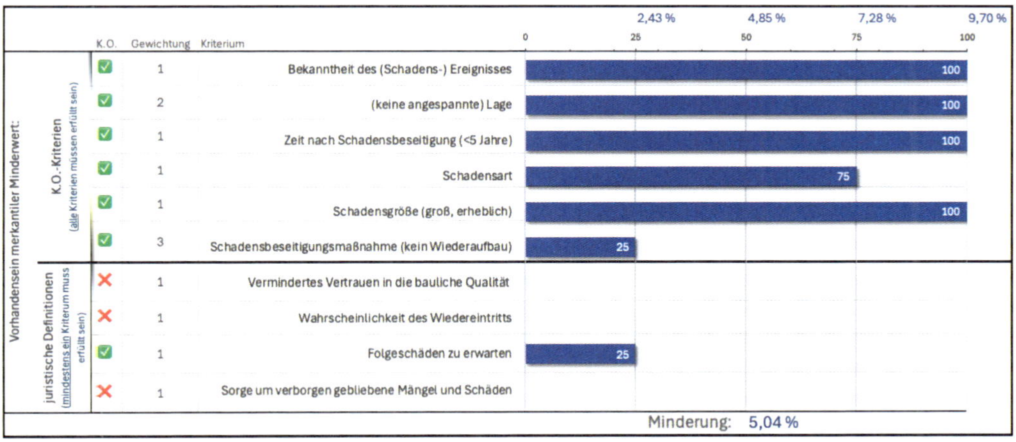


*Abb. 13.46: Näherungsmethode auf Basis von Erfahrungswerten bei erheblichen Schäden im ländlichen Gebiet*

Unter Berücksichtigung der vorgenannten Spanne sowie der Bewertung der Einflusskriterien ergibt sich der merkantile Minderwert zu rd. 5,0 %.

120 *Unglaube, D.*: Baumängel und Bauschäden in der Wertermittlung, 2. Aufl., Reguvis, Köln 2024.

Der ermittelte Wert ist der Wert, der sich zum Zeitpunkt direkt nach Beseitigung der Schäden darstellt. Der merkantile Minderwert nimmt mit zunehmender Zeitdauer ab *(Kapitel 12.4)*.

Betrachtet man die Auswertungen zu den Umfragen über den Einfluss beseitigter Baumängel und Bauschäden *(Kapitel 9)*, zeigt *Abbildung 13.47*, dass im ländlichen Gebiet 48 % der Befragten ein Haus mit einem ehemaligen Schimmelbefall ohne Wertminderung kaufen würden. Bei einem ehemaligen Feuchteschaden waren es 40 % *(Abb. 13.48)*. Der Käuferkreis im ländlichen Gebiet ist somit eingegrenzt.

Der zuvor ermittelte merkantile Minderwert in Höhe von rd. 5 % ist somit plausibel.

| | |
|---|---|
| Baujahr | 2021 |
| RND | 70 Jahre |
| Bodenwert | 150,00 €/m² |
| Verkehrswert unbelastet | 250.000,00 € |
| Sanierungskosten | 180.000,00 € |
| Sanierungskosten/Verkehrswert unbelastet (180.000/1.300.000) | 72 % |
| Abschlag wegen tatsächlich vorhandener Schäden | 9,7 % |
| Merkantiler Minderwert | 5,0 % |
| | rd. 13.000,00 € |

*Tab. 13.10: Zusammenstellung der Ergebnisse im ländlichen Gebiet*

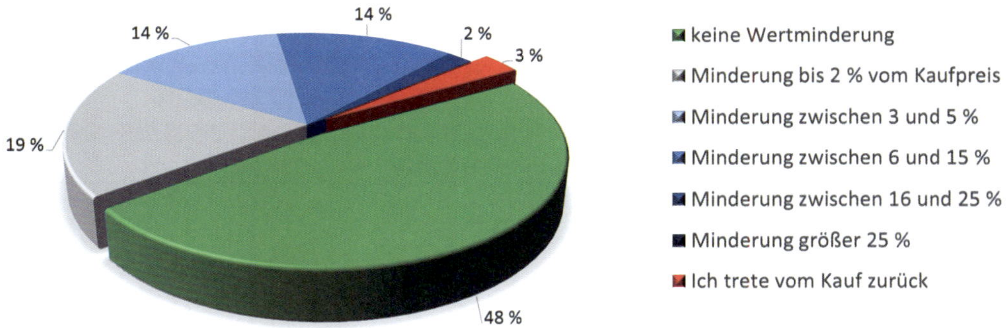


*Abb. 13.47: Verteilung der Abneigung bzgl. des Kaufs bei einem ehemaligen Schimmelbefall im ländlichen Gebiet*

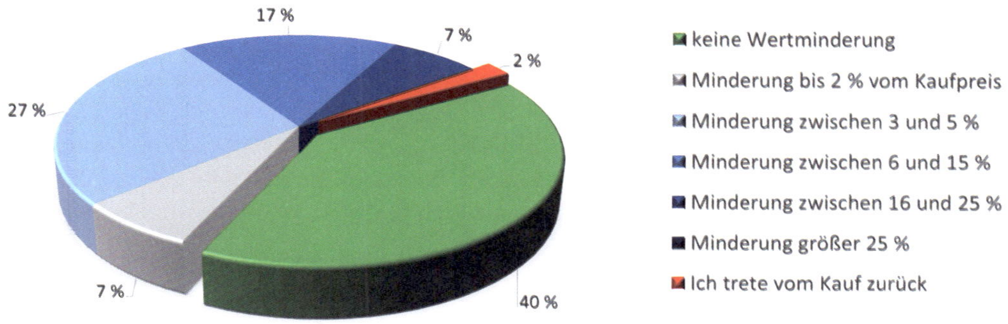


*Abb. 13.48: Verteilung der Abneigung bzgl. des Kaufs bei einem ehemaligen Feuchteschadens im ländlichen Gebiet*

## 13.11 Horrorhaus von A.

In der 500 Einwohnergemeinde A-Dorf hat der Eigentümer einer Hofreite mehrere Frauen verschleppt, misshandelt und getötet. Die Leichen vergrub er auf seinem Grundstück.

Durch einen anonymen Hinweis kam ihm die Polizei auf die Spur. Im Rahmen der Untersuchung wurden sieben Frauenleichen auf dem Grundstück geborgen.

Das Grundstück soll nun, fünf Jahre nach der Tat, verkauft werden. Es ist der merkantile Minderwert zu ermitteln. Der Verkehrswert des Grundstücks unbelastet beträgt 200.000,00 € bei einem Bodenrichtwert von 120,00 €/m².

Die Umfrage in *Kapitel 9.2* zeigt, dass der Einfamilienhausmarkt lageunabhängig sensibel auf das Thema Massaker und Misshandlung reagiert. 53 % der Befragten würden ein Haus, in dem Misshandlungen stattgefunden haben, nicht kaufen.

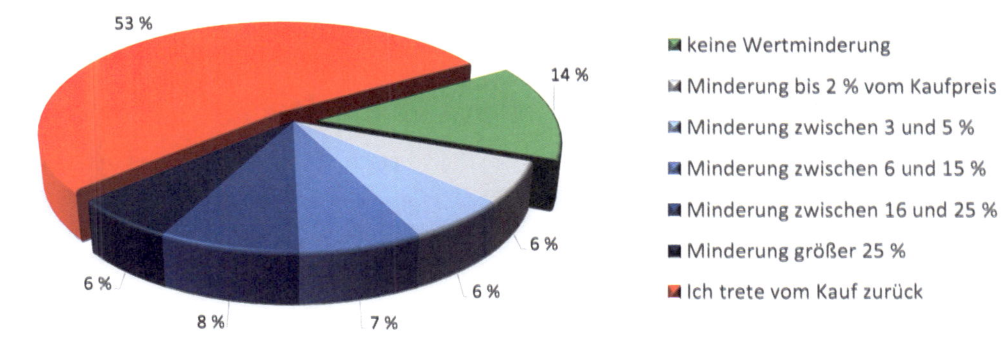


*Abb. 13.49: Verteilung der Abneigung bzgl. des Kaufs bei Misshandlung im EFH-Markt*

Die Fallbeispiele in *Kapitel 10* haben gezeigt, dass solche Häuser auch noch einige Jahre nach der Tat unverkäuflich sind. In vielen Fällen kam es zu Sensationstourismus, Vandalismus und zur Zerstörung oder Rückbau des Hauses. So wurde das Haus des „Kannibalen von

Rothenburg" niedergebrannt. Das Grundstück des Horrorhauses von H. wurde von der Gemeinde zurückgekauft und das Haus abgerissen.

Im vorliegenden Fall handelt es sich um ein Einfamilienwohnhaus. Untersuchungen haben gezeigt, dass der Einfamilienhausmarkt auf solche Ereignisse sehr sensibel reagiert. Da hier zusätzlich zu den Misshandlungen auch noch Tote im Garten vergraben wurden, könnte auch eine zusätzliche Sorge der Käufer bestehen, dass nicht alle Leichen gefunden wurden und ihnen nach Kauf möglicherweise noch „unangenehme Überraschungen" bevorstehen.

Die Bekanntheit wird aufgrund des kleinen Ortes und des schlimmen Ereignisses enorm sein. Der Fall hat sicherlich mediale Aufmerksamkeit hervorgerufen. In der Vergangenheit wurden bei solchen Ereignissen auch Podcasts erstellt und Filme zum Thema gedreht. Das sorgt dafür, dass die Bekanntheit erhöht und das Vergessen quasi nicht stattfindet. Man kann also nicht davon ausgehen, dass das Ereignis in zehn Jahren in Vergessenheit geraten ist.

Da die Nachfrage in der ländlichen Gegend i.d.R. nicht so hoch ist, wird sich der Käufer überlegen, ob er sich das „antun" möchte oder lieber ein vergleichbares Haus in einem anderen Ort kauft. Der Käuferkreis wird erheblich eingeschränkt sein. Manche Immobilien dieser Art werden zu einem günstigen Preis gekauft, umgebaut und vermietet. In diesem Fall ist es nicht üblich, Einfamilienhäuser zu vermieten. Bei Zweifamilienhäusern im Rand- oder Ballungsgebiet ist das schon eher denkbar. Aber auch dann ist der Käuferkreis immer noch eingeschränkt. Im vorliegenden Fall jedenfalls ist es, auch wenn die Offenbarungspflicht bei Vermietung nicht greift, sehr wahrscheinlich, dass ein Großteil der Mietinteressenten über die Medien über die Geschichte des Hauses informiert wurden und eine Abneigung gegen das Grundstück haben.

Aufgrund der vorigen Ausführungen wird davon ausgegangen, dass das Grundstück in den nächsten Jahren fast unverkäuflich ist. Für die Restwahrscheinlichkeit, dass sich ein Käufer findet, der kein Problem mit der Historie und der medialen Aufmerksamkeit und ihren Folgen hat, wird ein Ansatz von 2 % unterstellt.

Der merkantile Minderwert wird somit auf 98 % des unbelasteten Verkehrswerts geschätzt. Das belastete Grundstück hat somit einen Wert von 4.000,00 €.

## 13.12 Selbstmord im Einfamilienhaus im Randgebiet

In einem Einfamilienhaus im Randgebiet hat ein Suizid stattgefunden. Der Eigentümer hatte sich im Keller erhängt. Das Haus soll nun, kurze Zeit nach Fund des Toten, verkauft werden. Wie kann der merkantile Minderwert ermittelt werden? Der unbelastete Verkehrswert des Grundstücks beträgt 300.000,00 €.

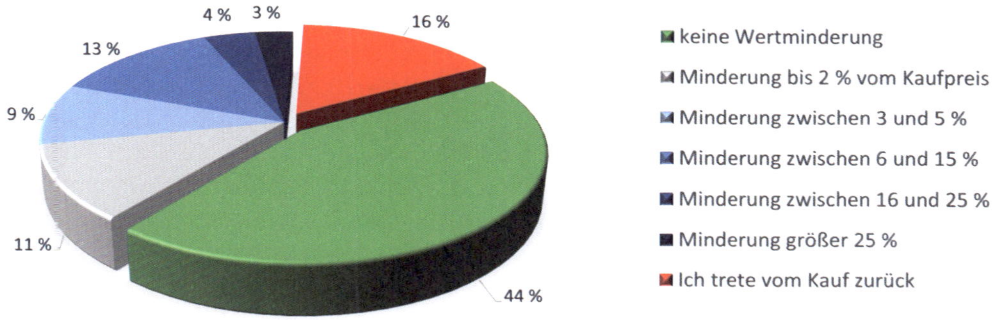


*Abb. 13.50: Verteilung der Abneigung bzgl. des Kaufs bei Suizid*

Die Auswertung der Umfrage zu diesem Thema *(Kapitel 9.2)* hat gezeigt, dass 44 % der Befragten ein Haus, in dem sich jemand das Leben genommen hat, ohne Reduzierung des Kaufpreises kaufen würden. Das entspricht etwas weniger als der Hälfte der Befragten. Wenn davon ausgegangen wird, dass in Randgebieten das Verhältnis zwischen Angebot und Nachfrage ausgeglichen ist bzw. ein leichter Nachfrageüberhang besteht, dann wird bei Reduzierung des Käuferkreises auf 44 % ein Nachrücken von Käufern notwendig, die zu der Gruppe gehören, die einen kleinen Abschlag machen würden. In der Konsequenz bedeutet dies, dass auf dem Markt im Randgebiet für den Fall eines Suizids ein minimaler Abschlag marktgerecht sein kann, der geringer als 1 % ist.

Das ergibt sich aus der Überlegung, dass die meisten das Grundstück ohne Wertabschlag kaufen würden, und wenn in dieser Gruppe kein Käufer zu finden ist, die nächste Gruppe derer, die einen Abschlag bis 2 % vom Kaufpreis machen würden, nachrücken würde. Der Kaufpreis wird somit mit hoher Wahrscheinlichkeit von denen bestimmt, die keinen Abschlag machen und zu einem kleinen Anteil von denen, die einen Abschlag bis 2 % machen würden.

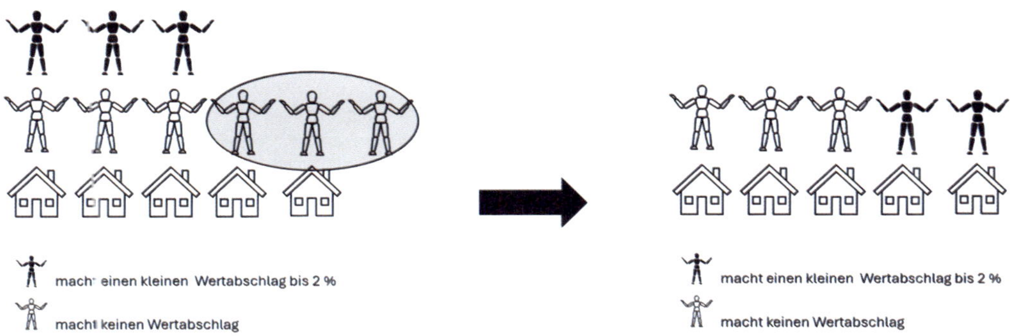


*Abb. 13.51: Schematische Darstellung der Käuferkreise*

Es könnte hier ein merkantiler Minderwert in Höhe von 0,5 % vom unbelasteten Verkehrswert angesetzt werden. Der Kaufpreis würde somit von 300.000,00 auf 298.500,00 € sinken. Dies würde sich kaum bemerkbar machen, da es im Rundungsbereich liegt.

## 13.13 Ehemaliger Hausschwammbefall

Ein Grundstück im Ballungsgebiet ist mit einem Vorderhaus (Fachwerkhaus) und einem Hinterhaus (Massivbau) bebaut. Der Bodenrichtwert beträgt 920,00 €/m², der unbelastete Verkehrswert des Grundstücks beläuft sich auf rd. 800.000,00 €. In dem Fachwerkhaus kam es zwei Jahre vor dem Wertermittlungsstichtag zu einem Hausschwammbefall. Nach Aussage der Auftraggeber mussten ca. 50 % der Balken im Vorderhaus wegen eines Schwammbefalls ausgetauscht werden. Auch gab es einen Brandschaden, der durch Austausch der Balken beseitigt wurde.

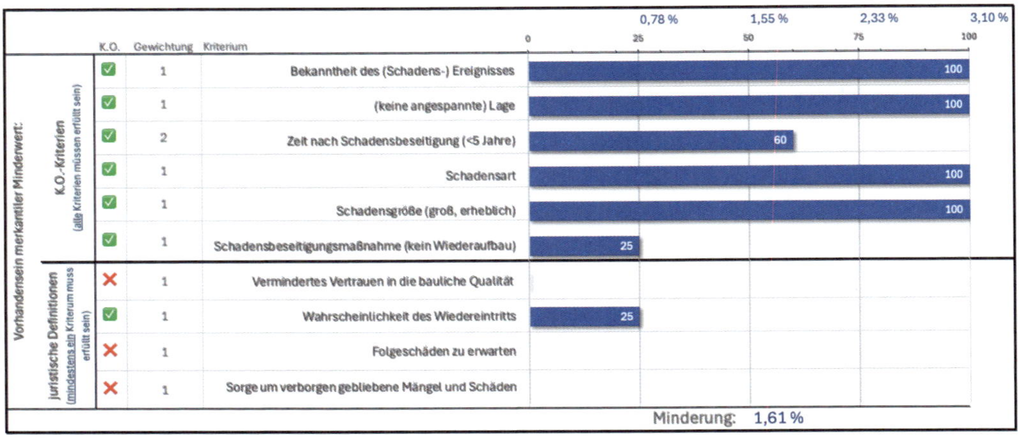


*Abb. 13.52: Näherungsmethode auf Basis von Erfahrungswerten*

K.-o.-Kriterien liegen nicht vor, sodass grundsätzlich vom Vorliegen eines merkantilen Minderwerts ausgegangen werden kann. Entsprechend den Auswertungen von *Unglaube* über den Werteinfluss von vorhandenen Baumängeln und Bauschäden macht der Markt in Ballungsgebieten bei großen Schäden einen mittleren Wertabschlag von 3,1 % vom unbelasteten Verkehrswert. Da davon ausgegangen wird, dass der Markt bei beseitigten Schäden keinen höheren Abschlag machen wird, werden die 3,1 % hier als Obergrenze der Spanne angesetzt.

| | Schadensgröße | | | | | | | | | | | | | | |
|---|---|---|---|---|---|---|---|---|---|---|---|---|---|---|---|
| | klein | | | mittel | | | groß | | | erheblich | | | zusammen | | |
| **Jahre 2020-2023** | Anz. | Ø | Max. | Anz. | Ø | Max. | Anz. | Ø | Max. | Anz. | Ø | Max | Anz. | Ø | Max. |
| Allgemein (alle Lagen) | 563 | 0,6 % | 20,0 % | 227 | 1,5 % | 25,0 % | 101 | 5,4 % | 66,7 % | 47 | 6,3 % | 75,0 % | 940 | 1,3 % | 42,9 % |
| Ländliches Gebiet | 81 | 1,2 % | 26,0 % | 29 | 3,9 % | 21,7 % | 16 | 8,2 % | 45,0 % | 5 | 9,7 % | 48,4 % | 131 | 2,4 % | 32,6 % |
| Randgebiet | 285 | 0,6 % | 20,0 % | 119 | 1,5 % | 25,0 % | 64 | 5,5 % | 66,7 % | 22 | 9,3 % | 75,0 % | 492 | 1,5 % | 42,9 % |
| Ballungsgebiet | 196 | 0,3 % | 13,5 % | 79 | 0,7 % | 12,1 % | 21 | 3,1 % | 24,0 % | 20 | 2,2 % | 34,7 % | 317 | 0,6 % | 25,8 % |

*Tab. 13.53: Wertabschläge vom unbelasteten Verkehrswert nach Lage und Schadensgröße*[121]

Hier wurde die Bekanntheit wieder mit 100 % angesetzt, da eine Offenbarungspflicht unterstellt wird. Die Lage im Ballungsgebiet sowie die Schadensgröße sind in den Eingangswerten bereits berücksichtigt und müssen daher mit 100 % angesetzt werden.

121 *Unglaube, D.*: Baumängel und Bauschäden in der Wertermittlung, 2. Aufl., Reguvis, Köln 2024.

Die Zeitdauer seit Schadensbeseitigung beträgt zwei Jahre. Nach dem unterstellten Modell, dass nach fünf Jahren nicht mehr mit einem Wiedereintritt zu rechnen ist, sind noch drei Jahre der Unsicherheit offen. Daher wird der Ansatz mit etwas mehr als der Hälfte, also 60 %, gewählt. Da Hausschwamm die Schadensart ist, auf die der Markt am meisten mit Ablehnung reagiert, werden hier die vollen 100 % angesetzt. 50 % der Balken wurden erneuert, der Rest ist verblieben. Für die Restsorge, dass weitere Balken betroffen sein könnten wird für die Schadensbeseitigungsmaßnahme ein Ansatz von 25 % gewählt.

Durch Bewertung und Gewichtung der Einflusskriterien ergibt sich ein merkantiler Minderwert von rd. 1,6 % vom unbelasteten Verkehrswert. Dies entspricht 13.000,00 €.

| | |
|---|---|
| Baujahr | 1890 |
| RND | 30 Jahre |
| Bodenwert | 920,00 €/m² |
| Verkehrswert unbelastet | 800.000,00 € |
| Abschlag wegen tatsächlich vorhandener Schäden | 3,1 % |
| Merkantiler Minderwert | 1,6 % |
| | 13.000,00 € |

*Tab. 13.11: Zusammenstellung der Ergebnisse*

## 13.14 Überschwemmung/Fäkalien im Estrich

In einem hochwertigen Einfamilienwohnhaus mit Baujahr 2011 kam es bei einem Starkregen zur Überschwemmung des kompletten Kellergeschosses. Die Ursache der Havarie war vielschichtig. Zum einen waren die Notüberläufe auf dem Dach zu gering dimensioniert. Darüber hinaus war die innenliegende Dachentwässerung nicht sachgerecht ausgeführt, sodass die Rohre infolge des Starkregens barsten. Die Tatsache, dass das Wasser fäkalienhaltig war, wies darauf hin, dass die Dachentwässerung an den falschen Kanal angeschlossen wurde.

Aufgrund des großen verwinkelten Untergeschosses mit rd. 180 m² Fläche, aber insbesondere wegen des verunreinigten Wassers musste der Estrich komplett zurückgebaut werden, ebenso der Innenausbau im Untergeschoss sowie die Wandbeläge. Die Räume wurden mit Trocknungsgeräten getrocknet und im Anschluss der komplette Innenausbau wieder hergestellt. Die Notentwässerung auf dem Dach wurde vergrößert, indem weitere Notüberläufe eingebaut wurden. Die innenliegende Entwässerung wurde fachgerecht installiert. Der Kanalanschluss wurde nicht verändert.

*Abb. 13.54: Innenliegende Dachentwässerung*

Die Schadensbeseitigungskosten beliefen sich auf rd. 70.000,00 €. Der Verkehrswert des Grundstücks wird zum Wertermittlungsstichtag auf rd. 2 Mio. € in einer angespannten Lage im Ballungsgebiet geschätzt. Die Schadensbeseitigungskosten machen somit einen Anteil von rd. 3,5 % vom unbelasteten Verkehrswert aus. Der merkantile Minderwert soll für den Zeitpunkt kurz nach der Schadensbeseitigung ermittelt werden.

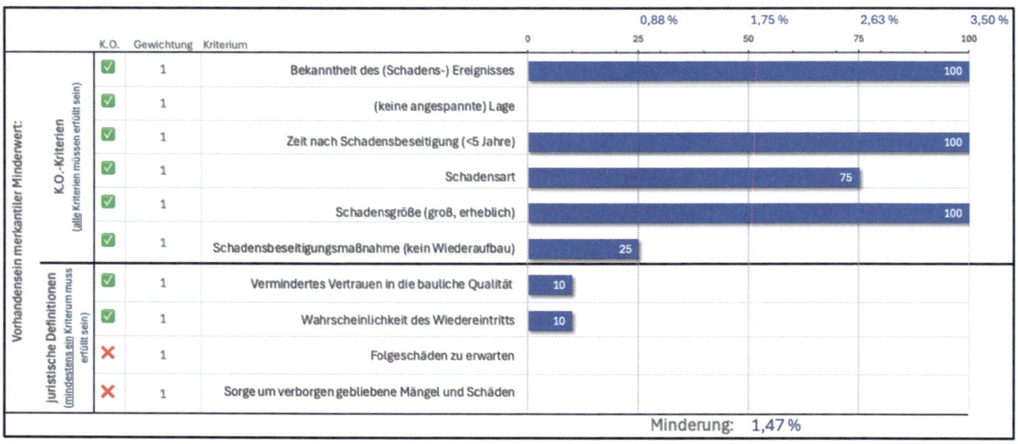


*Abb. 13.55: Näherungsmethode auf Basis der vollen Schadensbeseitigungsmaßnahmen*

Die sture Betrachtung der Einflusskriterien würde zu einem merkantilen Minderwert von rd. 1,5 % führen.

Die Bekanntheit wird aufgrund der Offenbarungspflicht unterstellt und mit 100 %, die Lage im Ballungsgebiet, wenn sie nicht als K.-o.-Kriterium definiert wird, mit 0 % angesetzt. Da die Schadensbeseitigung erst kurze Zeit zurückliegt, wird sie maximal hoch bewertet. Ebenso wird der Schadensumfang, der erheblich ist, mit 100 % bewertet. Der Markt reagiert auf Feuchteschäden nachweislich sehr sensibel, was zu einem Ansatz von 75 % führt. Weil der Innenausbau komplett wiederaufgebaut wurde, besteht hier keine große Sorge vor Folgeschäden. Der Punkt wird mit 25 % bewertet, da der Kanal nicht neu angeschlossen wurde und hier eine potenzielle Gefahr des Wiedereintritts besteht.

Was die juristischen Definitionen angeht, so kann ein vermindertes Vertrauen in die bauliche Qualität des Gebäudes abgeleitet werden, da mehrere Planungs- und Ausführungsmängel zusammenkamen. Auch besteht eine gewisse Sorge vor dem Wiedereintritt des Schadens. Zum einen, weil der Kanal nicht neu angeschlossen wurde, zum anderen, weil vielleicht die Sorge besteht, ob die Neudimensionierung der Notentwässerung den künftigen Regenereignissen standhält.

Hierbei ist zu beachten, dass ein Käufer fragen wird, was die Schadensursachen waren. Diese waren zum einen die unterdimensionierten Dachüberläufe und zum anderen der augenscheinlich falsch angeschlossene Kanal. Letzterer wurde nicht überprüft und nicht korrigiert. Die Sorge des Wiedereintritts bezieht sich somit nicht nur auf den merkantilen Minderwert, sondern ist vielmehr rational, da eine der Schadensursachen nicht beseitigt wurde.

Potenzielle Käufer werden kalkulieren, welche Kosten für die Kanalprüfung und den fachgerechten Anschluss auf sie zukommen werden. Auf dieser Basis kann ein Wertabschlag für den am Wertermittlungsstichtag vorhandenen Mangel ermittelt werden. In diesem Beispiel wird ein Wertabschlag von 5.000,00 € zugrunde gelegt.

Alles in allem dürfte der Abschlag insgesamt gering sein, da bei der angespannten Lage eine Verringerung des Käuferkreises kaum zu einem Wertabschlag führen wird.

Der merkantile Minderwert ergibt sich zu rd. 1,5 % (*Abb. 13.55*).

| | |
|---|---|
| Baujahr | 2011 |
| RND | 56 Jahre |
| Bodenwert | 1.500,00 €/m² |
| Verkehrswert unbelastet | 2 Mio. € |
| Sanierungskosten | 70.000,00 € |
| Sanierungskosten/Verkehrswert unbelastet (70.000/2.000.000) | 3,5 % |
| Merkantiler Minderwert | 1,5 % |
| | 30.000,00 € |

Zusammenstellung der Minderungen

| | |
|---|---|
| Unbelasteter Verkehrswert am Wertermittlungsstichtag | 2.000.000,00 € |
| Wertminderung aufgrund des vorhandenen Mangels | – 5.000,00 € |
| Merkantiler Minderwert | – 30.000,00 € |
| Verkehrswert | 1.965.000,00 € |
| | rd. 2.000.000,00 € |

*Tab. 13.12: Zusammenstellung der Ergebnisse*

Die Wertminderung liegt im Rundungsbereich. Der belastete Verkehrswert entspricht somit dem unbelasteten Verkehrswert.

## 13.15 Schiefstellung im Moorgebiet

Ein Einfamilienwohnhaus wurde im Jahr 2010 im ländlichen Gebiet zum Teil auf moorigem Untergrund gebaut. Zwei Jahre nach Errichtung wurde festgestellt, dass sich das Haus schief gestellt hatte. Die Schiefstellung betrug mehr als 3 mm/m. Risse waren keine entstanden, aber die Türen hingen so schief, dass sie immer aufschwangen.

Im Rahmen der Auseinandersetzung mit der Baufirma ist nun die Frage nach dem merkantilen Minderwert zu klären. Am Wertermittlungsstichtag sind die Schäden nicht behoben.

Zunächst wäre zu klären, welche Maßnahmen für die Geradestellung des Gebäudes erforderlich sind.

Es wird angenommen, das Gebäude könnte für rd. 150.000,00 € wieder gerade gestellt werden, indem es gehoben wird und eine Bodenverfestigung oder ein Bodenaustausch erfolgen, sodass die Problematik künftig nicht wieder auftreten kann.

Im vorliegenden Fall beträgt der Gebäudewert 70.000,00 € und der Grundstückswert 230.000,00 €. Die Restnutzungsdauer beträgt 68 Jahre.

Analog des Minderwertabkommens für Bergschäden *(Kapitel 7.2)* könnte in einem ersten Schritt das Verhältnis zwischen Instandsetzungskosten und Gebäudewert ermittelt werden. Hier würden die Reparaturkosten den Gebäudewert übersteigen.

| **Anlage zum Gesamt-Minderwertabkommen VBHG/RAG, Stand 12.12.2001** | | | | | | | | | | | | |
|---|---|---|---|---|---|---|---|---|---|---|---|---|
| | Faktor A1 | | Faktor A2 | | | Faktor B | | | | Faktor C | | |
| | Erheblicher Substanzschaden | | Erheblicher Eingriff in die Tragkonstruktion | | | Art der Schadensbeseitigung | | | | Verkäuflichkeit des Gebäudes | | |
| | Reparaturaufwand | | Reparaturaufwand | | | Reparaturaufwand | | | | Einordnung | | |
| | >= 30 und < 50 % des GW oder 75.000 € | >= 50 % des GW | >= 10 und < 30 % des GW, mindestens 20.000 € | >= 30 und < 60 % des GW, mindestens 30.000 € | >= 60 % des GW, mindestens 40.000 € | Standard | Hebung: Unter Fundament | Hebung: Unter Decke | Ausgleichselemente | gut | normal | schlecht |
| RND in Jahren | Schadensgrad in % des GW | | Schadensgrad in % des GW | | | Korrekturfaktor | | | | Korrekturfaktor | | |
| 50 bis 69 | 3 | 4 | 2 | 3 | 4 | 1 | 1 | 1,2 | 1,3 bis 1,5 | 0,8 | 1 | 1,1 |
| 70 bis 79 | 4 | 5 | 3 | 4 | 5 | 1 | 1 | 1,2 | 1,3 bis 1,5 | 0,8 | 1 | 1,1 |
| 80 bis 89 | 5 | 6 | 4 | 5 | 6 | 1 | 1 | 1,2 | 1,3 bis 1,6 | 0,8 | 1 | 1,1 |
| 90 bis 99 | 6 | 7 | 5 | 6 | 7 | 1 | 1 | 1,2 | 1,3 bis 1,6 | 0,8 | 1 | 1,1 |
| Anmerkungen zur Anwendung:<br>1. RND = Restnutzungsdauer des Gebäudes<br>2. GW = Gebäudewert | | | | | | | | | | | | |

*Tab. 13.13: Bewertungsmatrix zur Ermittlung des merkantilen Minderwerts gem. Minderwertabkommen, nachgezeichnet*

Merkantiler Minderwert gemäß Minderwertabkommen: Minderwert = A × B × C

Faktor A1 (Erheblicher Substanzschaden) ergibt sich somit zu 7. (Die Restnutzungsdauer wird maximal angesetzt.)

A1 = 7

Faktor B (Art der Schadensbeseitigung) ergibt sich zu 1,5 für den Einsatz von Ausgleichselementen im Rahmen der Reparaturmaßnahme.

Faktor C (Verkäuflichkeit des Gebäudes) wird zu 1,1 angesetzt für eine schlechte Verkäuflichkeit im ländlichen Gebiet.

Der Minderwert ergibt sich somit zu:

M = 7 × 1,6 × 1,1 = 12,32 % vom Gebäudewert. Das sind 8.624,00 €.

Der merkantile Minderwert bezogen auf den Grundstückswert ergibt sich somit zu rd. 3,7 %.

| | |
|---|---|
| Baujahr | 2010 |
| RND | 68 Jahre |
| Gebäudewert | 70.000,00 € |
| Verkehrswert unbelastet | 230.000,00 € |
| Sanierungskosten | 150.000,00 € |
| Sanierungskosten/Verkehrswert unbelastet (150.000/230.000) | 65 % |
| Merkantiler Minderwert | 3,7 % |
| | rd. 9.000,00 € |

*Tab. 13.14: Zusammenstellung der Ergebnisse*

Die Wertminderung in Höhe von rd. 9.000,00 € bei einem Kaufpreis von 230.000,00 € erscheint sehr gering. Das Bewertungsobjekt befindet sich im ländlichen Gebiet. Hier ist davon auszugehen, dass das Angebot die Nachfrage übersteigt. Das bedeutet, dass sich das Grundstück ohne ehemaligen Schaden bereits schwierig verkaufen lässt. Belastet mit diesem ehemaligen erheblichen Schaden und den damit verbundenen Sorgen in der Zukunft ist der Käuferkreis immens eingeschränkt. Warum sollte man ein Haus mit einer solchen Vorgeschichte kaufen, wenn es ein vergleichbares Haus im Nachbarort zu kaufen gibt? Der Kaufpreis wird sich diesem eingeschränkten Käuferkreis sicher um mehr als rd. 9.000,00 € reduzieren.

Bei der Ermittlung des Minderwerts nach dem Gesamtminderwertabkommen handelt es sich um ein schematisches Verfahren zur Entschädigung der Gebäudeeigentümer, deren Gebäude aufgrund des Bergbaus beschädigt wurden. Diese einheitliche schematische Vorgehensweise soll gerechte Entschädigungen für die breite Masse an Gebäuden darstellen und wird als Prozentsatz vom Gebäudewert ausgewiesen.

In der Immobilienwertermittlung wird der merkantile Minderwert auf den unbelasteten Grundstückswert bezogen. Inwieweit somit die Methode aus dem Bergbau zur Gebäudeentschädigung auf die Wertermittlung im Einzelfall zu übertragen ist, muss individuell geprüft werden.

In diesem Bewertungsfall liefert die schematische Vorgehensweise nach dem Gesamtminderwertabkommen kein marktgerechtes Ergebnis.

Zum Vergleich wird im Folgenden die Näherungsmethode aus *Kapitel 12* durchgeführt. Der Ansatz zur Ermittlung des merkantilen Minderwerts könnte wie folgt aussehen:

Nach Prüfung der K.-o.-Kriterien kann festgestellt werden, dass keine vorliegen.

| | Schadensgröße | | | | | | | | | | | | | | |
|---|---|---|---|---|---|---|---|---|---|---|---|---|---|---|---|
| | klein | | | mittel | | | groß | | | erheblich | | | zusammen | | |
| Jahre 2020-2023 | Anz. | Ø | Max. | Anz. | Ø | Max. | Anz. | Ø | Max. | Anz. | Ø | Max | Anz. | Ø | Max. |
| Allgemein (alle Lagen) | 563 | 0,6 % | 20,0 % | 227 | 1,5 % | 25,0 % | 101 | 5,4 % | 66,7 % | 47 | 6,3 % | 75,0 % | 940 | 1,3 % | 42,9 % |
| Ländliches Gebiet | 81 | 1,2 % | 26,0 % | 29 | 3,9 % | 21,7 % | 16 | 8,2 % | 45,0 % | 5 | 9,7 % | 48,4 % | 131 | 2,4 % | 32,6 % |
| Randgebiet | 285 | 0,6 % | 20,0 % | 119 | 1,5 % | 25,0 % | 64 | 5,5 % | 66,7 % | 22 | 9,3 % | 75,0 % | 492 | 1,5 % | 42,9 % |
| Ballungsgebiet | 196 | 0,3 % | 13,5 % | 79 | 0,7 % | 12,1 % | 21 | 3,1 % | 24,0 % | 20 | 2,2 % | 34,7 % | 317 | 0,6 % | 25,8 % |

*Abb. 13.56: Wertabschläge vom unbelasteten Verkehrswert nach Lage und Schadensgröße*[122]

Die Erfahrungswerte zu erheblichen Schäden (also Schäden mit Schadensbeseitigungskosten größer 70.000,00 €) zeigen *(Abb. 13.56)*, dass der Markt im ländlichen Gebiet im Mittel einen Wertabschlag von 9,7 % angesetzt hat. Dieser Mittelwert ist entstanden durch statistische Auswertung zahlreicher Abschläge, die zwischen 0 und max. 48,4 % lagen. Die Schadensbeseitigungskosten sind im vorliegenden Fall überdurchschnittlich hoch. Sie liegen bei rd. 65 % des unbelasteten Verkehrswerts. Es wäre somit sicher nicht marktgerecht, den Mittelwert als Obergrenze anzusetzen. Aus diesem Grund wird als Obergrenze der Maximalwert der Erfahrungswerte für Wertabschläge in ländlichen Gebieten für erhebliche Schäden zugrunde gelegt. Die Lage und die Schadensbeseitigungsmaßnahme werden doppelt gewichtet, da davon ausgegangen wird, dass diese in diesem Fall einen höheren Einfluss auf die Kaufpreisbildung haben.

122 *Unglaube, D.*: Baumängel und Bauschäden in der Wertermittlung, 2. Aufl., Reguvis, Köln 2024.

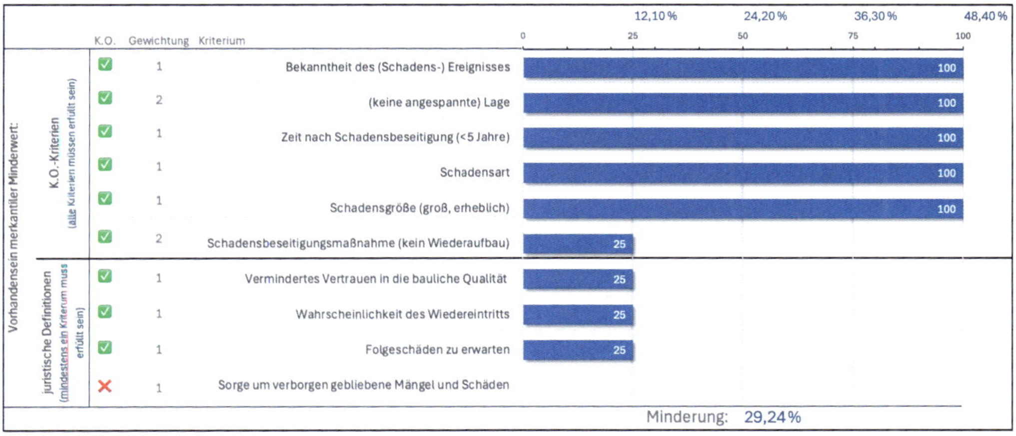


*Abb. 13.57: Näherungsmethode auf Basis von Erfahrungswerten*

Das Einflusskriterium Schadensbeseitigungsmaßnahme wird mit 25 % eingestuft. Der Boden wurde komplett ausgetauscht, aber das Gebäude wurde belassen und angehoben.

Die Schadensart wird mit 100 % berücksichtigt, da es sich um ein massives Standsicherheitsproblem handelte und dieses aus Käufersicht besorgniserregend ist.

Die Schadensgröße und die Lage werden mit 100 % angesetzt, da sie bereits in den Erfahrungswerten berücksichtigt sind. Die Zeitdauer nach Schadensbeseitigung geht auch zu 100 % in die Bewertung ein, da die Schadensbeseitigung direkt am Wertermittlungsstichtag fiktiv unterstellt wird *(Kapitel 12.4)*.

Die Prüfung der juristischen Definitionen zeigt, dass davon ausgegangen werden kann, dass der Markt ein vermindertes Vertrauen in die bauliche Qualität des Hauses hat. Da bei der Gründung der nicht tragfähige Untergrund nicht bedacht wurde, und zwar sowohl in der Planung als auch in der Ausführung, kann aufgrund des unsorgfältigen und nicht fachgerechten Handelns eine Sorge bestehen, dass auch an anderen Stellen im Gebäude unsachgemäß geplant oder ausgeführt wurde. Somit kann auch eine Sorge vor verborgen gebliebenen Schäden bestehen.

Ebenso kann eine Sorge vor Folgeschäden aufgrund des statischen Eingriffs in Form von Hebung und Ausgleichselementen nicht ausgeschlossen werden.

Insgesamt ergibt sich ein merkantiler Minderwert von rd. 29 %.

Dieser ist nun erheblich höher als der nach dem Minderwertabkommen ermittelte. Er erscheint aber vor dem Hintergrund des Marktverhaltens als wesentlich realistischer. Wie bereits erläutert, liegt das Objekt in einer strukturschwachen Gegend. Dort ist es ohnehin schwierig, Käufer zu finden. Bei den erheblichen Vorschäden des Gebäudes ist davon auszugehen, dass ein Großteil der wenigen Kaufinteressenten Abstand vom Kauf nimmt. Der Preis muss somit erheblich reduziert werden. Ein Abschlag von rd. 29 % und damit rd. 67.000,00 € erscheint marktgerecht.

| | |
|---|---|
| Baujahr | 2010 |
| RND | 68 Jahre |
| Gebäudewert | 70.000,00 € |
| Verkehrswert unbelastet | 230.000,00 € |
| Sanierungskosten | 150.000,00 € |
| Sanierungskosten/Verkehrswert unbelastet (150.000/230.000) | 65 % |
| Merkantiler Minderwert | rd. 29 % |
| | rd. 67.000,00 € |

*Tab. 13.15: Zusammenstellung der Ergebnisse*

Inwieweit eine Sanierung bei diesen Schadenssummen sinnvoll ist, ist eine andere Frage.

## 13.16 Zusammenfassung

Die vorangegangenen Beispiele zeigen deutlich, wie unterschiedlich die Bewertungsfälle sein können. Die Näherungsmethode aus *Kapitel 12* kann in vielen Fällen, insbesondere bei der Beurteilung der Marktreaktion auf dem Einfamilien- und Mehrfamilienhausmarkt, bei Immobilien mit ehemaligen Baumängeln und Bauschäden zugrunde gelegt werden. Besonderes Augenmerk ist auf die Eingangsparameter zu legen. Am besten eignet sich die Methode zur Feinjustierung von validen Erfahrungswerten.

Je nachdem, mit welchen Erfahrungswerten (Mittelwert, Maximalwert) oder ob mit Schadensbeseitigungskosten in das Verfahren gegangen wird, ist die Einschätzung anzupassen. Doppelberücksichtigungen müssen vermieden werden.

Das Verfahren soll eine Art Checkliste darstellen, um einerseits die Ausschlusskriterien zu erkennen und andererseits alle relevanten Einflusskriterien zu bewerten. Darüber hinaus dient es der Nachvollziehbarkeit und Begründung der gewählten Wertabschläge gegenüber Dritten.

Diese Vorgehensweise ersetzt keinesfalls den Sachverstand. Die Methode muss immer im Einzelfall geprüft und ggf. angepasst werden.

In einzelnen Bewertungsfällen kann sie nicht angewendet werden. Problematisch sind Fälle, in denen die Schadensbeseitigungskosten sehr hoch sind oder in denen keine Obergrenzen und Zeiträume definiert werden können.

Für diese Fälle zeigen die vorangegangenen Beispiele unterschiedliche mögliche Vorgehensweisen und Argumentationsansätze zur Bewertung des merkantilen Minderwerts auf.

# 14 Fazit

Auf den vorangegangenen Seiten wurde das Thema merkantiler Minderwert ausführlich von vielen Seiten beleuchtet. Bei dem merkantilen Minderwert handelt es sich um den Betrag, *„[...] um den sich der Verkehrswert eines Grundstücks, das einen Mangel aufwies, trotz vollständiger Beseitigung dieses Mangels in technisch einwandfreier Weise (auch z. B. aufgrund eines Bauschadens) in der allgemein verbliebenen Befürchtung mindert, dass sich ein Folgeschaden irgendwie auch künftig auswirken könnte, auch wenn diese Befürchtung tatsächlich unbegründet ist. Der merkantile Minderwert wird auch als psychologischer Minderwert bezeichnet. [...]"*

Der Begriff stammt ursprünglich aus der Kfz-Bewertung und daher wurde mehrfach diskutiert, ob eine Übertragbarkeit des Begriffs von Autos auf Immobilien überhaupt möglich sei. Viele Fachleute hatten sich mit dieser und zahlreichen anderen Fragen rund um den Begriff beschäftigt. Interessanterweise waren es überwiegend Juristen und Sachverständige für Schäden an Gebäuden, die sich mit dem Thema auseinandersetzten und mehrheitlich das Vorhandensein eines merkantilen Minderwerts ablehnten, sei es mit der Begründung der vermeintlich fehlenden Übertragbarkeit vom Kfz-Markt auf den Grundstücksmarkt, oder weil sie nach ihrer rationalen Betrachtungsweise der Meinung sind, dass ein vollständig und fachgerecht beseitigter Baumangel oder Bauschaden keinen Minderwert generieren könne.

Aus diesem Grund überrascht es nicht, dass eben diese Kollegen aus der Bauschadenbewertung Näherungsmethoden entwickelten, die sehr stark auf die rationale Überlegung der möglichen Folgeschäden und deren Kosten in der Zukunft abstellten und dabei das Marktgeschehen vollständig außer Acht ließen. Dabei ist die Marktkenntnis von übergeordneter Bedeutung bei der Ermittlung des merkantilen Minderwerts, der in den Ängsten, Sorgen und Abneigungen der Kaufinteressenten begründet ist.

In *Kapitel 12* wird eine Näherungsmethode vorgestellt, die die einzelnen Einflusskriterien auf den Kaufpreis berücksichtigt und gleichzeitig eine Marktbezogenheit herstellt. Auf Basis von Wertabschlägen, die Käufer bei mangelhaften Immobilien verlangten, deren Schäden am Wertermittlungsstichtag noch nicht beseitigt waren, wurden Erfahrungswerte nach Schadensgrößen und Lagen ermittelt. Diese Marktdaten fließen direkt in die Näherungsmethode ein und stellen somit den Marktbezug im Verfahren sicher. Darüber hinaus wird ein zeitlicher Rahmen von fünf Jahren vorgegeben, nach dessen Überschreitung, ein Wiedereintritt der Schäden für unwahrscheinlich eingestuft wird.

Die Näherungsmethode hilft bei der Feinjustierung innerhalb der auf Erfahrungswerten basierenden Wertspanne für vorhandene Schäden zur Ableitung des merkantilen Minderwerts. Vorsicht ist in den Fällen geboten, in denen die Schadensbeseitigungskosten extrem hoch sind. Dann kommt die Methode an ihre Grenzen. Grundsätzlich sind die Ergebnisse auf Plausibilität zu prüfen und die Methode auf den Einzelfall abzustimmen. Die Erfahrungswerte wurden für Einfamilienhäuser und Mehrfamilienhäuser ausgewertet. Bei größeren Objekten ist das Verfahren anzupassen. Die Näherungsmethode eignet sich gut für die Ermittlung des merkantilen Minderwerts infolge beseitigter Baumängel und Bauschäden. Bei anderen Ereignissen wie z.B. Mord, Massaker, Spukhaus oder ähnlichem ist sie nur bedingt einsetzbar. Hier kann keine monetäre Obergrenze und auch keine zeitliche Grenze im Sinne eines „Vergessenszeitraum" definiert werden.

Aus diesem Grund werden im zweiten Teil des Buches Marktuntersuchungen und Umfragen zum Einfluss verschiedenster Ereignisse (Baumängel und Bauschäden, Selbstmord, Mord, Spukhaus etc.) auf die Käuferentscheidung vorgestellt. Diese zeigen, dass ehemalige Baumängel und Bauschäden den geringsten Einfluss auf den Kaufpreis haben. Damit kann den Kritikern des merkantilen Minderwerts insoweit beigepflichtet werden, als dass zahlreiche Rechtstreits zu dem Thema stattfinden, weil der merkantile Minderwert in den meisten Fällen überbewertet wird. Wenn der Markt für vorhandene Schäden schon kaum einen Wertabschlag macht, dann kann erst recht keine Wertminderung für beseitigte Schäden erfolgen.

Die Untersuchung der Gerichtsurteile zum merkantilen Minderwert haben gezeigt, dass diese wiederholt der Definition des merkantilen Minderwerts widersprechen. Auch fällt auf, dass bei fast allen Urteilen die Marktlage komplett unberücksichtigt blieb. In der Urteilsbegründung bei Bejahung des merkantilen Minderwerts wurde oftmals das verminderte Vertrauen in die bauliche Qualität zitiert. Dabei wurde nicht bedacht, dass die Marktlage entscheidend ist. Selbst wenn die überwiegende Mehrheit der Käufer eine Abneigung gegen das Objekt hat, gibt es einige, die es ohne Wertabschlag kaufen würden. Dann ist zu klären, wie sich dieser Sachverhalt in den jeweiligen Märkten auswirkt. Im Ballungsgebiet wird es keine Auswirkung geben, da der reduzierte Käuferkreis aufgrund der hohen Nachfrage so schnell gefunden ist, dass eine Kaufpreisreduzierung nicht angemessen ist.

Der Grund, warum der merkantile Minderwert insbesondere in der Bauschadenbewertung abgefragt wird, liegt daran, dass sich der Bauherr mit dem vom Bausachverständigen ermittelten technischen Minderwert häufig nicht zufriedengibt. Da dieser ausschließlich auf Basis einer objektiv zu bewertenden Abweichung vom Vertragssoll basiert, fällt er subjektiv betrachtet immer zu gering aus. Nach dem Motto „das kann ja wohl nicht alles gewesen sein" wird dann der „Joker" merkantiler Minderwert gezückt.

Das Verhalten ist durchaus nachvollziehbar und liegt in der Diskrepanz begründet, dass ein außenstehender Käufer für diese Vertragsabweichung keinen Wertabschlag verlangen würde, weil er das Objekt mit der Abweichung kennengelernt hat und froh ist, diese Immobilie gefunden zu haben. Der Eigentümer jedoch, der ein Werk bestellt hat und eine Abweichung hinnehmen muss, empfindet ein subjektives Verlustgefühl. Für ihn ist der objektive technische Minderwert immer zu gering.

Ein Ansatzpunkt zur Minimierung der Gerichtsverfahren um den merkantilen Minderwert könnte sein, den technischen Minderwert durch Ausstrahlungs- oder Anpassungsfaktoren anzuheben, wie bereits in der Literatur vorgeschlagen. So könnte ein Ausgleich zwischen objektiver Wertminderung und subjektivem Verlustgefühl erzielt werden. Der merkantile Minderwert kann jedenfalls nicht zur Lösung dieses Problems beitragen.

Gleichwohl kommt er durchaus in Einzelfällen zum Tragen. Insbesondere furchtbare Ereignisse in der Vergangenheit können den Wert einer Immobilie bzw. eines Grundstücks enorm beeinflussen. Dabei kann der merkantile Minderwert sogar 100 % betragen. Bei schlimmen Ereignissen wie Misshandlungen oder Massakern kommt es oft zu einer medialen Aufmerksamkeit, die häufig Sensationstourismus mit sich bringt und nicht selten in Vandalismus gipfelt. In vielen Fällen wurden die Häuser trotz mangelfreier Bausubstanz abgerissen. Auch historisch belastete Grundstücke wie das Geburtshaus von Hitler oder die Goebells-Villa sind schwierig bis gar nicht zu vermarkten und haben oftmals nur einen musealen Wert.

Dieser Fakt dürfte die am merkantilen Minderwert zweifelnden Kollegen dahingehend überzeugen, dass ein Gebäude bzw. ein Grundstück trotz intakter Bausubstanz nur aufgrund eines Stigmas oder eines anderen psychologischen Einflusses einen Wertverlust erleidet.

Und so gibt es auch Einzelfälle, in denen ein ehemaliger Bauschaden aufgrund seiner Schadensart und seines Ausmaßes oder auch aufgrund der Summe mehrerer Mängel und Schäden an einem Gebäude trotz fachgerechter Mangelbeseitigung bei Käufern ein ungutes Gefühl hervorruft.

Die Analysen in diesem Buch haben gezeigt, dass zur marktgerechten Bewertung eines merkantilen Minderwerts eine sorgfältige Untersuchung des Sachverhalts hinsichtlich der juristischen Definitionen, der zeitliche Abfolge und der Abgrenzung zu üblichen Lagekriterien (Überschwemmungsgebiet, Umspannwerk etc.) unabdingbar ist.

Erst nach Prüfung dieser und Ermittlung vermeintlicher Ausschlusskriterien kann eine quantifizierte Einordnung erfolgen. Dabei darf zu keinem Zeitpunkt die Marktrelevanz aus den Augen verloren werden. Der Bewerter muss die Marktreaktionen (Käufer-Abneigung) und die Marktsituation (Angebot und Nachfrage) kennen.

Schon allein aus diesem Grund kann die Bewertung eines merkantilen Minderwerts ausschließlich durch Sachverständige für die Bewertung von bebauten und unbebauten Grundstücken erfolgen. In Einzelfällen kann ein Bauschadengutachten in Bezug auf die anzusetzenden Schadensbeseitigungskosten und die geplante Maßnahme erforderlich sein. Dann sollte ein Kollege aus der Bauschadenbewertung hinzugezogen werden.

Zu viel Fachkenntnis kann der marktgerechten Bewertung im Weg stehen. Oftmals hat der Käufer keine Detailkenntnis, dann dürfen diese Themen auch nicht bei der Wertermittlung überbewertet werden.

In *Kapitel 13* sind einige Fallbeispiele dargestellt. Sie stellen einen Auszug aus der Bewertungspraxis dar und zeigen Argumentationsvarianten und Bewertungsideen auf. Dabei kann natürlich nicht die komplette Bandbreite an Bewertungsanlässen bearbeitet werden.

Die Bewertung des merkantilen Minderwerts ist ein spannendes Thema, da die Vorgehensweise von Fall zu Fall unterschiedlich ist. Dieses Buch gibt Ideen und Gedankenanstöße zur Handhabung verschiedener Szenarien und Problematiken im Rahmen der Ermittlung des merkantilen Minderwerts. Wie bei allen Themen in der Wertermittlung ist hier besonders die Erfahrung und die gedankliche Flexibilität des Sachverständigen gefordert.

# Literaturverzeichnis

## Literatur

Adam, Brigitte/ Schubert, Esther/ Sputek, Agnes: Bewertung eines merkantilen Minderwerts aufgrund ehemaliger radioaktiver Verstrahlung, GuG – Grundstücksmarkt und Grundstückswert, 2012, Heft 1, S. 4 bis 12

ARGE Dr. Aurnhammer: Lehrgangsunterlagen, 2000

Ariely, Dan: Denken hilft zwar, nützt aber nichts, Droemer, München 2008

Bachmann, Steffen/ Effenberger, Petra: Wertminderung eines Grundstücks aufgrund eines Eintrags in das Bodenbelastungskataster, GuG – Grundstücksmarkt und Grundstückswert, 2013, Heft 1, S. 37 bis 42

Böhmer, Heike/ Simon, Janet/ Helmbrecht, Horst: Untersuchung der Erforderlichkeit einer Verlängerung der Verjährungsfrist für Mängelansprüche bei Bauwerken, Forschungsbericht Institut für Bauforschung e.V., 2016

Brumme, Reiner: Merkantiler Minderwert bei Baumängeln und Grundstücksmängeln – Schlichtungs- und Schiedsordnung SOBau, GuG – Grundstücksmarkt und Grundstückswert, 2015, Heft 5, S. 274 bis 282

Dippold, Rainer: Methodische Vorgehensweise bei der Ermittlung des merkantilen Minderwertes, GuG – Grundstücksmarkt und Grundstückswert, 2021, Heft 4, S. 232 bis 240

Gesamtminderwertabkommen VBHG/RAG in der Fassung vom 12.12.2001

Gesetz zum Schutz vor schädlichen Umwelteinwirkungen durch Luftverunreinigungen, Geräusche, Erschütterungen und ähnliche Vorgänge (Bundes-Immissionsschutzgesetz – BImSchG), vom 15.3.1974, zuletzt geändert 24.2.2025

Kahneman, Daniel/ Tversky, Amos: Prospect Theory: An Analysis of Decision under Risk. In: Econometrica. Band 47, 1979, S. 263 bis 292

Kerschner, Ferdinand/ Kleiber, Wolfgang/ Ertl, Daniel: Merkantiler Minderwert von Liegenschaften, Linde, Wien 2021

Kinzer, Claus-Michael: Berechnung des merkantilen Minderwertes, GuG – Grundstücksmarkt und Grundstückswert, 2015, Heft 5, S. 283 bis 285

Kleiber, Wolfgang: Verkehrswertermittlung von Grundstücken, 6. Aufl., Reguvis, Köln 2010

Krell, Karl-Heinz/ Krell, Andreas: Zeitabhängige Einflüsse bei der Ermittlung merkantiler Minderwerte, GuG – Grundstücksmarkt und Grundstückswert, 1998, Heft 3, S. 136 bis 141

Kropp, Sebastian Alexander: Hochwasserrisiko und Immobilienwerte, Diss., München 2016

Ellersdorfer, Cornelia/ Kenndler, Valentin/ Kovacs, Patrick/ Pfeffer, Alexandra: Die merkantile Wertminderung bei Kunstobjekten, Der Sachverständige, 2021, Heft 5, S. 64 bis 70

Oswald, Rainer/ Abel, Ruth: Hinzunehmende Unregelmäßigkeiten bei Gebäuden: Typische Erscheinungsbilder – Beurteilungskriterien – Grenzwerte, 3. Aufl., Vieweg, Wiesbaden 2005

Oswald, Rainer: Daten über Schäden an Gebäuden, Untersuchung zur zeitlichen Verteilung des Auftretens von Bauschäden – Schlussfolgerung für technisch begründete Gewährleistungsfristen, AiBau Forschungsbericht 1986/1989

Roller, Götz: Wertermittlung sanierter Grundstücke – technischer und merkantiler Minderwert, GuG – Grundstücksmarkt und Grundstückswert, 2001, Heft 1, S. 16 bis 19

Schmidbauer, Willi: Der merkantile Minderwert: technische und rechtliche Widersprüche, 4. Beitrag: Merkantiler Minderwert: (K)ein Thema für die Immobilienbewertung, in: Oswald, R./ Zöller, M. (Hrsg.): Aachener Bausachverständigentage 2018, Springer Vieweg, Wiesbaden 2018, S. 173 bis 191

Schürken, Johannes: Besonderheiten der Verkehrswertermittlung im Zusammenhang mit Bergschäden, WFA 2-98, S. 3 bis 9

Schürken, Johannes: Technischer und merkantiler Minderwert bei Bergschäden, GuG – Grundstücksmarkt und Grundstückswert, 2003, Heft 3, S. 154 bis 156

Sechsundzwanzigste Verordnung zur Durchführung des Bundes-Immissionsschutzgesetzes (Verordnung über elektromagnetische Felder – 26. BImSchV), vom 16.12.1996, „Verordnung über elektromagnetische Felder in der Fassung der Bekanntmachung vom 14. August 2013 (BGBl. I S. 3266)"

Smolibowski, Gerhard: Der merkantile Minderwert bei Wohnimmobilien, Reguvis, Köln 2022

Tewis, Norbert: Merkantiler Minderwert bei Hausschwamm-Befall, GuG – Grundstücksmarkt und Grundstückswert, 2000, Heft 1, S. 11 bis 33

Thees, Erik: Der merkantile Minderwert: technische und rechtliche Widersprüche, 3. Beitrag: Zur Versachlichung der Ermittlung der Höhe eines (bautechnisch irrationalen) merkantilen Minderwertes, in: Oswald, R./ Zöller,M. (Hrsg.): Aachener Bausachverständigentage 2018, Springer Vieweg, Wiesbaden 2018, S. 161 bis 172

Ulrich, Jürgen: Der merkantile Minderwert: technische und rechtliche Widersprüche, 2. Beitrag: Der „merkantile Minderwert" bei deutschen Immobilien: Standard oder Axiom, gar Chimäre, bloß ein Irrtum? in: Oswald, R./ Zöller, M. (Hrsg.): Aachener Bausachverständigentage 2018, Springer Vieweg, Wiesbaden, 2018, S. 142 bis 160

Unglaube, Daniela: Baumängel und Bauschäden in der Wertermittlung, 2. Aufl., Reguvis, Köln 2024

Vogel, Roland: Merkantiler Minderwert am Beispiel eines Altbau-Mietshauses, GuG – Grundstücksmarkt und Grundstückswert, 1997, Heft 3, S. 151 bis 164

Walter/ Korves: Der merkantile Minderwert beim Immobilienkauf – NJW 2016, 1985, zit. Ulrich, Jürgen: Der merkantile Minderwert: technische und rechtliche Widersprüche, 2. Beitrag: Der „merkantile Minderwert" bei deutschen Immobilien: Standard oder Axiom, gar Chimäre, bloß ein Irrtum? in: Oswald, R./ Zöller, M. (Hrsg.): Aachener Bausachverständigentage 2018, Springer Vieweg, Wiesbaden, 2018, S. 143

Wason, Peter: Reasoning about a rule. In: Quarterly Journal of Experimental Psychology, Band 20, 1968, S. 273 bis 281

Wilk, Burkhard: Der merkantile Minderwert: Der Versuch einer schadensbegrifflichen Konkretisierung, Duncker & Humblot, Berlin 2015

Zangemeister, Christof: Nutzwertanalyse in der Systemtechnik, Eine Methodik zur multidimensionalen Bewertung und Auswahl von Projektalternativen, 5. Aufl., Zangemeister & Partner, 2014

Zeilsberger, Helmut/ Woyte, Bernd/ Schmidt, Friedrich/ Mennicken, Christoph: Der merkantile Minderwert in der Praxis, Schriftenreihe Verkehrsrecht, Kirschbaum Verlag, Bonn 2012

Zöller, Matthias: Der merkantile Minderwert: technische und rechtliche Widersprüche, Einleitung, in: Oswald, R./ Zöller, M. (Hrsg.): Aachener Bausachverständigentage 2018, Springer Vieweg, Wiesbaden, 2018, S. 133 bis 141

## Gerichtsurteile

BGH, Beschl. v. 8.12.2006 – V ZR 249/05 –, NJW 2007, S. 835, 836

BGH, Urt. v. 29.4.1958 – VI ZR 82/57 –, NJW 1958, 1085

BGH, Urt. v. 2.12.1966 – VI ZR 72/65–, NJW 1967, 552

BGH, Urt. v. 18.9.1979 – VI ZR 16/79 –, NJW 1980, 282

BGH, Urt. v. 8.12.1981 – VI ZR 153/80 –, NJW 1982, 828

BGH, Urt. v. 19.9.1985 – VII ZR158/84; OLG, Urt. v. 17.12.2013 – U960/13

BGH, Urt. v. 16.3.2012 – V ZR 18/11 –, NJW-RR 2012, S. 1078, Rn. 24

BGH, Urt. v. 6.12.2012 – VII ZR 84/10

BGH, Urt. v. 19.2.2016 – V ZR 216/14

KG Berlin, Urt. v. 4.4.2014 – 21 U 18/13

KG Berlin, Urt. v. 21.11.2016 – 20 U 109/14

LG Kempten, Urt. v. 14.1.2004 – 5 S 2572/02 –, JWO-MietR 2004, 53

LG Kiel, Urt. v. 1.12.2017 – 12 O 52/17

OLG Naumburg, Urt. v. 30.7.2021 – 2U 41/19

OLG Saarbrücken, Urt. v. 6.2.2013 – 1 U 132/12

RG, Urt. v. 19.8.1937 – VI 100/37 –, JW 1937, 3308

Saarländisches Oberlandesgericht, Urt. v. 9.9.2003 – 7 U 126/03 –, juris, Absatz-Nr. 13; OLG Koblenz, Beschl. v. 13.11.2009 – 2 U 443/09 –, NJW-RR 2010, S. 989, 990

## Online-Quellen

Bund, Landesverband NRW: Braunkohle und Bergschäden, o. J., https://www.bund-nrw.de/themen/braunkohle/hintergruende-und-publikationen/verheizte-heimat/bergschaeden-durch-braunkohle/

Bundesamt für Strahlenschutz: Elektromagnetische Felder, o. J., https://www.bfs.de/DE/themen/emf/emf_node.html

faz, 7.8.2017, abgerufen am 17.4.2025

Frankfurter Rundschau, 22.10.2021

Kapp, Simone: Geisterhäuser in Deutschland: Wie viel Spuk ist echt?, 2021, https://www.nationalgeographic.de/reise-und-abenteuer/2021/09/geisterhaeuser-in-deutschland-wie-viel-spuk-ist-echt

Kleiber, Wolfang: Wertermittlerportal, Februar 2023, 287

Liebheit, Uwe, Vorsitzender Richter am OLG, Der merkantile Minderwert begründet keinen Magelschaden, 2015, www.fahnenbruck-bauen.de/pdf/Liebheit-2015-06-23.pdf

NTV: Senator will Goebbels-Villa verschenken – Bürgermeister empört, 4.5.2024, https://www.n-tv.de/politik/Senator-will-Goebbels-Villa-verschenken-Buergermeister-empoert-article24920275.html

Piehler, Moritz: Geister inklusive: Berühmtes englisches Spukhaus hat einen neuen Besitzer, 2020, https://de.nachrichten.yahoo.com/geister-inklusive-englands-beruhmtestes-spukhaus-hat-einen-neuen-besitzer-115310936.html

Rheinische Post online: Polizei ermittelt – Brand auf „Kannibalen"-Grundstück. 11.5.2007, https://rp-online.de/panorama/deutschland/brand-auf-kannibalen-grundstueck_aid-10990499

RP-online, 8.2.2017

Scherer, S.: Starkstrom-Trasse: Immobilienwerte in Gefahr, EN-Südkreis, 22.4.2024

Schlitt, Anna-Lena: Adolf Hitlers Geburtshaus wird Polizeistation und Schulungszentrum, Zeit online, 25.5.2023, https://www.zeit.de/gesellschaft/2023-05/adolf-hitler-geburtshaus-braunau-umnutzung-polizeistation-schulungszentrum-menschenrechte

Schneider, Stephan: Übersicht ausgewählter Informationspathologien. Auszug aus einem Forschungsbericht 2012, S. 2, https://www.fh-kiel.de/fileadmin/data/wirtschaft/dozenten/schneider_stephan/science/researchreport/informationspathologien.pdf

Spiegel Netzwelt: Ratzingers Golf brachte knapp 190.000 Euro, 6.5.2005, https://www.spiegel.de/netzwelt/web/online-auktion-ratzingers-golf-brachte-knapp-190-000-euro-a-354745.html

Süddeutsche Zeitung: Goebbels-Villa: Bogensee-Areal: Denkmalpflege gegen mögliche Renaturierung, 3.5.2024, https://www.sueddeutsche.de/kultur/goebbels-villa-bogensee-areal-denkmalpflege-gegen-moegliche-renaturierung-dpa.urn-newsml-dpa-com-20090101-240503-99-902916

Süddeutsche Zeitung, 15.4.2022

Tagesschau 11.9.2024

t-online, München, aktualisiert am 26.3.2025

Wasserwirtschaftsamt Deggendorf: Hochwasserschutz Altbach, o. J., https://www.wwa-deg.bayern.de/projekte/hws_altbach/index.htm

Welt: Verkäufer bleibt auf Papst-Golf sitzen, 4.3.2013, https://www.welt.de/motor/article160307834/Verkaeufer-bleibt-auf-Papst-Golf-sitzen.html

Wikipedia: Artikel o. J., de.wikipedia.org

Wikipedia: Waldhof am Bogensee, 2015, https://de.wikipedia.org/wiki/Waldhof_am_Bogensee

**Sonstige Quellen**

Degenhardt-Undt, S., Umfrage im Rahmen einer Gutachtenerstellung 15.12.2014

Prange, H., Umfrage im Rahmen einer Gutachtenerstellung 12.3.2024